이아주소 5

Annotations on the Erya

.

옮긴이 **이충구**(李忠九)는 경기도 과천에서 출생하여 성균관대학교 대학원 국어국문학과에서 석사·박사 과정을 수료하고 문학박사 학위를 취득하였다. 독립기념관 전문위원을 역임하였고, 현재 성균관대학교 강사로 재직하면서 한중철학회 회장을 맡고 있다.

옮긴이 **임재완**(林在完)은 부산에서 출생하여 성균관대학교 대학원 한문학과에서 석사·박사 과정을 수료하였으며, 태동고전연구소(지곡서당 6기)를 수료하였다. 성균관대학교 강사 및 삼성문화재단 삼성미술관 리움 선임연구원을 역임하였고, 현재 수원시 역사박물관 전문위원으로 재직하고 있다.

옮긴이 **김병헌**(金柄憲)은 경북 영양에서 출생하여 성균관대학교 대학원 한문학과에서 석사·박사 과정을 수료하였다. 성균관대학교 강사 및 독립기념관 전문위원을 역임하였다. 현재 ㈜사문원 대표이다.

옮긴이 **성당제**(成唐濟)는 충남 예산에서 출생하여 성균관대학교 대학원 한문학과에서 석사·박사 과정을 수료하고 문학박사 학위를 취득하였다. 현재 성균관대학교 강사 및 서울대학교 규장각 한국학연구원으로 재직하고 있다.

이아주소 5

1판 1쇄 발행 2004년 12월 30일
1판 2쇄 발행 2008년 3월 25일

옮긴이 / 이충구·임재완·김병헌·성당제
펴낸이 / 박성모
펴낸곳 / 소명출판
등록 / 제13-522호
주소 / 137-878 서울시 서초구 서초동 1621-18 (란빌딩 1층)
대표전화 / (02) 585-7840
팩시밀리 / (02) 585-7848
somyong@korea.com / www.somyong.co.kr

ⓒ 2004, 한국학술진흥재단

값 34,000원

ISBN 978-89-5626-132-4 94030
ISBN 978-89-5626-127-0 (전6권)

이아주소(爾雅注疏) 5

Annotations on the Erya

이충구 · 임재완 · 김병헌 · 성당제 공역

일러두기

- 본 번역의 대본은 『爾雅注疏』로, 1999년 12월에 北京大學校 出版社에서 간행한 十三經注疏(標點本) 가운데 하나이다. 『爾雅』 經文과 郭璞의 『爾雅注』, 邢昺의 『爾雅疏』가 수록되어 있다.
- 『爾雅音義』는 대본에는 수록되어 있지 않았으나 필요하다고 생각하여 함께 번역하였다. 陸德明의 『經典釋文』 속에 수록된 『爾雅音義』로, 北京 中華書局에서 1983년에 간행한 것이다.
- 본서에 인용된 『詩經』을 비롯한 제경전 文句의 풀이는 朱熹 및 그 학파의 註釋에 의거하지 않고, 十三經注疏本의 주석에 의거하였다. 그 이유는 본서 대본의 저자 중 연대가 가장 늦은 邢昺도 주희보다 약 200년 이전 인물이기 때문에 주희 등의 주석과는 무관하기 때문이다.
- 번역에 참고를 가장 많이 한 서적은 『爾雅詁林』이다. 1998년 湖北敎育出版社에서 朱祖延 主編으로 간행되었다. 『爾雅』와 관련된 역대 모든 著作物을 총망라한 叢書이다.
- 陸璣의 『疏』는 정확히 말하자면 『毛詩草木鳥獸蟲魚疏』로 四庫全書本을 참고로 하였다.
- 주석에서 『爾雅詁林』 「義疏」라고 한 것은 淸의 고증학자인 郝懿行의 『爾雅義疏』를 가리키는 것으로 『爾雅』의 주석서로 가장 뛰어나다고 평가받고 있다.
- 주석에서 『爾雅詁林』 「正義」라고 한 것은 邵晉涵의 『爾雅正義』를 말한다.
- 주석에서 『爾雅詁林』 「音義攷證」이라 한 것은 盧文弨의 『爾雅音義攷證』을 말한다.
- 주석에서 『爾雅詁林』 「陸音義」라고 한 것은 『爾雅詁林』에 수록된 육덕명의 『爾雅音義』를 말하는데, 번역의 대본으로 한 『爾雅音義』(『經典釋文』)와는 板本의 差異가 다소 있다.
- 주석에서 『爾雅詁林』 「義證」이라 한 것은 尹桐陽의 『爾雅義證』을 말한다.
- 주석에서 저작자를 말하지 않고 「蟲名今釋」, 「郭注佚存補訂」, 「一切注音」, 「注疏本正誤」 등이라고 표현한 것이 있는데 모두 『爾雅詁林』에서 인용한 서명이다.
- 위에 밝힌 것 이외의 『爾雅詁林』 내의 여러 저서는 참고문헌에 그 서명을 제시하였다.

　『이아(爾雅)』는 선학(先學)들이 '여러 경전의 요체[群經之樞要]', '제자백가의 지침[百氏之指南]'이라고 하였다. 훈고(訓詁)를 연구하고 주소(注疏)를 다는 이들은 모두 『이아』를 근거로 삼았으며 『이아』가 13경에 편입되자 이를 극도로 추숭하였다. 『이아』의 가치는 훈고학의 기초를 확립했다는 점, 사어(詞語)의 다양한 옛 뜻을 보존하고 있다는 점에 있다. 따라서 『이아』는 고대 문헌을 학습하고 문화유산을 계승하는 데에 중요한 도구이다.

　한자 독해의 원조(元祖), 훈고의 으뜸 고전으로서 『이아』의 위치는 확고하다. 『이아』의 피석사(被釋詞 : 標題語)와 해석사(解釋詞 : 說明語), 그리고 본문을 주해한 주(注)·소(疏) 및 음의(音義)는 독음해의(讀音解義)에 직결되므로, 해당 한자의 음의(音義)를 이해할 뿐만 아니라, 한자의 독해법칙까지 살필 수 있다. 한마디로 『이아』는 한자 뜻풀이의 지침서라고 하겠다.

　이러한 중요성의 전제 아래 『이아』의 경문(經文)과 주소(注疏)와 음의(音義) 등을 한국어로 변역하여 옮긴 것이다. 『이아』의 번역은 한자의 한국적 독해, 즉 한자의 한국음의를 명확히 하고, 나아가 한자의 한국적 독해 방식·경향을 제시했다는 데 그 의의가 있다. 그러므로 이로부터 한자 독해는 물론, 한자의 국어훈고 즉 한자의 국어의미 추구, 한자의미의 한국적 이해를 꾀할 수 있다. 이렇듯 한국어 사용자는 번역에 의해 한자의 의미를 파악하게 되므로, 『이아』의 번역은 결국 한국인에게 한자를 이해시키는 길잡이가 될 것이다.

이 번역이 갖는 의의를 몇 가지 들 수 있다.

첫째, 한자에 관한 최고(最古) 원전의 번역이다. 『이아』는 한자서로서 『설문해자(說文解字)』보다 훨씬 앞선다. 따라서 『이아』 번역은 한자 주석의 근원에 대한 국어번역이라고 할 수 있다.

둘째, 사서삼경 등 제경전을 해석하는 데 많은 도움이 될 수 있다. 『이아』에 수록된 한자는 특히 『시경(詩經)』을 비롯한 제경전에서 채록하여, 이를 훈고라는 입장에서 전문적으로 풀이한 것이다. 그러므로 『이아』 번역을 통해 제경전에 나오는 해당 한자의 의미를 분명히 이해할 수 있다.

셋째, 한자의 한국적 독해, 즉 한자의 한국 음의를 명확히 제시한다. 따라서 한국어 사용자들이 『이아』에 제시된 한자의 자음과 자의를 이해하는 데 도움을 줄 것이다.

넷째, 자전 편찬에 도움을 줄 수 있다. 『이아』는 자전의 원조라고 할 수 있다. 『이아』의 각 한자 의미는 자전에 모두 채택되어야 하는데, 이따금 누락된 것도 있고 또 부정확하게 주석된 경우도 있다. 그러므로 『이아』 번역은 자전의 미흡한 부분들을 보충하는 중요한 자료가 될 것이다.

다섯째, 『이아주소』의 번역은 세계 최초라는 점이다. 근래 『이아』 번역서가 나온 바 있으나 주소까지 함께 번역된 것은 없다.

번역 작업은 1998년 1월에 착수하였다. 윤번제로 원문과 역문을 준비하고 주로 격주 일요일에 함께 모여 낭독해 가면서 검토하였다. 작업이 상당히 진척된 2000년 가을에는 한국학술진흥재단의 동서양학술명저번역지원 사업에 채택되어 진도에 박차를 가하게 되었다. 약 1년 뒤인 2001년 9월 30일에 번역을 마쳐 학술진흥재단에 보고하고, 출판 허가를 받아 지금 출간하게 된 것이다. 출간이 늦어진 것은 벽자 등의 장애로 번역자와 출판사 양측에서 교정에 시간과 노력을 많이 들였기 때문이다.

번역에 참여한 인원은 출입이 있었는 바, 작업을 본격적으로 추진하여 마무리한 사람은 4명이다. 김병헌·임재완 연구원은 처음부터 참여하였고, 본인과 성당제 연구원은 1999년 2월에 합류하였다. 끝까지 함께 하지 못한 동학들에게 아쉬워하며 한편 고마움을 느낀다.

역자들이 이 번역을 감당하기에는 매우 벅찬 것이었다. 그럼에도 이를 시도한 것은 『이아』를 독파해보자는 학문적 욕구 때문이었다. 그러나 애로도 많았다. 특히 『이아』에 인용된 『시경』을 비롯한 제경전 구절의 풀이를 주자(朱子) 및 그 학파의 주석에 의거하지 않고 십삼경주소본(十三經注疏本)의 주석에 의거해야 했으므로, 지금까지 익혔던 선입관을 버리고 번역해야 하는 데서 고민이 많았다. 미흡한 점에 마음이 끌린다. 지금 작업을 끝내면서 그 결과에 대하여 매우 부끄러운 생각이 든다. 다만 주소까지 몇 차례 읽었다는 것으로 위안을 삼고자 한다. 부족한 점은 제현의 질정으로 보충되기를 기대한다.

이 책이 나오는 데에는 많은 도움을 받았다. 특히 한국동양철학회를 통하여 학술진흥재단에 번역사업이 신청된 일은 깊이 기억될 것이다. 성균관대학교 임형택 교수님께서는 일찍부터 관심을 두시고 이끌어주셨다. 학술진흥재단 관계자 제위께서는 번역지원 사업에 채택하고 출판을 허락해 주셨다. 그리고 소명출판에서는 어렵고 지루한 출판을 맡아주셨다. 감사드린다.

2004년 12월
이충구 씀

차례

이아주소 5

역자 서문 · 3

이아
주소
4

이아
주소
6

권9(卷九)

권9
卷九

석목(釋木) 제14(第十四)

**爾雅
音義** 木, 亡¹⁾卜反. 『說文』云 : "木, 冒也. 冒地而生也. 從屮, 下象其
根." 『白虎通』云 : "木之言踊也. 陽氣踊躍."

　목(木)은 망(亡)과 복(卜)의 반절이다. 『설문』에 "목(木)은 모(冒 : 뚫다)²⁾이
다. 땅을 덮어 나옴이다. 철(屮 : 풀싹)을 따르며, 아래는 그 뿌리를 본떴
다"³⁾고 하였다. 『백호통(白虎通)』 「오행(五行)」에는 "목(木)이란 말은 용(踊 :

---

1) 亡 : 『경전석문』에는 '之'로 되어 있으나, 『이아고림』 「음의고증」에 따라 고쳤다.
2) 덮다 : 『爾雅詁林』 「正義」에 "木, 冒也. 華葉自覆冒也"에 의거하였다.
3) 철(屮 : 풀싹)을 …… 본떴다 : 木의 小篆은 米으로 쓰는데, 屮은 위의 屮로 文이 되
고, 뿌리[根]는 아래의 冂으로 非文이 된다(『說文』 「段注」로 설명한 것임). 이에 의하
면 木은 文[단독글자]인 屮과 非文인 冂이 결합된 合體象形(增體象形)이다. 그러나
이와달리 木은 全體象形(獨體象形·純體象形 : 사물을 그린 것으로 형체상 가감이 없

솟다)이다. 양기가 솟아오르는 것이다"고 하였다.

 『說文』云 : "木, 冒也. 冒地而生, 東方之行也."『白虎通』云 : "木, 觸也. 陽氣動躍, 觸地而出也." 種名雖多, 木爲總號. 此篇析別, 故云"釋木"也.

『설문』에 "목(木)은 모(冒)이다. 땅을 덮어 나오는 것으로 동방(東方)에 해당하는 오행(五行)이다"고 하였다. 『백호통』「오행」에는 "목(木)은 닿는 것이다. 양기가 솟아올라 땅을 건드리고 나오는 것이다"고 하였다. 나무의 종류와 명칭이 비록 많으나 목(木)이 총체적인 명칭이다. 이 편에서 나누어 구별하였기 때문에 "석목(釋木)"이라 한다.

 栲, 山榎.

도(栲)는 산가(山榎 : 개오동나무)이다.

今之山楸.

지금의 산추(山楸)이다.

는 한자)이라는 견해가 있다.『說文釋例』에는 "屮을 따랐다고 함은 잘못이다. …… 屮은 木의 上半形과 비슷할 뿐이다. 나무로서 艸[풀]를 따랐다고 한다면 무슨 뜻이 있겠는가? 木은 진실로 전체상형 글자이다(从屮, 非也. ……屮與木之上半形相似耳. 以木从艸, 於義何居, 木固全體象形字也)"라고 하여, 屮을 文으로 보는 견해를 인정하지 않았다.

梐, 他⁴⁾刀反, 郭又他皓反. 榎, 古雅反, 舍人本又作檟. 楸, 音秋.

도(梐)는 타(他)와 도(刀)의 반절인데 곽박은 또 타(他)와 호(皓)의 반절이라 하였다. 가(榎)는 고(古)와 아(雅)의 반절인데 사인본에는 또 가(檟)로 되어 있다. 추(楸)는 음이 추(秋)이다.

李巡云: "山榎, 一名梐." 郭云: "今之山楸." 『詩』「秦風」云: "終南何有, 有條有梅." 陸璣『疏』云: "梐, 今山楸也. 亦如下田楸耳. 皮葉白, 色亦白. 材理好, 宜爲車板. 能濕, 又可爲棺木. 宜陽共北山多有之也."

이순은 "산가(山榎)는 일명 도(梐)이다"고 하였다. 곽박은 "지금의 산추(山楸)이다"고 하였다. 『시경』「진풍(秦風)」「종남(終南)」에 "종남산에 무엇이 있는가. 개오동나무와 매화가 있다"라 하였는데, 육기의 『모시초목조수충어소』에는 "도(梐)는 지금의 산추이다. 역시 하전(下田)의 추(楸)와 같다. 껍질과 잎은 희고 나무 색 역시 희다. 재목의 결이 좋아서 수레에 까는 널빤지로 적당하다. 습기에 잘 견디므로 또 관목(棺木)으로 사용할 수 있다. 의양(宜陽) 공북산(共北山)에 많이 있다."

 栲, 山樗.

고(栲)는 산저(山樗: 북나무)이다.

---

4) 他:『경전석문』에는 '地'로 되어 있으나, 『이아고림』「음의고증」에 따라 고쳤다.

爾雅注 栲似樗, 色小白. 生山中, 因名云. 亦類漆樹.

고(栲)는 저(樗: 가죽나무)와 비슷하며 색깔이 약간 희다. 산중에서 나므로 산저(山樗)라 한다. 역시 옻나무와 같다.

爾雅音義 栲, 音考, 郭姑老反, 案『方志』云: "櫄·樗·栲·漆相似如一." 櫄, 音敕倫反. 樗, 丑於反. 漆, 音七.

고(栲)는 음이 고(考)인데 곽박은 고(姑)와 로(老)의 반절이라 하였다. 살 피건대, 『방지(方志)』5)에 "춘(櫄: 참죽나무)·저(樗)·고(栲)·칠(漆: 옻나무)은 서로 하나같이 비슷하다"고 하였다. 춘(櫄)의 음은 칙(敕)과 륜(倫)의 반절이 다. 저(樗)는 축(丑)과 어(於)의 반절이다. 칠(漆)은 음이 칠(七)이다.

爾雅疏 舍人曰: "栲名山樗." 郭云: "栲似樗, 色小白, 生山中, 因名云. 亦類漆樹." 俗語曰櫄·樗·栲·漆相似如一. 『詩』「唐風」云: "山 有栲." 陸璣『疏』云: "山樗與下田樗略無異, 葉似差狹耳. 吳人以其葉爲 茗. 方俗無名此爲栲者, 似誤也. 今所云爲栲者, 葉如櫟, 木皮厚數寸, 可 爲車輻, 或謂之栲櫟. 許愼正以栲讀爲糗. 今人言栲, 失其聲耳."

사인은 "고(栲)는 이름이 산저(山樗)이다"고 하였다. 곽박은 "고(栲)는 저 (樗: 가죽나무)와 비슷하며 색깔이 약간 희다. 산중에서 나므로 산저(山樗)라 한다. 역시 옻나무와 같다"고 하였다. 속어에 "춘(櫄)·저(樗)·고(栲)·칠 (漆)은 서로 하나같이 비슷하다"고 하였다. 『시경』「당풍(唐風)」「산유추(山 有樞)」에 "산유고(山有栲: 산에 북나무가 있다)"라 하였는데, 육기의 『소』에

---

5)『方志』: 地方의 일을 기록한 책. 宋·元 이래에 많이 간행되었다.

"산저(山樗)는 하전(下田)의 저(樗)와 대략 차이가 없으나 잎이 약간 좁은 것 같다. 오(吳)나라 사람들은 그 잎으로 명(茗 : 차)을 만든다. 지방에서는 명칭이 없어 이를 고(栲)라고 하는데 잘못인 것 같다. 지금 말하는 고(栲)는 잎이 역(櫟 : 상수리나무)의 잎과 같으며 나무 껍질의 두께가 2~3촌(寸)이 되어 차폭(車輻 : 수레바퀴의 살)을 만들 수 있는데 혹은 고력(栲櫟)이라 한다. 허신은 바로 고(栲)를 구(糗)로 읽어야 한다고 하였다. 요즈음 사람들은 고(栲)라고 읽는데 잘못 읽는 것이다.

 柏, 椈.

백(柏)은 국(椈 : 소나무의 일종인 측백나무)이다.

 『禮記』曰 : "鬯臼以椈."

『예기』에 "울창을 찧는 절구는 측백나무로 만든다"고 하였다.

 柏, 音白. 椈, 弓六反. 鬯, 初亮反.

백(柏)은 음이 백(百)이다. 국(椈)은 궁(弓)과 육(六)의 반절이다. 창(鬯)은 초(初)와 량(亮)의 반절이다.

 柏, 一名椈. 注“『禮記』曰：慍曰以椈”者，上「雜記」文也. 彼鄭注
云：“所以搗鬱也. 椈, 柏也.” 是也.

백(柏)은 일명 국(椈)이다. 주에서 인용한 『예기』의 “창구이국(慍曰以椈)”
은 「잡기 상(雜記上)」의 글이다. 그 대목을 정현이 주석하기를 “울금초(鬱
金草)를 찧기 위한 것이다. 국(椈)은 백(柏)이다”고 한 것이 이것이다.

 髡, 梱.

곤(髡)은 곤(梱)이다.

 未詳.

미상이다.

 椴,[6] 柂.

단(椴)은 이(柂 : 백양나무 비슷한 나무)이다.

---

6) 椴 : 대본에는 ‘椵’로 되어 있으나, 『이아고림』 「음의고증」에 따라 고쳤다. 注와 音義
와 疏에도 같다. 또한 ‘椵’에 대해서는 뒤에 풀이가 있다.

白椴也. 樹似白楊.

백단(白椴)이다. 나무가 백양(白楊)과 비슷하다.

 髡, 苦門反. 梱, 五門反. 椴, 徒亂反. 『字林』云 : "木似白楊, 一名
柂." 柂, 弋支反.

곤(髡)은 고(苦)와 문(門)의 반절이다. 곤(梱)은 오(五)와 문(門)의 반절이다.
단(椴)은 도(徒)와 란(亂)의 반절인데 『자림』에는 "나무가 백양과 비슷하며
일명 이(柂)이다"고 하였다. 이(柂)는 익(弋)과 지(支)의 반절이다.

 椴, 一名柂. 郭云 : "白椴也. 樹似白楊." 其材能濕. 『禮記』「檀弓
」云 : "柂棺." 鄭注云 : "所謂椑棺也." 卽引此文以證之, 是也.

단(椴)은 일명 이(柂)이다. 곽박은 "백단(白椴)이다. 나무가 백양(白楊)과 비
슷하다"고 하였다. 그 재질이 습기를 잘 견딘다. 『예기』「단궁(檀弓)」에 "이
관(柂棺 : 柂木으로 만든 관)이다"고 하였는데, 정현의 주에는 "소위 비관(椑棺)
이다"고 하였다. 곧 〈곽박이〉 이 글을 인용하여 증명한 것이 이것이다.

梅, 枏.

매(梅)는 염(枏 : 매화나무)이다.

似杏, 實酢.

살구와 비슷하며 열매는 시다.

梅, 莫廻反. 枏, 而占反, 又音南. 杏, 戶猛反. 酢, 七故反.

매(梅)는 막(莫)과 회(廻)의 반절이다. 염(枏)은 이(而)와 점(占)의 반절이고, 또한 음은 남(南)이다. 행(杏)은 호(戶)와 맹(猛)의 반절이다. 초(酢)는 칠(七)과 고(故)의 반절이다.

孫炎云: "荊州曰梅, 楊州曰枏." 郭云: "似杏, 實酢."『詩』「秦風」「終南」云: "有條有梅." 陸璣『疏』云: "梅樹皮葉似豫樟, 葉大如牛耳. 一頭尖, 赤心, 華赤黃, 子靑, 不可食. 枏葉大, 可三四葉一叢. 木理細緻於豫樟, 子赤者, 材堅; 子白者, 材脆." 是也.

손염은 "형주(荊州)에서는 매(梅)라 하고 양주(楊州)에서는 염(枏)이라 한다"고 하였다. 곽박은 "살구와 비슷하며 열매는 시다"고 하였다.『시경』「진풍(秦風)」「종남(終南)」에 "개오동나무가 있고 매화가 있다"라 하였는데, 육기의『모시초목조수충어소』에는 "매화나무는 껍질과 잎이 예장(豫章 : 녹나무)과 비슷하며 잎은 크기가 소 귀 만하다. 한 쪽은 뾰족하고 속이 붉으며 꽃은 적황색이고 열매는 푸른데 먹을 수 없다. 매화나무의 잎은 크고 3~4개의 잎이 하나의 떨기가 된다. 나무 결은 녹나무보다 가늘고 정치하고, 열매가 붉은 것은 재질이 단단하며, 열매가 흰 것은 재질이 무르다"고 한 것이 이것이다.

 柀, 粘.

피(柀)는 점(粘 : 비자나무)이다.

 粘似松, 生江南. 可以爲船及棺材, 作柱埋之不腐.

점(粘)은 송(松 : 소나무)과 비슷하며 강남에서 난다. 배와 관(棺)의 재료로
할 수 있으며, 기둥을 만들어 묻으면 썩지 않는다.

柀, 音彼,7) 又匹彼反. 粘, 字或作杉, 所咸反, 郭音芟, 又音纖.
棺, 音官. 腐, 音父.

피(柀)는 음이 피(彼), 또는 필(匹)과 피(彼)의 반절이다. 점(粘)은 글자를
혹 삼(杉)으로 쓰는데, 소(所)와 함(咸)의 반절이다. 곽박은 음을 삼(芟), 또는
음을 섬(纖)이라 하였다. 관(棺)은 음이 관(官)이다. 부(腐)는 음이 부(父)이다.

柀, 一名粘, 俗作杉. 郭云 : "粘似松, 生江南, 可以爲船及棺材,
作柱埋之不腐."

피(柀)는 일명 점(粘)인데 민간에서는 삼(杉)으로 쓴다. 곽박은 "점(粘)은
송(松)과 비슷하며 강남에서 난다. 배와 관의 재료로 할 수 있으며 기둥을
만들어 묻으면 썩지 않는다"고 하였다.

---

7) 彼 : 『경전석문』에는 '披'로 되어 있으나, 『이아고림』「음의고증」에 따라 고쳤다.

 櫠, 椵.

폐(櫠)는 가(椵 : 유자나무의 일종)이다.

爾雅注 柚屬也. 子大如盂, 皮厚二三寸. 中似枳, 食之少味.

유(柚 : 유자나무) 종류이다. 열매 크기가 사발만 하며 껍질 두께는 2~3촌이다. 속은 탱자와 비슷하며 먹으면 맛이 없다.

爾雅音義 櫠, 音廢. 椵, 古雅反. 柚, 羊又反. 盂, 音于. 厚, 戶[8]豆反, 又如字. 枳, 諸氏反.

폐(櫠)는 음이 폐(廢)이다. 가(椵)는 고(古)와 아(雅)의 반절이다. 유(柚)는 양(羊)과 우(又)의 반절이다. 우(盂)는 음이 우(于)이다. 후(厚)는 호(戶)와 두(豆)의 반절, 또는 여자(如字)이다. 지(枳)는 제(諸)와 씨(氏)의 반절이다.

爾雅疏 櫠, 一名椵. 郭云 : "柚屬也. 子大如盂, 皮厚二三寸, 中似枳, 食之少味."

폐는 일명 가(椵)이다. 곽박은 "유자나무 종류이다. 열매 크기가 사발만 하며 껍질 두께는 2~3촌이다. 속은 탱자와 비슷하며 먹으면 맛이 없다"고 하였다.

---

8) 戶 : 『경전석문』에는 '尸'로 되어 있으나, 『이아고림』 「음의고증」에 따라 고쳤다.

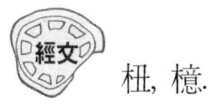 杻, 檍.

뉴(杻)는 억(檍 : 감탕나무)이다.

 似棣, 細葉. 葉新生可飼牛, 材中車輞. 關西呼杻子, 一名土橿.

당체나무와 비슷하며 잎은 가늘다. 잎이 새로 난 것을 소에게 먹일 수
있으며, 재질이 차망(車輞 : 수레바퀴 테)에 적합하다. 관서(關西)에서는 뉴자
(杻子)라 부르며 일명 토강(土橿)이다.

杻, 女九反, 呂郭並汝九反. 檍, 於力反, 字又作億. 『說文』云:
"檍, 梓屬也." 棣, 大細反. 車, 昌蛇反. 輞, 音罔, 下同. 『字林』云
: "輮也." 輮, 音渠. 橿, 居良反.

뉴(杻)는 녀(女)와 구(九)의 반절이다, 여침(呂忱)과 곽박은 모두 여(汝)와
구(九)의 반절이라 하였다. 억(檍)은 어(於)와 력(力)의 반절인데 글자를 또
억(億)으로도 쓴다. 『설문』에는 "억(檍)은 가래나무 종류이다"고 하였다. 체
(棣)는 대(大)와 세(細)의 반절이다. 차(車)는 창(昌)과 사(蛇)의 반절이다. 망
(輞)은 음이 망(罔)인데 아래도 같다. 『자림』에는 "거(輮)이다"고 하였는데,
거(輮)는 음이 거(渠)이다. 강(橿)은 거(居)와 량(良)의 반절이다.

杻, 一名檍. 郭云 : "似棣, 細葉. 葉新生可飼牛, 材中車輞. 關西
呼杻子, 一名土橿." 『詩』「唐風」云 : "隰有杻." 陸璣『疏』云 : "葉
似杏而尖, 白色. 皮正赤. 爲木多曲少直, 枝葉茂好, 二月中葉疏, 華如練

而細, 藥正白. 蓋樹今官園種之, 正名曰萬歲. 旣取名於億萬, 其葉又好,
故種之. 共汲山下, 人或謂之牛筋, 或謂之檍. 材可爲弓弩幹也."

뉴(杻)는 일명 억(檍)이다. 곽박은 "당체나무와 비슷하며 잎이 가늘다.
잎이 새로 난 것을 소에게 먹일 수 있으며 재질이 수레바퀴 테에 적합하
다. 관서에서는 뉴자(杻子)라 부르며 일명 토강(土櫃)이다"고 하였다. 『시
경』 「당풍(唐風)」 「산유추(山有樞)」에 "습지에 감탕나무가 있다"고 하였는
데, 육기의 『모시초목조수충어소』에는 "잎이 살구나무 잎과 비슷하나 뾰
족하며 백색이다. 껍질은 순적색이다. 나무가 굽은 것은 많고 곧은 것은
적으며 가지와 잎이 무성하여 아름답다. 2월 중에는 잎이 드물어 꽃은 비
단과 같으면서 가늘고 꽃술은 순백색이다. 대체로 지금은 관청 정원에 나
무를 심고 만세(萬歲)라고 정식 명칭을 붙였다. 이미 억만(億萬)에서 이름을
취하였고 그 잎이 또 아름답기 때문에 심는 것이다. 공급산(共汲山) 아래
지역에서는 사람들이 혹 우근(牛筋)이라 하며 혹은 억(檍)이라 한다. 재질
이 활의 활대를 만들 수 있다.

 楸, 木瓜.

무(楸)는 목과(木瓜 : 모과나무)이다.

 實如小瓜, 酢可食.

열매가 작은 외와 같으며, 맛이 시큼하지만 먹을 수 있다.

 楙, 音茂.

무(楙)는 음이 무(茂)이다.

 木瓜, 一名楙. 郭云 : "實如小瓜, 酢可食." 『詩』「衛風」云 : "投我以木瓜." 是也.

모과는 일명 무이다. 곽박은 "열매가 작은 외와 같으며, 시큼하지만 먹을 수 있다"고 하였다. 『시경』 「위풍(衛風)」 「목과(木瓜)」에 "나에게 모과를 던진다"라 한 것이 이것이다.

 椋, 卽來.

량(椋)은 즉래(卽來 : 푸조나무)이다.

 今椋, 材中車輞.

지금의 량(椋)은 재질이 수레바퀴에 적합하다.

 椋, 音良. 來, 力臺反. 『埤蒼』·『字林』並作梾, 云 : "椋也."

량(椋)은 음이 량(良)이다. 래(來)는 력(力)과 대(臺)의 반절이다. 『비창』과
『자림』에는 모두 래(棶)로 쓰고 "량(椋)이다"고 하였다.

 椋, 一名卽來. 郭云 : "今椋, 材中車輞." 『本草』唐本注云 : "葉似
柿, 兩葉相當. 子細圓如牛李子, 生靑熟黑. 其木堅重, 煮汁赤色.
『爾雅』云 : '椋, 卽來.'" 是也.

량(椋)은 일명 즉래(卽來)이다. 곽박은 "지금의 푸조나무는 재목이 수레
바퀴에 적합하다"고 하였다. 『본초』당본 주에 "잎은 감나무와 비슷하며
두 잎이 서로 마주보고 있다. 열매는 작고 둥글면서 우리(牛李 : 갈매나무)의
열매와 같은데 자라고 있는 것은 푸르고 익으면 검다. 그 나무는 견고하
고 무거운데 즙은 끓이면 적색이 된다. 『이아』에 '량(椋)은 즉래(卽來)이
다'"고 한 것이 이것이다.

 栵, 栭.

예(栵)는 이(栭 : 산밤나무)이다.

 樹似槲樕而庳小. 子如細栗, 可食. 今江東亦呼爲栭栗.

나무가 곡속(槲樕 : 떡갈나무)과 비슷하지만 낮고 작다. 열매는 작은 밤과
같은데 먹을 수 있다. 지금 강동에서는 또한 이율(栭栗)이라 부른다.

栵, 『字林』音例, 『詩』音同, 又音列. 栭, 音而, 『毛詩草木疏』云：
"葉如楡, 木理堅靭而赤, 今人謂之芝栭也." 槲, 胡木反. 楸, 桑
木反, 『詩』云：“林有樸楸." 毛傳云：“小木也." 或作樕, 同. 庳, 音婢.

예(栵)에 대하여 『자림』에서는 음을 례(例)라고 하였는데 『시경』에서도
음이 같으며, 또 음을 렬(列)이라 하였다. 이(栭)는 음이 이(而)이다. 육기의
『모시초목조수충어소』에는 “잎이 유(楡: 느릅나무)와 같으며 나무 결이 단
단하고 질기면서 붉은데, 지금 사람들은 지뉴(芝栭)라 한다"고 하였다. 곡
(槲)은 호(胡)와 목(木)의 반절이다. 속(楸)은 상(桑)과 목(木)의 반절이다. 『시
경』「소남」「야유사균(野有死麕)」에 “숲에 작은 나무가 있다"고 하였다. 모
전에는 “작은 나무이다"고 하였다. 간혹 속(樕)으로 되어 있으나 음의가
같다. 비(庳)는 음이 비(婢)이다.

栵, 一名栭. 『詩』「大雅」「皇矣」云：“其灌其栵." 陸璣『疏』云：“葉
如楡也, 木理堅靭而赤, 可爲車轅." 郭云：“樹似槲楸而庳小. 子
如細栗, 可食. 今江東亦呼爲栭栗." 『禮記』「內則」云：“芝栭·菱·枳."
是也.

예(栵)는 일명 이(栭)이다. 『시경』「대아」「황의(黃矣)」에 “떨기나무와 산
밤나무이다"이라 하였는데, 육기의 『모시초목조수충어소』에는 “잎이 느릅
나무와 같으며 나무 결이 단단하고 붉으며, 수레채를 만들 수 있다"고 하
였다. 곽박은 “나무가 떡갈나무와 비슷하나 낮고 작다. 열매는 작은 밤과
같으며 먹을 수 있다. 지금 강동에서는 또한 이율(栭栗)이라 부른다"고 하
였다. 『예기』「내칙」에 “지이(芝栭)·릉(菱)·구(枳)"라 한 것9)이 이것이다.

---

9) 芝栭菱枳：鄭玄의 注에서는 3가지(芝栭·菱·枳)로 분류하였고 陳澔의 集說에서는
4가지(芝·栭·菱·枳)로 보았다. 여기서는 鄭玄의 注를 따랐다.

 檴, 落.

확(檴)은 락(落 : 느릅나무의 일종)이다.

 可以爲杯器素.

나무술잔 재질이 될 수 있다.

爾雅 音義 檴, 戶郭反, 『詩』云 : "無浸檴10)薪." 杯, 必回反.

확(檴)은 호(戶)와 곽(郭)의 반절이다. 『시경』에 "무침확신(無浸檴11)薪 : 확나무 섶을 적시지 말라"고 하였다. 배(杯)는 필(必)과 회(回)의 반절이다.

爾雅 疏 檴, 一名落. 某氏曰 : "可作杯圈, 皮靭繞物不解." 郭云 : "可以爲杯器素." 素謂樸也.「小雅」「大東」云 : "無浸檴薪." 鄭箋云 : "檴, 落, 木名." 陸璣『疏』云 : "今柵楡也. 其葉如楡, 其皮堅靭, 剝之長數尺, 可爲絃索. 又可爲甀帶, 其材可爲杯器." 是也.

확(檴)은 일명 락(落)이다. 모씨(某氏)는 "배권(杯圈 : 나무 술잔)을 만들 수 있다. 껍질은 질겨서 물건을 싸면 풀어지지 않는다"고 하였다. 곽박은 "나무 술잔 재질이 될 수 있다"고 하였다. 소(素)는 박(樸)을 말한다. 『시

---

10) 檴 : 『詩經』에는 '檴'으로 되어 있다.
11) 檴 : 鄭箋에서는 나무 이름으로 주석하였으나 集傳에서는 "檴, 艾也"라 하였으니 '檴薪'은 '베어온 섶'으로 풀이된다.

경』「소아」「대동(大東)」에 "확나무 섶을 적시지 말라"라고 하였는데, 정전에는 "확(檴)은 락(落)으로 나무 이름이다"고 하였으며, 육기의 『모시초목조수충어소』에는 "지금의 낭유(榔楡)이다. 그 잎은 느릅나무와 같으며, 껍질이 강하고 질겨서 벗기면 길이가 수 척이나 되어 끈을 만들 수 있다. 또 시루의 띠로 할 수 있으며 그 재질이 나무 술잔을 만들 수 있다"고 한 것이 이것이다.

 柚, 條.

유(柚)는 조(條 : 유자나무)이다.

 似橙, 實酢. 生江南.

등(橙 : 귤나무의 일종인 등자나무)과 비슷한데 열매는 시다. 강남에서 난다.

柚, 羊又反. 或作櫾. 條, 字又作樤. 橙, 直耕反.「上林賦」云:"黃甘橙楱." 是也. 楱, 音直奏反, 呂忱云:"橙, 橘屬."

유(柚)는 양(羊)과 우(又)의 반절이며, 혹은 유(櫾)로도 쓴다. 조(條)는 글자를 또 조(樤)로 쓴다. 등(橙)은 직(直)과 경(耕)의 반절이다. 「상림부(上林賦)」[12]에 "황감(黃甘)과 등주(橙楱)"라고 한 것이 이것이다. 주(楱)는 음(音)이 직(直)과 주(奏)의 반절이다. 여침은 "등(橙)은 귤의 종류이다"고 하였다.

---

12)「上林賦」: 司馬相如의 作으로『文選』권8에 실려 있다.

柚, 一名條. 郭云 : "似橙, 實酢. 生江南." 「禹貢」揚州云 : "厥苞, 橘柚." 孔安國云 : "小曰橘, 大曰柚." 『呂氏春秋』云 : "果之美者, 有雲夢之柚." 『本草』唐本注云 : "柚, 皮厚味甘, 不如橘皮味辛而苦. 其肉亦如橘, 有甘有酸, 酸者名胡甘. 今俗人或謂橙爲柚, 非也."

유(柚)는 일명 조(條)이다. 곽박은 "등(橙)과 비슷한데 열매는 시다. 강남에서 난다"고 하였다. 『서경』「우공」양주(揚州) 조에 "포장하여 보내는 것은 귤(橘)과 유(柚)이다"고 하였다. 공안국은 "작은 것을 귤이라 하고, 큰 것은 유라 한다"고 하였다. 『여씨춘추』에는 "과실 중에 좋은 것은 운몽(雲夢) 지방의 유자가 있다"고 하였다. 『본초』당본주에 "유자는 껍질이 두껍고 맛이 달아서, 맛이 시고 쓴 귤껍질과는 다르다. 그 속은 또한 귤 같은데, 단 것도 있고 신 것도 있으며, 신 것을 호감(胡甘)이라 한다. 지금 민간인들이 혹 등(橙)을 일러 유(柚)라 하나 잘못이다"고 하였다.

時, 英梅.

시(時)는 영매(英梅 : 매화나무의 일종)이다.

雀梅.

작매(雀梅)이다.

時, 一名英梅. 郭云 : "雀梅." 似梅而小者也.

시(時)는 일명 영매(英梅)이다. 곽박은 "작매(雀梅)이다"고 하였다. 매화나무와 비슷하나 작은 것이다.

 楥, 柜柳.

원(楥)은 거공(柜柳 : 버드나무의 일종)이다.

 未詳. 或曰 : "柳當爲柳. 柜柳似柳, 皮可煮作飮."

미상이다. 혹자는 "공(柳)은 당연히 류(柳)가 되어야 한다. 거공(柜柳)은 류(柳)와 비슷하며 껍질은 삶아서 음료를 만들 수 있다"고 하였다.

楥, 孫音袁, 又于眷反. 柜, 謝音巨, 郭音擧. 柳, 郭音邛, 又作柳, 良久反.

원(楥)에 대하여 손염은 음을 원(袁), 또는 우(于)와 권(眷)의 반절이라 하였다. 거(柜)에 대하여 사교는 음을 거(巨)라 하였으며 곽박은 음을 거(擧)라 하였다. 공(柳)에 대하여 곽박은 음을 공(邛)이라 하였으며, 또 류(柳)로 쓰며 량(良)과 구(久)의 반절이라고 하였다.

楥, 一名柜柳. 郭云 : "未詳. 或曰 : '柳當爲柳, 柜柳似柳, 皮可煮作飮.'" 以時驗而知也.

원(楥)은 일명 거공(柜柳)이다. 곽박은 "미상이다. 혹자는 공(柳)은 당연히 류(柳)가 되어야 한다. 거공(柜柳)은 류(柳)와 비슷하며 껍질은 삶아서 음료를 만들 수 있다"고 한 것은 당시에 경험으로 안 것이다.

 栩, 杼.

허(栩)는 저(杼 : 상수리나무)이다.

 柞樹.

작수(柞樹)이다.

栩, 香羽反, 郭又音羽, 『字林』丑與反. 杼, 謝音嘗汝反. 施, 音佇, 孫昌汝反, 施或音序. 柞, 子各反.

허(栩)는 향(香)과 우(羽)의 반절인데 곽박은 또 음을 우(羽)라 하였다. 『자림』에는 축(丑)과 여(與)의 반절이라 하였다. 저(杼)에 대하여 사교는 음을 상(嘗)과 여(汝)의 반절이라 하였으며, 시건은 음을 저(佇)라 하였고, 손염은 창(昌)과 여(汝)의 반절이라 하였으며, 시건은 혹은 음이 서(序)라고 하였다. 작(柞)은 자(子)와 각(各)의 반절이다.

栩, 一名杼. 郭云 : "柞樹." 『詩』「唐風」云 : "集于苞栩." 陸璣
『疏』云 : "今柞櫟也. 徐州人謂櫟爲杼, 或謂之爲栩. 其子爲皁,
或言皁斗. 其殼爲汁, 可以染皁. 今京洛及河內言杼斗. 謂櫟爲杼, 五方通
語也."

허(栩)는 일명 저(杼)이다. 곽박은 "작수(柞樹)"라 하였다. 『시경』「당풍(唐
風)」「보우(鴇羽)」에 "집우포허(集于苞栩13) : 총총한 상수리나무에 모인다"고 하였
는데, 육기의 『모시초목조수충어소』에 "지금의 작력(柞櫟)이다. 서주(徐州)
사람은 역(櫟)을 저(杼)라 하고, 혹은 허(栩)라고도 한다. 그 열매는 조(皁 : 도
토리)이고 혹은 조두(皁斗)라고도 한다. 그 껍질로 즙을 만들면 검은 색으로
물들일 수 있다. 지금 경락(京洛) 및 하내(河內)에서는 저두(杼斗)라 한다. 력
(櫟)을 저(杼)라 함은 오방(五方 : 모든곳)에서 통용되는 말이다"고 하였다.

味, 荎著.

미(味)는 치저(荎著 : 오미자)이다.

「釋草」已有此名. 疑誤重出.

「석초」에 이미 이 이름이 있다. 아마도 잘못하여 다시 나온 것 같다.

---

13) 集于苞栩 : 鄭箋에는 "苞, 穊", 孔穎達의 疏에는 "物叢生曰苞, 齊人名曰穊, 集傳은
"苞, 叢生也"라 하여 모두 같은 의미로 주석되었다.

爾雅音義 眜, 音味, 又亡戒反, 本今作味. 莖, 直之反, 舍人本作柢, 丁計反. 著, 音儲, 舍人本作都. 樊本作屠. 重, 直用反, 又直龍反.

미(眜)는 음이 미(味), 또는 망(亡)과 계(戒)의 반절이며 본에 따라 지금 미(味)로 되어 있다. 치(莖)는 직(直)과 지(之)의 반절이다. 사인본에는 저(柢)로 되어 있는데 정(丁)과 계(計)의 반절이다. 저(著)는 음이 저(儲)인데, 사인본에는 도(都)로 되어 있으며, 번광본에는 도(屠)로 되어 있다. 중(重)은 직(直)과 용(用)의 반절, 또는 직(直)과 룡(龍)의 반절이다.

 櫙, 莖.

우(櫙)는 치(莖 : 느릅나무의 일종)이다.

 今之刺楡.

지금의 자유(刺楡)이다.

爾雅音義 櫙, 烏侯反, 『詩』云 : "山有樞." 是也. 本或作藲, 同. 莖, 大結反. 郭直基反.

우(櫙)는 오(烏)와 후(侯)의 반절이다. 『시경』 「당풍」 「산유추(山有樞)」에 "산에 추나무가 있다"고 한 것이 이것이다. 본에 따라 구(藲)로 되어 있으나 음의는 같다. 치(莖)는 대(大)와 결(結)의 반절인데 곽박은 직(直)과 기(基)

의 반절이라 하였다.

 別二名也. 郭云: "今之刺楡." 『詩』「唐風」云: "山有樞." 陸璣
『疏』: "其針刺如柘, 其葉如楡. 淪爲茹, 美滑於白楡也. 楡之類
有十種, 葉皆相似, 皮及木理異耳."

　두 가지 이름으로 구별하였다. 곽박은 "지금의 자유(刺楡)이다"고 하였
다. 『시경』「당풍」「산유추(山有樞)」에 "산에 추나무가 있다"고 하였는데,
육기의 『모시초목조수충어소』에는 "그 침이 찌르기는[14] 산뽕나무 같고.
잎은 느릅나무 같다. 담가 먹으며 백유(白楡)보다 부드럽고 맛있다. 느릅나
무 종류에는 십여 종이 있으나 잎이 모두 서로 비슷하지만 껍질과 나무
의 결은 다르다"고 하였다.

 杜, 甘棠.

　두(杜)는 감당(甘棠 : 팥배나무)이다.

 今之杜棠.

　지금의 두당(杜棠)이다.

---

14) 찌르기는 : 『이아고림』「義疏」에 『광아』를 인용하여 挃, 刺也. …… 挃與荎聲義同, 荎
之爲言猶刺也"라고 하여, 찌르기 때문에 '挃'과 音義가 같은 '荎'라 부른다고 하였다.

 杜, 一名甘棠. 郭云: "今之杜棠." 下云: "杜, 赤棠. 白者棠." 舍人曰: "杜, 赤色名赤棠, 白者亦名棠." 然則其白者名棠, 其赤者爲杜, 爲甘棠, 爲赤棠. 『詩』「召南」云: "蔽芾甘棠." 「小雅」云: "有杕之杜." 傳云: "杜, 亦棠." 是也.

두(杜)는 일명 감당(甘棠)이다. 곽박은 "지금의 두당(杜棠)이다"고 하였다. 아래 글에서 "두(杜)는 적당(赤棠 : 붉은 팥배나무)이며 흰 것은 당(棠 : 하얀 팥배나무)이다"고 하였다. 사인은 "팥배나무 중에서 붉은 색은 이름이 적당(赤棠), 흰색도 이름이 당(棠)이다"고 하였다. 그렇다면 흰 것을 당(棠)이라 이름하고 붉은 것을 두(杜)라고 하니, 두(杜)는 감당(甘棠 : 하얀 팥배나무)이 되기도 하고, 적당(赤棠)이 되기도 한다. 『시경』「소남」「감당(甘棠)」에 "무성한 감당나무"라 하였으며, 『시경』「소아」「체두(杕杜)」에 "우뚝한 감당나무"라고 하였는데, 전(傳)[15]에 "두(杜)도 역시 당(棠)이다"고 한 것이 이것이다.

 狄臧, 楟. 貢綦.

적장(狄臧)은 고(楟)이다. 공기(貢綦)이다.

 皆未詳.

모두 미상이다.

---

15) 傳:「唐風」「杕杜」의 毛傳이다.

 朹, 檕梅.

구(朹)는 계매(檕梅 : 아가위나무)이다.

 朹樹狀似梅. 子如指頭, 赤色. 似小㮚, 可食.

아가위나무는 모양이 매화와 비슷하다. 열매는 손가락 끝과 비슷하고
적색이다. 소내(小㮚 : 능금)와 비슷하고 먹을 수 있다.

臧, 孫子郎反. 槹, 舍人本作皐, 樊本作楅, 同, 音羔. 綦, 音其.
朹, 音求. 檕, 工系反, 本亦作繫. 樊本作樀, 工厄反.

장(臧)에 대하여 손염은 자(子)와 랑(郎)의 반절이라 하였다. 고(槹)는 사
인본에는 고(皐)로 되어 있고 번광본에는 구(楅)로 되어 있는데, 음의가 같
으며 음은 고(羔)이다. 기(綦)는 음이 기(其)이다. 구(朹)는 음이 구(求)이다.
계(檕)는 공(工)과 계(系)의 반절인데 본에 따라 계(繫)로 되어 있다. 번광본
에는 객(樀)으로 되어 있는데 공(工)과 액(厄)의 반절이다.

朹, 名檕梅. 郭云: "朹樹狀似梅. 子如指頭, 赤色. 似小㮚, 可
食."

구(朹)는 일명 계매(檕梅)이다. 곽박은 "아가위나무는 모양이 매화와 비
슷하다. 열매는 손가락 끝과 비슷하고 적색이다. 능금과 비슷하고 먹을
수 있다"고 하였다.

 杣者, 聊.

규(杣)는 료(聊)이다.

 未詳.

미상이다.

 魄, 榽橀.

백(魄)은 혜혜(榽橀 : 가막살나무)이다.

 魄, 大木細葉, 似檀. 今江東多有之. 齊人諺曰 : "上山斫檀, 榽橀 先殫."

백(魄)은 나무가 크고 잎사귀가 가늘며 단목(檀木 : 박달나무)과 비슷하다. 지금 강동(江東)에 많이 있다. 제나라 사람들의 속담에 이르기를 "산에 올라 박달나무를 베는데 가막살나무를 먼저 벤다"16)고 한다.

---

16) 벤다 : 『爾雅正義』에 가막살나무의 껍질로 끈을 만들기 때문에 벌목하는 사람이 가막살나무를 먼저 벤다고 하였다.

 朻, 郭音糾, 又居幽反, 又音皎. 聊, 音寮. 檵, 兮計反, 又音奚. 榽, 許兮反, 本亦作醯. 檀, 大丹反. 上, 時掌反. 斫, 章略反. 殫, 音丹, 『字林』云 : "極盡也." 又云 : "斃也."

규(朻)에 대하여 곽박은 음이 규(糾)라 하였는데 또한 거(居)와 유(幽)의 반절이며, 또한 음은 교(皎)이다. 료(聊)는 음이 료(寮)이다. 혜(檵)는 혜(兮)와 계(計)의 반절인데 또한 음은 해(奚)이다. 혜(榽)는 허(許)와 혜(兮)의 반절이다. 본에 따라서는 혜(醯)로 되어 있다. 단(檀)은 대(大)와 단(丹)의 반절이다. 상(上)은 시(時)와 장(掌)의 반절이다. 작(斫)은 장(章)과 약(略)의 반절이다. 탄(殫)은 음이 단(丹)인데, 『자림』에는 "다함이다"고 하고, 또 "죽음이다"고 하였다.

 魄, 一名榽醯. 郭云 : "魄, 大木細葉, 似檀. 今江東多有之. 齊人 諺曰 : '上山斫檀, 榽醯先殫.'" 殫, 訓盡也.

백(魄)은 일명 혜혜(榽醯)이다. 곽박은 "가막살나무는 나무가 크고 잎사귀가 가늘며 박달나무와 비슷하다. 지금 강동(江東)에 많이 있다. 제나라 사람들의 속담에 이르기를 '산에 올라 박달나무를 베는데 가막살나무를 먼저 벤다고 한다'"고 하였다. 탄(殫)은 뜻이 진(盡 : 다하다)이다.

經文 梫, 木桂.

침(梫)은 목계(木桂 : 계수나무의 일종)이다.

爾雅注 今南人呼桂厚皮者爲木桂. 桂樹葉似枇杷而大, 白華, 華而不著子. 叢生巖嶺, 枝葉冬夏常靑, 間無雜木.

지금 남쪽 사람들은 계수나무 가운데 껍질이 두꺼운 것을 목계(木桂)라 부른다. 계수나무의 잎은 비파나무와 비슷하나 크고, 흰 꽃이 피는데 꽃이 피면서도 열매가 맺지 않는다. 바위산에서 무더기로 나며 가지와 잎은 겨울과 여름에도 항상 푸르며 나무 사이에는 잡목이 없다.

爾雅音義 梫, 『字林』音寢, 郭音浸, 或初林反, 一音侵. 枇, 房私反, 又音毗. 杷, 步巴反. 著, 丁略反, 又直略反.

침(梫)에 대하여 『자림』에는 음이 침(寢)이라 하였는데, 곽박은 음이 침(浸), 혹은 초(初)와 림(林)의 반절이며, 일음(一音)은 침(侵)이라고 하였다. 비(枇)는 방(房)과 사(私)의 반절인데 또한 음은 비(毗)이다. 파(杷)는 보(步)와 파(巴)의 반절이다. 착(著)은 정(丁)과 략(略)의 반절인데 또한 직(直)과 략(略)의 반절이다.

爾雅疏 梫, 一名木桂. 郭云:"今南人呼桂厚皮者爲木桂. 桂樹葉似枇杷而大, 白華, 華而不著子. 叢生巖嶺, 枝葉冬夏常靑, 間無雜木." 案『本草』謂之"牡桂"者, 是也.

침(梫)은 일명 목계(木桂)이다. 곽박은 "지금 남쪽 사람들은 계수나무 가운데 껍질이 두꺼운 것을 목계(木桂)라 부른다. 계수나무의 잎은 비파나무와 비슷하나 크고, 흰 꽃이 피는데 꽃이 피면서도 열매가 맺지 않는다. 바위산에서 무더기로 나며 가지와 잎은 겨울과 여름에도 항상 푸르며 나무 사이에는 잡목이 없다"고 하였다. 살피건대, 『본초』에 이를 "모계(牡桂)"라 한 것이 이것이다.

 楡, 無疵.

윤(楡)은 무자(無疵 : 녹나무의 일종)이다.

 楡, 梗屬, 似豫章.

윤(楡)은 편(梗)의 종류이며, 예장(豫章 : 녹나무)과 비슷하다.

爾雅音義 楡, 音倫, 又致均17)反. 疵, 本又作㭰, 辭貲反. 『字書』云: "無㭰, 楡也." 梗, 鼻縣反, 又婢衍反, 「上林賦」云: "梗枏, 豫章." 是也. 『字指』云: "㭰18)木, 似豫章." 章, 本或作樟.

윤(楡)은 음이 윤(倫)인데 또한 치(致)와 균(均)의 반절이다. 자(疵)는 본에 따라 사(㭰)로도 쓰는데 사(辭)와 자(貲)의 반절이다. 『자서』에 "무사(無㭰)는 윤(楡)이다"고 하였다. 편(梗)은 비(鼻)와 현(縣)의 반절인데, 또한 비(婢)와 연(衍)의 반절이다. 「상림부(上林賦)」19)에 "편남(梗枏)과 예장(豫章)이다"고 한 것이 이것이다. 『자지』20)에 "측목(㭰木)은 예장(豫章)과 비슷하다"고 하였다. 장(章)은 본에 따라 장(樟)으로 되어 있다.

爾雅疏 楡, 美木也. 無疵病, 因名之. 郭云: "楡, 梗屬, 似豫章." 案, 梗及豫章, 皆南方大木之名也.

---

17) 均: 『경전석문』에는 '昀'으로 되어 있으나, 『이아고림』 「음의고증」에 따라 고쳤다.
18) 㭰: 『이아고림』 「음의고증」에는 '㭰'이 譌字이고, '梗'으로 써야 된다고 하였다.
19) 「上林賦」: 「上林賦」는 「子虛賦」의 잘못이다.
20) 『字指』: 書名. 晉 朝議大夫 李彤 撰. 文字와 관련된 서적이다.

윤(楡)은 질이 좋은 나무이다. 흠이 없으므로 무자(無疵)라 이름 붙였다. 곽박은 "윤(楡)은 편(楄)종류이며 녹나무와 비슷하다"고 하였다. 살펴건대, 편(楄)과 예장(豫章)은 모두 남쪽 지방의 큰 나무 이름이다.

椐, 樻.

거(椐)는 궤(樻 : 영수목, 또는 느티나무)이다.

腫節, 可以爲杖.

마디 가운데에 옹이가 있어 지팡이를 만들 수 있다.

椐, 音祛,『字林』己庶反, 又音擧. 樻, 起愧反, 又去軌反,『字林』巨位反. 樊孫並云: "椐, 樻, 腫節, 可作杖."『毛詩草木疏』云: "節中腫, 似扶老, 卽今靈壽, 是也. 今人以爲馬鞭及杖. 弘農共北山皆有之." 腫, 之勇反.

거(椐)는 음이 거(祛)이다.『자림』에는 기(己)와 서(庶)의 반절로 되어 있으며 또한 음은 거(擧)이다. 궤(樻)는 기(起)와 괴(愧)의 반절이며 또한 거(去)와 궤(軌)의 반절이고『자림』에는 거(巨)와 위(位)의 반절이라 하였다. 번광과 손염은 모두 "거(椐)는 궤(樻)니, 마디 가운데에 옹이가 있어 지팡이를 만들 수 있다"고 하였는데, 육기의『모시초목조수충어소』에 "마디 가운데에 옹이가 있고 부로(扶老)[21]와 흡사한데, 바로 지금의 영수목(靈壽木)이라

고 한 것이 이것이다. 지금 사람들은 이 나무로 말채찍과 지팡이를 만든
다. 홍농(弘農)의 공북산(共北山)에 모두 있다"고 하였다. 종(腫)은 지(之)와
용(勇)의 반절이다.

 別二名也. 郭云 : "腫節, 可以爲杖." 『詩』「大雅」「皇矣」云 : "其檉
其椐." 陸璣『疏』云 : "節中腫, 似扶老. 今人以爲馬鞭及杖. 恒農
郡北山甚有之."

두 가지 명칭으로 구별하였다. 곽박은 "마디 가운데에 옹이가 있어 지
팡이를 만들 수 있다"고 하였다. 『시경』「대아」「황의」에 "버드나무와 느
티나무로다"고 하였는데, 육기의 『모시초목조수충어소』에 "마디 가운데
에 옹이가 있고 부로(扶老)와 비슷하다. 지금 사람들은 이 나무로 말채찍
과 지팡이를 만든다. 항농군 북산에 매우 많이 있다.

 檉, 河柳.

정(檉)은 하류(河柳 : 버드나무)이다.

今河旁赤莖小楊.

지금 황하 가에 있는 적색 줄기의 작은 버들이다.

---

21) 扶老 : 대나무의 이름. 또는 이 대나무가 지팡이의 재료가 되는 데서 지팡이를 일컫
는다.

 檉, 勑貞反.

정(檉)은 칙(勑)과 정(貞)의 반절이다.

 檉, 一名河柳. 郭云: "今河旁赤莖小楊." 陸機『疏』云: "生水旁, 皮正赤如絳. 一名雨師, 枝葉似松."

정(檉)은 일명 하류(河柳)이다. 곽박은 "지금 황하 가에 있는 적색 줄기 의 작은 버들이다"고 하였는데, 육기의 『모시초목조수충어소』에 "물가에 나며 껍질은 순적색으로 진홍색과 같으며, 일명 우사(雨師)이고, 가지와 잎 은 소나무와 비슷하다"고 하였다.

 旄, 澤柳.

모(旄)는 택류(澤柳 : 버드나무의 일종)이다.

 生澤中者.

못 가운데서 자라는 것이다.

 旄, 音毛.

모(旄)는 음이 모(毛)이다.

柳生澤中者別名旄. 郭云 : "生澤中者."

못 가운데서 자라는 버드나무의 다른 명칭이 모(旄)이다. 곽박은 "못 가운데서 자라는 것이다"고 하였다.

楊, 蒲柳.

양(楊)은 포류(蒲柳 : 화살을 만들 수 있는 버드나무의 일종인 갯버들)이다.

可以爲箭. 『左傳』所謂 "董澤之蒲."

화살을 만들 수 있다. 『좌전』에 "동택(董澤)의 포(蒲)이다"고 하였다.

楊, 一名蒲柳, 生澤中, 可爲箭笴. 注 『左傳』所謂 "董澤之蒲'"者, 案 『左傳』宣十二年晉楚戰于邲, 晉師敗績. "楚熊負羈囚知罃, 知莊子以其族反之. 廚武子御, 下軍之士多從之. 每射, 抽矢菆, 納諸廚子之房. 廚子怒曰 : '非子之求, 而蒲之愛. 董澤之蒲, 可勝旣乎?" 杜注云 : "董澤, 澤名, 河東聞喜縣東北有董池陂. 旣, 盡也." 是其事也.

양(楊)은 일명 포류(蒲柳)이며, 못 가운데에 나고 화살과 화살대를 만들 수 있다. 주에서 인용한 『좌전』의 "동택지포(董澤之蒲)"의 설명은 다음과 같다. 살피건대, 『좌전』 선공 12년에 진(晉)과 초(楚)가 필(邲)에서 싸웠는데 진(晉)의 군사가 패배하였다. "초의 웅부기(熊負羈)가 지앵(知罃)을 가두자 지장자(知莊子 : 지앵의 아버지)가 그 가병(家兵)을 거느리고 반격하였다. 주무자(廚武子)는 지장자의 수레를 몰았으며 하군(下軍)[22]의 군사들 대부분이 그를 따랐다. 활을 쏠 때마다 좋은 화살을 골라 주자(廚子)의 화살 통에 넣었다.[23] 주자가 노하여 '아들은 구하지 않고 화살만 아끼십니다. 동택지포(董澤之蒲 : 동택의 갯버들)를 다 사용할 수 있습니까?'"라 하였다. 두주(杜注)에 "동택(董澤)은 못의 이름으로, 하동 문희현 동북쪽 동지(董池)의 비탈에 있다. 기(旣)는 다함이다"고 하였는데, 이것이 그 사건이다.

 權, 黃英. 輔, 小木.

권(權)은 황영(黃英)이다. 보(輔)는 소목(小木)이다.

 權・輔, 皆未詳.

권(權)과 보(輔)는 모두 미상이다.

---

22) 下軍 : 당시 知莊子가 下軍大夫였으므로 下軍 병사들이 따랐다.
23) 활을 …… 넣었다. : 주자는 마부로서 장군인 지장자의 앞에 위치하고 있는데, 지장자는 좋은 화살을 앞사람의 화살 통에 넣었다가 긴요할 때 빼어 쓰기에 편리하게 하려한 것이다.

 杜, 赤棠. 白者棠.

두(杜)는 적당(赤棠 : 붉은 팥배나무)이다. 흰 것은 당(棠 : 하얀 팥배나무)이다.

 棠色異, 異其名.

팥배나무의 색깔이 달라 그 명칭을 달리한다.

 權, 音拳.

권(權)은 음이 권(拳)이다.

郭云 : "棠色異, 異其名." 樊光云 : "赤者爲杜, 白者爲棠." 陸璣
『疏』云 : "赤棠與白棠同耳. 但子有赤白美惡. 子白色爲白棠·甘
棠也, 少酢滑美. 赤棠, 子澁而酢, 無味. 俗語云 : '澁如杜.' 是也. 赤棠木
理韌, 亦可以作弓幹."

곽박은 "팥배나무의 색깔이 달라 그 명칭을 달리한다"고 하였다. 번광
은 "적당(赤棠)을 두(杜)라 하고 백당(白棠)을 당(棠)이라 한다"고 하였는데,
육기의 『모시초목조수충어소』에 "적당(赤棠)은 백당(白棠)과 같다. 단지 열
매가 붉고 희며 맛이 좋고 나쁨의 차이가 있다. 열매가 흰색인 것을 백당
(白棠)·감당(甘棠)이라 하는데, 조금 신맛이 나지만 부드럽고 맛이 있다.
적당(赤棠)의 열매는 떫고 시며 맛이 없다. 속어(俗語)에 '떫기가 두(杜)와 같

다'고 한 것이 이것이다. 적당(赤棠)은 나무 결이 질겨서 또한 활대를 만들
수 있다"고 하였다.

 諸慮, 山藟.

제려(諸慮)는 산루(山藟: 등나무의 일종)이다.

 今江東呼藟爲藤, 似葛而麤大.

지금 강동에서는 루(藟)를 등(藤)이라고 부르는데, 칡과 비슷하나 크다.

 慮, 如字, 施力據[24]反, 字又作攄, 力余反. 藟, 字或作蘽, 音誄,
力水反, 下同. 藤, 徒登反. 麤, 七胡反.

려(慮)는 여자(如字)인데, 시건은 력(力)과 거(據)의 반절이라 하였고, 글자
는 또한 려(攄)로도 쓰는데 력(力)과 여(余)의 반절이다. 루(藟)는 글자를 혹
은 루(蘽)로도 되어 있는데, 음은 뢰(誄)이고 력(力)과 수(水)의 반절이며 아
래도 같다. 등(藤)은 도(徒)와 등(登)의 반절이다. 추(麤)는 칠(七)과 호(胡)의
반절이다.

 諸慮, 一名山藟. 郭云 : "今江東呼藟爲藤, 似葛而麤大."

---

24) 據 : 『경전석문』에는 '積'으로 되어 있으나, 『이아고림』 「음의고증」에 따라 고쳤다.

제려(諸慮)는 일명 산류(山蘽)이다. 곽박은 "지금 강동에서는 류(蘽)를 등(藤)이라고 부르는데, 칡과 비슷하나 크다"고 하였다.

 欇, 虎櫐.

섭(欇)은 호루(虎櫐 : 보랏빛 꽃이 피는 등나무. 紫藤)이다.

 今虎豆, 纏蔓林樹而生, 莢有毛刺. 今江東呼爲欇欇.

지금의 호두(虎豆)인데, 수풀에서 엉키고 덩굴져서 자라며, 꼬투리에는 가시가 있다. 지금 강동에서는 엽섭(欇欇)이라고 부른다.

欇, 郭音涉, 本又作聶, 又作聶, 並同. 虎, 呼戶反. 莢, 古協反, 下同.『字林』云 : "草實也."『廣雅』云 : "頭角謂之莢."『周禮』云 : "墳衍之地, 其植物宜莢物." 刺, 七豉反. 欇, 力輒反, 又餘涉反.

섭(欇)에 대하여, 곽박은 음이 섭(涉), 본에 따라서는 섭(聶)으로 되어 있고 또 섭(聶)으로 되어 있는데, 모두 음의가 같다. 호(虎)는 호(呼)와 호(戶)의 반절이다. 협(莢)은 고(古)와 협(協)의 반절이며 아래도 같다.『자림』에 "풀열매이다"고 하였다.『광아』에는 "머리의 뿔을 협(莢)이라 한다"고 하였다.『주례』「지관(地官)」「대사도(大司徒)」에 "하천(河川) 지역의 식물로는 꼬투리 맺는 식물이 적당하다"고 하였다. 자(刺)는 칠(七)과 시(豉)의 반절이다. 렵(欇)은 력(力)과 첩(輒)의 반절이며 또한 여(餘)와 섭(涉)의 반절이다.

 欇, 一名虎欆. 郭云 : "今虎豆, 纏蔓林樹而生, 莢有毛刺. 今江東 呼爲欇." 或曰 : "葛類也. 子如菉豆而葉大."

섭(欇)은 일명 호루(虎欆)이다. 곽박은 "지금의 호두(虎豆)인데, 수풀에서 엉키고 덩굴져서 자라며, 꼬투리에는 가시가 있다. 지금 강동에서는 엽(欇)이라고 부른다"고 하였다. 혹자는 "갈(葛 : 칡)의 종류이다. 열매는 녹두(菉豆)와 같으나 잎은 크다"고 하였다.

 杞, 枸檵.

기(杞)는 구계(枸檵 : 구기자나무)이다.

 今枸杞也.

지금의 구기(枸杞)이다.

爾雅
音義 杞, 去已反. 枸, 音苟. 檵, 音繼.

기(杞)는 거(去)와 이(已)의 반절이다. 구(枸)는 음이 구(苟)이다. 계(檵)는 음이 계(繼)이다.

 杞, 一名枸檵. 郭云: "今枸杞也." 『詩』「小雅」「四牡」云: "集于苞杞." 陸璣『疏』云: "一名苦杞, 一名地骨. 春生作羹茹微苦. 其莖似莓子, 秋熟正赤, 莖葉及子服之, 輕身益氣耳."

기(杞)는 일명 구계(枸檵)이다. 곽박은 "지금의 구기(枸杞)이다"고 하였다. 『시경』「소아」「사모(四牡)」에 "떨기로 나 있는 구기자나무에 앉았다"고 하였는데, 육기의 『모시초목조수충어소』에 "일명 고기(苦杞), 일명 지골(地骨)이다. 봄에 자라는 것은 국을 끓여 먹으면 약간 쓴맛이 난다. 그 줄기는 매자(莓子: 딸기나무)와 비슷하며, 가을에 익으면 순적색(正赤色)이 되고, 줄기와 잎과 열매를 복용하면 몸을 가볍게 하고 기운을 보충할 수 있다"고 하였다.

 杬, 魚毒.

원(杬)은 어독(魚毒: 나무 이름)이다.

 杬, 大木. 子似栗, 生南方. 皮厚, 汁赤, 中藏卵果.

원(杬)은 큰 나무이다. 열매는 밤과 비슷하고 남쪽 지방에서 자란다. 껍질은 두껍고 즙은 붉은 색이며, 속에는 알 모양의 열매가 들어 있다.

 杬, 音元, 又作芫. 卵, 力管反.

원(杬)은 음이 원(元)이며, 또한 원(芫 : 팥꽃나무)으로도 쓴다. 란(卵)은 력(力)과 관(管)의 반절이다.

 杬, 一名魚毒. 郭云 : "杬, 大木. 子似栗, 生南方. 皮厚, 汁赤, 中藏卵果."

원(杬)은 일명 어독(魚毒)이다. 곽박은 "원(杬)은 큰 나무이다. 열매는 밤과 흡사하고 남쪽 지방에서 자란다. 껍질은 두껍고 즙은 붉은 색이며, 속에는 알 모양의 열매가 들어 있다"고 하였다.

 檓, 大椒.

훼(檓)는 대초(大椒 : 열매가 큰 산초나무)이다.

 今椒樹叢生, 實大者名爲檓.

지금의 산초나무로 떨기로 나며, 열매가 큰 것의 명칭을 훼(檓)라 한다.

爾雅音義 檓, 況彼反. 椒, 字又作茮, 子消反.

훼(檓)는 황(況)과 피(彼)의 반절이다. 초(椒)는 글자를 또한 초(茮)로도 쓰는데 자(子)와 소(消)의 반절이다.

檓者, 大椒之別名也. 郭云: "今椒樹. 叢生, 實大者名爲檓."
『詩』「唐風」云: "椒聊且." 陸璣『疏』云: "椒樹似茱萸, 有針刺, 葉
堅而滑澤. 蜀人作茶, 吳人作茗, 皆合煮其葉以爲香. 今成皐諸山間有椒,
謂之竹葉椒, 其樹亦如蜀椒, 少毒熱, 不中合藥也. 可著飮食中, 又用烝
雞豚, 最佳香. 東海諸島上亦有椒樹, 枝葉皆相似, 子長而不圓, 甚香. 其
味似橘皮, 島上獐鹿食此椒葉, 其肉自然作椒橘香."

  훼(檓)란 큰 산초의 별명이다. 곽박은 "지금의 산초나무이다. 무더기로
나며, 열매가 큰 것의 명칭을 훼(檓)라 한다"고 하였다. 『시경』「당풍」「초
료(椒聊)」에 "산초나무여!"라 하였는데, 육기의 『모시초목조수충어소』에
"산초나무는 수유(茱萸)와 비슷하고, 바늘 같은 가시가 있으며, 잎은 단단
히나 매끄럽고 윤기가 있다. 촉(蜀) 지방 사람들은 다(茶: 차)를 만들고 오
(吳) 지방 사람들은 명(茗: 차)을 만드는데, 모두 그 잎을 삶아 뭉쳐서 향(香)
을 만든다. 지금 성고(成皐)의 여러 산에 산초가 있는데 이를 죽엽초(竹葉
椒)라 하며, 그 나무 또한 촉(蜀) 지방의 산초와 비슷하나, 약간의 독기와
열기(熱氣)가 있어 약(藥)을 배합하는 데에 적합하지 않다. 이것을 음식에
넣어 먹을 수 있고, 또한 닭이나 돼지를 쪄서 먹을 때 사용하면 가장 맛
좋은 향내가 난다. 동해의 여러 섬에도 산초나무가 있는데, 가지와 잎이
모두 서로 비슷하지만, 열매는 길쭉하여 둥글지 않고 향기가 짙다. 그 맛
이 귤 껍질과 흡사하므로, 섬에 사는 노루와 사슴이 이 산초나무 잎을 먹
어 그 고기에는 자연히 산초와 귤의 향기가 배게 된다"고 하였다.

楰, 鼠梓.

유(楰)는 서재(鼠梓 : 광나무)이다.

楸屬也. 今江東有虎梓.

추(楸 : 가래나무. 개오동나무)의 종류이다. 지금 강동에 호재(虎梓)가 있다.

楰, 郭音庾, 又音瑜. 梓, 音子.

유(楰)에 대하여 곽박은 음이 유(庾), 또 음은 유(瑜)라고 하였다. 재(梓)는
음이 자(子)이다.

李巡曰 : "鼠梓, 一名楰." 郭云 : "楸屬也. 今江東有虎梓." 『詩』
「小雅」云 : "北山有楰." 陸璣『疏』云 : "其樹葉木理如楸. 山楸之
異者, 今人謂之苦楸." 是也.

이순은 "서자(鼠梓)는 일명 유(楰)이다"고 하였다. 곽박은 "개오동나무 종
류이다. 지금 강동에 호재(虎梓)가 있다"고 하였다. 『시경』 「소아」 「남산유
대(南山有臺)」에 "북쪽 산에는 광나무가 있다"고 하였는데, 육기의 『모시초
목조수충어소』에 "그 나뭇잎과 나뭇결은 가래나무와 비슷하다. 산에 나는
가래나무 가운데 특이한 것으로 지금 사람들은 고추(苦楸)라 한다"고 한
것이 이것이다.

 楓, 欇欇.

풍(楓)은 섭섭(欇欇 : 단풍나무)이다.

 楓樹似白楊, 葉圓而岐. 有脂而香, 今之楓香, 是.

단풍나무로서 백양(白楊)나무와 비슷하고, 잎은 둥글지만 갈라져 있다. 윤기가 나고 향내가 나는데, 지금의 풍향(楓香)이 이것이다.

楓, 甫隆反. 『說文』云 : "木,[25] 厚葉弱枝, 善搖." 『字林』音方廉反. 欇, 之涉反. 岐, 音祁. 脂, 音之.

풍(楓)은 보(甫)와 융(隆)의 반절이다. 『설문』에 풍(楓)에 대하여 "나무이다. 잎이 두껍고 가지가 약하여 잘 흔들린다"고 하였으며, 『자림』에서는 음을 방(方)과 렴(廉)의 반절이라 하였다. 섭(欇)은 지(之)와 섭(涉)의 반절이다. 기(岐)는 음이 기(祁)이다. 지(脂)는 음이 지(之)이다.

『說文』云 : "楓, 木. 厚葉弱枝, 善搖. 一名欇欇." 郭云 : "楓樹似白楊, 葉員而岐. 有脂而香, 今之楓香, 是." 案 『本草』唐本注云 : "樹高大, 葉三角, 商洛之間多有之. 是也." 又 『山海』「南荒經」云 : "有宋山者, 木生山上, 名曰楓木. 楓木, 蚩尤所棄其桎梏, 是謂楓木." 注云卽 "今楓香樹"也.

---

25) 木 : 『경전석문』에는 '本'으로 되어 있으나, 『이아고림』「음의고증」에 따라 고쳤다.

"『설문』에 "풍(楓)은 나무이다. 잎이 두껍고 가지가 약하여 잘 흔들리며, 일명 섭섭(槢槢)이라 한다"고 하였다. 곽박은 "단풍나무로서 백양(白楊)나무와 비슷하고, 잎은 둥글지만 갈라져 있다. 윤기가 나고 향내가 나는데, 지금의 풍향(楓香)이 이것이다"고 하였다. 살펴건대, 『본초』 당본주(唐本注)에 "나무는 높고 크며, 잎은 삼각형이고, 상현(商縣)과 상낙현(上洛縣) 사이에 많이 있다"고 한 것이 이것이다. 또한 『산해경』 「남황경」26)에 "송산(宋山)이 있고 산 정상에는 나무가 자라고 있는데 명칭은 풍목(楓木)이다. 풍목(楓木)은 황제(黃帝)가 치우(蚩尤)를 죽인 다음 그 형틀을 버려 이것이 변하여 나무가 되었는데, 이를 풍목(楓木)이라 한다"27)고 하였는데, 그 주(注)에 곧 "지금의 풍향수(楓香樹)이다"고 하였다.

 寓木, 宛童.

우목(寓木)은 완동(宛童 : 나무에 기생하여 사는 식물)이다.

 寄生樹, 一名蔦.

나무에 기생하는데, 일명 조(蔦 : 담쟁이덩굴)이다.

寓, 魚具反. 宛, 於阮28)反. 蔦, 音鳥, 或音弔. 『說文』 : "或作樢." 『字林』云 : "寄生也."

---

26) 「南荒經」 : 정확히는 「大荒南經」이다.
27) 황제 …… 한다 : 『爾雅義疏』의 "黃帝殺蚩尤, 棄其桎梏爲楓木"에 의하여 풀이하였다.
28) 阮 : 『경전석문』에는 '院'으로 되어 있으나, 『이아고림』 「음의고증」에 따라 고쳤다.

우(寓)는 어(魚)와 구(具)의 반절이다. 완(宛)은 어(於)와 완(阮)의 반절이다.
조(蔦)는 음이 조(鳥)이며 간혹 음을 조(弔)로도 한다. 『설문』에는 "혹 조(樢)
로 쓴다"고 하였다. 『자림』에 "기생하는 것이다"고 하였다.

寓木, 一名宛童. 郭云 : "寄生樹, 一名蔦." 『詩』「小雅」「頍弁」云 :
"蔦與女蘿." 陸璣『疏』云 : "蔦, 一名寄生. 葉似當盧, 子如覆盆,
赤黑, 甛美." 是也.

우목(寓木)은 일명 완동(宛童)이다. 곽박은 "나무에 기생하는데, 일명 조
(蔦)이다"고 하였다. 『시경』「소아」「규변(頍弁)」에 "조여녀라(蔦與女蘿 : 담쟁
이덩굴과 소나무 겨우살이)"라 하였는데, 육기의 『모시초목조수충어소』에 "조
(蔦)는 일명 기생(寄生)이다. 잎은 당로(當盧 : 말 머리에 다는 금장식)와 흡사하
고, 열매는 복분자와 같은데 검붉은 색이며 달콤하다"고 한 것이 이것이다.

 無姑, 其實夷.

무고(無姑 : 느릅나무)는 그 열매가 이(夷 : 느릅나무 열매)이다.

無姑, 姑楡也. 生山中. 葉圓而厚, 剝取皮合漬之, 其味辛香, 所
謂無夷.

무고(無姑)는 고유(姑楡)이다. 산에서 자란다. 잎은 둥글고 두꺼우며 껍질
을 벗겨 함께 물에 담그면 그 맛이 맵고 향기롭다. 이른바 무이(無夷)이다.

夷, 舍人本作㊾, 同.

이(夷)는 사인본에는 이(㊾)로 되어 있는데, 음의(音義)가 같다.

 無姑, 一名姑榆. 其實名夷. 郭云: "無姑, 姑榆也. 生山中. 葉圓而厚, 剝取皮合漬之, 其味辛香. 所謂無夷." 云"所謂"者, 所謂『本草』: "無夷, 一名無姑也."

무고(無姑)는 일명 고유(姑榆)이다. 그 열매를 이(夷)라 한다. 곽박은 "무고(無姑)는 고유(姑榆)이다. 산에서 자란다. 잎은 둥글고 두꺼우며 껍질을 벗겨 함께 물에 담그면 그 맛이 맵고 향기롭다. 이른바 무이(無夷)이다"고 하였다. "소위(所謂)"라 한 것은, 이른바『본초(本草)』에 "무이(無夷)는 일명 무고(無姑)이다"고 말한 것이다.

 櫟, 其實梂.

력(櫟: 상수리나무)은 그 열매가 구(梂: 상수리)이다.

 有梂彙自裹.

고슴도치 털 같은 것이 자연스럽게 상수리를 감싸고 있다.

櫟, 力的反. 梂, 『字林』音求. 舍人云 : "櫟實名梂也." 孫云 : "櫟
實, 橡也, 有梂彙自裹." 郭同. 彙, 音謂. 裹, 音果.

력(櫟)은 력(力)과 적(的)의 반절이다. 구(梂)는 『자림』에 음을 구(求)라 하
였다. 사인은 "상수리 열매의 명칭이 구(梂)이다"고 하였다. 손염은 "상수
리 열매가 상(橡)이며, 고슴도치 털 같은 것이 자연스럽게 상수리를 감싸
고 있다"고 하였다. 곽박이 말한 것도 이와 같다. 휘(彙)의 음은 위(謂)이다.
과(裹)는 음이 과(果)이다.

櫟, 似樗之木也. 梂, 盛實之房也. 孫炎曰 : "櫟實, 橡也." 郭云 :
"有梂彙自裹." 『詩』「秦風」云 : "山有苞櫟." 陸璣『疏』云 : "秦人
謂柞櫟爲櫟, 河內人謂木蓼爲櫟, 椒樧之屬也. 其子房生爲梂, 木蓼子亦
房生." 故說者或曰柞櫟, 或曰木蓼. 璣以爲此秦詩也, 宜從其方土之言柞
櫟是也.

력은 저(樗 : 가죽나무)와 비슷한 나무이다. 구(梂)는 열매를 담고 있는 주머
니이다. 손염은 "역목(櫟木)의 열매가 상(橡)이다"고 하였다. 곽박은 "고슴도
치 털 같은 것이 나 있는 것이 자연스럽게 상수리를 감싸고 있다"고 하였
다. 『시경』「진풍」「신풍(晨風)」에 "산에 떨기로 난 상수리나무가 있다"고
하였다. 육기의 『모시초목조수충어소』에 "진(秦)나라 사람들은 작력(柞櫟)
을 력(櫟)이라 하고, 하내(河內) 사람들은 목료(木蓼)를 력(櫟)이라 하는데, 산
초나무 종류이다. 그 열매가 주머니에 생긴 것을 구(梂)라 하고 목료(木蓼)
의 열매 또한 주머니에서 생긴다"고 하였다. 그러므로 주석가들이 혹은 작
력(柞櫟)이라 하고 혹은 목료(木蓼)라 하기도 한다. 육기는 이것이 진(秦)나라
의 시(詩)이므로 그 지방의 말에 따라 작력(柞櫟)이라 하는 것이 옳다고 여
겼던 것이다.

 檖, 蘿.

수(檖)는 라(蘿: 산배나무)이다.

 今楊檖也. 實似梨而小, 酢可食.

지금의 양수(楊檖)이다. 열매는 배와 비슷하나 작으며, 신맛이 나지만 먹을 수 있다.

爾雅
音義 檖, 音遂.

수(檖)는 음이 수(遂)이다.

爾雅
疏 檖, 一名蘿. 郭云 : "今楊檖也. 實似梨而小, 酢可食." 『詩』「秦風」云 : "隰有樹檖." 陸璣『疏』云 : "檖, 一名赤蘿, 一名山梨也. 今人謂之楊檖, 實如梨但小耳. 一名鹿梨, 一名鼠梨, 今人亦種之. 極有脆美者, 亦如梨之美者."

수(檖)는 일명 라(蘿)이다. 곽박은 "지금의 양수(楊檖)이다. 열매는 배와 흡사하나 작으며, 신맛이 나지만 먹을 수 있다"고 하였다. 『시경』「진풍」「신풍(晨風)」에 "개펄에 산배나무 있다"고 하였는데, 육기의 『모시초목조수충어소』에 "수(檖)는 일명 적라(赤蘿), 일명 산리(山梨)이다. 지금 사람들은 이를 양수(楊檖)라 하는데, 열매는 배와 비슷하나 단지 작을 뿐이다. 일명 녹리(鹿梨), 일명 서리(鼠梨)이며, 지금 사람들도 이를 심는다. 지극히 연하고 맛있는 것도 있고 배처럼 맛있는 것도 있다"고 하였다.

 楔, 荊桃.

설(楔)은 형도(荊桃 : 앵도나무)이다.

 今櫻桃.

지금의 앵도(櫻桃)이다.

 旄, 冬桃.

모(旄)는 동도(冬桃 : 복숭아의 일종)이다.

 子冬熟.

열매가 겨울에 익는다.

 榹桃, 山桃.

사도(榹桃)는 산도(山桃 : 산복숭아)이다.

 實如桃而小, 不解核.

열매는 복숭아와 같으나 작으며, 씨를 깨뜨릴 수 없다.

楔, 古黠反. 施音結. 櫻, 乙29)耕反.『廣雅』云 : "櫻桃, 含桃也."
『禮記』「月令」云 : "羞以含桃." 鄭注云 : "今之櫻桃." 旄, 音毛.
『字林』作梊, 亡到反. 榹, 郭音斯, 又音雌. 解, 古買反. 核, 胡革反, 下同.

설(楔)은 고(古)와 힐(黠)의 반절인데 시건은 음이 결(結)이라 하였다. 앵
(櫻)은 을(乙)과 경(耕)의 반절이다.『광아』에 "앵도(櫻桃)는 함도(含桃)이다"고
하였다.『예기』「월령」「중하(仲夏)」에 "함도(含桃)를 바친다"고 하였다. 정
현의 주(注)에 "지금의 앵도(櫻桃)이다"고 하였다. 모(旄)는 음이 모(毛)이다.
『자림』에는 무(梊)로 되어 있는데, 망(亡)과 도(到)의 반절이다. 사(榹)에 대하
여 곽박은 음이 사(斯)라 하였고 또한 음은 자(雌)라고 하였다. 해(解)는 고
(古)와 매(買)의 반절이다. 핵(核)은 호(胡)와 혁(革)의 반절이며, 아래도 같다.

別桃類也. 楔, 一名荊桃. 郭云 : "今櫻桃."『廣雅』云 : "櫻桃, 含
桃也."「月令」「仲夏」云 : "羞以含桃." 是也. 桃子冬熟者名旄, 生
山中者名榹桃. 郭云 : "實如桃而小, 不解核."

---

29) 乙 :『경전석문』에는 '乞'으로 되어 있으나,『이아고림』「음의고증」에 따라 고쳤다.

복숭아 종류를 구별하였다. 설(楔)은 일명 형도(荊桃)이다. 곽박은 "지금의 앵도(櫻桃)이다"고 하였다. 『광아』에 "앵도(櫻桃)는 함도(含桃)이다"고 하였다. 『예기』「월령」「중하」에 "함도(含桃)를 바친다"고 한 것이 이것이다. 복숭아 열매가 겨울에 익는 것이 모(旄)이고, 산중(山中)에 나는 것이 사도(榹桃)이다. 곽박은 "열매는 복숭아와 같으나 작으며, 씨를 깨뜨릴 수 없다"고 하였다.

 休, 無實李.

유(休)는 무실리(無實李 : 열매 없는 오얏)이다.

 一名趙李.

일명 조리(趙李)이다.

 痤, 椄慮李.

좌(痤)는 접려리(椄慮李 : 오얏의 일종)이다.

 今之麥李.

지금의 맥리(麥李)이다.

 駁, 赤李.

박(駁)은 적리(赤李 : 열매가 붉은 오얏)이다.

 子赤.

열매가 붉다.

休, 虛求反, 又作林. 痤, 徂禾反. 慮, 如字, 施音驪. 駁, 字亦作
駮, 邦角反.

휴(休)는 허(虛)와 구(求)의 반절인데 또한 림(林)으로도 쓴다. 좌(痤)는 조
(徂)와 화(禾)의 반절이다. 려(慮)는 여자(如字)인데, 시건은 음이 려(驪)라 하
였다. 박(駁)은 글자를 또한 박(駮)으로도 쓰는데 방(邦)과 각(角)의 반절이다.

別李屬也. 李之無實者名休. 郭云 : “一名趙李.” 痤, 桜慮李. 郭
云 : “今之麥李.” 與麥同熟, 因名云. 李之子赤者名駁.

오얏 종류를 구별하였다. 오얏 가운데 열매가 없는 것이 휴(休)이다. 곽
박은 “휴(休)는 일명 조리(趙李)이다”고 하였다. 좌(痤)는 접려리(桜慮李)인데
곽박은 “지금의 맥리(麥李)이다”고 하였다. 보리와 같은 때에 익기 때문에

맥리(麥李)라고 이름 붙였다. 오얏 가운데 열매가 붉은 것이 박(駮)이다.

 棗, 壺棗.

조(棗)는 호조(壺棗 : 박처럼 생긴 대추나무의 일종)이다.

 今江東呼棗大而銳上者爲壺. 壺, 猶瓠也.

지금 강동에서는 대추가 크고 위가 뾰쪽한 것을 호(壺)라 한다. 호는 호(瓠 : 박)와 비슷하다.

 邊要棗.

변요조(邊要棗 : 열매의 중간 부분이 가느다란 대추나무의 일종)이다.

 子細腰, 今謂之鹿盧棗.

열매의 중간 부분이 가느다란 것인데 지금 녹로조(鹿盧棗)라 한다.

 檊, 白棗.

제(檊)는 백조(白棗 : 익으면 하얗게 되는 대추나무의 일종)이다.

 即今棗子, 白熟.

곧 지금의 대추인데 익으면 하얗다.

 樲, 酸棗.

이(樲)는 산조(酸棗 : 신맛이 나는 대추나무의 일종. 멧대추나무)이다.

 樹小, 實酢.『孟子』曰 : "養其樲棘."

나무가 작고 열매가 시다.『맹자』에 "이극(樲棘)을 기른다"고 하였다.

 楊徹, 齊棗.

양철(楊徹)은 제조(齊棗 : 대추나무의 일종)이다.

 未詳.

미상이다.

 遵, 羊棗.

준(遵)은 양조(羊棗 : 대추나무의 일종)[30]이다.

 實小而員, 紫黑色, 今俗呼之爲羊矢棗. 『孟子』曰 : "曾晳嗜羊棗."

열매는 작고 동그랗고 자흑색(紫黑色)인데 지금은 세상 사람들이 양시조(羊矢棗)라 부른다. 『맹자』에 "증석(曾晳)이 양조(羊棗)를 즐긴다"고 하였다.

 洗, 大棗.

선(洗)은 대조(大棗 : 알이 굵은 대추나무의 일종)이다.

 今河東猗氏縣出大棗, 子如鷄卵.

---

30) 羊棗 : 一說에는 고욤나무라고 한다.

지금 하동(河東)의 의씨현(猗氏縣)에서 대조(大棗)가 생산되는데 열매가 계란만 하다.

 煮, 塡棗.

자(煮)는 전조(塡棗 : 대추나무의 일종)이다.

 未詳.

미상이다.

 蹶洩, 苦棗.

궤설(蹶洩)은 고조(苦棗 : 쓴맛이 나는 대추나무의 일종)이다.

 子味苦.

열매 맛이 쓰다.

 皙, 無實棗.

석(皙)은 무실조(無實棗 : 열매가 없는 대추나무의 일종)이다.

 不著子者.

열매가 달리지 않는 종류이다.

 還味, 棯棗.

선미(還味)는 임조(棯棗 : 대추나무의 일종)이다.

 還味, 短味.

선미(還味)는 단미(短味)이다.

棗, 音早. 壺, 字或作櫃. 孫云 : "棗形上小下大似瓠, 故曰壺. 音胡." 瓠, 呼故反. 要, 一遙反, 注同, 字或作楆. 榜, 子兮反. 棋, 而至反. 徹, 本或作樶, 直列反. 皙, 思歷反, 下同. 嗜, 時至反. 洗, 屑典反. 猗, 乙奇反, 又於奇反. 塡, 音田, 本或作顛. 躩, 本亦作蹻, 居衛反. 洩, 息列反. 著, 丁略反. 還, 音旋. 郭云 : "還味, 短味." 『字林』作欀, 一縣反. 棯, 而審反, 又作荏, 同.

    조(棗)는 음이 조(早)이다. 호(壺)는 글자를 혹 호(槬)로도 쓴다. 손염은 "조(棗)의 모양이 위는 작고 아래는 커서 박과 비슷하여 호(壺)라 부른다. 음은 호(胡)이다"고 하였다. 호(瓠)는 호(呼)와 고(故)의 반절이다. 요(要)는 일(一)과 요(遙)의 반절로 주에서도 같으며 글자를 혹 요(楆)로도 쓴다. 제(擠)는 자(子)와 혜(兮)의 반절이다. 이(樲)는 이(而)와 지(至)의 반절이다. 철(徹)은 본에 따라 철(㰀)로 되어 있는데 직(直)과 렬(列)의 반절이다. 석(晳)은 사(思)와 력(歷)의 반절이며 아래 글에서도 같다. 기(耆)는 시(時)와 지(至)의 반절이다. 선(洗)은 설(屑)과 전(典)의 반절이다. 의(猗)는 을(乙)과 기(奇)의 반절이며, 또 어(於)와 기(奇)의 반절이다. 전(塡)은 음이 전(田)인데 본에 따라 전(顚)으로 되어 있다. 궐(蹶)은 본에 따라 궤(蹻)로 되어 있는데 거(居)와 위(衛)의 반절이다. 설(洩)은 식(息)과 렬(列)의 반절이다. 착(著)은 정(丁)과 략(略)의 반절이다. 선(還)은 음이 선(旋)이다. 곽박은 "선미(還味)는 단미(短味)이다"고 하였다. 『자림』은 환(檈)으로 썼으며 일(一)과 현(縣)의 반절이라고 하였다. 임(棯)은 이(而)와 심(審)의 반절이며, 또 념(荏)으로도 쓰는데 음의가 같다.

    爾雅疏 別棗類也. 云"棗"者, 目諸棗也. 壺棗者, 棗形似壺也. 郭云: "今江東呼棗大而銳上者爲壺. 壺, 猶瓠也." 邊大而腰細者名邊腰棗. 郭云: "子細腰, 今謂之鹿盧棗." 棗子白熟者名檤. 實小而味酢者名樲棗. 楊徹, 齊棗. 注"未詳." 遵, 一名羊棗. 郭云: "實小而員, 紫黑色, 今俗呼之爲羊矢棗." 洗, 最大之棗名也. 郭云: "今河東猗氏縣出大棗, 子如鷄卵." 煮, 塡棗. 注"未詳." 蹶洩者, 味苦之棗名也. 晳者, 無實之棗名也. 還味者, 短味也. 名棯棗. 注"『孟子』曰: '養其樲棗'"者, 案: "孟子曰: 人之於身也, 體有貴賤, 有小大. 無以小害大, 無以賤害貴. 養其小者爲小人, 養其大者爲大人. 今有場師, 舍其梧檟, 養其樲棘, 則爲賤場師焉." 趙岐注云: "樲棘, 小棘, 所謂酸棗." 是也. 云"『孟子』曰 : '曾晳嗜羊棗'"者, 『孟子』云 : "'曾晳嗜羊棗, 而曾子不忍食羊棗.' 公孫丑問曰 : '膾炙與羊棗孰美?' 孟子曰 : '膾炙哉!' 公孫丑曰 : '然則曾子何爲食膾炙而不食羊棗' 曰 : '膾炙所同也, 羊棗所獨也. 諱名不諱姓, 姓所同也, 名所獨也'." 是其事.

　대추나무 종류를 구별하였다. "조(棗)"라 함은 모든 대추나무를 지목한 것이다. 호조(壺棗)는 대추의 모양이 박과 비슷한 것이다. 곽박은 "지금 강동에서는 대추가 크고 위가 뾰쪽한 것을 호라 하는데 호는 호(瓠 : 박)와 같다"고 하였다. 변(邊)이 크고 허리부분이 가는 것의 명칭이 변요조(邊腰棗)이다. 곽박은 "열매의 중간 부분이 가느다란 것인데 지금 녹로조(鹿盧棗)라 한다"고 하였다. 대추가 익어 하얗게 된 것을 제(檐)라 한다. 열매가 작고 맛이 신 것을 이조(樲棗)라고 한다. "양철(楊徹)은 제조(齊棗)이다"에 대하여 곽박의 주에서는 "미상"이라고 하였다. 준(遵)은 일명 양조(羊棗)이다. 곽박은 "열매는 작고 동그랗고 자흑색(紫黑色)인데 지금 세상 사람들이 양시조(羊矢棗)라 부른다"고 하였다. 선(洗)은 가장 큰 대추 명칭이다. 곽박은 "지금 하동의 의씨현(猗氏縣)에서 대조(大棗)가 생산되는데 열매가 계란만 하다"고 하였다. 자(煮)는 전조(塡棗)인데 곽박의 주에서는 "미상"이라고 하였다. 궤설(蹶洩)은 맛이 쓴 대추의 명칭이다. 석(晳)은 열매가 없는 대추의 명칭이다. 선미(還味)는 단미(短味)인데 임조(稔棗)라고 부른다. 곽박이 주에서 말한 『맹자』의 "양기이조(養其樲棗)"는 살펴건대 『맹자』「고자 상(告子上)」에 "맹자가 말하기를 '인간은 몸에 있어서 육체에 귀하고 천한 것이 있고 작고 큰 것이 있다. 작은 것으로 큰 것을 해치지 말고 천한 것으로 귀한 것을 해치지 말라. 그 작은 것31)을 기르면 소인이 되고 그 큰 것을 기르면 대인이 된다. 지금 원예사가 있는데, 오가(梧檟 : 오동나무)를 버리고 이극(樲棘 : 멧대추나무)을 기르면 천한 원예사가 된다'"고 하였다. 조기

---

31) 작은 것 : 趙岐는 "小, 口腹也. 大, 心志也. 頭腦, 貴者也. 指拇, 賤者也"라고 하였다.

의 주에 "이극(樲棘)은 소극(小棘)이니, 이른바 산조(酸棗)이다"고 한 것이 이것이다. 곽박이 주에서 말한 『맹자』의 "증석기양조(曾晳嗜羊棗)"는 『맹자』「진심 하(盡心下)」에 "맹자가 말하기를 '증석(曾晳)이 양조(羊棗)를 좋아했으므로 증자가 차마 양조를 먹지 못하였다'고 하자, 공손추가 묻기를 '회자(膾炙 : 맛있는 회와 구운 고기)와 양조는 어느 것이 맛있습니까?'라고 하였다. 맹자가 말하기를 '회자(膾炙)이겠지'라고 하였다. 공손추는 '그렇다면 증자는 무엇 때문에 회자는 먹고 양조는 먹지 않았습니까?'라고 하였다. 맹자가 말하기를 '회자는 모든 사람이 똑 같이 좋아하는 것이고, 양조는 한 사람만이 좋아 한 것이다. 부모 이름은 부르지 않지만 성은 부른다. 성은 종족이 같이 쓰는 것이지만 이름은 홀로 쓰기 때문이다'"고 한 것이 그 일이다.

 櫬, 梧.

츤(櫬)은 오(梧 : 오동나무)이다.

 今梧桐.

지금의 오동(梧桐)나무이다.

 櫬, 初靳反, 下同. 梧, 音吳.

츤(櫬)은 초(初)와 근(斳)의 반절이며 아래 글에서도 같다. 오(梧)는 음이
오(吳)이다.

 櫬, 一名梧. 郭云: "今梧桐." 『詩』「大雅」云: "梧桐生矣, 于彼朝
陽." 是也.

츤(櫬)은 일명 오(梧)이다. 곽박은 "지금의 오동나무이다"고 하였다. 『시
경』「대아」「권아(卷阿)」에 "오동나무가 자라도다. 저 산 동쪽에서"라고
한 것이 이것이다.

 樸, 枹者.

복(樸)은 포(枹: 무더기로 더부룩하게 자라는 나무나 풀)이다.

 樸屬32)叢生者爲枹. 『詩』所謂"棫樸"·"枹櫟."

모여서 달라붙어 무더기로 자라는 것을 포(枹)라 한다. 『시경』에서 말하
는 "역복(棫樸: 두릅나무 무더기로 자란다)"과 "포력(枹櫟: 무더기로 자라는 상수리
나무)"이다.

 樸, 音卜, 字又作僕. 枹, 逋旁33)反, 注同. 屬, 之欲反. 棫, 于逼
反. 櫟, 音歷.

---

32) 樸屬: 『爾雅詁林』「正義」에 "樸屬, 聚相著貌"라고 풀이하였다.
33) 旁: 『이아고림』「음의고증」에는 '菱'가 되어야 마땅할 것이라고 하였다.

복(樸)은 음이 복(卜)인데 글자를 또 복(僕)으로도 쓴다. 포(枹)는 포(逋)와 방(菊)의 반절이며 주에서도 같다. 촉(屬)은 지(之)와 욕(欲)의 반절이다. 역(棫)은 우(于)와 핍(逼)의 반절이다. 력(櫟)은 음이 력(歷)이다.

樸屬枹綴, 皆木叢生之名也. 郭云: "樸屬叢生者爲枹." 注『詩』所謂'棫樸枹櫟'"棫樸者, 『詩』「大雅」云: "芃芃棫樸, 薪之槱之." 是也. 枹櫟者, 「秦風」云: "山有苞櫟, 濕有六駮." 是也.

복촉(樸屬)이나 포철(枹綴)은 모두 나무가 무더기로 자라는 명칭이다. 곽박은 "모여서 달라붙어 무더기로 자라는 것을 포(枹)라 한다"고 하였다. 주에서 "『시』 소위 '역복포력'"(『詩』所謂棫樸枹櫟)이라 한 것에서, 역복(棫樸)은 『시경』「대아」「역복(棫樸)」에 "두릅나무 무더기로 자라니,[34] 베어다 쌓아둔다"라고 하였는데, 이것이다. 포력(枹櫟)은 「진풍(秦風)」「신풍(晨風)」에 "산에는 더부룩한 상수리나무가 있고, 습지에는 육박(六駮)[35]이 있네"라고 한 것이 이것이다.

謂櫬, 采薪. 采薪, 卽薪.

츤(櫬)을 채신(采薪 : 땔나무 하는 것)이라 한다. 채신은 즉신(卽薪)이다.

指解今樵薪.

---

34) 두릅나무 …… 자라니 : 『鄭箋』의 "白桜相樸屬而生者, 枝條芃芃然"에 의거하였다.

35) 六駮 : 毛傳은 "駮, 如馬, 倨牙食虎豹"라 하여 짐승으로 보았다. 즉 여섯 마리의 駮이라는 뜻이다. 集傳은 나무 이름인 梓楡로 보았다.

뜻은 지금 땔나무 하는 것이다.

謂, 舍人本作彙, 同. 采, 七在反, 下並同. 薪采薪卽薪, 舍人引上
句檓梧來合在此句, 以謂字作彙. 釋云:"檓梧者樸枹者, 檓者,
其理也, 樸者, 相迫³⁶⁾附也. 彙者, 莖也. 如竹箭, 一讀曰枹也. 檓名采薪,
又名卽薪. 樊引『詩』云:"薪是穫薪." 荊州曰:柞木, 采木. 詩人不曉薪意,
言薪謂身卽薪, 伐之也. 李云:"采薪一名彙檓, 言卽薪, 謂二薪也." 孫引
『詩』云:"薪是穫薪", "薪, 一名彙檓." 郭云:"指解今樵薪." 今依郭氏說.
樵, 字又作㸐, 徂焦反. 『字林』云:"薪也." 案, 『左傳』云:"不樵樹." 『史
記』云:"樵蘇後爨, 師不宿飽." 注云:"樵, 取薪, 蘇, 取草."

　　위(謂)는 사인본에는 휘(彙)로 되어 있는데 음의가 같다. 채(采)는 칠(七)
과 재(在)의 반절로 아래 글에서도 모두 같다. 신(薪)은 채신(采薪)과 즉신(卽
薪)의 신이다. 사인은 윗구절의 츤오(檓梧)를 이 구절과 합치하여 '위(謂)'자
를 '휘(彙)'자로 보았다. 풀이하면 다음과 같이 된다. 츤오(檓梧)・복포(樸枹)
에서 츤(檓)은 리(理:나무 베는 것)이다. 복(樸)은 서로 가까이 붙어 있는 것
이다. 휘(彙)는 경(莖:줄기)인데 죽전(竹箭:화살대)과 같으며 또 포(枹)로 읽는
다. 츤(檓)은 채신(采薪)이라 하고, 또 즉신(卽薪)이라고도 한다.³⁷⁾ 번광은
『시경』「소아」「대동(大東)」의 "신시확신(薪是穫薪:이 확나무 섶을 쪼갠다.)"³⁸⁾
을 인용하면서 형주(荊州)에서는 책목(柞木)을 채목(采木)이라 한다. 시인들
이 신(薪)자의 의미를 깨닫지 못하고, 말하기를 신(薪)은 자신이 땔나무에
가서 그것을 베는 것을 이른다고 하였다. 이순은 "채신(采薪)은 일명 휘츤

---

36) 迫:『경전석문』에는 '追'로 되어 있으나, 『이아고림』「음의고증」에 따라 고쳤다.
37) 츤(檓)은 …… 한다:이 대목은 해설이 여러 가지이다. 즉 舍人은 '樸枹者, 彙'로 보
　　았다. '더부룩히 난 것이 彙이다'고 하여 謂를 彙로 보아 윗구절과 연결시켰다. 그리고
　　檓이 采薪이요 卽薪으로 보았는데 타당성이 있다고 본다. 자세한 해석은 『爾雅詁林』
　　에 수록되어 있는 王引之의 『經義述聞』에 소개되어 있다.
38) 薪是穫薪:鄭箋에 "穫, 落, 木名. ……析是穫薪也"에 의거하였다.

(彙槮)이다. 즉신(卽薪)을 말하여 두가지 신(薪)으로 이른것이다"고 하였다. 손염은『시경』의 "신시확신(薪是穫薪)"을 인용하여 "신(薪)은 일명 휘츤(彙槮)이다"고 하였다. 곽박은 "뜻은 지금 땔나무 하는 것이다"고 하였다. 지금 곽박의 설을 따른다. 초(樵)는 글자를 또 초(櫵)로 쓰는데 조(佪)와 초(焦)의 반절이다.『자림』은 "신(薪:땔나무)이다"고 하였다. 살피건대,『좌전』소공 6년에 "불초수(不樵樹:나무를 베어 땔감으로 하지 않는다)"고 하였다.『사기』「회음후열전(淮陰侯列傳)」에 "나무하거나 풀을 벤 뒤 밥을 지으면 병사들이 잠을 자거나 배불리 먹지 못한다"고 하였다. 배인(裵駰)의『사기집해(史記集解)』에서 주석하기를 "초(樵)는 땔나무를 취하는 것이고, 소(蘇)는 풀을 취하는 것이다"고 하였다.

 郭云:"指解今樵薪", 一名槮, 一名釆薪, 一名卽薪.『公羊』謂之
"薪釆."『左傳』云:"不樵樹."『史記』云:"樵蘇後爨, 師不宿飽."
注云:"樵, 取薪, 蘇, 取草." 皆謂取草木爲薪也.

곽박은 "뜻은 지금 땔나무하는 것이다"고 하였다. 일명 츤(槮), 일명 채신(釆薪), 일명 즉신(卽薪)이다.『공양전』애공 14년에 "신채(薪釆)",『좌씨전』에서는 "불초수(不樵樹)",『사기』에서 "초소후찬, 사불숙포(樵蘇後爨, 師不宿飽)"라 하였는데, 배인이 주에서 "초, 취신(樵, 取薪), 소, 취초(蘇, 取草)"라 하였으니, 모두 풀과 나무를 취해서 땔나무를 하는 것을 말한다.

🛞 **經文** 棪, 梿其.

염(棪)은 속기(梿其:능금나무의 일종)이다.

棪實似柰, 赤可食.

염(棪)은 열매가 내(柰 : 능금나무)와 비슷한데, 붉은 것은 먹을 수 있다.

 棪, 餘念反. 『山海經』 : "堂庭之山多棪木." 注云 : "子似梂, 而赤可食." 樕, 音速.

염(棪)은 여(餘)와 염(念)의 반절이다. 『산해경』 「남산경(南山經)」에 "당정지산(堂庭之山)에 염목(棪木)이 많다"고 하였다. 곽박이 주석하기를 "열매가 능금나무 비슷한데, 붉은 것을 먹을 수 있다"고 하였다. 속(樕)은 음이 속(速)이다.

 棪, 一名樕其. 郭云 : "棪實似柰, 赤可食." 『山海經』云 : "堂庭之山多棪木." 注云 : "子似柰, 而赤可食." 是也.

염(棪)은 일명 속기(樕其)이다. 곽박은 "염은 열매가 능금나무와 비슷한데, 붉은 것은 먹을 수 있다"고 하였다. 『산해경』 「남산경」에서도 "당정지산(堂庭之山)에 염목이 많다"고 하였다. 곽박이 주석하기를 "열매가 능금나무와 비슷한데, 붉은 것은 먹을 수 있다"고 한 것이 이것이다.

 劉, 劉杙.

유(劉)는 유익(劉杙 : 석류나무)이다.

劉子生山中. 實如梨, 酢甛, 核堅, 出交趾.

석류나무의 열매는 산중에서 난다. 열매가 배 같은데 시고도 달며, 씨가 딱딱하고 교지(交趾 : 현재의 베트남 북부)에서 산출된다.

 杙, 音弋. 趾, 音止.

익(杙)은 음이 익(弋)이다. 지(趾)는 음이 지(止)이다.

 劉, 一名劉杙, 其子可食. 郭云 : "劉子生山中. 實如梨, 酢甛, 核堅, 出交趾."

유(劉)는 일명 유익(劉杙)이며 열매는 먹을 수 있다. 곽박은 "석류나무의 열매는 산중에서 난다. 열매가 배 같은데 시고도 달며, 씨가 딱딱하고 교지(交趾)에서 산출된다"고 하였다.

檴, 槐大葉而黑.

회(檴 : 회화나무의 일종)는 괴(槐 : 회화나무의 일종) 가운데서 잎이 크고 검은 것이다.

槐樹葉大色黑者名櫰.

괴수(槐樹) 가운데 잎이 크고 색이 검은 것이 회(櫰)나무이다.

 櫰, 郭古回反. 『字林』下罪反, 又音懷. 槐, 音懷, 或音回.

회(櫰)는 곽박은 고(古)와 회(回)의 반절이라 하였다. 『자림』은 하(下)와
죄(罪)의 반절로 또 음이 회(懷)라고 하였다. 괴(槐)는 음이 회(懷) 혹은 음이
회(回)이다.

 櫰・槐一也. 大葉而黑名櫰, 不爾者卽名槐. 郭云 : "槐樹葉大色
黑者名爲櫰."

회(櫰)와 괴(槐)는 동일한 나무이다. 잎이 크고 색이 검은 것을 회(櫰), 그
렇지 않은 것을 괴(槐)라 한다. 곽박은 "괴수(槐樹) 가운데 잎이 크고 색이
검은 것이 회(櫰)나무이다"고 하였다.

 守宮槐, 葉晝聶宵炕.

수궁괴(守宮槐 : 회화나무의 일종)는 잎이 낮에는 합치고 밤에는 벌어진다.

槐葉晝日聶合而夜炕布者, 名爲守宮槐.

회화나뭇잎이 낮에는 합치고 밤에는 벌어지는 것을 수궁괴(守宮槐)라
한다.

 聶, 之涉反, 合也. 炕, 郭呼郞反, 又口浪反. 顧云 : 張也. 樊本作
抗.

접(聶)은 지(之)와 섭(涉)의 반절로 합(合 : 합하다)이다. 항(炕)에 대하여 곽박
은 호(呼)와 랑(郞)의 반절 또는 구(口)와 랑(浪)의 반절이라 하였다. 고야왕은
장(張 : 벌어지다)이라고 하였다. 번광본에는 항(抗)으로 되어 있다.

 此亦槐也. 聶, 合也. 炕, 張也. 言其葉晝合夜開者, 別名守宮槐.
郭云 : "槐葉晝日聶合而夜炕布者名爲守宮槐."

이것 역시 회화나무이다. 접(聶)은 합(合)이다. 항(炕)은 장(張)이다. 말하
자면 그 잎이 낮에는 합해졌다가 밤에는 펼쳐지는 것의 별명이 수궁괴(守
宮槐)이다. 곽박은 "회화나뭇잎이 낮에는 합치고 밤에는 벌어지는 것을 수
궁괴(守宮槐)라 한다"고 하였다.

 槐, 小葉曰榎.

괴(槐)나무 가운데 잎이 작은 것을 가(榎 : 오동나무의 일종)라 한다.

槐當爲39)楸. 楸細葉者爲榎.

괴(槐)는 추(楸)가 되어야 옳다. 추(楸)나무 가운데 잎이 가는 것을 가(榎)
나무라 한다.

 大而皵, 楸.

잎이 크고 껍질이 주름진 것을 추(楸：늙은 오동나무의 일종. 또는 가래나무)
라 한다.

 老乃皮粗皵者爲楸.

수령(樹齡)이 늙어 껍질이 거칠고 주름진 것을 추(楸)라 한다.

 小而皵, 榎.

잎이 작고 껍질이 주름진 것을 가(榎)라 한다.

---

39) 當爲 : 訓詁術語. '마땅히 …… 로 해야 한다'는 뜻으로, 誤字를 바로잡는 데에 사용
한다. 즉 '槐'는 誤字로서 '楸'로 바로잡아야 한다는 뜻이다.

爾雅注 小而皮粗皴者爲榎.『左傳』曰 : "使擇美榎."

나무가 어리고 껍질이 거칠고 주름진 것을 가(榎)라 한다. 『좌씨전』에 "질이 좋은 오동나무를 택하라"고 하였다.

爾雅音義 槐小葉, 郭"讀槐爲楸, 音秋", 或如字. 榎, 古雅反, 及下同. 皴, 孫 七各・七路[40]二反, 字或作㿸, 下同. 樊云 : "大者, 老也. 㯙, 楷皮 也, 謂麤皴[41]而老者爲楸"也. 孫・郭云 : "老乃皮麤皴者爲楸, 楸音秋."

괴소엽(槐小葉)에 대하여 곽박은 "괴(槐)는 추(楸)로 읽어야 하며 음은 추(秋)이다"고 하였는데 혹은 여자(如字)이다. 가(榎)는 고(古)와 아(雅)의 반절인데 아래 글에도 같다. 작(皴)은 손염은 칠(七)과 각(各) 칠(七)과 로(路)로 반절이 둘이라고 하였는데, 글자는 혹 작(㿸)으로도 쓰는데 아래 글에서도 같다. 번광은 "큰 것은 늙은 것이다. 작(㯙)은 나무껍질이다. 거칠고 주름져 늙은 것을 추(楸)라 한다"고 하였다. 손염과 곽박은 "늙어서 껍질이 거칠고 주름진 것을 추(楸)라 한다. 추(楸)는 음이 추(秋)이다"고 하였다.

爾雅疏 別楸榎之異也. 楸之小葉者名榎. 樊光云 : "大者, 老也. 皴, 楷[42] 皮也. 謂樹老而皮粗皴者爲楸. 小, 少也, 樹小而皮粗皴者爲榎." 注云『左傳』曰 : '使擇美榎.'"者, 案襄二年 : "夏, 齊姜薨. 初, 穆姜使擇美 榎, 以自爲櫬與頌琴, 季文子取以葬." 是其事也.

추(楸)와 가(榎)의 차이를 구별하였다. 추(楸)가운데 잎이 작은 것이 가(榎)

---

40) 路 :『이아고림』「육음의」에는 '各'으로 되어 있다.
41) 皴 :『경전석문』에는 '撒'로 되어 있으나,『이아고림』「음의고증」에 따라 고쳤다.
42) 楷 : 대본에는 '揩'로 되어 있으나.『이아고림』「樊注」에 따라 고쳤다.

이다. 번광은 "큰 것은 늙은 것이다. 작(皵)은 나무껍질이다. 나무가 늙어서 껍질이 거칠고 주름진 것을 추(楸)라 한다. 작은 것은 어린 것이다. 나무가 어리고 껍질이 거칠고 주름진 것을 가(檟)라 한다"고 하였다. 곽박이 주에서 인용한 『좌전』의 "사택미가(使擇美檟)"는 살피건대, 『좌전』 양공 2년에 "여름에 제강(齊姜)이 죽었다. 애당초 시어머니인 목강(穆姜)이 질이 좋은 오동나무를 골라 자신을 위한 관(棺)과 송금(頌琴)[43]을 만들게 하려고 하였는데, 계문자(季文子)가 빼앗아서 제강을 위해 장사지냈다"고 한 것이 그 일이다.

 椅, 梓.

의(椅)는 재(梓 : 오동나무의 일종. 또는 가래나무)이다.

 卽楸.

즉 추(楸)이다.

 椅, 於奇反. 郭云 : "卽楸"也. 案, 椅與楸, 唯子爲異耳. 梓, 『字林』音子.

의(椅)는 어(於)와 기(奇)의 반절이다. 곽박은 "즉추(卽楸)이다"고 하였다. 살피건대 의(椅)와 추(楸)는 오직 열매가 다를 뿐이다. 재(梓)는 『자림』에 음

---

43) 頌琴 : 琴의 일종. 장사지낼 때 묻는다고 한다.

을 자(子)라 하였다.

別二名也. 郭云 : “卽楸.” 『詩』「鄘風」云 : “椅桐梓漆.” 陸璣『疏』
云 : “梓者, 楸之疏理白色而生子者爲梓. 梓實桐皮曰椅. 則大類
同而小別也.”

　두 가지 명칭으로 구별하였다. 곽박은 “즉추(卽楸)”라고 하였다. 『시경』
「용풍」 「정지방중(定之方中)」에 “의나무·오동나무·가래나무·옻나무”라
하였는데, 육기는 『모시초목조수충어소』에서 “가래나무는 추(楸) 가운데
나무 결이 성글고, 색이 하얗고, 열매를 맺는 것이 재(梓)이다. 재처럼 열
매를 맺지만 껍질은 오동나무와 비슷한 것이 의(椅)니, 크게는 비슷하지만
작게는 구별되는 것이다”고 하였다.

　栶, 赤棟. 白者棟.

　이(栶 : 대추나무의 일종. 멧대추나무)는 적색(赤棟 : 붉은 대추나무의 일종)이다.
색이 흰 것은 색(棟 : 흰 대추나무의 일종)이다.

赤棟, 樹葉細而岐銳, 皮理錯戾. 好叢生山中, 中爲車輞. 白棟,
葉圓而岐, 爲大木.

　적색(赤棟)은 나뭇잎이 가늘고 갈라져 날카로우며 껍질 결이 얽혀 있다.
무더기로 산중에서 살기를 좋아하며, 수레바퀴를 만들기에 알맞다. 백색
(白棟)은 잎이 둥글고 갈라졌으며 나무가 크다.

梿, 音夷. 棟, 又作樼同, 山厄反, 郭霜狄反, 下同. 岐, 巨伊反,
下同. 好, 呼報反. 輞, 音罔, 本或作軔, 音刃, 又音如戰反. 本今
作輞.

이(梿)는 음이 이(夷)이다. 색은 또 삭(樼)으로도 쓰는데 음의가 같으며,
산(山)과 액(厄)의 반절이다. 곽박은 상(霜)과 적(狄)의 반절이라 하였는데 아
래 글에서도 같다. 기(岐)는 거(巨)와 이(伊)의 반절인데 아래 글에서도 같
다. 호(好)는 호(呼)와 보(報)의 반절이다. 망(輞)은 음이 망(罔)인데 본에 따라
인(軔)으로 되어 있으며 음은 인(刃)인데 또 여(如)와 전(戰)의 반절이다. 지
금 본에는 망(輞)으로 되어 있다.

梿, 赤者名梿, 白者卽名棟. 某氏曰 : "其色雖異, 爲名卽同." 郭
云 : "赤梿, 樹葉細而岐銳, 皮理錯戾. 好叢生山中, 中爲車輞. 白
棟, 葉圓而岐, 爲大木"也. 『詩』「小雅」云 : "隰有杞夷." 陸璣『疏』云 : "棟
葉如柞, 皮薄而白. 其木理赤者爲赤梿, 一名梿. 白者爲棟. 其木皆堅靭,
今人以爲車轂."

대추나무 가운데 붉은 것을 이(梿), 흰 것을 색(棟)이라 한다. 모씨(某
氏)[44]가 말하기를 "그 색이 다르기는 하지만 명칭은 같다"고 하였다. 곽박
은 "적색(赤梿)은 나뭇잎이 가늘고 갈라져 날카로우며 껍질 결이 얽혀 있
다. 무더기로 산중에서 살기를 좋아하며, 수레바퀴를 만들기에 알맞다. 백
색(白棟)은 잎이 둥글고 갈래가 있으며 나무가 크다"고 하였다. 『시경』「소
아」「사월(四月)」에 "진펄에 구기자나무와 대추나무가 있다"고 하였는데,
육기는 『모시초목조수충어소』에서 "색(棟)은 잎이 작(柞)과 같고 껍질이 얇
고 희다. 그 나뭇결이 적색인 것을 적색(赤梿)이라 하는데 일명 이(梿)이다.

---

44) 某氏 : 樊光을 말한다.

흰 것을 색(檡)이라 한다. 그 나무들은 모두 굳고 질겨 지금 사람들이 수
레바퀴를 만든다"고 하였다.

 終, 牛棘.

종(終)은 우극(牛棘 : 나무 이름. 혹은 장미)이다.

 卽馬棘也. 其刺粗而長.

즉 마극(馬棘)이다. 그 가시가 거칠고도 길다.

 終, 一名牛棘. 郭云 : "卽馬棘也. 其刺粗而長." 謂棘之針刺粗長
者, 因名牛棘·馬棘也.

종(終)은 일명 우극(牛棘)이다. 곽박은 "즉 마극(馬棘)이다. 그 가시가 거
칠고도 길다"고 하였다. 가시의 침이 거칠고도 길므로 우극·마극이라 이
름 붙인 것이다.

 灌木, 叢木.

관목(灌木)은 총목(叢木 : 무더기로 서식하는 나무)이다.

『詩』曰 : "集于灌木."

『시경』에 "관목에 모여 있다"고 하였다.

 灌, 古亂反. 叢, 才公反, 本或作欉.

관(灌)은 고(古)와 란(亂)의 반절이다. 총(叢)은 재(才)와 공(公)의 반절인데 본에 따라 총(欉)으로 되어 있다.

 灌木者, 卽叢生之木也. 下云 : "木族生爲灌." 郭云 : "族, 叢"也. 是灌木爲叢木也. 『詩』「周南」云 : "黃鳥于飛, 集于灌木." 是也.

관목(灌木)은 즉 무더기로 자라는 나무이다. 아래의 글에서 "나무가 무더기로 자라는 것이 관(灌)이다"고 하였다. 곽박은 "족(族)은 총(叢)이다"고 하였으니, 관목은 총목(叢木)이다. 『시경』「주남」「갈담(葛覃)」에 "꾀꼬리가 날아 관목에 모여 있다"고 한 것이 이것이다.

 瘣木, 苻婁.

외목(瘣木)은 부루(苻婁 : 병든 나무)이다.

爾雅注 謂木病尪偏瘿腫無枝條.

나무가 병들어 구부정하고 옹이가 있어 가지가 없는 것이다.

爾雅音義 瘣, 郭胡罪反.『說文』云 : "病也, 一曰腫旁出也." 又音回. 婁, 謝力侯反, 施力俱反. 樊引『詩』云 : "譬彼瘣木, 疾用無枝. 苻婁者, 尪偏內病砢磊無枝也." 李云 : "苻婁, 一名瘣木, 無枝木也." 尪, 烏皇反.『字書』云 : "偏也." 偏, 紆禹反.『廣雅』云 : "曲也." 瘿, 於井反,『字林』云 : "頸瘤也." 腫, 章勇反, 本或作瘇, 常勇反.

외(瘣)는 곽박은 호(胡)와 죄(罪)의 반절이라 하였다.『설문』에 외(瘣)는 "병이다. 또는 종기가 옆으로 튀어나온 것이다"고 하였다. 또 음은 회(回)이다. 루(婁)에 대하여 사교는 력(力)과 후(侯)의 반절이라 하였으며, 시건은 력(力)과 구(俱)의 반절이라 하였다. 번광은『시경』「소아」「소반(小弁)」의 "'비유하자면 저 병든 나무와 같아, 속으로 병이 들어 가지가 없구나'를 인용하여, 부루(苻婁)는 구부정하여 속으로 병들어 엉기어서 가지가 없는 것이다"고 하였다. 이순은 "부루(苻婁)는 일명 외목(瘣木)으로 가지가 없는 나무이다"고 하였다. 왕(尪)은 오(烏)와 황(皇)의 반절이다.『자서』는 "우(偏)이다"고 하였는데 우(偏)는 우(紆)와 우(禹)의 반절이다.『광아』는 "곡(曲)이다"고 하였다. 영(瘿)은 어(於)와 정(井)의 반절인데,『자림』은 "목의 혹이다"고 하였다. 종(腫)은 장(章)과 용(勇)의 반절이다. 본에 따라 종(瘇)으로 되어 있는데 상(常)과 용(勇)의 반절이다.

爾雅疏 某氏云 : "『詩』云 : '譬彼瘣木, 疾用無枝.' 苻婁, 尪偏內疾瘣磊, 故疾用無枝." 郭云 : "謂木病尪偏瘿腫無枝條." 舍人 : "苻婁屬下句." 獨爲異也.

모씨(某氏: 번광)는 "『시경』「소아」「소반(小弁)」에 '비유하자면 저 병든 나무와 같아, 속으로 병이 들어 가지가 없구나'라 하였는데, 부루(符婁)는 구부정하여 속으로 병들어 엉기어서 가지가 없는 것이다"고 하였다. 곽박은 "나무가 병들어 구부정하고 옹이가 있어 가지가 없는 것을 말한다"고 하였다. 사인은 "부루(符婁)는 아래 구절에 속한다"고 하였는데 혼자 다르게 본 것이다.

 蕡, 藹.

분(蕡)은 애(藹: 열매가 많은 나무)이다.

 樹實繁茂菴藹.

나무열매가 무성히 많은 것이다.

 蕡, 扶云反, 孫苻粉反. 藹, 烏害反. 菴, 於檢反.

분(蕡)은 부(扶)와 운(云)의 반절이다. 손염은 부(苻)와 분(粉)의 반절이라고 하였다. 애(藹)는 오(烏)와 해(害)의 반절이다. 엄(菴)은 어(於)와 검(檢)의 반절이다.

蕡, 亦樹實名, 又名藹. 郭云: "樹實繁茂菴藹."

분(蕡)은 또한 나무 열매 명칭인데 또 애(藹)라고도 한다. 곽박은 "나무 열매가 무성히 많은 것이다"고 하였다.

 枹遒木, 魁瘣.

포추목(枹遒木)은 괴외(魁瘣 : 나무가 무더기로 자라 뿌리·가지·마디가 엉겨 있는 나무)이다.

 謂樹木叢生, 根枝節目盤結磈磊.

나무가 무더기로 자라 뿌리·가지·마디가 엉겨붙어 얽힌 것이다.

 枹, 音包. 遒, 又作逎, 子由反, 又徂由反.『說文』云: "逎, 迫也." 謂叢攢迫而生. 魁, 字亦作𩲸, 謝苦罪反, 施苦回反. 瘣, 郭盧罪反, 施胡罪反. 磈, 本或作傀, 苦罪反.

포(枹)는 음이 포(包)이다. 추(遒)는 또 주(逎)로도 쓰는데 자(子)와 유(由)의 반절이며. 또 조(徂)와 유(由)의 반절이다.『설문』에 "추(逎)는 박(迫 : 모여 나아가다)이다"고 하였는데, 무더기로 붙어서 자란다는 뜻이다. 괴(魁)는 글자를 또 괴(𩲸)로도 쓰는데, 사교는 고(苦)와 죄(罪)의 반절, 시건은 고(苦)와 회

(回)의 반절이라 하였다. 외(瘣)는 곽박은 로(盧)와 죄(罪)의 반절, 시건은 호(胡)와 죄(罪)의 반절이라 하였다. 외(瘣)는 본에 따라 괴(傀)로 되어 있는데, 고(苦)와 죄(罪)의 반절이다.

 木叢攢迫而生者名枹遒木. 魁瘣, 讀若45)碨磊, 謂根節盤結處也. 郭云 : "謂樹木叢生, 根枝節目盤結碨磊."

나무가 무더기로 붙어 자라는 것을 포추목(枹遒木)이라 한다. 괴외(魁瘣)는 외뢰(碨磊)와 같이 읽는데, 뿌리와 마디가 엉긴 곳을 말한다. 곽박은 "나무가 무더기로 자라 뿌리·가지·마디가 엉겨붙어 얽힌 것이다"고 하였다.

 棫, 白桵.

역(棫)은 백유(白桵 : 두릅나무)이다.

 桵, 小木, 叢生有刺. 實如耳璫, 紫赤可啖.

두릅나무는 작은 나무로 무더기로 자라며 가시가 있다. 열매는 귀걸이와 같으며, 자적색(紫赤色)이 되면 먹을 수 있다.

---

45) 讀若 : 訓詁術語. 通假字를 本字로 설명할 때에 사용한다. '碨磊'가 본자로 쓰는 것이고, '魁瘣'는 '碨磊'의 통가자로 쓰인 것을 말한다.

棫, 音域, 『字林』干臭反. 桵, 本亦作楼, 『字林』人佳反.

역(棫)은 음이 역(域)이다. 『자림』은 우(于)와 취(臭)의 반절이라 하였다.
유(桵)는 본에 따라 유(楼)로 되어 있는데, 『자림』에서는 인(人)과 가(佳)의
반절이라 하였다.

棫, 一名白桵. 郭云 : "桵, 小木, 叢生有刺. 實如耳璫, 紫赤可
啖." 『詩』「大雅」云 : "芃芃棫樸." 陸璣云 : "『三蒼』說棫卽柞也.
其材理全白無赤心者爲白桵. 直理易破, 可爲檀車輻, 又可爲矛戟矜. 今
人謂之白桙, 或曰白柘." 此二說不同, 未知孰是.

역(棫)은 일명 백유(白桵)이다. 곽박은 "두릅나무는 작은 나무로 무더기
로 자라며 가시가 있다. 열매는 귀걸이와 같으며, 자적색(紫赤色)이 되면
먹을 수 있다"고 하였다. 『시경』「대아」「역복(棫樸)」에 "봉봉역복(芃芃棫樸
: 무성한 두릅나무 무더기로 있다)"고 하였는데, 육기는 『모시초목조수충어소』
에서 "『삼창』에서는 역(棫)은 즉 작(柞)이라고 설명하였다. 그 재질은 결이
순백색이고 붉은 고갱이가 없는 것이 백유(白桵)이다. 결이 곧아 잘 쪼개
지므로 궤짝・수레의 바퀴살을 만들 수 있으며, 또 모(矛 : 창)・극(戟 : 양쪽
에 날이 있는 창・근(矜 : 창자루)을 만들 수 있다. 지금 사람들은 그것을 백구
(白桙)46) 또는 백자(白柘)47)라 한다"고 하였다. 이 두 가지 설이 같지 않으
므로 어느 것이 옳은지 알 수 없다.

---

46) 白桙 : 柞 또는 棫의 異名.
47) 白柘 : 棫의 異名.

 梨, 山樆.

리(梨)는 산리(山樆 : 돌배나무)이다.

 卽今梨樹.

곧 지금의 배나무이다.

 黎, 字亦作梨. 樆, 音離, 本亦作離, 非.

리(黎)는 글자를 또 리(梨)로 쓴다. 리(樆)는 음이 리(離)이다. 본에 따라
리(離)로 되어 있으나 잘못이다.

 梨生山中者名樆. 郭云 : "卽今梨樹." 言其在山之名則曰樆, 人植
之曰梨.

배나무가 산중에서 나는 것을 리(樆)라 한다. 곽박은 "곧 지금의 배나무
이다"고 하였다 말하자면 산에 있는 것을 리(樆), 사람이 심은 것을 리(梨)
라고 하는 것이다.

 桑辨有葚, 梔.

뽕나무에 반 정도 오디가 있으면 치(梔)이다.

 辨, 半也.

변(辨)은 반(半)의 뜻이다.

 辨,48) 普遍反, 又皮莧反. 葚, 音甚. 『說文』云 : “桑實也.” 本或作
椹, 非. 『字林』式忍49)反. 梔, 章移反, 下注同. 舍人云 : “桑樹一
半有葚, 半無葚名梔也.” 樊本同.

변(辨)은 보(普)와 편(遍)의 반절, 또는 피(皮)와 현(莧)의 반절이다. 심(葚)은
음이 심(甚)이다. 『설문』에 “뽕나무 열매이다”고 하였다. 본에 따라 심(椹)
으로 되어 있으나 잘못이다. 『자림』은 식(式)과 인(忍)의 반절이라 하였다.
치(梔)는 장(章)과 이(移)의 반절인데, 아래 주에서도 같다. 사인은 “뽕나무
한 그루에 반정도 오디가 있고 반정도 오디가 없으면 치(梔)라고 부른다”
고 하였다. 번광본에서도 내용이 같다.

 『說文』云 : “葚, 桑實也.” 郭云 : “辨, 半也.” 舍人曰 : “桑樹一半
有葚, 半無葚名梔.”

『설문』에 “오디는 뽕나무 열매이다”고 하였다. 곽박은 “변(辨)은 반(半)
이다”고 하였다. 사인은 “뽕나무에 반정도 오디가 있고 반정도 오디가 없
으면 치(梔)라고 부른다”고 하였다.

---

48) 辨 : 『경전석문』에는 ‘辦’으로 되어 있으나, 『이아고림』 「음의고증」에 따라 고쳤다.
49) 式忍 : 『이아고림』 「육음의」에는 ‘竹心’으로 되어 있다.

 女桑, 桋桑.

여상(女桑)은 제상(桋桑: 뽕나무의 일종)이다.

 今俗呼桑樹小而條長者, 爲女桑樹.

지금 세상에서는 뽕나무 중에서 작으면서 가지가 긴 것을 여상수(女桑樹)라 부른다.

 桋, 大兮反, 或作夷.

제(桋)는 대(大)와 혜(兮)의 반절이며, 혹 이(夷)로도 쓴다.

 女桑, 一名桋桑. 郭云 : "今俗呼桑樹小而條長者, 爲女桑樹." 『詩』「豳風」「七月」云 : "猗彼女桑." 是也.

여상(女桑)은 일명 제상(桋桑)이다. 곽박은 "지금 세상에서는 뽕나무 중에서 작으면서 가지가 긴 것을 여상수(女桑樹)라 부른다"고 하였다. 『시』「빈풍(豳風)」「칠월」에 "저 뽕나무의 잎을 딴다"라 한 것이 이것이다.

 楡, 白枌.

유(楡)는 백분(白枌 : 느릅나무)이다.

枌楡先生葉, 却著莢,[50] 皮色白.

분유(枌楡)는 잎이 먼저 난 다음에 열매가 달리며 껍질은 색이 희다.

楡, 以朱反. 枌, 符云反. 郤,[51] 去略反. 著, 丁略反. 莢, 古叶反, 『字林』云 : "草實也."

유(楡)는 이(以)와 주(朱)의 반절이다. 분(枌)은 부(符)와 운(云)의 반절이다. 각(郤)은 거(去)와 략(略)의 반절이다. 착(著)은 정(丁)과 략(略)의 반절이다. 협(莢)은 고(古)와 협(叶)의 반절인데,『자림』에는 "풀의 열매이다"고 하였다.

楡之皮色白名白枌. 郭云 : "枌楡先生葉, 却著莢, 皮色白."『詩』「陳風」云 : "東門之枌." 是也.

느릅나무 중에서 껍질의 색이 흰 것을 백분(白枌)이라 한다. 곽박은 "잎이 먼저 난 다음에 열매가 달리며 껍질은 색이 희다"고 하였다.『시경』「진풍(陳風)」「동문지분(東門之枌)」에 "동문지분(東門之枌 : 동쪽 문의 느릅나무)"이라고 한 것이 이것이다.

---

50) 却著莢 :『爾雅詁林』「義疏」에는 '却著莢'을 '後著莢'이라고 풀이하였다.
51) 郤 : 却의 本字이다.

 唐棣, 栘.

당체(唐棣)는 이(栘 : 산앵도나무의 일종)이다.

 似白楊, 江東呼夫栘.

백양(白楊)과 비슷하며 강동에서는 부이(夫栘)라고 한다.

 棣, 大計反, 下同, 『字林』大內反. 栘, 以支反, 『字林』上泥反. 夫, 音符.

체(棣)는 대(大)와 계(計)의 반절이며, 아래도 같다. 『자림』에는 대(大)와 내(內)의 반절로 되어 있다. 이(栘)는 이(以)와 지(支)의 반절이다. 『자림』에는 상(上)과 니(泥)의 반절이라 하였다. 부(夫)는 음이 부(符)이다.

舍人曰 : "唐棣, 一名栘." 郭云 : "似白楊, 江東呼夫栘." 『詩』「召南」云 : "唐棣之華." 陸璣『疏』云 : "奧李也, 一名雀梅, 亦曰車下李. 所在山皆有. 其華或白, 或赤. 六月中熟, 大如李子, 可食."

사인은 "당체(唐棣)는 일명 이(栘)이다"고 하였다. 곽박은 "백양(白楊)과 비슷하며 강동에서는 부이(夫栘)라 한다"고 하였다. 『시경』「소남」「하피농의(何彼穠矣)」에 "산앵도나무 꽃"이라고 하였는데, 육기의 『모시초목조수충어소』에는 "욱리(奧李)이며 일명 작매(雀梅)이니 또 차하리(車下李)라고도 한다. 산이 있는 곳이면 모두 있다. 그 꽃이 어떤 것은 희고 어떤 것은 붉다. 유월 중에 익으며, 크기가 오얏과 같고 먹을 수 있다"고 하였다.

 常棣, 棣.

상체(常棣)는 체(棣 : 산앵도나무의 일종)이다.

 今山中有棣樹, 子如櫻桃, 可食.

지금 산에 산앵도나무가 있는데, 열매가 앵도(櫻桃)와 같으며 먹을 수
있다.

舍人曰 : "常棣, 一名棣." 郭云 : "今山中有棣樹, 子如櫻桃, 可
食." 『詩』「小雅」云 : "常棣之華." 陸璣『疏』云 : "許愼曰 : '白棣樹
也.' 如李而小. 子如櫻桃, 正白, 今官園種之. 又有赤棣樹亦似白棣, 葉如
刺楡葉而微圓. 子正赤, 如郁李而小, 五月始熟. 自關西·天水·隴西多
有之."

사인은 "상체(常棣)는 일명 체(棣)이다"고 하였으며, 곽박은 "지금 산에
산앵도나무가 있는데 열매가 앵도(櫻桃)와 같으며 먹을 수 있다"고 하였
다. 『시경』「소아」「상체(常棣)」에 "상체지화(常棣之華 : 산앵도나무 꽃)"라고
하였는데, 육기의 『모시초목조수충어소』에 "허신은 '흰 산앵도나무이다'
고 하였다. 오얏나무와 같으면서 작다. 열매는 앵도(櫻桃)와 같으며 순백색
으로 지금 관청의 정원에 심는다. 또 붉은 산앵도나무도 있는데 역시 흰

산앵도나무와 비슷하며 잎은 가시있는 느릅나무의 잎과 같으나 약간 둥글다. 열매는 순적색이며 욱리(郁李 : 산앵도나무의 일종)와 같으면서 작은데 오월에 비로소 익는다. 관서(關西)에서부터 천수(天水)와 농서(隴西)에 많이 있다.

 檟, 苦荼.

가(檟)는 고도(苦荼 : 차나무의 일종)이다.

爾雅注 樹小如梔子, 冬生葉可煮作羹飲. 今呼早采者爲荼, 晚取者爲茗. 一名荈, 蜀人名之苦荼.

나무는 치자(梔子)처럼 작으며, 겨울에 나는 잎은 삶아서 국을 만들어 먹을 수 있다. 지금 일찍 따는 것을 도(荼)라 하고 늦게 따는 것을 명(茗)이라 한다. 일명 천(荈)인데 촉인(蜀人)은 고도(苦荼)라 한다.

爾雅音義 檟, 古雅反, 與榎同. 荼, 音徒, 下同.『埤蒼』作樣. 案今蜀人以作飲, 音直[52]加反, 茗之類. 茗, 亡頂反. 荈, 尺兗反. 荈 · 樣 · 茗其實一也. 張揖『雜字』云 · "茗之別名也."

가(檟)는 고(古)와 아(雅)의 반절인데 가(榎)와 같다. 도(荼)는 음이 도(徒)이며 아래도 같다.『비창』에는 도(樣)로 되어 있다. 살피건대, 지금 촉인(蜀人)은 이것으로 마실 것을 만드는데 음은 직(直)과 가(加)의 반절이며 명(茗)의

---

52) 直 :『경전석문』에는 '眞'으로 되어 있으나,『이아고림』「음의고증」에 따라 고쳤다.

종류이다. 명(茗)은 망(亡)과 정(頂)의 반절이다. 천(荈)은 척(尺)과 연(兗)의 반
절이다. 천(荈)·도(荼)·명(茗)은 그 실상이 동일하다. 장읍의 『잡자』에는
"명(茗)의 다른 이름이다"고 하였다.

 檟, 一名苦荼. 郭云: "樹小似梔子, 冬生葉可煮作羹飲. 今呼早
采者爲荼, 晚取者爲茗. 一名荈, 蜀人名之苦荼."

가(檟)는 일명 고도(苦荼)이다. 곽박은 "나무는 치자처럼 작으며, 겨울에
나는 잎은 삶아서 국을 만들어 먹을 수 있다. 지금 일찍 따는 것을 도(荼)
라 하고 늦게 따는 것을 명(茗)이라 한다. 일명 천(荈)인데 촉인(蜀人)은 고
도(苦荼)라 한다"고 하였다.

 楸樸, 心.

속복(楸樸)은 심(心 : 떡갈나무)이다.

 槲楸別名.

곡속(槲楸)의 별명(別名)이다.

楸, 音速. 樸, 音卜. 槲, 音斛.

속(楸)은 음이 속(速)이다. 복(樸)은 음이 복(卜)이다. 곡(槲)은 음이 곡(斛)이다.

 孫炎曰：“樸樕，一名心.” 某氏曰：“樸樕，槲樕也. 有心能濕[53]，江河間以作柱，是樸樕爲木名也.” 故郭云：“槲樕別名.” 『詩』「召南」云：“林有樸樕.” 此作樕樸. 文雖倒，其實一也. 或者傳寫誤.

손염은 “복속(樸樕)은 일명 심(心)이다”고 하였으며, 모씨(某氏)는 “복속(樸樕)은 곡속(槲樕)이다. 고갱이는 습기를 견딜 수 있어서 강수(江水)와 하수(河水) 지역에서는 이것으로 기둥을 만드는데, 이 복속(樸樕)은 나무 이름이다”고 하였다. 그러므로 곽박은 “곡속(槲樕)의 별명(別名)이다”고 하였다. 『시경』「소남」「야유사균(野有死麕)」에 “숲에 떡갈나무가 있다”라고 하였다. 여기서는 속복(樕樸)으로 썼다. 글은 비록 도치되었으나 그 내용은 동일하다. 혹자는 전사 과정의 잘못이라 하였다.

 榮, 桐木.

영(榮)은 동목(桐木 : 오동나무)이다.

 卽梧桐.

즉 오동(梧桐)이다.

---

53) 有心能濕 : 『爾雅義疏』에 “有心耐濕, 故卽名心”이라 하였다.

桐木, 一名榮. 郭云 : "卽梧桐." 與上"櫬, 梧" 一也.

동목(桐木)은 일명 영(榮)이다. 곽박은 "즉 오동(梧桐)이다"고 하였다. 윗글에서 "츤(櫬)은 오(梧)이다"고 한 것과 동일하다.

 棧木, 干木.

잔목(棧木)은 간목(干木 : 棧道를 만들 수 있는 단단한 나무)이다.

 橿木也. 江東呼木豁.

강목(橿木)이다. 강동에서는 목격(木豁)이라 부른다.

棧, 仕板反. 干, 古丹反, 樊本作杆, 同. 橿, 居良反, 『字書』云 : "死而不朽." 本或作僵. 『說文』云 : "僵, 偃也." 豁, 加客反.

잔(棧)은 사(仕)와 판(板)의 반절이다. 간(干)은 고(古)와 단(丹)의 반절이다. 번광본에는 간(杆)으로 되어 있는데 음의가 같다. 강(橿)은 거(居)와 량(良)의 반절인데 『자서』에는 "죽어도 썩지 않는 것이다"고 하였다. 본에 따라 강(僵)으로 되어 있다. 『설문』에 "강(僵)은 언(偃 : 넘어짐)이다"고 하였다. 격(豁)은 가(加)와 객(客)의 반절이다.

棧木, 一名干木. 郭云 : "橿木也. 江東呼木賂."

잔목(棧木)은 일명 간목(干木)이다. 곽박은 "강목(橿木)이다. 강동에서는 목격(木賂)이라 부른다"고 하였다.

 檿桑, 山桑.

염상(檿桑)은 산상(山桑 : 산뽕나무)이다.

 似桑. 材中作弓及車轅.

뽕나무와 비슷하다. 재목은 활대와 차원(車轅 : 수레 끌채)을 만드는데 적당하다.

 檿, 烏簟反. 車, 昌蛇反. 轅, 音袁.

염(檿)은 오(烏)와 점(簟)의 반절이다. 차(車)는 창(昌)과 사(蛇)의 반절이다. 원(轅)은 음이 원(袁)이다.

 山桑, 一名檿桑. 郭云 : "似桑. 材中作弓及車轅."『冬官』「考工記」云 : "弓人取幹柘爲上, 檿桑次之." 是也.

산상(山桑)은 일명 염상(檿桑)이다. 곽박은 "뽕나무와 비슷하다. 재목은 활대와 수레 끌채를 만드는 데에 적당하다"고 하였다. 『주례』「동관」「고공기(考工記)」에 "궁인(弓人)이 활대를 채취할 때 자(柘 : 산뽕나무의 일종)가 제일이고 염상(檿桑)이 그 다음이다"고 한 것이 이것이다.

 木自獘, 柛.

나무가 스스로 쓰러지는 것은 신(柛 : 저절로 쓰러져서 죽은 나무)이다.

 獘, 踣.

폐(獘)는 북(踣 : 엎어짐)이다.

 立死, 椔.

선 채로 죽은 것은 치(椔 : 선 채로 죽은 나무)이다.

 不獘頓.

넘어지지 않는 것이다.

 檖者, 翳.

폐(檖)는 예(翳 : 죽기는 하였으나 쓰러지지 않은 나무)이다.

 樹蔭翳覆地者.『詩』云 : "其栵其翳."

나무가 그늘져 땅을 가려서 덮은 것이다.『시경』「대아(大雅)」「황의(皇矣)」에 "선 채로 죽은 나무와 쓰러지지 않은 나무이다"고 하였다.

 木相磨, 槸.

나무가 서로 닿은 것이 예(槸 : 가지가 서로 부딪치는 나무)이다.

 樹枝相切磨.

나뭇가지가 서로 닿아 비비는 것이다.

 椙, 敊.

착(柝)은 작(皵 : 껍질이 거친 나무)이다.

 謂木皮甲錯.

나무 껍질이 딱딱하고 거친 것이다.

 梢, 梢櫂.

삭(梢)은 삭적(梢櫂 : 가지가 없이 길게 자라는 나무)이다.

 謂木無枝柯. 梢櫂長而殺者.[54]

가지가 없는 나무를 말한다. 삭적(梢櫂)은 길면서 가늘어진 것이다.

 樊, 婢世反, 字又作㜲. 柚, 音申. 踣, 蒲北反, 或作仆. 榴, 側利反, 一音側其反. 蔽, 必世反, 注同. 翳, 音㙥, 注同. 蔭, 於禁反. 槭, 魚逆反, 郭云逆・魚例二音. 楷, 七各反. 皵, 謝音焉, 郭音夕. 梢, 郭音朔. 櫂, 直角反. 『方言』云: “拔也.” 『倉頡篇』云: “抽也.” 『廣雅』云: “出也.” 『小爾雅』云: “拔根曰櫂.” 殺, 色戒反, 又色例反.

---

54) 謂木無枝柯, 梢櫂長而殺者 : 『集韻』에는 “梢櫂, 謂木無枝柯, 長而殺者”라고 하여 '梢櫂'이 주어로 되어 있다.

폐(獘)는 비(婢)와 세(世)의 반절인데 글자를 또 폐(斃)로도 쓴다. 신(柛)은 음이 신(申)이다. 북(踣)은 포(蒲)와 북(北)의 반절인데 혹은 부(仆)로도 쓴다. 치(樆)는 측(側)과 리(利)의 반절이며, 일음(一音)은 측(側)과 기(其)의 반절이다. 폐(蔽)는 필(必)과 세(世)의 반절인데 주에서도 같다. 예(翳)는 음이 에(壹)인데 주에서도 같다. 음(蔭)은 윤(云)과 금(禁)의 반절이다. 예(槸)는 어(魚)와 서(逝)의 반절인데 곽박은 윤(云)와 서(逝), 어(魚)와 예(例) 두 가지의 반절이라고 하였다. 착(楉)은 칠(七)과 각(各)의 반절이다. 작(皵)에 대하여 사교는 음을 석(焉), 곽박은 음을 석(夕)이라 하였다. 삭(梢)에 대하여 곽박은 음을 삭(朔)이라 하였다. 탁(擢)은 직(直)과 각(角)의 반절이다. 『방언』에는 "발(拔: 빼다)이다"고 하였다. 『창힐편』에는 "추(抽: 뽑다)이다"고 하였다. 『광아(廣雅)』에는 "출(出: 나오다)이다"고 하였다. 『소이아(小爾雅)』에는 "뿌리가 뽑히는 것을 탁(擢)이라 한다"고 하였다. 쇄(殺)는 색(色)과 계(戒)의 반절, 또는 색(色)과 례(例)의 반절이다.

此別死·頓·相磨·皮甲抽擢之異名也. 云"木"者, 總在下之稱也. 自獘踣者名柛, 立死不獘頓者名樆, 枝葉蔽蔭覆地者名翳, 木兩枝相切磨者名槸, 木皮甲粗錯者名楉, 亦名皵. 木無枝柯, 長而殺者名梢, 一名梢擢. 『小爾雅』曰: "拔根曰擢." 注"詩云: '其樆其翳'", 『詩』「大雅」「皇矣」篇文也. 毛傳云: "木立死曰樆, 自獘爲翳." 說者引李巡曰: "以死害生曰蔰." 獘, 死也. 然則以立死之木妨他木長生, 爲木之害, 故曰蔰也. 自獘者, 生木自倒, 枝葉覆地爲陰翳, 故曰翳也. 『爾雅』直云"獘"者, 『詩』傳以其非人獘之, 故曰自獘. 其文與此不同者, 所見本異也.

여기서는 죽고, 넘어지고, 서로 부딪치고, 껍질이 벗겨지는 등의 다른 명칭을 구별하였다. "목(木)"이라고 한 것은 아래에 있는 명칭을 총괄한 것이다. 저절로 죽어 넘어진 것이 신(柛), 선 채로 죽어서 쓰러지지 않은 것은 이름이 치(樆), 가지와 잎이 그늘지고 가려 땅을 덮은 것이 예(翳), 나무의 두 가지가 서로 부딪치는 것이 예(槸), 나무의 껍질이 딱딱하고 거친 것이 착(槭), 또한 작(樧)이라 한다. 나무에 가지가 없이 길면서 가늘어진 것이 삭(梢)이며 일명 삭적(梢櫂)이다. 『소이아』에는 "뿌리가 뽑히는 것을 적(櫂)이라 한다"고 하였다. 주에서 인용한 『시경』의 "기치기예(其檹其翳)"는 『시경』「대아」「황의(皇矣)」편의 글이다. 모전에 "나무가 서서 죽은 것을 치(檹)라 하며, 저절로 죽는 것을 예(翳)라 한다"고 하였다. 설명하는 자가 이순이 말한 "죽은 나무가 살아 있는 나무를 해치는 것을 치(菑)라 한다"는 것을 인용하여 폐(弊)는 사(死)라고 하였다. 그렇다면 서 있는 채로 죽은 나무가 다른 나무의 자라는 것을 방해하여 나무의 해(害)가 되므로 치(菑)라고 한 것이다. 저절로 죽었다는 것은 살아 있는 나무가 저절로 넘어져 가지와 잎이 땅을 덮어 그늘지고 가려지므로 예(翳)라고 하는 것이다. 『이아』에서 곧바로 "폐(斃)이다"고 하고, 모전(毛傳)에서는 사람이 죽게 한 것이 아니므로 자폐(自斃 : 저절로 죽다)라고 하였다. 그 글이 이와 다른 것은 본 판본이 다르기 때문이다.

 樅, 松葉柏身.

종(樅 : 전나무)은 잎이 송(松 : 소나무)이면서 몸체는 백(柏 : 측백나무)이다.

 今大廟梁材用此木. 『尸子』所謂 "松柏之鼠, 不知堂密之有美樅."

지금 태묘(太廟)에 대들보로 이 나무를 쓴다. 『시자(尸子)』에서 "송백(松柏)에 사는 쥐는 집 모양처럼 생긴 산55)에 아름다운 전나무가 있다는 것

---

55) 집 모양처럼 생긴 산: 『爾雅』「釋山」에 "山如堂者, 密"이라 하였다.

을 모른다"고 하였다.

 檜, 柏葉松身.

회(檜 : 회화나무)는 잎이 백(柏)이고 몸체는 송(松)이다.

 『詩』曰 : "檜楫松舟."

『시경』에 "회화나무로 만든 노와 소나무로 만든 배"라고 하였다.

 樅, 七容反. 松, 『字林』象容反. 大, 音泰. 檜, 古外反, 又苦外反. 楫, 本又作檝, 子葉反, 一音集.

종(樅)은 칠(七)과 용(容)의 반절이다. 송(松)에 대하여 『자림』에는 상(象)과 용(容)의 반절이라 하였다. 태(太)는 음이 태(泰)이다. 회(檜)는 고(古)와 외(外)의 반절, 또는 고(苦)와 외(外)의 반절이다. 즙(楫)은 본에 따라 즙(檝)으로 되어 있으며 자(子)와 엽(葉)의 반절인데 일음(一音)은 집(集)이다.

 此辨樅 · 檜之異名也. 松葉柏身者名樅, 柏葉松身者名檜. 云 : "今大廟梁材用此木", 以時驗而言也. 注 『尸子』所謂" 已下者, 「綽子」篇文也. 注"『詩』曰 : '檜楫松舟'"者, 『詩』 「鄘風」 「竹竿」篇文也. 毛傳云 : "楫所以櫂舟" 是也.

여기서는 종(樅)과 회(檜)의 다른 이름을 구별하였다. 잎은 송(松)이면서 몸체는 백(柏)인 것이 종(樅), 잎은 백(柏)이면서 몸체는 송(松)인 것의 명칭이 회(檜)이다. 곽박이 "지금 태묘(太廟)에 대들보로 이 나무를 쓴다"고 한 것은 당시의 경험으로 한 말이다. 주의 "시자소위(尸子所謂)" 이하는 『시자』 「작자(綽子)」편의 글이다. 주에서 인용한 『시경』의 "회즙송주(詩曰檜楫松舟)"는 『시경』 「용풍(鄘風)」[56] 「죽간(竹竿)」편의 글이다. 모전에 "즙(楫)은 배를 나아가게 하는 것이다"고 한 것이 이것이다.

 句如羽, 喬.

새의 깃처럼 휘어진 것은 교(喬 : 새 깃처럼 가지가 휘어진 나무)이다.

 樹枝曲卷似鳥毛羽.

나무 가지가 휘어져서 새 깃과 비슷하다.

 下句曰朻, 上句曰喬. 如木楸曰喬.

아래가 휘어진 것을 규(朻 : 아래가 휘어진 나무)라 하며, 위가 휘어진 것을 교(喬 : 위가 휘어진 나무)라 한다. 가래나무와 같은 성질을 교(喬 : 가래나무 속성

---

56) 「鄘風」: 「衛風」에 이 글이 있다.

의 나무)라 한다.

 楸樹性上竦.

가래나무 성질은 위로 솟는다.

 如竹箭曰苞,

화살대와 같은 것을 포(苞 : 무더기로 자라는 나무)라 한다.

 條57)竹性叢生.

조릿대의 성질은 무더기로 난다.

 如松柏曰茂,

송백(松柏)과 같은 것을 무(茂 : 무성한 나무)라 한다.

---

57) 條:『이아고림』「郭注」에는 '篠'로 되어 있다.

 枝葉婆娑.

가지와 잎이 사방으로 퍼진다.

 如槐曰茂.

괴(槐)와 같은 것을 무(茂 : 무성한 나무)라 한다.

 扶疎茂盛.

사면으로 퍼져 무성한 것을 말한다.

句, 居具反, 下同. 喬, 阮孝緒音橋, 郭音驕, 下皆同. 卷, 巨員反. 杻, 居蚓反, 本又作榴, 同.『字林』九稠反. 苞, 如字, 本或作枹, 篠, 先了反. 娑, 素河反.

구(句)는 거(居)와 구(具)의 반절이며 아래도 같다. 교(喬)에 대하여 완효서(阮孝緒)는 음을 교(橋)라 하였으며, 곽박은 음을 교(驕)라 하였는데 아래도 모두 같다. 권(卷)은 거(巨)와 원(員)의 반절이다. 규(杻)는 거(居)와 규(蚓)의 반절인데 본에 따라 또 규(榴)로 되어 있으나 음의는 같다.『자림』에는 구(九)와 조(稠)의 반절로 되어 있다. 포(苞)는 여자(如字)이며, 본에 따라 포(枹)로 되어 있다. 조(篠)는 선(先)과 료(了)의 반절이다. 사(娑)는 소(素)와 하

(河)의 반절이다.

爾雅疏 此別木之曲直·叢生·茂盛之異名也. 句, 曲也. 樹枝曲卷似鳥
毛羽, 名喬. 樹枝下垂而曲, 名朻.『詩』「周南」云: "南有樛木" 是
也. 本[58]枝上竦而曲卷者, 亦名喬. 如木楸上竦者, 亦曰喬. 郭云: "楸樹
性上竦."『詩』「周南」云: "南有喬木." 是也. 凡木如竹箭叢生者, 曰苞.
「禹貢」曰: "草木漸包." 是也. 凡木枝葉婆娑者, 曰茂.『詩』「小雅」云: "如
松柏之茂." 是也. 枝葉扶疎茂盛如槐者, 亦曰茂.

여기서는 나무가 휘거나 곧은 것, 무더기로 난 것, 무성한 것의 다른
이름을 구별하였다. 구(句)는 휘어졌다는 뜻이다. 나뭇가지가 휘어져서 새
의 깃과 비슷한 것은 이름이 교(喬)이다. 나뭇가지가 아래로 드리워져서
굽은 것은 이름이 규(朻)이다.『시경』「주남(周南)」「규목(樛木)」에 "남쪽[59]
에 규목(樛木)이 있다"라 한 것이 이것이다. 본래 나뭇가지가 위로 솟구치
고 휘어진 것도 역시 교(喬)라 한다. 가래나무처럼 위가 높이 솟구친 것도
역시 교(喬)라 한다. 곽박은 "가래나무 성질은 위로 솟는다"고 하였다.『시
경』「주남(周南)」「한광(漢廣)」에 "남쪽에 교목(喬木)이 있다"고 한 것이 이
것이다. 나무가 화살대처럼 무더기로 나는 것을 포(苞)라 한다.『서경』「우
공(禹貢)」에 "초목이 점점 무더기로 난다"고 한 것이 이것이다. 대체로 나
뭇가지와 잎이 사방으로 퍼지는 것을 무(茂)라 한다.『시경』「소아」「천보
(天保)」에 "송백이 무성한 것과 같다"고 한 것이 이것이다. 가지와 잎이 사
면으로 퍼져 회화나무 같은 것을 역시 무(茂)라 한다.

---

58) 本:『이아고림』「邢疏」에는 '木'으로 되어 있다.
59) 남쪽:毛傳은 "南, 南土也", 集傳은 "南, 南山也"라 하였다.

 柷, 州木. 髦, 柔英.

축(柷)은 주목(州木)이다. 모(髦)는 유영(柔英)이다.

 皆未詳.

모두 미상(未詳)이다.

 柷, 章六反, 本今作祝. 髦, 音毛.

축(柷)은 장(章)과 육(六)의 반절인데 본에 따라 지금 축(祝)으로 되어 있다. 모(髦)는 음이 모(毛)이다.

 槐棘醜喬.

괴(槐 : 회화나무)와 극(棘 : 가시나무) 종류는 높이 뻗은 나무이다.

 枝皆翹竦.

가지가 모두 높이 올라갔다.

 桑柳醜條.

상(桑 : 뽕나무)과 류(柳 : 버드나무) 종류는 가지가 땅으로 처진 나무이다.

 阿那垂條.

부드럽게 가지를 드리우고 있다.

 椒機醜莍.

초(椒 : 산초나무 또는 산수유)와 살(機 : 오수유) 종류는 껍질이 있는 과실나무
이다.

 莍萸子聚生成房貌. 今江東亦呼莍. 莍・機似茱萸而小, 赤色.

껍질 있는 과실나무의 열매는 무더기로 나서 방(房) 같은 모양을 이룬
다. 지금 강동에서 역시 구(莍)라 부른다. 구(莍)와 살(機)은 수유(茱萸)와 비
슷하나 작으며, 붉은 색이다.

 桃李醜核.

도(桃 : 복숭아)와 리(李 : 자두) 종류는 씨가 있는 나무이다.

 子中有核人.[60]

열매 속에 씨·배젖이 있다.

棘, 居力反. 阿, 烏河反, 又於可反. 那, 奴何反, 又奴可反. 椒,
音焦. 樧, 所點反,『字林』云: "似茱萸, 出淮南."『本草』云: "茱
萸, 一名樧." 案今樹極似茱萸, 唯子赤細. 捄, 音求,『說文』云: "樧, 椒實
裹如裘也." 一音巨六反. 茱, 音殊. 萸, 以朱反. 核, 何革反.

극(棘)은 거(居)와 력(力)의 반절이다. 아(阿)는 오(烏)와 하(河)의 반절, 또는
어(於)와 가(可)의 반절이다. 나(那)는 노(奴)와 하(何)의 반절, 또는 노(奴)와
가(可)의 반절이다. 초(椒)는 음이 초(焦)이다. 살(樧)은 소(所)와 힐(點)의 반절
이다.『자림』에 "수유(茱萸)와 비슷하며, 회남(淮南)에서 난다"고 하였으며,
『본초』에 "수유(茱萸)는 일명 살(樧)이다"고 하였다. 살펴건대, 지금 나무
끝이 수유(茱萸)와 비슷하지만 단지 열매가 붉으면서 작을 뿐이다. 구(捄)
는 음이 구(求)이다,『설문』에 "살(樧)은 산초나무 열매를 가죽옷처럼 싼
것이다"고 하였다. 일음(一音)은 거(巨)와. 육(六)의 반절이다. 수(茱)는 음이
수(殊)이다. 유(萸)는 이(以)와 주(朱)의 반절이다. 핵(核)은 하(何)와 혁(革)의

---

60) 人 : 배젖. 씨 속의 싹이 나올 부분. '人'이 正字이고, '仁'은 俗字이다.『說文通訓定
聲』에 "人, 果實之人, 在核中. 如人在天地之中, 故曰人. 俗以仁爲之"라고 하였다.

반절이다.

此辨木之枝條・子實形狀之異. 醜, 類也. 喬, 高也. 槐棘之類, 枝皆喬竦. 桑柳之類, 皆阿那垂條. 茉者, 實之房也. 椒・樧之類, 實皆有茉彙自裹. 李巡曰:"樧, 茱萸也." 茱萸皆有房, 故曰茉. 茉, 實也. 郭云:"茱萸子聚生成房貌. 今江東亦呼茉. 樧似茱萸而小, 赤色." 桃李之類, 皆子中有核人. 「曲禮」云:"其有核者, 懷其核."

여기서는 나무의 가지와 열매의 형상이 다른 점을 구별하였다. 추(醜)는 류(類 : 종류)이다. 교(喬)는 고(高 : 높다)이다. 괴(槐)와 극(棘)의 종류는 가지가 모두 높게 솟은 나무이다. 상(桑)과 류(柳)의 종류는 모두 부드럽게 가지를 땅으로 드리우는 나무이다. 구(茉)는 열매 집이다. 초(椒)와 살(樧)의 종류는 열매가 모두 방에 모여 스스로 싸여 있는 것이다. 이순은 "살(樧)은 수유(茱萸)이다"고 하였다. 수유(茱萸)는 모두 방이 있기 때문에 구(茉)라 한다. 구(茉)는 열매이다. 곽박은 "껍질 있는 과실나무의 열매는 무더기로 나서 방(房)이 모양을 이룬다. 지금 강동에서 역시 구(茉)라 부른다. 살(樧)은 수유(茱萸)와 비슷하나 작으며, 붉은 색이다"고 하였다. 도(桃)나 리(李)의 종류는 모두 열매 속에 씨・배젖이 있다. 『예기』「곡례상(曲禮上)」에 "먹고 나서 씨가 있는 것은 그 씨를 가슴에 품는다"고 하였다.

經文 瓜曰華之, 桃曰膽之, 棗李曰疐之, 樝梨曰鑽之.

과일을 먹을 때 과(瓜 : 오이, 참외, 수박 등 박과에 속하는 과일)는 반으로 쪼갠다. 도(桃 : 복숭아)는 윤이 나게 닦는다. 조(棗 : 대추)와 리(李 : 오얏)는 꼭지를 딴다. 사(樝 : 아가위)와 리(梨 : 배)는 찬찬히 들여다본다.

 皆啖食治擇之名. 樝似梨而酢澀, 見『禮記』.

모두 먹기 위하여 다듬고 가리는 명칭이다. 사(樝)는 리(梨)와 비슷한데
시면서 떫은 것으로 『예기』에 보인다.

華, 胡化反. 鄭注『禮記』云 : "謂中裂不四析也." 膽, 丁敢反.
寁,[61] 亦作庩, 同, 丁計反. 樝, 側加反, 字亦作査. 鑽, 子官反,
郭徂端反. 澀, 字又作濇, 又作澀, 所立反.

화(華)는 호(胡)와 화(化)의 반절이다. 『예기』의 정현(鄭玄) 주석에 "가운데
를 가르지만 넷으로 가르지 않는 것을 말한다"고 하였다. 담(膽)은 정(丁)
과 감(敢)의 반절이다. 체(寁)는 또 체(庩)로도 쓰지만 음의가 같으며 정(丁)
과 계(計)의 반절이다. 사(樝)는 측(側)과 가(加)의 반절인데 글자를 또 사(査)
로도 쓴다. 찬(鑽)은 자(子)와 관(官)의 반절인데, 곽박은 조(徂)와 단(端)의 반
절이라 하였다. 삽(澀)은 글자를 또 색(濇)자로도 쓰며, 또 삽(澀)으로도 쓰
는데, 소(所)와 립(立)의 반절이다.

此辨啖食治擇瓜果之名也. 云"瓜曰華之"者, 此爲國君削瓜之禮
也. 華, 謂半破也. 降於天子, 故破而不四析也. 亦橫斷之而巾以
絺也. 云"桃曰膽之"者, 桃多毛, 拭治去毛, 令色靑滑如膽也. 或曰 : 膽,
謂苦桃有苦如膽者, 擇去之. 云"棗李曰寁之"者, 謂治棗李, 皆去其寁. 寁
者, 柢也. 云"樝梨曰鑽之"者, 恐有蟲, 故一一鑽看其蟲孔也. 云"樝似梨

---

61) 寁 : 『경전석문』에는 '寁'로 되어 있으나, 『이아고림』「음의고증」에 따라 고쳤다.

而酢澀"者, 案鄭注『禮記』「內則」云 : "柤, 梨不臧者." 今之所謂樝子者,
是也. 云"見『禮記』"者, 案「曲禮」云 : "爲天子削瓜者副之, 巾以絺. 爲國
君者華之, 巾以綌." 又「內則」云 : "棗曰新之, 栗曰撰之, 桃曰膽之, 柤梨
曰鑽之." 鄭注云 : "皆治擇之名也." 文雖小異, 大意則同.

　여기서는 오이나 과일을 먹으려고 다듬으며 가리는 명칭을 분별하였
다. "과왈화지(瓜曰華之)"라는 것은 국군(國君 : 제후)을 위하여 과(瓜)를 깎는
예이다. 화(華)는 반을 쪼개는 것을 말한다. 제후는 천자(天子)보다 지위가
낮기 때문에 반으로 쪼개기만 하고 천자처럼 넷으로 가르지 않는다. 또
횡(橫)으로 자르고 거친 베로 덮는다. "도왈담지(桃曰膽之)"라는 것은 복숭
아는 털이 많기 때문에 닦아서 털을 제거하고 색이 푸르고 윤기가 나기
를 담(膽 : 쓸개)처럼 하는 것이다. 혹자는 담(膽)에 대하여 "고도(苦桃 : 복숭아
의 일종. 羊桃)가 쓸개처럼 쓴 것은 가려서 버린다"고 하였다. "조리왈체지
(棗李曰薦之)"라는 것은 대추와 오얏을 다듬을 때는 모두 그 꼭지를 제거
한다. 체(薦)는 저(柢 : 꼭지)이다. "사리왈찬지(樝梨曰鑽之)"라는 것은 벌레가
있을까 우려되므로 하나하나 그 벌레 구멍을 찬찬히 들여다보는 것이다.
"사사리이초삽(樝似梨而酢澀)"이라는 것은, 살피건대, 『예기』 「내칙(內則)」
의 정현 주에 "사(柤)는 리(梨) 가운데서 좋지 않은 것이다"고 하였는데, 지
금의 사자(樝子 : 아가위)가 이것이다. "『예기』에 보인다"고 한 것은 살피건
대, 『예기』 「곡례 상(曲禮上)」에 "천자(天子)를 위하여 과(瓜)를 깎는 자는
넷으로 쪼개어 고운 베로 덮는다. 국군(國君)을 위해서는 반으로 쪼개어
거친 베로 덮는다"고 하였다. 또 「내칙(內則)」에는 "대추를 다듬을 때는
신(新)[62]이라 한다. 밤을 다듬을 때는 찬(撰)[63]이라 한다·복숭아를 다듬을

---

62) 新 : 『禮記』 「內則」 孔穎達의 疏에서는 "棗易有塵埃, 恒治拭之使新"이라 하여 '닦
　아 신선하게 한다'고 설명하였다.
63) 撰 : 『禮記』 「內則」 孔穎達의 疏에서는 "栗, 蟲好食, 數數布陳. 撰, 省視之"라 하여
　'펴놓아 살핀다'고 설명하였다.

때는 담(膽)이라 한다. 아가위나 배를 다듬을 때는 찬(鑽)이라 한다"고 하였다. 정현의 주에는 "모두 과일을 다듬고 가리는 명칭이다"고 하였다. 글은 비록 조금 다르나 전체적인 뜻은 같다.

 小枝上繚爲喬.

작은 가지가 위에 얽힌 것이 교(喬 : 작은 가지가 위에 얽은 나무)이다.

 謂細枝翹繚上句者, 名爲喬木.

작은 가지가 얽혀서 위에 휘어진 것을 교목(喬木)이라 한다.

 繚, 音了.

요(繚)는 음이 료(了)이다.

 此卽"上句曰喬", 嫌不了, 故重出之. 言小枝上竦翹繚者, 名爲喬木也.

이것은 곧 "위에 휘어진 것이 교목이다"고 하면 명료하지 못한 점이 있을까하여 다시 나온 것이다. 말하자면 작은 가지가 위에 뻗어서 얽힌 것을 교목이라 한다.

 無枝爲檄.

가지가 없는 것이 격(檄: 가지 없이 길게 뻗은 나무)이다.

 檄櫂直上.

쭉 뻗어서 곧게 위로 올라간 것이다.

 檄, 形的反. 櫂, 直角反, 字從手. 上, 時掌反.

격(檄)은 형(形)과 적(的)의 반절이다. 적(櫂)은 직(直)과 각(角)의 반절이며, 글자는 수(手)를 따르기도 한다. 상(上)은 시(時)와 장(掌)의 반절이다.

 此卽上文"梢, 梢櫂"也. 檄卽櫂也. 謂木無枝, 檄櫂直上, 長而殺者也.

이것은 곧 위의 글인 "삭, 삭적(梢, 梢櫂)"이다. 격(檄)은 곧 적(櫂)이다. 나무에 가지가 없어 쭉 뻗어서 곧게 올라가 길면서 가늘어진 것을 말한다.

 木族生爲灌.

나무가 무더기로 자라는 것이 관(灌 : 무더기로 서식하는 나무)이다.

 族, 叢.

족(族)은 총(叢 : 무더기)이다.

爾雅
音義 灌, 古牛反.

관(灌)은 고(古)와 반(牛)의 반절이다.

爾雅
疏 族, 叢也. 木叢生者爲灌, 卽上“灌木, 叢木”也.

족(族)은 총(叢)이다. 나무가 무더기로 자라는 것이 관(灌)이니, 곧 위 글
에서 “관목(灌木)은 총목(叢木)이다”고 한 것이다.

석충(釋蟲) 제15(第十五)

爾雅
音義 蟲, 本亦作虫. 案, 此篇是釋蟲. 依字虫音許鬼反, 蛇類也. 並兩
虫爲蚰, 音古門反, 蟲之摠名也. 三虫爲蟲, 直忠反, 有足者也.
今人以虫爲蟲, 相承假借耳. 『說文』云 : “虫, 一名蝮. 象其臥(64)形. 物
之微細, 或行或飛, 或毛或蠃, 或介或鱗, 以虫爲象.” 案, 此文云 : “有足

謂之蟲, 無足謂之豸." 「月令」鱗・毛・羽・介皆謂之蟲, 『白虎通』: "以
聖人爲倮蟲之長, 自上聖下達蟭螟, 通有蟲稱耳."

충(蟲)은 본에 따라서 훼(虫)로도 되어 있다. 살피건대, 이 편은 충(蟲)을
풀이한 것이다. 글자에 의하면, 훼(虫 : 살무사)는 음이 허(許)와 귀(鬼)의 반절
이며, 사(蛇 : 뱀)의 종류이다. 두 개의 훼(虫)를 나란히 하여 곤(蚰 : 온갖 벌레)
이 되는데, 음은 고(古)와 문(門)의 반절이고, 충(蟲)의 총괄적인 명칭이다.
세 개의 훼(虫)는 충(蟲)이며, 직(直)과 충(忠)의 반절이고, 발이 달린 것이다.
지금 사람들이 훼(虫)를 충(蟲)이라 하는 것은 서로 전해서 가차(假借)하여
썼을 뿐이다. 『설문』에 "훼(虫)는 일명 복(蝮 : 살무사)이다. 그 누워 있는 형
상을 본떴다. 사물 가운데 미세한 것으로, 어떤 것은 걸어다니고 어떤 것
은 날며, 어떤 것은 털이 있고 어떤 것은 벌거벗은 것이 있으며, 어떤 것
은 단단한 껍질이 있고, 어떤 것은 비늘이 있기도 한데, 훼(虫)로 모양을
본떴다"고 하였다. 살피건대, 이 글자[65]에 "발이 있는 것을 충(蟲 : 발달린
동물)이라 하고, 발이 없는 것을 치(豸 : 발 안달린 동물)라 한다"고 하였다.
『예기』 「월령」에서는 인(鱗 : 비늘달린 동물)・모(毛 : 털달린 동물)・우(羽 : 깃달린
동물)・개(介 : 게딱지 달린 동물)를 모두 충(蟲)이라 하였고, 『백호통』에 "성인
을 벌거벗은 벌레[66]의 우두머리로 삼으니, 위로 성인으로부터 아래로 초
명(蟭螟)[67]이르기까지 모두 충(蟲)이라는 명칭이 있다"고 하였다.

 案, 『說文』蟲者, 裸毛羽鱗介之總稱也. 此篇廣釋諸蟲之名狀, 故
曰釋蟲."

---

64) 臥 : 『경전석문』에는 없으나 段注本 『說文』에 따라 삽입하였다.
65) 이 글자 : 『說文』에 나오는 '蟲'의 해설을 말함.
66) 벌거벗을 벌레 : 지렁이・자라・사람을 말함.
67) 蟭螟 : 전설상의 작은 벌레 이름. 모기의 눈썹에 깃들인다고 한다.

살펴건대, 『설문』에서는 충(蟲)이란 벌거벗은 것과 털이 있는 것과 깃이 있는 것과 비늘이 있는 것과 단단한 껍질이 있는 것에 대한 총괄적인 명칭이라고 하였다. 이 편은 여러 충(蟲)의 명칭과 모양을 널리 풀이하였기 때문에 석충(釋蟲)이라 하였다

 螜, 天螻.

혹(螜)은 천루(天螻 : 하늘밥도둑)이다.

 螻蛄也. 「夏小正」曰 : "螜則鳴."

루고(螻蛄 : 하늘밥도둑)이다. 『대대례(大戴禮)』 「하소정」에 "혹(螜)이 운다" 고 하였다.

 螜, 胡木反. 螻, 力侯反. 蛄, 古乎反. 夏, 胡雅反. 正, 音征.

혹(螜)은 호(胡)와 목(木)의 반절이다. 루(螻)는 력(力)과 후(侯)의 반절이다. 고(蛄)는 고(古)와 호(乎)의 반절이다. 하(夏)는 호(胡)와 아(雅)의 반절이다. 정(正)은 음이 정(征)이다.

螜, 一名天螻, 一名碩鼠, 卽今之螻蛄也. 「夏小正」者, 『大戴禮』之篇名. 以蟲・魚・草・木正十二月之節候, 起于夏后氏, 故曰

「夏小正」. 其三月云 : "螜則鳴. 螜, 天螻" 是也.

혹(螜)은 일명 천루(天螻), 일명 석서(碩鼠)인데 곧 지금의 루고(螻蛄)이다.
「하소정」은 『대대례』의 편명이다. 충(蟲 : 벌레)・어(魚 : 물고기)・초(草 : 풀)・
목(木 : 나무)으로써 12개월의 절후(節侯)를 바르게 함이 하후씨(夏侯氏)에서
기인되었기 때문에 「하소정」이라 한 것이다. 그 3월에 "혹(螜)이 운다. 혹
(螜)은 천루(天螻)이다"고 한 것이 이것이다.

 蜚, 蠦蜰.

비(蜚)는 로비(蠦蜰 : 빈대)이다.

 蜰卽負盤, 臭蟲.

비(蜰)는 곧 부반(負盤)이며 냄새나는 벌레이다.

 蜚, 扶味反. 蠦, 力胡反. 蜰, 敷非反, 孫甫尾反. 盤, 字又作盤,
蒲安反. 『廣雅』云 : "負盤68), 蟅也" 蟅, 音章夜反. 臭, 昌又反.

비(蜚)는 부(扶)와 미(味)의 반절이다. 로(蠦)는 력(力)과 호(胡)의 반절이다.
비(蜰)는 부(敷)와 비(非)의 반절인데, 손염은 보(甫)와 미(尾)의 반절이라 하
였다. 반(盤)은 글자를 또 반(盤)으로도 쓰는데, 포(蒲)와 안(安)의 반절이다.

---

68) 盤 : 사고전서본 『廣雅』에는 '蟞'으로 되어 있다.

『광아』에 "부반(負盤)은 자(蟅)이다"고 하였는데, 자(蟅)는 음이 장(章)과 야(夜)의 반절이다. 취(臭)는 창(昌)과 우(又)의 반절이다.

爾雅疏 案『洪範五行傳』云 : 蜚, 負蠜. 夷狄之物, 越之所生, 其爲蟲臭惡, 南方濕氣之所生也.『本草』曰 : ‘蜚, 厲蟲也.’ 然則蜚是臭惡之蟲, 害人之物, 故『春秋左氏傳』曰 : "有蜚, 不爲災, 亦不書"也.『春秋』經傳皆云"有蜚." 則此蟲名蜚, 一名蠦蜚. 而舍人・李巡皆云"蜚蠦, 一名蜚", 非也. 此蟲一名負盤,『漢書』及『左傳』注多作"負蠜"者, 以此下有"草蟲, 負蠜", 故相涉誤耳.

살피건대, 『홍범오행전』[69]에서는 비(蜚)는 부번(負蠜)이다. 이적(夷狄)의 사물로 월(越) 지방에서 나며, 그 벌레는 악취가 나고, 남쪽 지방의 습기(濕氣)가 있는 곳에서 자라는 것이라고 하였다.『본초』에 ‘비(蜚)는 해로운 벌레이다’고 하였다. 그렇다면 비(蜚)는 냄새가 나쁜 벌레이고 사람에게 해를 끼치는 사물이다. 때문에 『춘추좌씨전』에 「은공(隱公)」 원년 8월에 "비(蜚)가 있어도 재앙이 되지 않았기 때문에 또한 기록하지 않는다"고 하였다.『춘추』경전에 모두 "비(蜚)가 있다"고 하였다. 그렇다면 이 벌레는 명칭이 비(蜚)이며 일명 로비(蠦蜚)이다. 그러나 사인과 이순이 모두 "비로(蜚蠦)는 일명 비(蜚)이다"고 한 것은 잘못이다. 이 벌레는 일명 부반(負盤)인데,『한서』와『좌전』의 주에 대부분 "부번(負蠜)"으로 되어 있는 것은 이 아래에 "초충(草蟲)은 부번(負蠜)이다"고 한 것이 있기 때문에 서로 간섭되어 잘못된 것이다.

---

69)『洪範五行傳』: 12편으로, 漢나라 劉向이 지은 책. 上古로부터 春秋時代 六國과 秦漢에 이르기까지의 符瑞・災異가 기록되어 있다.

 蚈蝑, 入耳.

인연(蚈蝑)은 입이(入耳 : 그리마)이다.

 蚰蜒.

유연(蚰蜒 : 그리마)이다.

爾雅音義 蚈, 以忍反. 蝑, 以善反, 本又作蜑. 蚰, 音由. 蜒, 音延.『方言』云 : "宋魏之間, 蚰蜒謂之入耳." 『字林』云 : "北燕人謂蚰蜒爲 蚭[70]蚭." 上音奴六反, 下音女其反.

인(蚈)은 이(以)와 인(忍)의 반절이다. 연(蝑)은 이(以)와 선(善)의 반절이며 본에 따라서는 연(蜑)으로 되어 있다. 유(蚰)는 음이 유(由)이다. 연(蜒)은 음이 연(延)이다. 『방언』에 "송(宋)과 위(魏) 지방에서는 유연(蚰蜒)을 입이(入耳)라 한다"고 하였다. 『자림』에 "북연(北燕) 사람들은 유연(蚰蜒)을 뉴니(蚭蚭)라 말한다"고 하였는데, 앞의 음은 노(奴)와 육(六)의 반절이고, 뒤의 음은 녀(女)와 기(其)의 반절이다.

爾雅疏 此蟲象吳公, 黃色而細長, 呼爲吐古. 案『方言』云 : "蚰蜒, 自關 而東謂之蚈蜑, 或謂之入耳, 或謂之蝳蠰. 趙魏之間或謂之蚨舒. 北燕謂之蚭蚭." 江東人呼蚻. 今蚰蜒, 喜入人耳者也.

---

70) 蚭 : 『경전석문』에는 '蚋'으로 되어 있으나, 『이아고림』 「음의고증」에 따라 고쳤다.

이 벌레는 오공(吳公: 지네)을 닮은 것으로, 황색이면서 가늘고 길며 토고(吐古)라고 부른다. 살피건대, 『방언』에 "유연(蚰蜒)은 함곡관으로부터 동쪽 지방에서는 인연(螾蜒), 혹은 입이(入耳)라 하기도 하며, 혹은 장려(蝗蠡)라 하기도 한다. 조(趙)와 위(魏) 지방에서는 간혹 부우(蚨虶)라 하기도 한다. 북연(北燕)에서는 뉴니(蚰蚭)라 한다"고 하였다. 강동 사람들은 공(蛩)이라고 부른다. 지금의 유연(蚰蜒)은 사람의 귓속으로 들어가기를 좋아하는 것이다.

 蜩, 蜋蜩. 螗蜩. 蚻, 蜻蜻. 蠽, 茅蜩. 蝒, 馬蜩. 蜺, 寒蜩. 蜓蚞, 螇螰.

조(蜩)는 낭조(蜋蜩: 채색 매미)이다. 당조(螗蜩: 매미의 일종)이다. 찰(蚻)은 청청(蜻蜻: 작은 매미의 일종)이다. 절(蠽)은 모조(茅蜩: 매미의 일종)이다. 면(蝒)은 마조(馬蜩: 말매미)이다. 예(蜺)는 한조(寒蜩: 쓰르라미)이다. 정목(蜓蚞)은 혜록(螇螰: 매미의 일종)이다.

爾雅注 「夏小正」傳曰: "蜋蜩者, 五彩具." 「夏小正」傳曰: "螗蜩者蝘." 俗呼爲胡蟬, 江南謂之螗蜍. 音夷. 如蟬而小. 『方言』云: "有文者謂之蟭." 「夏小正」曰: "鳴蚻, 虎懸." 江東呼爲茅蠽, 似蟬而小, 靑色. 蜩中最大者爲馬蟬. 寒螿也. 似蟬而小, 靑赤. 「月令」曰: "寒蟬鳴." 卽蜓蟧也, 一名蟪蛄. 齊人呼螇螰.

『대대례』 「하소정」의 전(傳)에 "낭조(蜋蜩)는 다섯 가지 채색을 갖추고 있다"고 하였다. 「하소정」의 전에 "당조(螗蜩)는 언(蝘)이다"고 하였다. 민간에서는 호선(胡蟬)이라고 부르며, 강남에서는 당이(螗蜍)라고 한다. 제(蟭)

는 음이 이(夷)이다.71) 매미와 비슷하나 작다. 『방언』에 "무늬가 있는 것을 진(蠄 : 무늬 있는 매미)이라 한다"고 하였다. 『대대례』 「하소정」에 "명찰(鳴蛁)은 호현(虎懸 : 매미의 일종)이다"고 하였다. 강동에서는 모절(茅截)이라고 하며, 선(蟬 : 매미의 일종)과 비슷하나 작으며 청색이다. 매미 가운데 가장 큰 것을 마선(馬蟬 : 말매미)이라 한다. 한장(寒螿)이다. 선(蟬)과 비슷하나 작으며 청적색이다. 『예기』 「월령」에 "한선(寒蟬 : 쓰르라미)이 운다"고 하였다. 바로 제로(蜺蟟 : 매미의 일종)인데 일명 혜고(蟪蛄)라고도 한다. 제(齊)나라 사람들은 혜록(蜈蠦)이라 부른다.

爾雅音義 蜩, 直彫反, 下同. 蜋, 音郎, 又音良. 螗, 音唐. 蟬, 示延反, 『字林』云 : "蟪蛄也." 蜺, 郭音莫, 徒低反. 蛁, 側黠反. 蟭, 郭音情, 又音精. 懸, 音玄. 蠽, 子列反, 又徂節反. 茅, 本或作蓋, 萌交反. 蝒, 音緜, 『字林』云亡千反. 蜺, 五兮反. 呂・郭年結反. 螿, 子羊反. 蜓, 謝徒頂反, 沈音殄, 施音亭. 蛑, 音木, 或作沐, 非. 蜈, 音奚. 蠦, 音鹿. 蜺, 音提, 又音帝. 蟟, 力刀反, 『字林』同, 又力幺72)反. 蟪, 音惠. 蛄, 音姑.

조(蜩)는 직(直)과 조(彫)의 반절이며 아래도 같다. 랑(蜋)은 음이 랑(郎), 또는 음이 량(良)이다. 당(螗)은 음이 당(唐)이다. 선(蟬)은 시(示)와 연(延)의 반절이고 『자림』에 "혜고(蟪蛄)이다"고 하였다. 이(蜺)에 대하여 곽박은 음이 제(莫)라 하였는데, 도(徒)와 저(低)의 반절이다. 찰(蛁)은 측(側)과 힐(黠)의 반절이다 청(蟭)에 대하여 곽박은 음이 정(情), 또는 음이 정(精)이라 하였다. 현(懸)은 음이 현(玄)이다. 절(蠽)은 자(子)와 렬(列)의 반절, 또는 조(徂)와 절(節)의 반절이다. 모(茅)는 본에 따라 모(蓋)로 되어 있으며, 맹(萌)과 교(交)

---

71) 제(蜺)는 음이 夷이다 : 『釋文』에는 "蜺는 곽박이 음을 '莫'라 하고, 徒와 低의 반절이다"고 하였다. 雪窓本에는 "蜺는 음이 夷이다"고 하였다. 주소본에도 '蜺'로 되어 있다.
72) 幺 : 『경전석문』에는 '公'으로 되어 있으나, 『이아고림』 「음의고증」에 따라 고쳤다.

의 반절이다. 면(螦)은 음이 면(緜)인데, 『자림』에는 망(亡)과 천(千)의 반절이라 하였다. 예(蜺)는 오(五)와 혜(兮)의 반절이다. 여침과 곽박은 우(牛)와 결(結)의 반절이라 하였다. 장(螿)은 자(子)와 양(羊)의 반절이다. 정(蝏)에 대하여 사교는 도(徒)와 정(頂)의 반절이라 하였고, 심선은 음이 진(殄)이라 하였으며, 시건은 음이 정(亭)이라 하였다. 목(蚞)은 음이 목(木)이며, 혹 목(沐)으로 되어 있는데 잘못이다. 혜(蟪)는 음이 해(奚)이다. 록(蟭)은 음이 록(鹿)이다. 제(蜺)는 음이 제(提), 또는 음이 제(帝)이다. 로(蟧)는 력(力)과 도(刀)의 반절이며 『자림』에서도 같고, 또한 력(力)과 요(幺)의 반절이다. 혜(蟪)는 음이 혜(惠)이다. 고(蛄)는 음이 고(姑)이다.

此辨蟬之大小及方言不同之名也. 云"螏"者, 目諸螏也, "螗螏五彩具"者也. 螗螏俗呼胡蟬, 似蟬而小, 鳴聲淸亮者也. 蜩, 一名蜻蜻, 如蟬而小, 有文者也. 蟊, 一名茅螏, 似蟬而小, 靑色者也. 螦, 一名馬螏, 一名馬蟬, 蟬中最大者也. 蜺, 一名寒螏, 又名寒螿, 似蟬而小, 靑赤色者也. 關東謂螳蛄爲蜓蚞, 齊謂之蟪蟭也. ○在五月記時也. ○云"螗螏者蝘"者, 亦在五月. 舍人曰: "皆蟬也." 方語不同, 三輔以西爲螏, 梁·宋以東謂螏爲蝘. 陸璣云: "螗, 一名蝘蚿." 『字林』蚿或作蟧也. 靑徐人謂之蟪蟭. 然則螗·蝘亦皆蟬也. 『大雅』「蕩」篇云: "如螏如螗" 是也. ○舍人曰: "小蟬也, 蜻蜻者." 案『方言』云: "蟬, 楚謂之螏, 宋·衛之間謂之螗螏, 陳·鄭之間謂之蜋螏, 秦·晉之間謂之蟬, 海·岱之間謂之螏. 其小者謂之麥螏, 有文者謂之蜻" 是也. 『詩』「碩人」云: "螓首蛾眉." 鄭云: "螓謂蜻蜻." 此蟲額廣而且方, 故以比婦人之首也. 某氏解此云"鳴蜓蜓"者也. 云"「夏小正」曰"者, 在四月. 彼云: "鳴蜓蜓者, 虎縣也. 鳴而後知之, 故先鳴而後蜓" 是也. ○在七月. 鄭注云: "寒蟬·寒螏謂蜺也." 是. ○案『方言』云: "蛥蚗, 齊謂之螇螰, 楚謂之蟪蛄." 『楚辭』云: "蟪蛄鳴兮啾啾" 是也. "或謂之蛉蛄, 秦謂之蛥蚗. 自關而東謂之蚱蟧, 或謂之蜺蟧, 或謂之蜓蚞." 然則亦皆蟬之別名耳.

여기서는 선(蟬:매미)의 대소(大小)와 방언에서 같지 않은 명칭을 구별하였다. "조(蜩)"라 한 것은 여러 조(蜩)73)를 지목한 것으로, 「하소정」 5月에 "낭조(螂蜩)는 오색(五色)을 갖추고 있다"고 한 것이다. 당조(螗蜩)는 민간에서 호선(胡蟬)이라고 부르는데, 선(蟬)과 비슷하나 작고, 우는 소리가 청량(淸亮:맑음)한 것이다. 찰(蚻)은 일명 청청(蜻蜻)이라 하는데, 선(蟬)과 비슷하나 작으며 무늬가 있는 것이다. 절(蠽)은 일명 모조(茅蜩)인데, 선(蟬)과 비슷하나 작으며 푸른색이다. 면(蜅)은 일명 마조(馬蜩), 일명 마선(馬蟬)이라 하는데, 선(蟬) 가운데 가장 큰 것이다. 예(蛻)는 일명 한조(寒蜩)라 하고, 또 다른 명칭은 한장(寒螿)이라 하는데, 선(蟬)과 비슷하나 작으며 청적색을 띤 것이다. 관동에서는 혜고(螇蚚)를 정목(蚗蚗)이라 하고, 제(齊)에서는 혜록(蜈蟪)이라 한다. ○ 주의 「하소정」은, 5月의 시절(時節)을 기록한 것에 있다. ○ 주의 "당조(螗蜩)는 언(蝘)이다"고 한 것도 5月에 있다. 사인(舍人)은 "모두 선(蟬)이다"고 하였는데, 지방의 말이 같지 않으니, 삼보(三輔)의 서쪽에서는 조(蜩)라 하고, 양(梁)과 송(宋)의 동쪽에서는 조(蜩)를 언(蝘)이라 말한다. 육기(陸璣)는 "당(螗)은 일명 언도(蝘蚔)이다"고 하였는데, 『자림』에는 도(蚔)가 간혹 료(蟟)로 되어 있다. 청(靑)과 서(徐)의 사람들은 혜록(蜈蟪)이라 한다. 그렇다면 당(螗)·언(蝘)도 역시 모두 선(蟬)이다. 『시경』 「대아」 「탕(蕩)」편에 "조(蜩)처럼 당(螗)처럼 시끄럽다"고 한 것이 이것이다. ○ 사인(舍人)은 "소선(小蟬)이란 청청(蜻蜻)이다"고 하였다. 살피건대, 『방언』에 "선(蟬)을 초(楚)에서는 조(蜩)라 하고, 송(宋)과 위(衛) 지방에서는 당조(螗蜩)라 하고, 진(陳)과 정(鄭) 지방에서는 랑조(螂蜩)라 하고, 진(秦)과 진(晉) 지방에서는 선(蟬)이라 하고, 해(海)와 대(岱) 지방에서는 기(蜻)라 한다. 그 작은 것을 맥찰(麥蚻)이라 하고, 무늬가 있는 것을 진(蜒)이라 한다"고 한 것이 이것이다. 『시경』 위풍(衛風) 「석인(碩人)」에 "진(蜒)의 머리에 나비 눈썹이로다"고 하였는데, 정현(鄭玄)은 "진(蜒)은 청청(蜻蜻)을 말한다"고 하였다. 이 벌레의

---

73) 여러 蜩:『이아고림』 「義疏」에 "…… 是蜩爲諸蟬之總名"이라고 부연하여 설명하였다.

이마가 넓고도 네모나기 때문에 이를 부인(婦人)의 머리에 비유한 것이다. 모씨(某氏)가 이를 풀이하여 "명찰찰(鳴蚻蚻)이다"고 한 것이다. 주에서 인용한 「하소정」은 4월에 있다. 그 글에 "명찰찰(鳴蚻蚻)[74]이란 호현(虎縣)이다. 울고(鳴) 난 이후에 알 수 있으므로, 명(鳴)을 앞에 쓰고 찰(蚻)을 뒤에 썼다"고 한 것이 이것이다. ○주의 「月令」은 7월에 있는데, 정현의 주에 "한선(寒蟬)과 한조(寒蜩)를 예(蜺)라 한다"고 한 것이 이것이다. ○살펴건대, 『방언』에 "절결(蛥蚗)을 제(齊)에서는 혜록(蟪蠪)이라 하며, 초(楚)에서는 혜고(蟪蛄)라 한다"고 하였는데, 『초사』에 "혜고(蟪蛄)가 울어 시끄럽다"고 한 것이 이것이다. "간혹 영고(蛉蛄)라 하며, 진(秦)에서는 절결(蛥蚗)이라 한다. 함곡관 동쪽에서는 도로(蚟蟧)라 하고, 간혹 제로(蜈蟧)라 하며, 혹은 정목(蜓蚞)이라 한다"고 하였다. 그렇다면 또한 모두 선(蟬)을 다르게 부르는 명칭일 뿐이다.

 蛣蜣, 蜣蜋.

길강(蛣蜣)은 강랑(蜣蜋 : 말똥구리. 쇠똥구리)이다.

 黑甲蟲, 噉糞土.

검은 딱지의 벌레이며 똥을 먹는다.

---

74) 鳴蚻蚻 : 『이아고림』 「蟲名今釋」에 "鳴聲作苔苔之音, 蓋蚻象其聲"이라 하여, '蚻'을 '매미가 우는 소리의 의성어'로 설명하였다.

蛣, 起吉反. 蜣, 音羌. 蜋, 音良. 噉, 大敢反. 糞, 方問反.

길(蛣)은 기(起)와 길(吉)의 반절이다. 강(蜣)은 음이 강(羌)이다. 량(蜋)은 음
이 량(良)이다. 담(噉)은 대(大)와 감(敢)의 반절이다. 분(糞)은 방(方)과 문(問)
의 반절이다.

 蛣蜣, 一名蜣蜋. 黑甲, 翅在甲下, 噉糞土, 喜取糞作丸而轉之.
『莊子』曰 : "蛣蜣之智, 在於轉丸" 是也.

길강(蛣蜣)은 일명 강랑(蜣蜋)이다. 검은 딱지가 있고, 날개는 딱지 밑에
있으며, 똥을 먹고, 똥을 취하여 공 모양의 덩어리를 만들어 굴리기를 좋
아한다. 『장자』 곽상(郭象)의 주에 "길강(蛣蜣)의 지혜는 공 모양을 굴리는
데에 있다"고 한 것이 이것이다.

 蝎, 蛣蝠.

갈(蝎)은 길굴(蛣蝠 : 나무좀)이다.

 木中蠹蟲.

나무 속에 있는 두충(蠹蟲 : 좀벌레)이다.

蝎, 戶葛反. 蛣, 起勿反. 蠹, 丁故反.『字林』云 : "木中蟲也."

갈(蝎)은 호(戶)와 갈(葛)의 반절이다. 굴(蛣)은 기(起)와 물(勿)의 반절이다. 두(蠹)는 정(丁)과 고(故)의 반절이다.『자림』에 "나무 속에 있는 벌레이다" 고 하였다.

 木中蠹蟲. 解在下.

나무 속에 있는 좀벌레이다. 풀이는 아래에 있다.

 蠰, 齧桑.

상(蠰)은 설상(齧桑 : 하늘소와 비슷한 뽕나무 해충)이다.

 似天牛, 長角, 體有白點. 喜齧桑樹, 作孔入其中. 江東呼爲齧髮.

천우(天牛 : 하늘소)와 비슷하며, 긴 뿔이 달렸고 몸에 흰 점이 있다. 뽕나무를 깨물어 파내 구멍을 만들어 그 속에 들어가기를 좋아한다. 강동에서는 설발(齧髮)이라 부른다.

蟓, 郭音餉, 又音霜, 孫音傷. 齧, 五結反. 喜, 虛記反, 下同.

상(蟓)에 대하여 곽박은 음이 향(餉)이라 하였는데, 또 음이 상(霜)이며,
손염은 음이 상(傷)이라 하였다. 설(齧)은 오(五)와 결(結)의 반절이다. 희(喜)
는 허(虛)와 기(記)의 반절이며, 아래도 같다.

 蟓, 一名齧桑, 江東呼齧髮. 形似天牛, 長角, 體有白點. 喜齧桑
樹, 作孔入其中. 因名云.

상(蟓)은 일명 설상(齧桑)인데, 강동에서는 설발(齧髮)이라고 부른다. 모양
이 천우(天牛 : 하늘소)와 비슷하며, 긴 뿔이 달렸고 몸에 흰 점이 있다. 뽕나
무를 깨물어 파내 구멍을 만들어 그 속에 들어가기를 좋아한다. 이로 인
하여 명칭을 붙인 것이다.

 諸慮, 奚相.

제려(諸慮)는 해상(奚相)이다.

 未詳.

자세하지 않다.

 蜉蝣, 渠略.

부유(蜉蝣)는 거략(渠略 : 하루살이)이다.

爾雅注 似蛣蜣, 身狹而長, 有角, 黃黑色. 叢生糞土中, 朝生暮死. 猪好啖之.

길강(蛣蜣)과 비슷한데, 몸체가 좁고도 길며 뿔이 달렸고 황흑색(黃黑色)이다. 더러운 흙 속에서 무더기로 생장하며 아침에 나서 저녁에 죽는다. 멧돼지가 이를 씹어먹기를 좋아한다.

爾雅音義 慮, 本或作蟖, 施音驢, 一音力據反. 相, 施音葙, 謝息亮反, 舍人本作桑. 蜉, 音孚, 又音浮. 蝣, 郭音由, 本又作蝛, 謝音流. 渠略, 如字, 略, 或作蠦, 音同. 狹, 乎夾反. 好, 呼報反, 下同.

려(慮)는 본에 따라 려(蟖)로 되어 있는데, 시건은 음이 려(驢)라 하였으며, 또 음이 력(力)과 거(據)의 반절이다. 상(相)에 대하여 시건은 음이 상(葙)이라 하였고, 사교는 식(息)과 량(亮)의 반절이라 하였고, 사인본(舍人本)에는 상(桑)으로 되어 있다. 부(蜉)는 음이 부(孚), 또는 음이 부(浮)이다. 유(蝣)에 대하여 곽박은 음이 유(由)라 하였으며, 본에 따라 류(蝛)로 되어 있으며 사교는 음이 류(流)라 하였다. 거략(渠略)의 거(渠)는 여자(如字)이고 략(略)은 혹 략(蠦)으로 되어 있는데 음이 같다. 협(狹)은 호(乎)와 협(夾)의 반절이다. 호(好)는 호(呼)와 보(報)의 반절이며 아래도 같다.

舍人曰 : "蜉蝣, 一名渠略. 南陽以東曰蜉蝣, 梁·宋之間曰渠略."
郭云 : "似蛣蜣, 身狹而長, 有角, 黃黑色. 叢生糞土中, 朝生暮死.
豬好啖之."「夏小正」曰 : "蜉蝣, 渠略也. 朝生而莫死."『詩』「曹風」云 :
"蜉蝣之羽." 陸璣『疏』云 : "蜉蝣, 方土語也, 通謂之渠略. 似甲蟲, 有角,
大如指, 長三四寸, 甲下有翅能飛. 夏月陰雨時地中出. 今人燒炙, 噉之
美如蟬也." 樊光謂之"糞中蝎蟲, 隨陰雨時爲之, 朝生而夕死."

　사인(舍人)은 "부유(蜉蝣)는 일명 거략(渠略)이다. 남양의 이동의 지방에서
는 부유(蜉蝣)라 하고, 양(梁)과 송(宋) 지방에서는 거략(渠略)이라 한다"고
하였다. 곽박은 "길강(蛣蜣)과 비슷한데, 몸이 좁고도 길며 뿔이 달렸고 황
흑색(黃黑色)이다. 더러운 흙 속에서 무더기로 생장하며 아침에 나서 저녁
에 죽는다. 멧돼지가 이를 씹어먹기를 좋아한다"고 하였다.『대대례』「하
소정」에 "부유(蜉蝣)는 거략(渠略)이다. 아침에 나서 저녁에 죽는다"고 하였
다.『시경』「조풍(曹風)」에 "부유(蜉蝣)의 깃이여"라 하였는데 육기(陸璣)의
『모시초목조수충어소』에 "부유(蜉蝣)는 지방의 토속어이며 통칭하여 거략
(渠略)이라 한다. 갑충(甲蟲)75)과 비슷하며 뿔이 있고 크기는 손가락 만하
며 길이는 3~4촌(寸)이고 딱지 밑에 날개가 있어 날 수 있다. 여름에 흐려
비 내릴 때에 땅 속에서 나온다. 지금 사람들은 불에 굽는데, 먹으면 맛이
좋기가 매미와 비슷하다"고 하였다. 번광(樊光)은 "똥 속의 좀벌레로 흐려
비 내릴 때를 틈타 생기며 아침에 나서 저녁에 죽는다"고 하였다.

 蛂, 蟥蛢.

---

75) 甲蟲 : 딱정벌레목의 곤충을 통틀어 이르는 말. 온몸이 단단한 껍데기로 싸여 있고
　　앞날개가 단단하다. 풍뎅이·하늘소·딱정벌레 등이 있다.

불(蚊)은 황병(蟥蚌 : 풍뎅이)이다.

甲蟲也. 大如虎豆, 綠色, 今江東呼黃蚌. 音甁.

갑충(甲蟲)이다. 크기는 호두(虎豆)⁷⁶⁾만 하고 녹색(綠色)이다. 지금 강동에
서는 황병(黃蚌)이라고 부른다. 병(蚌)은 음이 병(甁)이다.

蚊, 謝音弗, 沈符結反, 『字林』大替反. 蟥, 音黃, 郭音王, 本或作
黃. 蚌, 郭音甁.

불(蚊)에 대하여 사교는 음이 불(弗)이라 하였고, 심선은 부(符)와 결(結)
의 반절이라 하였으며, 『자림』에서는 대(大)와 체(替)의 반절이라 하였다.
황(蟥)은 음이 황(黃)인데 곽박은 음이 왕(王)이라 하였고 본에 따라 황(黃)
으로도 되어 있다. 병(蚌)에 대하여 곽박은 음이 병(甁)이라 하였다.

蚊, 一名蟥蚌, 甲蟲也. 形大如虎豆, 綠色.

불(蚊)은 일명 황병(蟥蚌)인데 갑충(甲蟲)이다. 형태와 크기는 호두(虎豆)와
비슷하며 녹색(綠色)이다.

---

76) 虎豆 : 黎豆. 콩의 일종. 줄기는 덩굴로 뻗고, 씨에 타원형의 검은 점이 박혀 있다.

 蠸, 輿父, 守瓜.[77]

권(蠸)은 여보(輿父)이며, 수과(守瓜 : 넓적다리잎벌레)이다.

 今瓜中黃甲小蟲, 喜食瓜葉, 故曰守瓜.

지금 오이 속에 있는 황색 딱지의 작은 벌레로, 오이 잎을 먹기를 좋아하기 때문에 수과(守瓜)라 한다.

 蠸, 音權. 輿, 音余. 父, 音甫, 下同, 字或作釜.

권(蠸)은 음이 권(權)이다. 여(輿)는 음이 여(余)이다. 보(父)는 음이 보(甫)이며 아래도 같고 글자를 간혹 부(釜)로도 쓴다.

 蠸, 輿父, 一名守瓜. 黃甲小蟲, 喜食瓜葉, 因名守瓜.

권(蠸)은 여보(輿父)인데, 일명 수과(守瓜)이다. 황색 딱지의 작은 벌레이며, 오이 잎을 먹기를 좋아하기 때문에 수과(守瓜)라고 명칭을 붙인 것이다.

---

77) 蠸輿父守瓜 : 대본에는 "蠸, 輿父, 守瓜", 『和辭典』에는 "蠸·輿父, 守瓜"로 되어 있으나, 『이아고림』 「邢疏」에는 "蠸輿父, 守瓜"라고 표점을 찍었다.

 蝚, 蚅螻.

유(蝚)는 망루(蚅螻 : 하늘밥도둑)이다.

 蚅螻, 螻蛄類.

망루(蚅螻)는 루고(螻蛄 : 하늘밥도둑)의 종류이다.

爾雅
音義 蝚, 如由反. 蚅, 武江反, 又亡工反, 或作駹, 非. 螻, 來侯反.

유(蝚)는 여(如)와 유(由)의 반절이다. 망(蚅)은 무(武)와 강(江)의 반절, 또는
망(亡)과 공(工)의 반절이며, 간혹 방(駹)으로도 되어 있으나 잘못이다. 루
(螻)는 래(來)와 후(侯)의 반절이다.

 案『方言』云 : "蛄詣謂之杜蛒. 螻蛭謂之螻蛄, 或謂之蟓蛉. 南楚
謂之杜狗, 或謂之蛄螻." 然則此言蝚及蚅螻者, 亦螻蛄之異名耳.

살펴건대, 『방언』에 "고예(蛄詣)를 두격(杜蛒)이라 한다. 루질(螻蛭)을 루
고(螻蛄)라 하고, 혹은 상령(蟓蛉)이라 한다. 남초(南楚)에서는 두구(杜狗), 혹
은 고루(蛄螻)라 한다"고 하였다. 그렇다면 여기서 말한 유(蝚)와 망루(蚅螻)
는 역시 루고(螻蛄)의 다른 명칭이다.

 不蝌, 王父.

부조(不蝌)는 왕부(王父)이다.

 未詳.

자세하지 않다.

 蛄蟹, 強蜱.

고시(蛄蟹 : 바구미)는 강미(強蜱)이다.

 今米穀中小黑蠹蟲是也. 建平人呼爲蜱子. 音半姓.78)

  지금 미곡(米穀) 속의 작고 검은 좀벌레가 이것이다. 건평(建平) 사람들
은 미자(蜱子)라고 부른다. 蜱의 음은 초(楚)나라이 미성(半姓)의 미(半)이다.

 蟹, 字又作施, 式移反, 又式䜴反, 『字林』弋䜴反. 強, 巨良反.
蜱,79) 郭音半,80) 亡婢反, 本或作羋.81) 『說文』作羋,82) 『字林』作

---

78) 音半姓 : 대본에는 '半'가 '羊(양)'으로 잘못 되어 있다. 아래 疏에서도 같다.
79) 蜱 : 『경전석문』에는 '蜱(蜱의 本字)'으로 잘못 되어 있다.
80) 半 : 『경전석문』에는 '半(간)'으로 되어 있으나 잘못이다.

蛜, 弋丈反, 云: "搔蛜也."

시(蛜)는 글자를 또 시(施)로도 쓰는데 식(式)과 이(移)의 반절, 또는 식(式)과 시(豉)의 반절이고, 『자림』에는 익(弋)과 시(豉)의 반절로 되어 있다. 강(强)은 거(巨)와 량(良)의 반절이다. 미(蛜)에 대하여 곽박은 음이 미(半)로서 망(亡)과 비(婢)의 반절이라 하였으며, 본에 따라 양(半)으로 되어 있다. 『설문』에는 양(羊)으로 되어 있고, 『자림』에는 양(蛜)으로 되어 있는데, 익(弋)과 장(丈)의 반절이며, "바구미이다"고 하였다.

 『方言』云: "蚰蛜謂之强蛜" 今米穀中小黑蠹蟲也. 江東謂之蛜, 建平人呼蛜子. 音楚姓半之半.

『방언』에 "고시(蚰蛜)를 강미(强蛜)라 말한다"고 하였는데, 지금의 미곡(米穀) 속에 있는 조그맣고 검은 좀벌레이다. 강동에서는 가(蛜)라고 하고 건평(建平) 사람들은 미자(蛜子)라고 부른다. 미(蛜)의 음은 초(楚)나라 성씨(姓氏)인 미(半)의 미(半)이다.

 不過, 蟷蠰,

불과(不過)는 당상(蟷蠰 : 사마귀)이다.

---

81) 羊 : 대본에는 '半'으로 되어 있으나, 『이아고림』 「義疏」의 '强羊'에 의하여 '羊(羊의 本字)'으로 바로잡았다.
82) 羊 : '强蛜'이 '强羊'으로 쓰인 것을 말한다(『이아고림』 「蔣元慶日記」에 의함). 『설문』에서는 "蛜, 蚰蛜, 强羊也"라 하고, 또 "蛜, 騷(搔)蛜也"라고 하였다.

蟷蠰, 螳蜋別名.

당상(蟷蠰)은 당랑(螳蜋)의 다른 명칭이다.

 其子蜱蛸.

그 새끼는 비쇼(蜱蛸)이다.

 一名蟱蟭, 蟷蠰卵也.

일명 박초(蟱蟭)라 하며, 당상(蟷蠰)의 알이다.

 過, 本或作蝸, 『字林』古禾反, 謝玄臥反. 蟷, 丁郎反. 蠰, 息詳反, 『字林』乃郎反. 螳, 音唐. 蜋, 音郎. 蜱, 音裨, 又婢眙反. 蛸, 音蕭. 蟱, 普莫反, 又補莫反. 蟭, 音焦, 『字林』子彫反.

　과(過)는 본에 따라 와(蝸)로 되어 있으며, 『자림』에는 고(古)와 화(禾)의 반절로 되어 있고, 사교는 현(玄)과 와(臥)의 반절이라 하였다. 당(蟷)은 정(丁)과 랑(郎)의 반절이다. 상(蠰)은 식(息)과 상(詳)의 반절인데, 『자림』에는 내(乃)와 랑(郎)의 반절로 되어 있다. 당(螳)은 음이 당(唐)이다. 랑(蜋)은 음이 랑(郎)이다. 비(蜱)는 음이 비(裨)이며 또한 비(婢)와 이(眙)의 반절이다. 쇼(蛸)는 음이 쇼(蕭)이다. 박(蟱)은 보(普)와 막(莫)의 반절이며 또한 보(補)와 막(莫)

의 반절이다. 초(蟭)는 음이 초(焦)인데『자림』에는 자(子)와 조(彫)의 반절로
되어 있다.

 不過, 一名蟷蠰, 一名蟷蜋, 螵蛸母也. 其子, 一名蜱蛸, 一名蟱
蟭, 一名螵蛸, 蟷蠰卵也.『方言』云:"譚魯以南謂之蟷蠰, 三河
之域謂之螳蜋, 燕・趙之際謂之食厖, 齊・杞以東謂之馬穀, 其子同名螵
蛸也."「月令」仲夏云:"螳蜋生", 是也.

불과(不過)는 일명 당상(蟷蠰), 일명 당랑(蟷蜋)이라 하는데, 표소(螵蛸)의
어미이다. 그 새끼를 일명 비소(蜱蛸), 일명 박초(蟱蟭), 일명 표소(螵蛸)인데,
당상(蟷蠰)의 알이다.『방언』에 "담로(譚魯) 남쪽 지방에서는 당상(蟷蠰)이라
하고, 삼하(三河) 지역에서는 당랑(螳蜋)이라 하며, 연(燕)과 조(趙)의 지역에
서는 식방(食厖)이라 하고, 제(齊)와 기(杞)의 동쪽 지방에서는 마곡(馬穀)이
라 하며, 그 새끼는 동일한 명칭으로 표소(螵蛸)이다"고 하였다.『예기』「월
령」 중하(中夏)에 "당랑(螳蜋)이 생긴다"고 한 것이 이것이다.

經文 蒺藜, 蜘蛆.

질리(蒺藜)는 즉저(蜘蛆 : 귀뚜라미)이다.

 似蝗而大腹, 長角, 能食蛇腦.

황(蝗 : 누리, 메뚜기과의 벌레)과 비슷하나 배가 크고 긴 뿔이 있으며, 뱀

대가리를 잘 먹는다.

蒺, 音疾, 字亦作蒺, 同. 藜, 音梨, 字亦作蔾. 蝍, 音卽, 孫子逸
反. 蛆, 子余反. 蝗, 華孟反, 下同, 『字林』音皇, 『說文』榮庚反.
范宣『禮記音』音橫, 『聲類』·『韻集』[83]並以蝗協庚韻. 腹, 音福. 腦, 奴
老反.

질(蒺)은 음이 질(疾)이며, 글자를 또한 질(蒺)로도 쓰는데 음의가 같다.
리(藜)는 음이 리(梨)이며, 글자를 또한 리(蔾)로도 쓴다. 즉(蝍)은 음이 즉(卽)
인데, 손염은 자(子)와 일(逸)의 반절이라 하였다. 저(蛆)는 자(子)와 여(余)의
반절이다. 황(蝗)은 화(華)와 맹(孟)의 반절이고 아래도 같으며, 『자림』에는
음을 황(皇)이라 하였으며, 『설문』에는 영(榮)과 경(庚)의 반절이라 하였다.
범선(范宣)[84]의 『예기음(禮記音)』에는 음이 횡(橫)이라 하였으며, 『성류』와
『운집』에서는 모두 황(蝗)은 경(庚)의 운(韻)에 어울린다고 하였다. 복(腹)은
음이 복(福)이다. 뇌(腦)는 노(奴)와 로(老)의 반절이다.

蒺藜, 一名蝍蛆. 『廣雅』云 : "蝍蛆, 蜈蚣也." 郭云 : "似蝗而大腹,
長角, 能食蛇腦." 則非蜈蚣也. 『莊子』云 : "蝍蛆, 甘帶." 是也.

질리(蒺藜)는 일명 즉저(蝍蛆)이다. 『광아』에 "즉저(蝍蛆)는 오공(蜈蚣 : 지
네)이다"고 하였다. 곽박은 "황(蝗)과 비슷하나 배가 크고 긴 뿔이 있으며,
뱀 대가리를 잘 먹는다"고 하였으니, 오공(蜈蚣)이 아니다. 『장자』「제물론
(齊物論)」에 "즉저(蝍蛆)는 뱀을 잘 먹는다"고 한 것이 이것이다.

---

83) 『韻集』: 책 이름. 5권. 晉나라 呂靜 지음. 宮商角徵羽로 운을 분류하여 후세의 四聲
의 기틀을 열었다. 이 책은 散失되고 『玉函山房輯佚書』에 集錄되어 있다.
84) 范宣 : 晉 陳留 사람. 字는 宣子. 三禮에 정통했으며, 저서로 『禮易論難』이 있다(『晉
書』91).

 蝝, 蝮蜪.

연(蝝)은 복도(蝮蜪:누리의 새끼)이다.

 蝗子未有翅者.『外傳』曰 : "蟲舍蚳蝝."

누리 새끼가 아직 날개가 나지 않은 것이다. 『국어(國語)』「노어(魯語)」에 "벌레 중에 개미 알과 누리 새끼는 취하지 않는다"고 하였다.

蝝, 以全反,『字林』尹絹反.『說文』云 : "劉歆說蚍蜉子也. 董仲舒說蝗子也." 何休注『公羊』云 : "卽螽也. 始生曰蝝, 長大曰螽." 杜預亦云 : "螽子." 郭依董說. 蝮, 孚福反, 郭蒲篤反. 蜪, 郭音陶,『字林』他牟反. 翅, 式智反. 舍, 音捨. 蚳, 直其反.

연(蝝)은 이(以)와 전(全)의 반절인데,『자림』에는 윤(尹)과 견(絹)의 반절이라 하였다.『설문』의 연(蝝)에 "유흠(劉歆)은 비부자(蚍蜉子:큰 개미 알)라고 설명하였고, 동중서(董仲舒)는 황(蝗)의 새끼라고 설명하였다"고 하였으며, 하휴(何休)의『공양전』주에 "곧 종(螽:메뚜기)이다. 처음 난 것을 연(蝝)이라 하고 자라서 큰 것을 종(螽)이라 한다"고 하였으며, 두예도 "종자(螽子:메뚜기 새끼)이다"고 하였는데, 곽박은 동중서의 설(說)을 따랐다. 복(蝮)은 부(孚)와 복(福)의 반절인데, 곽박은 포(蒲)와 독(篤)의 반절이라 하였다. 도(蜪)에 대하여 곽박은 음이 도(陶)라 하였는데,『자림』에는 타(他)와 모(牟)의 반절이라 하였다. 시(翅)는 식(式)과 지(智)의 반절이다. 사(舍)는 음이 사(捨)이다. 지(蚳)는 직(直)과 기(其)의 반절이다.

 蝝, 一名蝮蜪, 蝗子未有翅者.『春秋』宣十五年 : "冬, 蝝生." 是
也. ○注 "『外傳』曰 : '蟲舍蚳蝝'." 此「魯語」里革諫宣公之辭也.
韋氏解曰 : "蚳, 蟣子也, 可以爲醢. 蝝, 蝮蜪也, 可食. 舍, 不取也."

연(蝝)은 일명 복도(蝮蜪)이며 누리 새끼가 아직 날개가 나지 않은 것이
다.『춘추공양전』선공 15년에 "겨울에 누리 새끼가 생겼다"고 한 것이
이것이다. ○주에서 인용한『외전』의 "충사지연(蟲舍蚳蝝)"은『국어』「노
어(魯語)」에 이혁(里革)이 선공(宣公)에게 간한 말이다. 위소가 풀이하기를
"지(蚳)는 의자(蟣子 : 개미알)인데, 이것으로 젓을 만들 수 있다. 연(蝝)은 복
도(蝮蜪)인데 먹을 수 있다. 사(舍)는 취하지 않는다는 뜻이다"고 하였다.

 蟋蟀, 蛬.

실솔(蟋蟀)은 공(蛬 : 귀뚜라미)이다.

 今促織也. 亦名靑䘀.

지금의 촉직(促織)[85]이다. 또한 명칭은 청렬(靑䘀)이다.

蟋, 音悉,『說文』作悉, 本或作蟋, 音瑟. 蟀, 所律反,『詩』同, 本
或作蟀,『說文』同. 蛬, 九勇反. 促, 字亦作趣, 七玉反. 靑, 子盈

---

85) 促織 : 귀뚜라미. '직물 짜기를 재촉한다'는 뜻으로, 우는 소리가 겨울이 오기 전에
옷감 짜기를 재촉하라는 소리로 들린다는 것에서 이렇게 부른다.

反. 劣, 音列, 『廣雅』云 : "蜻蛚, 促織也." 『字林』云 : 蟋蟀也."

　실(蟋)은 음이 실(悉)이고 『설문』에는 실(悉)로 되어 있으며, 본에 따라 실(蟋)로 되어 있는데 음은 슬(瑟)이다. 솔(蟀)은 소(所)와 율(律)의 반절인데 『시경』에서도 같고, 본에 따라 솔(蟀)로도 되어 있는데 『설문』에서도 같다. 공(蛩)은 구(九)와 용(勇)의 반절이다. 촉(促)은 글자를 또 촉(趯)으로도 쓰는데 칠(七)과 옥(玉)의 반절이다. 청(靑)은 자(子)와 영(盈)의 반절이다. 렬(劣)은 음이 렬(列)이고, 『광아』에 "청렬(蜻蛚)은 촉직(促織)이다"고 하였고, 『자림』에 "실솔(蟋蟀)이다"고 하였다.

　蟋蟀, 一名蛩, 今促織也. 亦名青蛚. 『詩』「唐風」云 : "蟋蟀在堂, 歲聿其暮." 陸璣 『疏』云 : "蟋蟀, 似蝗而小, 正黑有光澤如漆, 有角翅. 一名蛩, 一名蜻蛚. 楚人謂之王孫, 幽州人謂之趨織. 里語曰 : '趨織鳴, 嬾婦驚' 是也."

　실솔(蟋蟀)은 일명 공(蛩)인데 지금의 촉직(促織)이다. 또한 명칭은 청렬(青蛚)이다. 『시경』「당풍」「실솔(蟋蟀)」에 "실솔(蟋蟀)이 당(堂)에 있으니 한 해가 마침내 저물었구나"라고 했는데, 육기의 『모시초목조수충어소』에 "실솔(蟋蟀)은 황(蝗 : 누리)과 비슷하나 작으며, 순흑색에 광택이 있는 것이 옻칠한 것과 같고, 뿔과 날개가 있다. 일명 공(蛩), 일명 청렬(蜻蛚)이라 한다. 초(楚) 땅 사람들은 왕손(王孫)이라 하고, 유주(幽州) 사람들은 추직(趨織)이라 한다. 속어(俗語)에 '추직(趨織)이 울고 난부(嬾婦 : 귀뚜라미의 별칭)가 놀란다'고 한 것이 이것이다"고 하였다.

 螫, 蟆.

경(螫)은 마(蟆 : 두꺼비)이다.

 蛙類.

와(蛙)의 종류이다.

螫, 郭驚·景二音, 孫音京. 蟆, 武巴反. 蛙, 戶蝸反. 史游『急就』
云 : "蛙, 蝦蟇."

경(螫)에 대하여 곽박은 경(驚)과 경(景) 두 가지의 음이 있다고 하였고,
손염은 음이 경(京)이라 하였다. 마(蟆)는 무(武)와 파(巴)의 반절이다. 와(蛙)
는 호(戶)와 와(蝸)의 반절이다. 사유(史游)[86]의 『급취(急就)』에 "와(蛙)는 하
마(蝦蟇)이다"고 하였다.

此自一種蝦蟆也.

이것은 스스로 일종의 하마(蝦蟆 : 두꺼비)이다.

---

86) 史游 : 漢 元帝 때 사람. 저서에 『急就章』 4卷이 있다(『四庫提要』 41).

 蚿, 馬蠸.

한(蚿)은 마잔(馬蠸 : 노래기)이다.

 馬蠲, 蚐, 俗呼馬蚿.

마견(馬蠲)은 균(蚐)이며, 민간에서는 마축(馬蚿)이라 부른다.

蚿, 音閑. 蠸, 郭仕板反, 『字林』仕免反, 或仕簡反, 施仕婉反. 蠲,
古玄反, 『說文』云 : "『明堂』・『月令』腐草爲蠲." 蚐, 音均. 蚿, 丈
六反, 『字林』云 : "蚿馬."

한(蚿)은 음이 한(閑)이다. 잔(蠸)에 대하여 곽박은 사(仕)와 판(板)의 반절
이라 하였고, 『자림』에서는 사(仕)와 면(免)의 반절이라 하였는데, 혹 사(仕)
와 간(簡)의 반절이며, 시건은 사(仕)와 만(婉)의 반절이라 하였다. 견(蠲)은
고(古)와 현(玄)의 반절인데, 『설문』에 "『예기』의 「명당위(明堂位)」와 「월령」
에 썩은 풀이 견(蠲)이 된다"고 하였다. 균(蚐)은 음이 균(均)이다. 축(蚿)은
장(丈)과 육(六)의 반절이며, 『자림』에 "축마(蚿馬)이다"고 하였다.

蚿蟲, 一名馬蠸, 一名馬蠲・蚐, 俗呼馬蚿. 『方言』云 : "馬蚿, 北
燕謂之蛆蟝. 其大者謂之馬柚." 是也.

한충(蚿蟲)은 일명 마잔(馬蠸), 일명 마견(馬蠲)・균(蚐)이며, 민간에서는 마
축(馬蚿)이라 부른다. 『방언』에 "마현(馬蚿)이다. 북연(北燕)에서는 저거(蛆蟝)

라 한다. 그 가운데 큰 것을 마축(馬柚)이라고 한다"고 한 것이 이것이다.

 阜螽, 蠜.

부종(阜螽)은 번(蠜 : 메뚜기)이다.

 『詩』曰 : "趯趯阜螽."

『시경』「소남(召南)」「초충(草蟲)」에 "펄쩍펄쩍 뛰는 부종(阜螽)이로다"고
하였다.

 草螽, 負蠜.

초종(草螽 : 벼메뚜기)은 부번(負蠜)이다.

 『詩』云 : "喓喓草蟲." 謂常羊也.

『시경』「소남」「초충(草蟲)」에 "요요(喓喓)히 우는 풀벌레여"라 한 것은
상양(常羊 : 벌레 이름)을 말한 것이다.

 蜤螽, 蜙蝑.

사종(蜤螽)은 송서(蜙蝑 : 베짱이)이다.

 蜙蜙也, 俗呼蜙蝑.

송종(蜙蜙)이며, 민간에서는 용서(蜙蝑)라 부른다.

 蟿螽, 蟿蚸.

계종(蟿螽)은 혜력(蟿蚸 : 방아깨비)이다.

 今俗呼似蜙蜙而細長, 飛翅作聲者爲蟿蚸.

지금 민간에서는 송종(蜙蜙)과 비슷하나 가늘고 길며, 날개 짓을 하여 소리내는 것을 혜력(蟿蚸)이라 한다.

 土螽, 蠰谿.

토종(土螽)은 양계(蠰谿 : 송장메뚜기)이다.

 似蝗而小, 今謂之土蝶.

황(蝗)과 비슷하나 작으며, 지금은 토책(土蝶)이라 한다

 皐, 音阜. 螽, 本或作蚤, 音終, 下同. 蟞, 音煩, 下同, 本或作蟞.
蠅, 他歷反. 蟦, 音負, 字或作負. 嫂, 於遙反. 蜇, 本又作蜇,
『詩』作斯, 同, 音私支反. 蚣, 『字林』先凶反, 郭先工反, 『說文』思弓反.
蝑, 相魚反, 郭才與反, 『字林』先呂反, 『說文』云 : "蚣蝑以股鳴." 蜙, 寸
東反, 『字林』云 : "蝑蜙似蟀." 蝽, 傷容反. 螇, 音棄, 『字林』云口地反. 螇,
音奚. 蚸, 或作蚗, 郭音歷, 孫音昔. 蠰, 音壤, 孫音囊, 字又作蠰, 誤, 又
思諒反, 或式尙反. 谿, 苦兮反, 孫音奚. 蝶, 字又作蚅, 竹宅反. 『誥幼』云
: "蚅, 蚅蜢也, 善跳." 蜢, 音猛.

부(皐)는 음이 부(阜)이다. 종(螽)은 본에 따라 종(蚤)으로 되어 있는데, 음
은 종(終)이며 아래도 같다. 번(蟞)은 음이 번(煩)이며 아래도 같고 본에 따
라 반(蟞)으로 되어 있다. 적(蠅)은 타(他)와 력(歷)의 반절이다. 부(蟦)는 음이
부(負)인데, 글자를 간혹 부(負)로도 쓴다. 요(嫂)는 어(於)와 요(遙)의 반절이
다. 사(蜇)는 본에 따라 사(蜇)로 되어 있고, 『시경』에는 사(斯)로 되어 있는
데, 음의가 같으며 음은 사(私)와 지(支)의 반절이다. 송(蚣)은 『자림』에 선
(先)과 흉(凶)의 반절이라 하였고, 곽박은 선(先)과 공(工)의 반절이라 하였으
며, 『설문』에는 사(思)와 궁(弓)의 반절로 되어 있다. 서(蝑)는 상(相)과 어(魚)
의 반절인데, 곽박은 재(才)와 여(與)의 반절이라 하였고, 『자림』에는 선(先)
과 여(呂)의 반절로 되어 있으며, 『설문』에 "공서(蚣蝑 : 베짱이)는 다리로 소
리를 낸다"고 하였다. 종(蜙)은 촌(寸)과 동(東)의 반절이며, 『자림』에 "옹종

(翰蜙)은 린(蟻 : 개똥벌레)과 비슷하다"고 하였다. 용(蜦)은 상(傷)과 용(容)의
반절이다. 계(蟿)는 음이 기(棄)인데『자림』에는 구(口)와 지(地)의 반절이라
하였다. 혜(螇)는 음이 해(奚)이다. 력(蚸)은 간혹 결(蚗)로 되어 있는데, 곽박
은 음이 력(歷)이라 하였고, 손염은 음이 석(昔)이라 하였다. 양(蠰)은 음이
양(壤)인데, 손염은 음이 낭(囊)이라 하였고, 글자를 또한 낭(蠰)으로도 쓰는
데 잘못이며, 또 사(思)와 량(諒)의 반절, 혹은 식(式)과 상(尙)의 반절이다.
계(螇)는 고(苦)와 혜(兮)의 반절인데, 손염은 음이 해(奚)라고 하였다. 책(蚱)
은 글자를 또한 책(蚱)으로도 쓰며, 죽(竹)과 택(宅)의 반절이다.『고유(詁幼)』
에 "책(蚱)은 책맹(蚱蜢)이며 잘 뛴다"고 하였다. 맹(蜢)은 음이 맹(猛)이다.

＿＿＿＿
|爾雅|
|疏 | 皇螽之族, 厥類寔煩, 此辨之也. 皇螽, 一名蠜. 李巡曰: "蝗子
也." 陸璣『疏』云: "今人謂蝗子爲螽子, 兗州人謂之螣." 許愼云:
"蝗, 螽也." 蔡邕云: "螽, 蝗也." 明是一物. 草蟲, 一名負蠜, 一名常羊.
陸璣云: "小大長短如蝗也, 奇音靑色, 好在茅草中." 又一名草蟲,『詩』云
: "喓喓草蟲, 趯趯阜螽." 是也. 蜤螽,『周南』作"螽斯",「七月」作"斯螽."
雖字異文倒, 其實一也. 一名蚣蝑, 一名蚣蜙, 一名蜙蝑. 陸璣云: "幽州
人謂之春箕, 春箕卽春黍, 蝗類也. 長而靑, 長角, 長股, 股鳴者也. 或謂
似蝗而小, 班黑, 其股似瑇瑁, 又五月中以兩股相切作聲, 聞數十步者,
是也." 螶螽, 一名蟋蚸, 形似蚣蜙而細長, 飛翅作聲者, 是也. 土螽, 一名
蠰谿, 今謂之土蜢. 江南呼蚚蜉, 又名蚱蜢, 形似蝗而小, 善跳者, 是也.
○注"『詩』云 : '喓喓草蟲, 趯趯阜螽'."『召南』「草蟲」篇文也.

부종(阜螽)의 족속은 그 종류가 실로 번다하여 여기서 구별하였다. 부종
(阜螽)은 일명 번(蠜)이다. 이순은 "황자(蝗子)이다"고 하였는데, 육기의『모
시초목조수충어소』에 "지금 사람들은 황자(蝗子)를 종자(螽子)라 하며, 연
주(兗州) 사람들은 등(螣)이라 한다"고 하였고, 허신은 "황(蝗)은 종(螽)이다"
고 하였으며, 채옹(蔡邕)은 "종(螽)은 황(蝗)이다"고 하였으니, 분명히 한 사

물이다. 초충(草蟲)은 일명 부번(負蠜), 일명 상양(常羊)이다. 육기는 "크기와 길이가 황(蝗)과 비슷하다. 기이한 소리를 내고 청색을 띠며, 띠풀 속에 있기를 좋아한다"고 하였다. 또한 일명은 초충(草蟲)인데『시경』「소남(召南)」「초충(草蟲)」에 "요요초충, 적적부종(喓喓草蟲, 趯趯阜螽)"이라 한 것이 이것이다. 사종(蛶螽)은『시경』「주남(周南)」「종사(螽斯)」에 "종사(螽斯)"로 되어 있고,『시경』「빈풍(豳風)」「칠월」에는 "사종(斯螽)"으로 되어 있다. 비록 글자가 다르고 글이 뒤바뀌었지만 실상은 같다. 일명 송서(蜙蝑), 일명 송종(蜙蝑), 일명 용서(蜙蝑)이다. 육기는 "유주(幽州) 사람들은 용기(舂箕)라고 하는데, 용기(舂箕)가 바로 용서(舂黍)이며 황(蝗)의 종류이다. 길면서도 푸르고 긴 뿔에 긴 다리가 있으며 다리로 소리를 내는 것이다. 혹은 황(蝗)과 비슷하다고 하나 작고, 검은 반점이 있으며, 그 다리는 대모(瑇瑁)와 비슷하고, 또한 5월 중에 두 다리를 서로 비벼서 소리를 내어 수십 보까지 들리는 것이 이것이다"고 하였다. 계종(蟿螽)은 일명 혜력(螇蚸)인데, 형태는 송종(蜙蝑)과 비슷하나 가늘고 길며, 날개 짓을 해서 소리를 내는 것이 이것이다. 토종(土螽)은 일명 양계(蟅谿)인데, 지금은 토책(土蟅)이라 한다. 강남에서는 책맥(蚱蜢)이라고 부르는데, 또한 명칭은 책맹(蚱蜢)이며, 형태는 황(蝗)과 비슷하나 작으며 잘 뛰는 것이 이것이다. ○ 주에서 인용한『시경』의 "요요초충(喓喓草蟲)", "적적부종(趯趯阜螽)"은 「소남」「초충(草蟲)」편의 글이다.

 蝬蚓, 螼蚕.

근인(蝬蚓)은 견천(螼蚕 : 지렁이)이다.

卽 蜿蟺也, 江東呼寒蚓.

곧 완선(蜿蟺 : 지렁이)이며, 강동에서는 한인(寒蚓)이라고 부른다.

 蜸, 羌引反. 蚓, 音引, 郭餘忍反,『說文』以爲螾, 字同. 蜸, 苦顯反. 蚕, 他典反. 蛂, 於阮反. 蟺, 音善,『廣雅』云 : "蛂蟺, 蚯蚓也." 蚓, 郭許謹反, 殷仲堪許偃反.

근(蜸)은 강(羌)과 인(引)의 반절이다. 인(蚓)은 음이 인(引)이다. 곽박은 여(餘)와 인(忍)의 반절이라 하였다.『설문』에는 인(螾)이라 하였으나 글자가 같다. 견(蜸)은 고(苦)와 현(顯)의 반절이다. 천(蚕)은 타(他)와 전(典)의 반절이다. 원(蛂)은 어(於)와 완(阮)의 반절이다. 선(蟺)은 음(音)이 선(善)이다.『광아』에 "원선(蛂蟺)은 구인(蚯蚓)이다"고 하였다. 인(蚓)에 대하여 곽박은 허(許)와 근(謹)의 반절이라 하였으며, 은중감(殷仲堪)[87]은 허(許)와 언(偃)의 반절이라 하였다.

 蜸蚓, 一名蜸蚕, 卽蜿蟺也.『廣雅』云 : "蜿蟺, 蚯蚓也." 「月令」四月"蚯蚓出", 十一月"蚯蚓結" 是也. 江東呼寒蚓. 郭云 : "蚯蚓, 土精, 無心之蟲, 與阜螽交者也."

근인(蜸蚓)은 일명 견천(蜸蚕)이며 곧 완선(蜿蟺)이다.『광아』에 "완선(蜿蟺)은 구인(蚯蚓 : 지렁이)이다"고 하였다.『예기』「월령(月令)」 4월에 "구인(蚯蚓)이 나온다"고 하였고, 11월에 "구인(蚯蚓)이 구부린다"[88]고 한 것이 이

---

87) 殷仲堪 : 晉나라 사람. 淸言을 잘 했으며 文을 잘 지었고, 효성이 지극하였다(『晉書』84).
88) 구부린다 :『이아고림』「正義」에 "結, 猶屈也"라고 하였다.

것이다. 강동에서는 한인(寒蚓)이라고 부른다. 곽박은 "구인(蚯蚓)은 토정(土精)이며 무심한 벌레이고 부종(蟲螽)과 교미한다"고 하였다.

莫貈, 螳蜋, 蛑.

막학(莫貈)은 당랑(螳蜋 : 버마재비)이며, 모(蛑)이다.

螳蜋, 有斧蟲, 江東呼爲石蜋. 孫叔然以『方言』說此, 義亦不了.

당랑(螳蜋)은 도끼 같은 팔이 있는 벌레이며, 강동에서는 석랑(石蜋)이라고 부른다. 손숙연(孫叔然 : 孫炎)은 『방언』으로 이를 설명했으나, 의미 또한 분명치 않다.

爾雅音義 莫, 本或作蟃, 同, 武博反. 貈, 本又作貉, 孫戶各反, 下同. 螳蜋, 『說文』云 : "名斫父." 蛑, 郭音车, 『字林』云 : "蝗蜋也." 又亡牢反. 斧, 音甫.

막(莫)은 본에 따라 맥(蟃)으로 되어 있는데 음의가 같으며, 무(武)와 박(博)의 반절이다. 학(貈)은 본에 따라 맥(貉)으로 되어 있는데, 손염은 호(戶)와 각(各)의 반절이라 하였으며, 아래도 같다. 당랑(螳蜋)에 대하여 『설문』의 랑(蜋)에 "작부(斫父)라고 한다"고 하였다. 모(蛑)에 대하여 곽박은 음이 모(车)라 하였으며, 『자림(字林)』에 "황랑(蝗蜋)이다"고 하였는데, 또 망(亡)과 뢰(牢)의 반절이다. 부(斧)는 음(音)이 보(甫)이다.

莫貚, 一名螳蜋, 一名蚸, 卽上"不過"也. 捕蟬而食, 有臂若斧, 奮之當軼不避. 『莊子』云 : "猶螳蜋之怒臂以當車軼" 是也. 江東 呼爲石蜋, 又名虼肮. ○注"孫叔然以『方言』說此, 亦不了." 『方言』云 : "螳蜋謂之髦, 或謂之町, 或謂之芊芊." 孫炎取此『方言』之文以虹上屬爲 說. 案『說文』以虹蛏·負勞爲一, 則『方言』之說旣失其指, 孫氏引之爲說, 是亦不了也.

막학(莫貚)은 일명 당랑(螳蜋), 일명 모(蚸)라 하니, 곧 앞의 "불과(不過)"이다. 매미를 잡아먹으며, 도끼 같은 팔이 있고, 성내어 수레바퀴에 대항하여 피하지 않는다. 『장자』 「인간세(人間世)」에 "당랑(螳蜋)이 성내어 팔로써 수레바퀴에 대항하는 것과 같다"고 한 것이 이것이다. 강동에서는 석랑(石蜋 : 사마귀)이라 부르며, 또한 명칭은 흘굉(虼肮)이다. ○ 주에서 "손숙연(孫叔然)은 『방언』으로 이를 설명했으나, 의미 또한 분명치 않다"고 하였는데, 『방언』에 "당랑(螳蜋)을 모(髦)라 말하고, 혹은 정(町), 혹은 양양(芊芊)89)이라 말한다"고 하였다. 손염은 이 『방언』의 글을 취하여 아래 글자인 정(虹)의 위에 붙이는 것으로 설명하였다.90) 살피건대, 『설문』의 형(蛏)에서는 정형(虹蛏 : 밀잠자리)과 부로(負勞)를 한가지로 여겼으니,91) 『방언』의 설명은 이미 그 뜻을 그르쳤다. 손씨가 이를 인용하여 설명하였으니, 이는 분명치 않은 것이다.

虹蛏, 負勞.

---

89) 芊芊 : '芊'은 羊의 本字이다. 『이아고림』 「義疏」 등에는 '蚌蚌'으로 써서 설명하였다.
90) 손염은 …… 설명하였다 : 『이아고림』 「義疏」에 "孫炎取此方言, 以下文虹字上屬, 郭 所不從也"라고 하였다.
91) 虹蛏과 …… 여겼으니 : 段注本 『說文』에는 "蛏, 丁蛏, 負勞也"로 되어 있다.

정형(虹蛵)은 부로(負勞 : 밀잠자리)이다.

爾雅
注

或曰卽蜻蛉也. 江東呼狐梨, 所未聞.

혹자는 바로 청령(蜻蛉 : 잠자리)이라 말한다. 강동에서는 호리(狐梨)라고
부르는데, 아직 듣지 못했다.

爾雅
音義

虹, 音丁. 蛵, 虛形反. 勞, 力刀反. 蛉, 力丁反.『字林』云 : "蜻蛉,
一名桑根." 狐, 音乎.

정(虹)은 음(音)이 정(丁)이다. 형(蛵)은 허(虛)와 형(形)의 반절이다. 로(勞)는
력(力)과 도(刀)의 반절이다. 영(蛉)은 력(力)과 정(丁)의 반절이다.『자림』에
"청령(蜻蛉)은 일명 상근(桑根)이다"고 하였다. 호(狐)는 음(音)이 호(乎)이다.

爾雅
疏

卽蜻蛉, 六足四翼蟲也. 一名虹蛵, 一名負勞, 江東呼狐梨.『方
言』云 : "蜻蛉謂之蜒蛉." 淮南人又呼蟪蚗.『字林』云 : "一名桑
根." 陶注『本草』云 : "一名蜻蜓." 是也. ○云"所未聞"者, 雖有或人之說,
但經典未聞所出, 示其無質, 故云"所未聞."

곧 청령(蜻蛉)으로, 여섯 개의 발에 네 개의 날개가 있는 벌레이다. 일명
정형(虹蛵), 일명 부로(負勞)이며, 강동에서는 호리(狐梨)라 부른다.『방언』에
"청령(蜻蛉)을 즉령(蜒蛉)이라 말한다"고 하였다. 회남(淮南) 사람들은 또한
강이(蟪蚗)라고 부른다.『자림』에 "일명 상근(桑根)이다"고 하였다.『본초』
의 도홍경의 주에 "일명 청정(蜻蜓)이다"고 한 것이 이것이다. ○곽박이
"아직 듣지 못했다"고 한 것은, 비록 어떤 사람의 설명이 있으나, 단지 경
전(經典)에서 출처를 아직 듣지 못하여 그 근거가 없음을 표시하는 까닭으

로, "소미문(所未聞)"이라 말한 것이다.

 蛹, 毛蠹.

함(蛹)은 모두(毛蠹 : 풀쐐기·안타깨비쐐기의 총칭)이다.

 卽蛓.

곧 자(蛓 : 쐐기)이다.

 蛹, 戶感反. 蛓, 七志反, 『說文』云 : "毛蟲也, 讀若笥." 案今俗呼
爲毛蛓, 有毒, 螫人. 『楚辭』云 : "蛓緣兮我裳."

함(蛹)은 호(戶)와 감(感)의 반절이다. 자(蛓)는 칠(七)과 지(志)의 반절이다.
『설문』에 "자(蛓)는 모충(毛蟲)이다. 사(笥)와 같이 읽는다"고 하였다. 살펴
건대, 지금의 민간에서는 모자(毛蛓)라 하는데 독이 있으며 사람을 쏜다.
『초사』「왕일(王逸)」「구사(九思)」「원상(怨上)」에 "자(蛓)가 내 치마에 기어
오른다"고 하였다.

 蛹, 一名毛蠹, 卽蛓也. 『說文』云 : "蛓, 毛蟲." 今俗呼爲毛蛓, 有
毒, 螫人." 『楚辭』云 : "蛓緣兮我裳" 是也.

함(蛹)은 일명 모두(毛蠹)로 곧 자(蛓)이다. 『설문』에 "자(蛓)는 털이 난 벌

레이다”고 하였다. 지금 민간에서는 모자(毛蛓)라 하는데 독이 있으며 사람을 쏜다. 『초사』 「왕일(王逸)」 「구사(九思)」 「원상(怨上)」에 “자(蛓)가 내 치마에 기어오른다”고 한 것이 이것이다.

 蟔, 蛅蟴.

묵(蟔)은 점사(蛅蟴 : 쐐기)이다.

 蛓屬也. 今靑州人呼蛓爲蛅蟴. 孫叔然云“八角螫蟲”, 失之.

자(蛓)의 등속(等屬)이다. 지금 청주(靑州) 사람들은 자(蛓)를 점사(蛅蟴)라 부른다. 손숙연은 “여덟 개의 뿔을 가진 독침으로 쏘는 벌레이다”고 하였는데, 잘못이다.

蟔, 字又作蠈, 亡北反. 蛅, 字或作蚦, 而占反. 蟴, 音斯. 螫,[92] 式赤反. 螫, 猶蠚也. 蠚, 火各反, 『字林』云 : “蟲行毒也.”

묵(蟔)은 글자를 또 묵(蠈)으로도 쓰는데 망(亡)과 북(北)의 반절이다. 점(蛅)은 글자를 간혹 염(蚦)으로도 쓰는데, 이(而)와 점(占)의 반절이다. 사(蟴)는 음(音)이 사(斯)이다. 석(螫)은 식(式)과 적(赤)의 반절이다. 석(螫)은 학(蠚)이다. 학(蠚)은 화(火)와 각(各)의 반절이다. 『자림』에 “독을 쓰는 벌레이다”고 하였다.

---

92) 螫 : 『경전석문』에는 ‘螫’으로 되어 있으나, 『이아고림』 「음의고증」에 따라 고쳤다.

螁, 一名蚰蜒, 卽蛓類也. 靑州人呼蚰蜒. ○注“孫叔然云‘八角螫蟲’, 失之”此卽毛蟲, 何止八角? 故云“失之.” 螫猶蠚也. 『字林』云：“蟲行毒也.”

묵(螁)은 일명 점사(蚰蜒)로 곧 자(蛓)의 종류이다. 청주(靑州) 사람들은 점사(蚰蜒)라 부른다. ○ 주에서 “손숙연은 ‘여덟 개의 뿔을 가진 독침으로 쏘는 벌레이다’고 하였는데, 잘못이다”고 한 것은, 이는 곧 모충(毛蟲)인데 어찌 여덟 개의 뿔에 그치겠는가? 때문에 “잘못이다”고 한 것이다. 석(螫)은 학(蠚)과 같다. 『자림』에는 “독을 쓰는 벌레이다”고 하였다.

 蟠, 鼠負.

번(蟠)은 서부(鼠負 : 쥐며느리)이다.

 甕器底蟲.

옹기(甕器) 밑에 사는 벌레이다.

 蟠, 音煩, 字或作蟠. 負, 本亦作蝜,[93] 又作婦, 亦作蝜, 音同. 『本草』：“鼠負, 一名負蟠, 一名伊威, 一名委黍.” 陶注云：“多在鼠坎中, 鼠背負之. 今作婦字, 則似乖理, 一名鼠姑.” 底, 丁禮反.

---

93) 蝜：『경전석문』에는 ‘蝜’로 되어 있으나, 『이아고림』 「음의고증」에 따라 고쳤다.

번(蟠)은 음(音)이 번(煩)인데, 글자를 간혹 번(蟠)으로도 쓴다. 부(負)는 본에 따라 부(蝜), 또한 부(婦)로 되어 있고, 또한 부(蝜)로도 되어 있는데, 음이 같다. 『본초』에 "서부(鼠負)는 일명 부번(負蟠), 일명 이위(伊威), 일명 위서(委黍)이다"고 하였는데, 도홍경(陶弘景)의 주에 "대부분 쥐구멍 속에 있으며, 쥐 등에 탄다. 지금 부(婦)자로 쓰는 것은 이치에 어긋나는 것 같으며, 일명 서고(鼠姑)이다"고 하였다. 저(底)는 정(丁)과 례(禮)의 반절이다.

此與下"蛜威, 委黍"是一. 故下注"委黍"云 : "舊說鼠婦別名." 則此蟲一名蟠, 一名鼠負. 負或作蝜.『本草』作婦, 一名蛜威, 一名委黍也. 陸璣云 : "在壁根下・甕器底土中生, 似白魚者, 是也." 陶注『本草』云 : "多在鼠坎中, 鼠背負之." 然與鼠蝜及鼠婦則似乖.『詩』「東山」云 : "伊威在室." 是也

이것은 아래의 "이위(蛜威 : 쥐며느리)는 위서(委黍)이다"고 한 것과 한가지이다. 때문에 아래의 "위서(委黍)"에 대한 주에 "구설(舊說)에 서부(鼠婦)는 별명이다"고 하였으니, 이 벌레는 일명 번(蟠), 일명 서부(鼠負)이다. 부(負)는 간혹 부(蝜)로도 쓴다. 『본초』에는 부(婦)로 되어 있는데, 일명 이위(蛜威), 일명 위서(委黍)이다. 육기는 "담 밑과 옹기 밑의 흙 속에서 사는데, 백어(白魚 : 좀)와 비슷한 것이 이것이다"고 하였다. 『본초』의 도홍경 주에 "대부분 쥐구멍 속에 있으며, 쥐 등에 탄다"고 하였다. 그러나 서부(鼠蝜)와 서부(鼠婦)는 다른 것 같다. 『시경』「빈풍(豳風)」「동산(東山)」에 "이위(伊威)가 방에 있다"고 한 것이 이것이다.

蟫, 白魚.

담(蟫)은 백어(白魚 : 반대좀)이다.

 衣書中蟲, 一名蚋魚.

옷이나 책 속의 벌레로, 일명 병어(蚋魚 : 반대좀)이다.

 蟫, 郭音淫, 又徒南反. 蚋, 音丙.

담(蟫)에 대하여 곽박은 음이 음(淫), 또는 도(徒)와 남(南)의 반절이라 하였다. 병(蚋)은 음(音)이 병(丙)이다.

 此衣書中蟲也, 一名蟫, 一名白魚, 一名蚋魚.『本草』謂之"衣魚"是也.

이것은 옷이나 책 속에 사는 벌레로, 일명 담(蟫), 일명 백어(白魚), 일명 병어(蚋魚)이다.『본초』에 "의어(衣魚)"라고 말한 것이 이것이다.

經文 蛾, 羅

아(蛾)는 라(羅 : 누에나방)이다.

 蠶蛾.

잠아(蠶蛾 : 누에나방)이다.

 蚊, 本又作蛾,『說文』同, 我河反. 蠶, 徂南反, 下同.

아(蚊)는 본에 따라 아(蛾)로 되어 있는데『설문』도 같으며, 아(我)와 하
(河)의 반절이다. 잠(蠶)은 조(徂)와 남(南)의 반절이며, 아래도 같다.

 此卽蠶蛹所變者也.『說文』云 : "蛾, 羅也." 是.

이는 곧 누에의 번데기가 변한 것이다.『설문』에 "아(蛾)는 라(羅)이다"
고 한 것이 이것이다.

 螒, 天雞.

한(螒)은 천계(天雞 : 베짱이)이다.

 小虫, 黑身, 赤頭, 一名莎雞, 又曰樗雞.

작은 벌레로 몸뚱이는 흑색이고 대가리는 붉은데, 일명 사계(莎雞)이며, 또한 저계(樗雞)[94]라 한다.

爾雅音義 螒, 胡旦反. 莎, 蘇禾反. 樗, 恥豬反, 『廣雅』云: "樗鳩,[95] 樗雞也."

한(螒)은 호(胡)와 단(旦)의 반절이다. 사(莎)는 소(蘇)와 화(禾)의 반절이다. 저(樗)는 치(恥)와 저(豬)의 반절이다. 『광아』에 "저구(樗鳩)는 저계(樗雞)이다"고 하였다.

爾雅疏 此黑身 · 赤頭小蟲也. 一名螒, 一名天雞, 一名莎雞, 又曰樗雞. 李巡曰: "一名酸雞." 『詩』「豳風」「七月」云: "六月莎雞振羽." 陸璣『疏』云: "如蝗而班色, 毛翅數重, 其翅正赤, 六月中飛而振羽, 索索作聲. 幽州人謂之蒲錯, 是也."

이는 검은 몸뚱이에 붉은 대가리의 작은 벌레이다. 일명 한(螒), 일명 천계(天雞), 일명 사계(莎雞)이며, 또한 저계(樗雞)라 한다. 이순은 "일명 산계(酸雞)이다"고 하였다. 『시경』「빈풍」「칠월」에 "6월에 사계(莎雞)가 깃을 떨친다"고 하였는데, 육기의 『모시초목조수충어소』에 "황(蝗; 누리)과 비슷하나 얼룩진 색깔을 띠고, 털 날개가 여러 겹인데 그 날개는 정적색(正赤色)이고, 6월중에 날아다니며 날개를 떨쳐서 삭삭(索索) 소리를 낸다. 유주(幽州) 사람들이 포착(蒲錯)이라 말하는 것이 이것이다"고 하였다.

---

94) 樗雞 : 가죽나무에 살며 날개에 채색 무늬가 있는 벌레 이름.
95) 鳩 : 『경전석문』에는 '鳴'으로 되어 있으나, 『이아고림』「음의고증」에 따라 고쳤다.

 傅, 負版.

부(傅)는 부판(負版)이다.

 未詳.

자세하지 않다.

 强, 蚚.

강(强)은 기(蚚 : 바구미)이다.

 卽强醜捋.

곧 강추랄(强醜捋)이다.

傅,音付. 版, 字亦作蝂, 甫簡反. 强, 其良反,『說文』云 : "籀文." 作彊. 蚚,『字林』巨希反, 又下枚反, 郭胡輩反. 捋, 力活反.

부(傅)는 음(音)이 부(付)이다. 판(版)은 글자를 또 판(蝂)으로도 쓰는데, 보(甫)와 간(簡)의 반절이다. 강(强)은 기(其)와 량(良)의 반절이며,『설문』에 "강

(蠞)은 주문(籒文)이다"고 하였으며 강(强)은 강(蠞)으로 되어 있다. 기(蚚)에
대하여 『자림』에는 거(巨)와 희(希)의 반절이라 하였고, 또는 하(下)와 매(枚)
의 반절인데, 곽박은 호(胡)와 배(輩)의 반절이라 하였다. 랄(捋)은 력(力)과
활(活)의 반절이다.

 强, 蟲名也. 一名蚚, 好自摩捋者, 蓋蠅類.

강(强)은 벌레 명칭이다. 일명 기(蚚)이며, 스스로 다리를 비비기를 좋아
하는 것으로, 대체로 승(蠅 : 파리)의 종류이다.

 蛚, 蟷何.

렬(蛚)은 상하(蟷何)이다.

 未詳.

자세하지 않다.

 蝛, 蛹.

회(蜖)는 용(蛹 : 번데기)이다.

蠶蛹.

누에의 번데기이다.

蛚, 本或作捋, 郭音劣, 又力活反. 蟲, 失羊反, 『字林』之亦反.
何, 本或作蚵, 音河. 蜖, 郭音龜, 『字林』音潰, 施音愧. 蛹, 音勇.

렬(蛚)은 본에 따라 랄(捋)로 되어 있다. 곽박은 음을 렬(劣), 또는 력(力)
과 활(活)의 반절이라 하였다. 상(蟲)은 실(失)과 양(羊)의 반절인데, 『자림』
에는 지(之)와 역(亦)의 반절이라 하였다. 하(何)는 본에 따라 가(蚵)로 되어
있는데 음이 하(河)이다. 회(蜖)에 대하여 곽박은 음이 귀(龜)라 하였으며,
『자림』은 음이 궤(潰)라 하였고, 시건(施乾)은 음이 괴(愧)라 하였다. 용(蛹)
은 음(音)이 용(勇)이다.

卽蠶所變者, 一名蜖, 又名蛹也.

곧 누에가 변한 것으로, 일명 회(蜖)라 하며, 또한 명칭은 용(蛹)이라 한다.

蜆, 縊女.

현(蜆)은 의녀(螠[96]女 : 나비의 애벌레)이다.

小黑蟲, 赤頭, 喜自經死, 故曰螠女.

작고 검은 벌레로, 대가리가 붉으며, 스스로 목매어 죽기를 좋아하기 때문에 의녀(螠女)라 한다.

蜆, 下顯反, 『字林』下研反, 孫音倪. 案倪字, 下顯·苦見二反. 螠, 一賜反, 一音翳是反. 喜, 許記反. 經, 古刑反.

현(蜆)은 하(下)와 현(顯)의 반절인데, 『자림』에는 하(下)와 연(硏)의 반절로 되어 있고, 손염은 음이 현(倪)이라 하였다. 살피건대, 현(倪)자는 하(下)와 현(顯), 고(苦)와 견(見) 두 가지의 반절이다. 의(螠)는 일(一)과 사(賜)의 반절인데, 일음(一音)은 예(翳)와 시(是)의 반절이다. 희(喜)는 허(許)와 기(記)의 반절이다. 경(經)은 고(古)와 형(刑)의 반절이다.

蜆, 小黑蟲也. 赤頭, 喜自縊, 故又名螠女. 『說文』云"蜆爲蝶" 是也. ○經卽縊也. 「晉語」申生使猛足辭於狐突, 乃雉經於新城廟. 僖四年『左氏傳』云: "十二月戊申, 縊於新城." 是謂縊爲經也.

현(蜆)은 작고 검은 벌레이다. 붉은 대가리이며 스스로 목매어 죽기를 좋아하기 때문에 또한 명칭을 의녀(螠女)라 한다. 『설문』의 "현(蜆)에 허물을 벗고 나비가 된다"[97]고 한 것이 이것이다. ○경(經)은 곧 의(縊 : 목매다)

---

96) 螠 : 본음은 '의'이고, 지금은 '액'으로 읽는다.
97) 蜆에 …… 나비가 된다 : 段注本 『설문』 등에는 이 글이 없는데, 『설문고림』 「古本考」의 '蜆'에 "六書故云, 說文蜀本曰, 蜆爲蝶"이라 하여, 『설문』 「蜀本」에 있음을

이다.『국어』「진어 이(晉語二)」에 신생(申生)이 맹족(猛足)을 시켜 호돌(狐突)
에게 고하게 하고, 이에 신성(新城)의 사당에서 목을 매달아 죽었다고 하
였다. 희공(僖公) 4년『좌씨전』에 "신생(申生)이 12월 무신(戊申)일에 신성(新
城:曲沃)에서 목매어 죽었다"고 하였는데, 이것은 의(縊)가 경(經)임을 말한
것이다.

 蚍蜉, 大螘,

비부(蚍蜉)는 대의(大螘:왕개미)이며,

 俗呼爲馬蚍蜉.

민간에서는 마비부(馬蚍蜉:왕개미)라 부른다.

 小者螘.

작은 것은 의(螘:개미)이다.

 齊人呼蟻蟻蛘.

밝혔다.

제(齊) 지역 사람들은 의의앙(蟻蟻蚲)이라 부른다.

 蠪, 朾螘.

롱(蠪)은 정의(朾螘 : 붉은 무늬가 있는 왕개미)이다.

 赤駮蚍蜉.

붉은 얼룩무늬의 비부(蚍蜉)이다.

 蔚, 飛螘,

위(蔚)는 비의(飛螘 : 흰개미)이고,

 有翅.

날개가 있다.

其子蚳.

그 알을 지(蚳)라 한다.

 蚳, 蟻卵.『周禮』曰 : "蚳·蚳醢."

지(蚳)는 개미의 알이다.『주례』「해인(醢人)」에 "대합조개와 개미 알로 만든 젓갈이다"고 하였다.

蚍, 音毗. 蜉, 音浮. 螘, 魚綺反. 本亦作蛾, 俗作蟻, 字音同. 案 『說文』: "蟻, 羅也."[98] 蟻, 或作義. 蛾, 蠶化飛蛾也. 並非螘字. 蚒, 以丈反, 郭云 : "齊人呼蟻也."『字林』云 : "北燕人謂蚍蜉曰蟻蚒." 蠪, 謝音聾, 郭音龍. 朾, 本又作虰, 郭唐耕反, 孫丈耕反,『字林』音丁. 螘, 布 角反. 蟗, 於貴反,『說文』·『字林』從蚰.[99] 翅, 矢豉反, 又吉豉反. 蚳, 直 其反. 蜃, 市軫反. 醢, 子亮反.

비(蚍)는 음(音)이 비(毗)이다. 부(蜉)는 음(音)이 부(浮)이다. 의(螘)는 어(魚) 와 기(綺)의 반절이다. 본에 따라 아(蛾)로 되어 있으며, 민간에서는 의(蟻)를 쓰는데 글자는 음이 같다. 살피건대,『설문』에 "의(蟻)는 나(羅)이다"고 하 였는데 의(蟻)는 간혹 의(義)로도 쓴다. 아(蛾)는 누에가 변하여 나방이 된 것이다. 모두 의(螘)자가 아니다. 양(蚒)은 이(以)와 장(丈)의 반절이다. 곽박

---

98) 蟻羅也 : 段注本『說文』에는 "蛾, 羅也"로 되어 있다. 참고로 앞의 經文 "蠶, 羅"에 대하여 그 音義에 "蠶, 本又作蛾,『說文』同, 我河反"이라 하였고, 그 疏에 "此卽蠶蛹 所變者也.『說文』云 : '蠶, 羅也' 是"라 하였다.

99) 蚰 :『경전석문』에는 '蚰'로 되어 있으나 段注本『說文』에 따라 고쳤다.

은 "제(齊)나라 사람은 의(蟻)라고 부른다"고 하였다. 『자림』에는 "북연(北燕) 사람은 비부(蚍蜉)를 불러 의양(蟻蛘)이라 말한다"고 하였다. 롱(䗪)에 대하여 사교는 음이 롱(聾)이라 하였고, 곽박은 음이 용(龍)이라 하였다. 정(虰)은 본에 따라 정(虰)으로 되어 있는데, 곽박은 당(唐)과 경(耕)의 반절이라 하였고, 손염은 장(丈)과 경(耕)의 반절이라 하였고, 『자림』에서는 음이 정(丁)이라 하였다. 박(駁)은 포(布)와 각(角)의 반절이다. 위(蚊)는 어(於)와 귀(貴)의 반절이다. 『설문』·『자림』은 곤(蚰)을 따랐다. 시(翅)는 시(矢)와 시(豉)의 반절, 또는 길(吉)과 시(豉)의 반절이다. 지(蚳)는 직(直)과 기(其)의 반절이다. 신(蜄)은 시(市)와 진(軫)의 반절이다. 장(醬)은 자(子)와 량(亮)의 반절이다.

【爾雅疏】此辨衆螘及其子名也. 螘, 通名也. 其大者, 別名蚍蜉, 俗呼馬蚍蜉. 小者卽名螘, 齊人呼蟻蛘. 『方言』云 : "蚍蜉, 齊魯之間謂之蚼蝓, 西南梁益之間謂之玄蚼, 燕謂之蛾蛘, 其場謂之垤, 或謂之塘." 是也. 其大而赤色斑駁者名䗪, 一名虰螘. 有翅而飛者名蚊, 卽飛螘也. 其子在卵者名蚳, 可以作醢. ○案『周禮』「醢人」職曰 : "饋食之豆, 蜃·蚳醢." 醢則醬之有肉者, 故此云"醬"也.

여기서는 여러 개미와 그 알의 명칭을 구별하였다. 의(螘)는 통틀어 일컫는 명칭이다. 그 큰 것은 별명이 비부(蚍蜉)이고 민간에서는 마비부(馬蚍蜉)라 부른다. 작은 것은 바로 의(螘)라 부르는데, 제(齊)나라 사람들은 의양(螘蛘)이라 부른다. 『방언』에 "비부(蚍蜉)는 제(齊)와 로(魯) 지역에서는 구양(蚼蝓)이라 말하고, 서남쪽의 양(梁)과 익(益) 지역에서는 현구(玄蚼)라 말하고, 연(燕)에서는 아양(蛾蛘)이라 말하고, 그 처소를 지(垤 : 개미집)라 말하고 혹은 질(塘)이라 말한다"고 한 것이 이것이다. 그 크고 적색의 얼룩 반점이 있는 것의 명칭을 롱(䗪)이라 하는데 일명 정의(虰螘)이다. 날개가 있어 나는 것의 명칭을 위(蚊)라 하는데, 곧 비의(飛螘 : 흰개미)이다. 그 새끼가 알에 있는 것의 명칭을 지(蚳)라 하는데, 그것으로 젓갈을 만들 수 있다. ○

살펴건대,『주례』「해인(醢人)」직(職)에 "제사 때 익힌 음식을 올리는 제
기에는 대합조개와 개미 알로 만든 젓갈이다"고 하였는데, 해(醢)는 장(醬)
에 고기가 있는 것이기 때문에 여기서 "장(醬)"이라 말한 것이다.

 次蠹, 鼅鼄. 鼅鼄, 鼄蝥.

차추(次蠹)는 지주(鼅鼄 : 거미)이다. 지주(鼅鼄)는 주모(鼄蝥)이다.

 今江東呼蠾蝥, 音掇.

지금 강동에서는 철모(蠾蝥 : 거미)라고 부르며, 음은 철(掇)이다.

 土鼅鼄.

토지주(土鼅鼄 : 거미의 일종)이다.

 在地中布網者.

땅속에 거미줄을 치는 것이다.

 草蟲蟊.

초지주(草蟲蟊: 거미의 일종)이다.

 絡幕草上者.

풀 위에 장막처럼 거미줄을 얽는 것이다.

爾雅音義 蠢, 本或作蝵, 郭音秋. 蟲, 音知, 或作蜘. 蟊, 音誅, 或作蛛. 蝵, 音謀, 又音無. 『說文』作蟊, 音茅, 云 : "蟊蟊, 作網蛛蟊也." 以此 亦爲蟊蟲字. 蝃, 或作蚰, 音章悅反. 掇, 章悅反, 本或作掇拾字, 非.

추(蠢)는 본에 따라 추(蝵)로 되어 있는데, 곽박은 음이 추(秋)라 하였다. 지(蟲)는 음이 지(知)인데, 간혹 지(蜘)로도 쓴다. 주(蟊)는 음이 주(誅)인데, 간혹 주(蛛)로도 쓴다. 무(蝵)는 음(音)이 모(謀)이며 또한 음은 무(無)이다. 『설문』에는 무(蟊)로 되어 있고, 음은 모(茅)라 하였으며, "절모(蟊蟊)는 거 미줄을 만드는 거미이다"고 하였다. 이로써 또한 모특(蟊蟲)의 모(蟊)자로 보기도 한다. 철(蝃)은 간혹 절(蚰)로 되어 있는데, 음은 장(章)과 열(悅)의 반 절이다. 철(掇)은 장(章)과 열(悅)의 반절이며, 본에 따라 철습(掇拾)의 철(掇) 자로 되어 있으나 잘못이다.

爾雅疏 此辨蟲蟊方言及在土·在草之名也. 次蠢, 卽蟲蟊別名也. 又一 名蟊蝵, 今江東呼蝃蝵. 『說文』謂之"蟊[100]蟊, 作罔蟲蟊也." 『方

---

100) 蟊 : 대본에는 '蟊'로 되어 있으나, 段注本『설문』에 따라 고쳤다.

言』云 : "自關而西·秦晉之間謂之鼁蟊. 自關而東·趙魏之郊謂之鼄蝥.
或謂之蠾蝓.""北燕朝鮮洌水之間謂之蟢蝓." 郭又云 : "齊人又呼社公,
亦言罔公." 其在地中布網者名土鼄蝥. 其作網絡幕草上者名草鼄蝥也.

여기서는 지주(鼄蝥 : 거미)의 방언(方言)과 땅에 있거나 풀에 있는 명칭을
구별하였다. 차추(次蟗)는 곧 지주(鼄蝥)의 별명이다. 또한 일명은 주모(鼀蝥)
이며, 지금 강동에서는 철모(蠾蝓)라 부른다.『설문』에서는 "절(蟊)은 절모
(蟊蠡)이며, 그물을 만드는 주모(鼀蝥)이다"고 말하였다.『방언』에 "함곡관
서쪽과 진(秦)·진(晉) 지역에서는 주모(鼀蝥)라 말한다. 함곡관 동쪽과 조
(趙)·위(魏)의 교외에서는 지주(鼄蝥)라 말한다. 혹은 촉유(蠾蝓)라 말하기도
한다." "북연(北燕)과 조선(朝鮮)의 열수(洌水 : 漢江) 지역에서는 독여(蟢蝓)라
한다"고 하였다. 곽박은 또 "제(齊)나라 사람들은 또한 사공(社公)이라 부르
고, 또한 망공(網公)이라 말하기도 한다"고 하였다. 그것이 땅속에 거미줄
을 치고 있는 것의 명칭은 토지주(土鼄蝥)이고, 그것이 풀 위에 장막처럼
거미줄을 얽어놓는 것의 명칭은 초지주(草鼄蝥)이다.

 土蠭.

토봉(土蠭 : 땅벌)이다.

 今江東呼大蠭在地中作房者爲土蠭, 唊其子, 卽馬蠭, 今荊巴間
呼爲蟺, 音憚.

지금 강동에서는 큰 벌이 땅속에 벌집을 만드는 것을 호칭하여 토봉(土

蠭)이라 하며, 그 새끼를 먹는데[101] 곧 마봉(馬蠭 : 땅벌)이고, 지금 형주(荊州)와 파주(巴州) 지역에서는 단(蟺 : 땅벌)이라 하며, 단(蟺)은 음이 탄(憚)이다.

木蠭.

목봉(木蠭 : 나무에 사는 벌)이다.

似土蠭而小, 在樹上作房, 江東亦呼爲木蠭, 又食其子.

토봉(土蠭)과 비슷하나 작고, 나무 위에 벌집을 만드는데, 강동에서는 또한 목봉(木蠭)이라 부르며, 또한 그 새끼를 먹는다.

蠭, 本又作蜂, 匹凶反. 字又作蜂, 『說文』云: "古蠭字." 『字林』云 : "飛蟲螫人者." 蟺, 音墠, 又示延反, 蓋方言也. 郭音憚, 徒旦反.

봉(蠭)은 본에 따라 봉(蜂)으로 되어 있는데, 필(匹)과 흉(凶)의 반절이다. 글자를 또한 봉(蜂)으로도 쓰는데, 『설문』에 "봉(蠭)은 봉(蜂)이 고자(古字)이다"[102]고 하였고, 『자림』에 "날아다니는 벌레로 사람을 쏘는 것이다"하였다. 단(蟺)은 음이 선(墠), 또는 시(示)와 연(延)의 반절인데, 방언(方言)이다.

---

101) 새끼를 먹는데 : 먹는것에 대하여 『이아고림』「正義」에 "其子亦大而白, 案蠭子·可食", 「義證」에 "食其子者, 蜂子肥白, 古人珍之"라고 하여, 흰 색깔 새끼를 옛 사람이 진귀하게 여겼다고 하였다.
102) 蠭은 古字이다 : 蠭에 대하여 『說文詁林』「說文釋例」에는 "蠭, 當云古文蠭, 从夆"이라 하여, 蠭의 古文으로 설명하였다.

곽박은 음이 탄(憚)이라 하였는데, 도(徒)와 단(旦)의 반절이다.

 此辨蠭在土·在木之異也.『說文』云: "蠭, 飛蟲, 螫人者." 其形大, 在地中作房而啖其子者, 名土蠭, 又名馬蠭. 今荊巴間呼爲蟺. 其形差小, 在樹上作房者, 名木蠭, 亦食其子. ○嫌讀爲蚕蟺之蟺, 故音之.

여기서는 봉(蠭 : 벌)이 땅에 있는 것과 나무에 있는 것의 다름을 구별하였다.『설문』에 "봉(蠭)은 날아다니는 벌레로 사람을 쏘는 것이다"고 하였다. 그 형체가 크고 땅속에 벌집을 만들며 그 새끼를 먹는 것은 명칭이 토봉(土蠭), 또 다른 명칭은 마봉(馬蠭)이다. 지금 형주(荊州)와 파주(巴州) 지역에서는 단(蟺)이라 부른다. 그 형체가 조금 작고 나무 위에 벌집을 만드는 것은 명칭이 목봉(木蠭)인데 또한 그 새끼를 먹는다. ○공선(蚕蟺 : 지렁이)의 선(蟺)으로 읽을까 의심하였기 때문에 탄(憚)으로 음(音)을 풀이하였다.

 蟦, 蠐螬.

비(蟦)는 제조(蠐螬 : 굼벵이, 풍뎅이의 애벌레)이다.

 在糞土中.

더러운 흙 속에 있다.

 蝤蠐, 蝎.

추제(蝤蠐 : 나무굼벵이, 하늘소의 애벌레)는 갈蝎 : 나무좀)이다.

 在木中. 今雖通名爲蝎, 所在異.

나무 속에 있다. 지금 비록 통틀어 일컬어 갈(蝎)이라 하나 있는 곳이
다르다.

蟦, 扶味反, 又扶云反. 蠐, 本又作齊, 徂西反. 螬, 音曹. 蝤, 徂
秋反. 蝎, 音曷.

비(蟦)는 부(扶)와 미(味)의 반절, 또는 부(扶)와 운(云)의 반절이다. 제(蠐)는
본에 따라 제(齊)로 되어 있는데, 조(徂)와 서(西)의 반절이다. 조(螬)는 음(音)
이 조(曹)이다. 추(蝤)는 조(徂)와 추(秋)의 반절이다. 갈(蝎)은 음(音)이 갈(曷)
이다.

此辨蝎在土·在木之異名也. 其在糞土中者, 名蟦蠐, 又名蠐螬.
其在木中者,『方言』云 : "關東謂之蝤蠐, 梁益之間謂之蝎." 上文
"蝎, 蛣蝠", 郭云"木中蠧." 下文"蝎, 桑蠧", 郭云"卽蛣蝠." 然則蟦蠐也,
蠐螬也, 蝤蠐也, 蛣蝠也, 桑蠧也, 蝎也, 一蟲而六名也. 以在木中白而長,
故詩人以比婦人之頸.「碩人」云 : "領如蝤蠐." 是也.

여기서는 갈(蝎)이 땅에 있는 것과 나무에 있는 것의 다른 명칭을 구별

하였다. 그 더러운 흙 속에 있는 것은 명칭이 비제(蟦蠐)이며 또한 명칭은
제조(蠐螬)이다. 그 나무 속에 있는 것은 『방언』에 "관동(關東)에서는 추제
(蝤蠐)라 말하고, 양주(梁州)와 익주(益州) 지역에서는 갈(蝎)이라 말한다"고
하였다. 위 글에서 "갈(蝎)은 길굴(蛣蝠 : 나무좀)이다"고 하였는데, 곽박은
"나무 속의 두(蠹 : 좀)이다"고 하였다. 아래 글에 "갈(蝎)은 상두(桑蠹 : 뽕나무
에 기생하는 일종의 벌레)이다"고 하였는데, 곽박은 "곧 길굴(蛣蝠 : 나무좀)이
다"고 하였다. 그렇다면 비제(蟦蠐)·제조(蠐螬)·추제(蝤蠐)·길굴(蛣蝠)·상
두(桑蠹)·갈(蝎)은 같은 벌레로 6개의 명칭이 있는 것이다. 나무 속에 있
어 희고 길기 때문에 시인(詩人)들이 이를 부인(婦人)의 목에 비유하였다.
『시경』「위풍(衛風)」「석인(碩人)」에 "목이 추제(蝤蠐) 같다"고 한 것이 이것
이다.

 蚅威, 委黍.

이위(蚅威)는 위서(委黍 : 쥐며느리)이다.

 舊說鼠蝠別名, 然所未詳.

옛말에 서부(鼠蝠)의 별명이라 하였으나, 자세하지 않다.

蚅, 音伊, 本今作伊. 威·委·黍, 今『爾雅』本旁或並加虫, 並如
字. 蝠, 音婦.

이(蚏)는 음이 이(伊)이며, 어떤 본에는 지금 이(伊)로 되어 있다. 위(威)·위(委)·서(黍)는 지금 『이아(爾雅)』본에 글자의 방(旁)에 혹 모두 충(虫)이 붙어 있으나 모두 여자(如字)이다. 부(蚨)는 음이 부(婦)이다.

蠨蛸, 長踦.

소소(蠨蛸)는 장기(長踦 : 거미의 한 가지. 갈거미)이다.

小鼅鼄長脚者, 俗呼爲喜子.

작은 거미의 다리가 긴 것을 민간에서는 희자(喜子)라 부른다.

 蠨, 悉雕反, 或音肅. 蛸, 所交反, 『說文』云 : "蠨蛸長股者." 踦, 郭云 : "音崎嶇之崎, 袟宜反." 『字林』巨綺反, 或居綺反. 『廣雅』云 : "踦, 脛也. 字從足, 虫旁作者, 非."

소(蠨)는 실(悉)과 조(雕)의 반절인데, 혹은 음(音)이 숙(肅)이다. 소(蛸)는 소(所)와 교(交)의 반절이고, 『설문』에 "소소(蠨蛸)는 다리가 긴 것이다"고 하였다. 기(踦)에 대하여 곽박은 "음이 기구(崎嶇)의 기(崎)이며, 질(袟)과 의(宜)의 반절이다"고 하였다. 『자림』에 거(巨)와 기(綺)의 반절, 혹은 거(居)와 기(綺)의 반절이라 하였다. 『광아』에 "기(踦)는 경(脛 : 정강이)이다. 글자는 족(足)을 따르며, 충(虫) 편방으로 되어 있는 것은 잘못이다"고 하였다.

此小鼅鼄長脚者, 一名蠨蛸, 一名長踦, 俗呼爲喜子.『詩』「東山」
云 : "蠨蛸在戶." 陸璣『疏』云 : "一名長脚, 荊州・河內人謂之喜
母. 此蟲來著人衣, 當有親客至, 有喜也, 幽州人謂之親客. 亦如蜘蛛爲
羅罔居之." 是也.

이는 작은 거미의 다리가 긴 것으로 일명 소소(疎疎), 일명 장기(長踦)이
며, 민간에서는 희자(喜子)라 부른다. 『시경』「빈풍(豳風)」「동산(東山)」에
"소소(蠨蛸)가 지게문에 있다"고 하였는데, 육기의 『모시초목조추어소』에
"일명 장각(長脚)이며, 형주(荊州)와 하내(河內) 사람들은 이를 희모(喜母)라
고 한다. 이 벌레가 와서 사람의 옷에 붙으면, 응당 친한 손님이 와서 기
쁨이 있게 되므로, 유주(幽州) 사람들은 이를 친객(親客)이라고 한다. 또한
거미처럼 거미줄을 치고 산다"고 한 것이 이것이다.

 蛭蝓, 至掌.

질유(蛭蝓)는 지장(至掌 : 거머리)이다.

 未詳.

자세하지 않다.

 國貉, 蟲蠁.

국학(國貉)은 충향(蟲蠁)[103]이다.

 今呼蛹蟲爲蠁.『廣雅』云 : "土蛹, 蠁蟲."

지금 용충(蛹蟲; 번데기)을 향(蠁)이라 한다. 『광아』에 "토용(土蛹)은 향충
(蠁蟲)이다"고 하였다.

蛭, 郭豬秩反, 施徒結反. 蝼, 如由反. 貉, 戶各反. 蠁, 許兩反,
『說文』云 : "知聲蟲也." 司馬相如作蚼[104]字. 蛹, 音勇.

질(蛭)에 대하여 곽박은 저(豬)와 질(秩)의 반절이라 하였으며, 시건은 도
(徒)와 결(結)의 반절이라 하였다. 유(蝼)는 여(如)와 유(由)의 반절이다. 학(貉)
은 호(戶)와 각(各)의 반절이다. 향(蠁)은 허(許)와 량(兩)의 반절인데, 『설문』
에 "향(蠁)은 소리를 아는 벌레이다"고 하였다. 사마상여(司馬相如)는 향(蚼)
자로 썼다. 용(蛹)은 음(音)이 용(勇)이다.

此蛹蟲也, 今俗呼爲蠁, 一名國貉, 一名蟲蠁.『說文』云 : "知聲
蟲也."『廣雅』云 : "土蛹, 蠁蟲." 是也.

이것은 용충(蛹蟲)으로, 지금 민간에서는 향(蠁)이라 부르는데, 일명 국

---

103) 蟲蠁 : 벌레 이름. 누에와 비슷하나 크다. 또한 명칭은 地蛹・知聲蟲이다. 蠁蟲은 蟲
蠁이다.
104) 蚼 : 『경전석문』에는 '蚼'로 되어 있으나, 『이아고림』「음의고증」에 따라 고쳤다.

학(蠌), 일명 충향(蟲蠁)이다. 『설문』에 "〈향(蠁)은〉 소리를 아는 벌레이다"
고 하였다. 『광아』에 "토용(土蛹)은 향충(蠁蟲)이다"고 한 것이 이것이다.

蠖. 蚇蠖.

확(蠖)은 척확(蚇蠖 : 자벌레)이다.

今蝍蠋.

지금의 즉축(蝍蠋 : 자벌레)이다.

蠖, 枉略反. 『字林』於郭反. 蚇, 音尺. 『易』云 : "尺蠖之屈, 以求
伸也." 亦作尺. 蝍, 子逸反, 又音卽. 蠋, 子六反. 『字林』云 : "蝍
蠋, 蚇蠖."

확(蠖)은 왕(枉)과 략(略)의 반절이다. 『자림』에는 어(於)와 곽(郭)의 반절이
라 하였다. 척(蚇)은 음(音)이 척(尺)이다. 『주역』「계사전 하(繫辭傳下)」에
"척확(尺蠖 : 자벌레)이 굽힘은 펴기를 구함이다"고 하였으니, 또한 척(尺)으
로도 쓴다. 즉(蝍)은 자(子)와 일(逸)의 반절이고, 또는 음이 즉(卽)이다. 축
(蠋)은 자(子)와 육(六)의 반절이다. 『자림』에는 "즉축(蝍蠋)은 척확(蚇蠖)이
다"고 하였다.

 蠖, 一名蚇蠖. 郭云 : "今蜘蝷." 『方言』云 : "蝚蝷謂之蚇蠖." 郭
云 : "又呼步屈." 『說文』云 : "蠖, 屈伸蟲也." 『易』「繫辭」云 : "尺
蠖之屈, 以求信"者, 是也.

확(蠖)은 일명 척확(蚇蠖)이다. 곽박은 "지금의 즉축(蜘蝷)이다"고 하였다.
『방언』에 "자축(蝚蝷)을 척확(蚇蠖)이라 말한다"고 하였다. 곽박은 "또한 보
굴(步屈)이라 부른다"고 하였다. 『설문』에 "확(蠖)은 굽혔다 폈다하는 벌레
이다"고 하였다. 『주역』「계사전 하(繫辭傳下)」에 "척확(尺蠖)이 굽히는 것
은 펴기 위해서이다"고 한 것이 이것이다.

 果蠃, 蒲盧.

과라(果蠃)는 포로(蒲盧 : 나나니벌)이다.

 卽細腰蠭也. 俗呼爲蠮螉.

곧 세요봉(細腰蠭 : 나나니 벌)이다. 민간에서는 열옹(蠮螉 : 나나니 벌)이라
부른다.

 螟蛉, 桑蟲.

명령(螟蛉)은 상충(桑蟲: 마디충. 명충 나방의 애벌레)이다.

俗謂之桑蟃, 亦曰戎女.

민간에서는 상만(桑蟃: 마디충)이라 하며, 또한 융녀(戎女: 마디충)라 한다.

果, 本又作蜾, 又作蝸, 同, 工火[105]反. 贏, 魯果反. 腰, 一遙反.
蠮, 於結反, 又於計反. 翁, 烏紅反,『廣雅』云: "蠮翁, 土蜂也."[106]
案今俗呼細腰小蜂爲蠮翁, 在物中作房用土爲隔, 非土蜂也. 螟, 亡丁反.
蛉, 力丁反. 蟃, 音萬.

과(果)는 본에 따라 과(蜾), 또는 와(蝸)로 되어 있으나 음의가 같으며, 공
(工)과 화(火)의 반절이다. 라(贏)는 로(魯)와 과(果)의 반절이다. 요(腰)는 일
(一)과 요(遙)의 반절이다. 열(蠮)은 어(於)와 결(結)의 반절, 또는 어(於)와 계
(計)의 반절이다. 옹(翁)은 오(烏)와 홍(紅)의 반절이다.『광아』에 "열옹(蠮翁)
은 토봉(土蜂)이다"고 하였다. 살피건대, 지금 민간에서 허리가 가늘고 작
은 벌을 열옹(蠮翁)이라 부르는데, 사물 속에 방을 만들고 흙을 사용하여
칸막이를 만드니 토봉(土蜂)은 아니다. 명(螟)은 망(亡)과 정(丁)의 반절이다.
령(蛉)은 력(力)과 정(丁)의 반절이다. 만(蟃)은 음(音)이 만(萬)이다.

案『詩』「小雅」「小宛」云: "螟蛉有子, 果贏負之." 果贏, 一名蒲盧,
卽細腰蠭也, 俗呼爲蠮翁.『方言』云: "蠭, 燕趙之間謂之蠓蠮.
其小者謂之蠮翁." 鄭注「中庸」以"蒲盧"爲"土蠭."『說文』云: "細要土蠭

---

105) 火:『경전석문』에는 '大'로 되어 있으나,『廣韻』에 "古火切"로 되어 있는 것으로 보
아 火의 잘못으로 여겨진다.
106) 蠮翁土蜂也: 四庫全書本『廣雅』에는 '土蜂蠮翁也'로 되어 있다.

也, 天地之性, 細要純雄無子." 螟蛉, 一名桑蟲, 一名桑蟃, 一名戎女. 陸
璣云 : "螟蛉者, 桑上小靑蟲也, 似步屈, 其色靑而細小, 或在草萊上. 果
蠃, 土蜂也, 似蜂而小腰, 取桑蟲負之於木空中, 七日而化爲子."『法言』
云 : "螟蛉之子, 殪而逢蜾蠃, 祝之曰 : '類我, 類我. 久則肖之'"是也.

살펴건대,『시경』「소아」「소완(小宛)」에 "명령(螟蛉)이 애벌레를 두면
과라(果蠃)가 업어간다"고 하였다. 과라(果蠃)는 일명 포로(蒲盧)인데, 곧 허
리가 가는 벌이며, 민간에서는 열옹(蠮螉)이라 부른다.『방언』에 "봉(蜂)은
연(燕)과 조(趙) 지역에서 몽옹(蠓螉)이라 말한다. 그 작은 것을 열옹(蠮螉)이
라 말한다"고 하였다.『예기』「중용」의 정현의 주에서는 "포로(蒲盧)"를
"땅벌"이라 하였다.『설문』에 "과(蜾)는 허리가 가는 땅벌로, 본래의 성향
이 가는 허리의 순수한 수놈은 알이 없다"고 하였다. 명령(螟蛉)은 일명
상충(桑蟲), 일명 상만(桑蟃), 일명 융녀(戎女)이다. 육기는 "명령(螟蛉)이란
뽕나무 위에 사는 작고 푸른 벌레로 보굴(步屈 : 자벌레)과 비슷한데, 그 색
깔이 푸르고 가늘고 작으며, 간혹 풀·쑥 위에도 있다. 과라(果蠃)는 땅벌
인데, 벌과 비슷하나 허리가 작으며, 상충(桑蟲)을 취해 업어다가 나무구멍
속에 두면 7일이 지나 변해서 그 새끼가 된다"고 하였다.『법언』「학행(學
行)」에 "명령(螟蛉)의 새끼가 넘어져서 과라(蜾蠃)를 만나면, 빌며 말하길,
'나와 비슷합니다, 나와 비슷합니다. 오래되면 닮을 것입니다'고 한다"고
한 것이 이것이다.

 蝎, 桑蠹.

갈(蝎)은 상두(桑蠹 : 뽕나무에 기생하는 일종의 벌레)이다.

 卽蛣蝠.

곧 길굴(蛣蝠 : 나무좀)이다.

 熒火, 卽炤.

형화(熒火)는 즉소(卽炤 : 반딧불)이다.

 夜飛, 腹下有火.

밤에 날아다니는데, 배 밑에 불빛이 있다.

 蝎, 音曷. 蛣, 去一反. 蝠, 丘[107]勿反. 熒, 戶扃反. 炤, 音照.

갈(蝎)은 음(音)이 갈(曷)이다. 길(蛣)은 거(去)와 일(一)의 반절이다. 굴(蝠)은
오(五)와 물(勿)의 반절이다. 형(熒)은 호(戶)와 경(扃)의 반절이다. 소(炤)는 음
(音)이 조(照)이다.

 熒火, 一名卽炤. 夜飛, 腹下有火蟲也.『本草』又名夜光, 一名熠
燿.「月令」季夏“腐草爲熒.” 腐草此時得暑濕之氣, 故爲熒. 至秋

---

107) 丘 :『경전석문』에는 '立'으로 되어 있으나,『이아고림』「음의고증」에 따라 고쳤다.

而天沈陰, 數雨, 熒火夜飛之時也.『詩』「東山」云 : "熠燿宵行" 是也.

　형화(熒火)는 일명 즉소(即炤)이다. 밤에 날아다니는데, 배 밑에 불빛이 있는 벌레이다.『본초』에 또한 명칭은 야광(夜光), 일명 습요(熠燿)라 하였다.『예기』「월령(月令)」계하(季夏)에 "썩은 풀이 형(熒)이 된다"고 하였다. 썩은 풀이 이때에 덥고 습한 기운을 얻기 때문에 형(熒)이 된다. 가을이 되어 하늘이 침음(沈陰)하여 여러 번 비가 내리면 형화(熒火)가 밤에 날아다니는 때이다.『시경』「빈풍(豳風)」「동산(東山)」에 "습요(熠燿)가 밤에 다닌다"[108]고 한 것이 이것이다.

 密肌, 繼英.

밀기(密肌)는 계영(繼英)이다.

 未詳.

자세하지 않다.

 肌, 居疑反. 繼, 字又作蟡, 音計.

---

108) 습요(熠燿)가 …… 다닌다 : 毛傳의 熠燿, 燐也. 燐, 螢火也"를 따랐다. 集傳은 "熠燿, 明不定貌. 宵行, 蟲名, ……"이라 하여 "반짝이는 宵行(밧딧불)이라" 번역된다.

기(肌)는 거(居)와 의(疑)의 반절이다. 계(繼)는 글자를 또한 계(鱸)로도 쓰
는데, 음이 계(計)이다.

 蚅, 烏蠋.

액(蚅)은 오촉(烏蠋 : 나방류의 애벌레)이다.

 大蟲如指似蠶, 見『韓子』.

큰 벌레는 손가락 만하며 누에와 비슷한데, 『한자』에 보인다.

蚅, 烏革反. 蠋, 音蜀. 『說文』云 : “桑中蟲也.” 郭云 : “大蟲如指
似蠶.”也.

액(蚅)은 오(烏)와 혁(革)의 반절이다. 촉(蠋)은 음이 촉(蜀)이다. 『설문』에
“뽕나무 속에 사는 벌레이다”고 하였다. 곽박은 “큰 벌레는 손가락 만하
며 누에와 비슷하다”고 하였다.

蚅, 一名烏蠋, 形似蠶而大如指. 『詩』「大雅」「韓奕」云 : “鞗革金
厄.” 毛亦云 : “厄, 烏蠋”也. ○案『韓子』「內儲說上」七術其三曰 :
“信賞盡能.” 云 : “鱣似蛇, 蠶似蠋. 人見蛇則驚駭, 見蠋則毛起. 然而婦
人拾蠶, 而漁者握鱣, 利之所在, 則忘其所惡, 皆爲孟賁.” 是其事也.

액(蚅)은 일명 오촉(烏蠋)으로, 형체는 누에와 비슷하나 큰 것은 손가락 만하다. 『시경』「대아」「한혁」에 "가죽 고삐와 쇠로 장식한 오촉(烏蠋) 같은 멍에로다"라고 하였는데, 모형(毛亨)도 "액(厄)은 오촉(烏蠋)이다"고 하였다. ○ 살피건대, 『한비자』「내저설 상(內儲說上)」의 7술(七術) 중 그 세 번째에 "공로가 있으면 반드시 상을 주어 능력을 다하게 한다"고 하였으며, "선(鱓 : 두렁허리)은 뱀과 비슷하고, 누에는 촉(蠋)과 비슷하다. 사람이 뱀을 보면 놀라고, 촉(蠋)을 보면 털이 곤두선다. 그러나 부인(婦人)이 누에를 만지고 어부가 선(鱓)을 움켜잡는데, 이익이 있는 곳이면 그 추악함을 잊고 모두 용감한 맹분(孟賁)[109]이 되는 것이다"고 한 것이 그 사례(事例)이다.

 蠓, 蠛蠓.

몽(蠓)은 멸몽(蠛蠓 : 눈에놀이)이다.

 小蟲, 似蚋, 喜亂飛.

작은 벌레로 예(蚋 : 초파리)와 비슷하며 어지러이 날기를 좋아한다.

 蠓, 莫孔反, 下同. 蠛, 亡結反. 蚋, 人銳反, 『字林』人劣反, 秦人謂蚊爲蚋.

---

109) 孟賁 : 戰國의 용사 이름. 물에서는 蛟龍을 피하지 않고, 땅에서는 虎兕를 피하지 않았다.

몽(蠓)은 막(莫)과 공(孔)의 반절이며 아래도 같다. 멸(蠛)은 망(亡)과 결(結)의 반절이다. 예(蚋)는 인(人)과 예(銳)의 반절이다. 『자림』에는 인(人)과 열(劣)의 반절로 되어 있는데, 진(秦)나라 사람들은 문(蚊 : 모기)을 일러 예(蚋)라 한다.

 小蟲似蚋亂飛者也, 名蠓, 又名蠛蠓. 『列子』云 : "生朽壤之上,[110] 因雨而生, 得陽而死" 一名醯雞. 『莊子』云 : "孔子與老聃語, 出告顔回曰 : '丘之於道也, 其猶醯雞與!'" 郭象云 : "醯雞者, 甕中蠛蠓." 是也.

작은 벌레로 초파리와 비슷하며 어지러이 나는 것인데, 명칭은 몽(蠓)이며 또한 명칭은 멸몽(蠛蠓)이다. 『열자』 「탕문(湯問)」에 "부패한 흙 위에서 생겨나 비를 따라 살다가 볕을 만나서 죽는다"고 하였다. 일명 혜계(醯雞)이다. 『장자』 「전자방(田子方)」에 "공자가 노자와 대화를 나누고 나와서 안회(顔回)에게 말하기를, '내가 도(道)에 대해서는 그 혜계(醯雞)와 같았구나!'"고 하였는데, 곽상(郭象)[111]은 "혜계(醯雞)란 항아리 속의 멸몽(蠛蠓)이다"고 한 것이 이것이다.

【經文】 王, 蛈蝪.

왕(王)은 철탕(蛈蝪 : 땅거미)이다.

---

110) 生朽壤之上 : 한문대계본 『列子』에는 '春夏之月有蠓蚋者'로 되어 있다.
111) 郭象 : ?~312. 晉 河南人. 字는 子玄. 老莊을 좋아하였고 『莊子』의 「秋水」・「至樂」 두 편의 注를 내었으며, 「碑論」 12편을 지었음.

卽蝭蟷, 似蠨蝒. 在穴中, 有蓋, 今河北人呼蛈蝪.

　곧 질당(蝭蟷 : 땅거미)으로 거미와 비슷하다. 구멍 속에 살며 덮개가 있
는데, 지금 하북(河北) 사람들은 철탕(蛈蝪)이라 부른다.

 蛈, 大結反, 『字林』音秩. 蝪, 『字林』音湯, 或音蕩, 又音唐. 蝭,
丁結反. 蟷, 丁郎反.

　철(蛈)은 대(大)와 결(結)의 반절이다. 『자림』에는 음이 질(秩)로 되어 있
다. 탕(蝪)에 대하여 『자림』에는 음이 탕(湯)으로 되어 있는데, 혹은 음이
탕(蕩), 또는 음이 당(唐)이다. 질(蝭)은 정(丁)과 결(結)의 반절이다. 당(蟷)은
정(丁)과 랑(郎)의 반절이다.

 此蠨蝒之一種也, 一名蝭蟷. 穴居布網, 穴口有蓋, 河北人呼蛈
蝪者, 是也.

　이는 거미의 일종으로, 일명 질당(蝭蟷)이다. 구멍에 거미줄을 치고 사
는데 구멍 입구에 덮개가 있으며, 하북(河北) 사람들이 철탕(蛈蝪)이라고 부
르는 것이 이것이다.

 蠰, 桑繭.

　상(蠰)은 상견(桑繭 : 누에)이다.

食桑葉作繭者, 即今蠶.

뽕잎을 먹고 고치를 만드는 것으로 곧 지금의 누에이다.

 雔由, 樗繭,

수유(雔由 : 멧누에)는 저견(樗繭)이며,

 食樗葉.

가죽나무의 잎을 먹는다.

 棘繭,

극견(棘繭)이며,

 食棘葉.

대추나무의 잎을 먹는다.

 欒繭.

난견(欒繭)이다.

 食欒葉.

모감주나무의 잎을 먹는다.

 蚢, 蕭繭.

항(蚢 : 야생 누에)은 소견(蕭繭)이다.

 食蕭葉者, 皆蠶類.

쑥의 잎을 먹는 것으로 모두 누에의 종류이다.

蠰, 音象. 繭, 古典反. 雔, 市由反. 㯙, 恥余反. 棘, 居力反. 欒, 力丸反. 蚢, 戶剛反. 蕭, 先條反.

상(蠰)은 음(音)이 상(象)이다. 견(繭)은 고(古)와 전(典)의 반절이다. 수(雔)는 시(市)와 유(由)의 반절이다. 저(㯙)는 치(恥)와 여(余)의 반절이다. 극(棘)은 거

(居)와 력(力)의 반절이다. 란(欒)은 력(力)과 환(丸)의 반절이다. 항(蚢)은 호
(戶)와 강(剛)의 반절이다. 쇼(蕭)는 선(先)과 조(條)의 반절이다.

 此皆蠶類作繭者, 因所食葉異而異其名也. 食桑葉作繭者名蠶,
卽今蠶也. 食樗葉·棘葉·欒葉者, 名雔由. 食蕭葉作繭者名蚢.

이는 모두 누에 종류로 고치를 만드는 것인데, 잎을 먹는 것이 다름에
따라 그 명칭을 달리한다. 뽕잎을 먹고 고치를 만드는 것의 명칭은 상(蠶)
인데, 곧 지금의 누에이다. 가죽나무의 잎, 멧대추나무의 잎, 모감주나무
의 잎을 먹는 것은 명칭이 수유(雔由)이다. 쑥의 잎을 먹고 고치를 만드는
것은 명칭이 항(蚢)이다.

 翥醜鏬,

저(翥 : 매미처럼 벌레 중에 잘 나는 곤충)의 종류는 하(鏬 : 등을 가르고 태어남)하고,

 剖母背而生.

어미의 등을 가르고 태어난다.

 螽醜奮,

종(螽 : 메뚜기)의 종류는 분(奮 : 떨침)하고,

 好奮迅作聲.

세차게 떨쳐 소리내기를 좋아한다.

 强醜捋,

강(强 : 바구미)의 종류는 랄(捋 : 다리를 문지름)하고,

 以脚自摩捋.

다리를 스스로 비빈다.

 蠭醜螸,

봉(蠭 : 벌)의 종류는 유(螸 : 배를 늘어뜨림)하고,

 垂其腴.

그 불룩하게 나온 아랫배를 늘어뜨린다.

蠅醜扇.

승(蠅 : 파리)의 종류는 선(扇 : 부채질함)한다.

好搖翅.

날개를 흔들기를 좋아한다.

 𧎚, 子據反. 虩, 呼暇反, 本今作𧏙. 剖, 普口反. 奮, 甫問反. 迅,
音信, 又音峻. 强, 其良反. 捋, 力活反, 李・孫云 : “以口捋其翅.”
郭云 : “以脚自摩捋.” 螽, 李・孫・郭並闕讀, 而謝孚逢反, 施作螽, 音終.
案上有“螽醜奮”依謝爲得. 蛡, 亦作蝶, 羊朱反, 『說文』“垂䏶.” 䏶, 羊朱
反. 蠅, 餘仍反. 扇, 如字, 『說文』作蝙, 云 : “搖翼也”, 音同.

저(𧎚)는 자(子)와 거(據)의 반절이다. 하(虩)는 호(呼)와 가(暇)의 반절이며,
본에 따라 지금 하(𧏙)로 되어 있다. 부(剖)는 보(普)와 구(口)의 반절이다. 분
(奮)은 보(甫)와 문(問)의 반절이다. 신(迅)은 음(音)이 신(信)인데, 또는 음이
준(峻)이다. 강(强)은 기(其)와 량(良)의 반절이다. 랄(捋)은 력(力)과 활(活)의
반절이며, 이순과 손염은 “입으로 그 날개를 비비는 것이다”고 하였고, 곽
박은 “다리를 스스로 비비는 것이다”고 하였다. 봉(螽)에 대하여 이순・손
염・곽박은 모두 독음이 없으나, 사교는 부(孚)와 봉(逢)의 반절이라 하였

고, 시건은 종(螽)으로 쓰고, 음이 종(終)이라 하였다. 살피건대, 앞에 "종추분(螽醜奮)"이 있어서 사교를 따라 얻은 것이다. 유(螸)는 또한 유(蝓)로도 쓰는데 양(羊)과 주(朱)의 반절이며, 『설문』에 "유(螸)는 수유(垂腴 : 아랫배를 늘어뜨림)이다"고 하였다. 유(腴)는 양(羊)과 주(朱)의 반절이다. 승(蠅)은 여(餘)와 잉(仍)의 반절이다. 선(扇)은 여자(如字)인데, 『설문』에는 선(蝙)으로 되어 있으며 "요익(搖翼 : 날개를 흔들다)이다"고 하였으며, 음이 같다.

爾雅疏 此辨蟲屬所生及所好之狀不同者也. 翥, 飛也. 醜, 類也. 蟲類能飛翥者謂蟬屬, 皆剖坼母背以爲孔罅而生. 螽蝗之類好奮迅作聲而飛, 强圻[112]之類好以脚自摩捋, 蠭類好垂其腴以休息. 『說文』云 : "螸, 垂腴也." 腴卽腹下也. 青蠅之類好搖翅自扇.

여기서는 벌레 등속이 사는 곳과 좋아하는 상황이 같지 않음을 구별한 것이다. 저(翥)는 비(飛 : 날다)이다. 추(醜)는 류(類 : 종류)이다. 곤충류 중에 잘 나는 것을 선속(蟬屬 : 매미 등속)이라 하는데, 모두 어미의 등을 가르고 그것으로 틈 구멍을 만들어 태어난다. 종황(螽蝗 : 메뚜기)의 종류는 세차게 떨쳐 소리를 내면서 날기를 좋아하고, 강기(强圻 : 바구미)의 종류는 스스로 다리를 비비기 좋아하고, 벌 종류는 그 아랫배를 늘어뜨리고 쉰다. 『설문』에 "유(螸)는 유(腴)를 늘어뜨림이다"고 하였는데, 유(腴)는 곧 아랫배이다. 청승(青蠅 : 쉬파리)의 종류는 날개를 흔들어 스스로 부채질하기를 좋아한다.

經文 食苗心, 螟. 食葉, 蟘. 食節, 賊. 食根, 蟊.

112) 强圻 : 주소본에는 "螽斯"로 되어 있다(대본 주).

곡식 싹의 줄기를 갉아먹는 것은 명(螟:줄기 먹는 벌레)이다. 잎을 갉아먹
는 것은 특(蟘:잎 먹는 벌레)이다. 마디를 갉아먹는 것은 적(賊:마디 먹는 벌
레)이다. 뿌리를 먹는 것은 모(蟊:뿌리 먹는 벌레)이다.

分別蟲啖食禾所在之名耳. 皆見『詩』.

벼를 갉아먹는 부위에 따른 벌레의 명칭을 분별하였다. 모두 『시경』에
보인다.

螟, 亡丁反, 蟲食苗心者.『說文』云:"蟲食穀葉者, 吏冥冥犯法
卽生螟." 蟘, 字又作蟘, 又作蚑, 同, 徒得反, 蟲食葉者,『說文』
云:"蟲食草葉者, 吏乞貸[113]卽生蟘.[114]" 蟊, 亡侯反, 本亦作蛑.『說文』
作蟊, 蛑, 古蟊字, 云:"吏抵冒取民則生蟊也."『字林』蟊, 音亡牛反.

명(螟)은 망(亡)과 정(丁)의 반절이며, 싹의 줄기를 갉아먹는 벌레이다.
『설문』에 "명(螟)은 곡식의 잎을 갉아먹는 벌레이며, 벼슬아치가 어두워
법을 어기면 곧 명(螟)이 생긴다"고 하였다. 특(蟘)은 글자를 또한 특(蟘)으
로도 쓰며, 또한 특(蚑)으로도 쓰는데 음의가 같으며, 도(徒)와 득(得)의 반
절로 잎을 갉아먹는 벌레이고,『설문』에 "풀잎을 갉아먹는 벌레이며, 벼
슬아치가 사람들에게 물건을 빌려달라고 구걸하면 곧 특(蟘)이 생긴다"고
하였다. 모(蟊)는 망(亡)과 후(侯)의 반절이며, 본에 따라 모(蛑)로 되어 있다.
『설문』에는 모(蟊)로 되어 있는데, 모(蛑)는 모(蟊)의 고자(古字)이며,『설문』
의 모(蛑)에 "벼슬아치가 법을 저촉하고 백성을 착취하면 모(蟊)가 생긴다"
고 하였다.『자림』에 모(蟊)는 음이 망(亡)과 우(牛)의 반절이라 하였다.

---

113) 乞貸 : 段注本『說文』에는 '气貣'으로 되어 있다.
114) 蟘 : 段注本『說文』에는 '蟘'으로 되어 있다.

此分別蟲噉食禾所在之名也. 李巡曰: "食禾心爲螟, 言其姦螟螟
難知也. 食禾葉者言假貸無厭, 故曰螣也. 食禾節者言貪狼, 故
曰賊也. 食禾根者言其稅取萬民財貨, 故云蟊也." 孫炎曰: "皆政貪所致,
因以爲名也." 郭璞直以蟲食所在爲名. 而李巡·孫炎竝因託惡政, 則災
由政起. 雖以食所在爲名, 而所在之名緣政所致, 理爲兼通也. 陸璣『疏』
云: "螟似子方而頭不赤. 螣, 蝗也. 賊似桃李中蠹, 赤頭身長而細耳. 或
說云; '蟊, 螻蛄也, 食苗根爲人患.' 許愼云: '吏冥冥犯法卽生螟, 吏乞貸
則生螣, 吏抵冒取民財則生蟊.' 舊說云: '螟螣·蟊賊一種蟲也.' 如言寇
賊姦宄, 內外言之爾. 故犍爲文學曰: '此四種蟲皆蝗也.' 實不同, 故分釋
之." ○『詩』「小雅」「大田」云: "去其螟螣, 及其蟊賊, 無害我田穉." 是也.

여기서는 벼를 갉아먹는 부분에 따른 벌레의 명칭을 구별하였다. 이순
은 "벼의 줄기를 갉아먹는 것을 명(螟)이라 함은, 그 간악함이 어두워 알
기 어려움을 말한다. 벼의 잎을 갉아먹는 것은 빌리면서도 만족하지 못함
을 말하기 때문에 특(螣)이라고 한다. 벼의 마디를 갉아먹는 것은 탐욕스
러운 이리를 말하기 때문에 적(賊)이라 한다. 벼의 뿌리를 갉아먹는 것은
만민(萬民)의 재화를 세금으로 취함을 말하기 때문에 모(蟊)라 한다"고 하
였다. 손염은 "모두 정치상 탐욕이 부른 것으로, 그에 따라서 명칭을 삼
은 것이다"고 하였다. 곽박은 직접 벌레가 갉아먹는 부분으로써 명칭을
삼았다. 그러나 이순과 손염은 모두 악정(惡政)에 따라 의탁하였으니, 재앙
은 정치로부터 시작되는 것이다. 비록 먹는 부분으로써 명칭을 삼았다 할
지라도 부분에 따른 명칭은 악정으로부터 부른 것이니, 이치적으로 모두
통한다. 육기의 『모시초목조수충어소』에 "명(螟)은 자방(子方 : 벼 해충)[115]과
비슷하나 대가리가 붉지 않다. 특(螣)은 황(蝗 : 누리)이다. 적(賊)은 복숭아나
오얏 속의 좀벌레와 비슷하나, 대가리가 붉고 몸체는 길고 가늘다. 혹설

---

115) 子方 : 주소본에는 '虸蚄'으로 되어 있다(대본 주).

(或說)에 '모(蟊)는 누고(螻蛄 : 하늘밥도둑)이다. 싹과 뿌리를 갉아먹어 사람에게 근심이 된다'고 하였다. 허신은 '벼슬아치가 어두워 법을 저촉하면 곧 명(螟)이 생긴다. 벼슬아치가 사람들에게 꾸어달라고 하면 특(螣)이 생긴다. 벼슬아치가 법을 저촉하고 백성을 착취하면 모(蟊)가 생긴다'고 하였다. 구설에 '명특(螟螣)[116]과 모적(蟊賊)[117]은 한 종류의 벌레이다'고 하였으니, 마치 구적간궤(寇賊姦宄)[118]라고 말하면, 안팎으로 말하는 것과 같다. 때문에 건위문학(犍爲文學)은 '이 4종의 벌레는 모두 황(蝗)이다'고 하였으나, 실제로는 같지 않기 때문에 나누어 풀이하였다"고 하였다. ○『시경』「소아」「대전(大田)」에 "그 명특(螟螣)과 그 모적(蟊賊)을 제거해야 내 논의 어린 벼를 해치지 않을 것이다"고 한 것이 이것이다

有足謂之蟲, 無足謂之豸.

벌레에 발이 있는 것을 충(蟲 : 발이 있는 벌레)이라 하고, 발이 없는 것을 치(豸 : 발이 없는 벌레)라 한다.

豸, 丈爾反, 無足者,『說文』云 : "獸長脊行豸豸, 欲有所伺殺也."

치(豸)는 장(丈)과 이(爾)의 반절로 발이 없는 것인데,『설문』에는 "짐승

---

116) 螟螣 : 螟蟘. 곡식의 고갱이를 갉아먹는 명충과 잎을 먹는 황충. 백성을 해치는 자의 비유이다.
117) 蟊賊 : 곡식을 해치는 해충. 백성의 재물을 빼앗는 貪官汚吏나 나라를 해치는 사람의 비유이다.
118) 寇賊姦宄 : 떼지어 다니며 치고 겁을 줌을 寇, 사람을 죽임을 賊, 告가 밖에 있는 것을 姦, 안에 있는 것을 宄라 한다.

이 척추를 늘리고 갈 때에 척추를 길게 하고, 먹이를 엿보아 죽이려는 바가 있는 것이다"[119]고 하였다.

 此對文爾, 散文則無足亦曰蟲. 「月令」春曰:"其蟲鱗." 鄭注云: "龍蛇之屬." 是也.

이는 대문(對文)일 때이며, 산문(散文:통합된 글)에서는 발이 없는 것도 또한 충(蟲)이라 한다. 『예기』 「월령」 봄에 "그 충(蟲)은 린(鱗:비늘 동물)이다"고 하였는데, 정현(鄭玄)의 주에 "용(龍)과 뱀(蛇)의 종류이다"고 한 것이 이것이다.

석어(釋魚) 제16(第十六)

爾雅音義 魚, 字又作𤉪. 『說文』云:"魚, 水蟲也."

어(魚)는 글자를 또 어(𤉪)로도 쓴다. 『설문』에는 "어(魚)는 물의 동물이다"고 하였다.

爾雅疏 案 『說文』云:"魚, 水蟲也." 此篇釋其見于經傳者, 是以不盡載魚名. 至于龜·蛇·貝·鼈之類, 以其皆有鱗甲, 亦魚之類, 故總曰釋魚也.

---

119) 짐승이 …… 있어서다:이에 대해서는 李忠九, 『漢子部首 解說』, 전통문화연구회, 1999, 221~223면에 상세히 풀이되어 있다.

살펴건대, 『설문』에 "어(魚)는 물의 동물이다"고 하였다. 이 편에서는 경전에 나타나 있는 것을 풀이한 것이다. 때문에 어(魚)의 명칭을 모두 싣지 않는다. 귀(龜 : 거북)·사(蛇 : 뱀)·패(貝 : 조개)·별(鼈 : 자라)의 종류에 이르러서는 모두 인갑(鱗甲 : 비늘·껍질)이 있으나 역시 어(魚)의 종류이기 때문에 총칭하여 석어(釋魚)라 하였다.

 鯉.

리(鯉 : 잉어)이다.

 今赤鯉魚.

지금의 붉은 잉어이다.

 今赤鯉魚也.『詩』云 : "豈其食魚, 必河之鯉." 是也.

지금의 붉은 잉어이다. 『시경』「진풍(陳風)」「형문(衡門)」에 "어찌 물고기를 먹는데, 반드시 하수(河水)의 리(鯉)라야 하나?"라고 한 것이 이것이다.

 鱣.

전(鱣 : 철갑상어)이다.

爾雅注 鱣, 大魚. 似鱏而短, 鼻口在頷下, 體有邪行甲, 無鱗, 肉黃, 大者長二三丈, 今江東呼爲黃魚.

전(鱣)은 큰 물고기이다. 심어(鱏魚 : 큰 다랑어)와 비슷하나 짧고, 코와 아가리가 턱 밑에 있으며, 몸체에 빗겨 줄진 딱지가 있으며, 비늘이 없고 살은 황색(黃色)인데, 큰 것은 길이가 2~3장(丈)이며, 지금 강동에서는 황어(黃魚)라 부른다.

爾雅音義 鱣, 張連反, 卽黃魚也. 鱏, 音尋, 又音淫. 『字林』云 : "長鼻魚也, 重千斤." 頷, 戶感反. 行, 戶郎反.

전(鱣)은 장(張)과 련(連)의 반절이니, 곧 황어(黃魚)이다. 심(鱏)은 음(音)이 심(尋), 또는 음이 음(淫)이다. 『자림』에는 "코가 긴 물고기이며, 무게가 천근이다"고 하였다. 함(頷)은 호(戶)와 감(感)의 반절이다. 항(行)은 호(戶)와 랑(郎)의 반절이다.

爾雅疏 鱣, 郭義具注. 陸璣云 : "鱣, 出江海, 三月中從河下頭來上. 鱣, 身形似龍, 銳頭, 口在頷下, 背上腹下皆有甲, 縱廣四五尺. 今于盟津東石磧上釣取之, 大者千餘斤. 可蒸爲臛, 又可爲鮓, 魚子可爲醬." 『詩』「衛風」「碩人」云 : "鱣鮪發發." 是也.

전(鱣)에 대해서는 곽박의 의미가 주에 갖추어져 있다. 육기는 "전(鱣)은 강과 바다에서 나는데, 3월 중에 하수(河水) 하구에서 올라온다. 전(鱣)은 몸체의 형태가 용과 비슷한데 날카로운 대가리에 아가리는 턱 밑에 있고, 등 위와 배 밑에는 모두 딱지가 있으며, 세로와 가로는 4~5척이다. 지금

맹진(盟津) 동쪽과 석적(石磧) 위쪽 지방에서는 낚시로 잡는데, 큰 것은 천여 근이나 된다. 삶아서 고깃국을 만들 수 있으며, 또한 젓을 담글 수 있고, 고기 알은 장(醬)을 담글 수 있다"고 하였다. 『시경』「위풍」「석인(碩人)」에 "전어와 유어가 펄떡거린다"고 한 것이 이것이다.

 鰋.

언(鰋 : 메기)이다.

 今鰋額白魚.

지금의 언(鰋)은 이마가 흰 물고기이다.

 鰋, 音偃, 白魚. 額, 魚格反.

언(鰋)은 음(音)이 언(偃)이며, 백어(白魚)이다. 액(額)은 어(魚)와 격(格)의 반절이다.

 注云 : "今鰋額白魚", 郭以目驗言之也. 『詩』「頌」云 : "鰷鱨鰋鯉." 是也.

주에서 "금언액백어(今鰋額白魚)"라 한 것은 곽박이 눈으로 직접 증험하

고 말한 것이다. 『시경』「주송」「잠(潛)」에 "피라미와 자가사리와 메기와
잉어"라 한 것이 이것이다.

 鮎.

점(鮎 : 메기)이다.

 別名鰋. 江東通呼鮎爲鯷.

별명은 제(鰋)이다. 강동에서는 모두 점(鮎)을 제(鯷)라 부른다.

鮎, 郭奴謙反, 舍人本無此字. 鰋, 音提. 『字林』云 : "青州人呼
爲鮎鰋." 鯷, 大兮反. 『說文』云 : "大鮎也." 陶弘景云 : "今人
並呼慈."

점(鮎)에 대하여 곽박은 노(奴)와 겸(謙)의 반절이라 하였는데, 사인본에
는 이 글자가 없다. 제(鰋)는 음(音)이 제(提)이다. 『자림』에 "청주(青州) 사람
은 점제(鮎鰋)라 부른다"고 하였다. 제(鯷)는 대(大)와 혜(兮)의 반절인데, 『설
문』에 "제(鯷)는 대점(大鮎)이다"고 하였고, 도홍경(陶弘景)은 "지금 사람은
모두 자(慈)라 한다"고 하였다.

 郭氏云 : "別名鰋. 江東通呼鮎爲鯷." 案, 此經鯉・鱣・鰋・鮎,
舍人曰 : "鯉, 一名鱣." 孫炎曰 : "鰋, 一名鮎." 則是舍人以鯉・

鱣爲一魚, 孫炎以鰋·鮎爲一魚. 郭氏以爲四魚者, 如陸璣之言, 又以今語驗之, 則鯉·鮪·鱣·鮥, 皆異魚也, 故郭氏云. 先儒及『毛詩訓傳』皆謂此魚有兩名, 今此魚種類·形狀有殊, 無緣强合之爲一物, 是郭氏所以異也.

곽박은 "별명은 제(鯷)이다. 강동에서는 모두 점(鮎)을 제(鮧)라 부른다"고 하였다. 살피건대, 이 경문(經文)의 리(鯉)·전(鱣)·언(鰋)·점(鮎)에 대하여 사인은 "리(鯉)는 일명 전(鱣)이다"고 하였고, 손염은 "언(鰋)은 일명 점(鮎)이다"고 하였으니, 사인(舍人)은 리(鯉)와 전(鱣)을 동일한 물고기로 여기고, 손염은 언(鰋)과 점(鮎)을 동일한 물고기로 여긴 것이다. 곽박은 이 네 가지 물고기를 육기(陸璣)의 말과 같이 여긴 것이며, 또한 지금의 언어로 증험하면, 리(鯉)·유(鮪)·전(鱣)·락(鮥)은 모두 다른 물고기이므로, 그 까닭에 곽박이 말한 것이다. 선유(先儒)들과 『모시훈전』에는 모두 이 물고기는 두 개의 명칭이 있다고 말하였는데, 지금 이 물고기의 종류와 형상은 다른 점이 있어, 억지로 합하여 동일한 물건으로 할 이유가 없으니, 언(鰋)과 점(鮎)을 곽박이 달리하게 된 까닭이다.

經文 鱧.

례(鱧 : 가물치)이다.

爾雅注 鮦也.

동(鮦 : 가물치)이다.

![爾雅音義]鱧, 音禮, 字或作鱺, 又作蠡, 同.『廣雅』云 : "鱺鯣, 鮦也."『本草』作蠡, 云 : "一名鮦魚." 陶注云 : "今皆作鱧字. 舊言是公蠣蛇所變, 今亦有相生者." 鮦, 大勇反.

례(鱧)는 음(音)이 례(禮)이다. 글자를 간혹 려(鱺), 또는 려(蠡)로도 쓰는데 음의가 같다.『광아』에 "려양(鱺鯣)은 동(鮦)이다"고 하였다.『본초』에는 려(蠡)로 되어 있으며 "일명 동어(鮦魚 : 가물치)이다"고 하였는데, 도홍경의 주에 "지금은 모두 예(鱧)자로 쓴다. 옛말에 이는 공려사(公蠣蛇 : 毒蛇)가 변한 것으로, 지금은 역시 서로 살아가는 것도 있다"고 하였다. 동(鮦)은 대(大)와 용(勇)의 반절이다.

![爾雅疏]鱧, 今鯶魚也. 鮦與鯶, 音義同. 又『詩』「小雅」云 : "魚麗于罶, 魴鱧." 是也.

례(鱧)는 지금의 종어(鯶魚 : 가물치)이다. 동(鮦)과 종(鯶)은 음의가 같다. 또한『시경』「소아」「어리(魚麗)」에 "물고기가 통발에 걸렸으니, 방어와 가물치로다"고 한 것이 이것이다.

 鯇.

환(鯇 : 산천어. 草魚)이다.

今鱯魚, 似鱒而大.

지금의 혼어(鱯魚)이며, 준(鱒: 송어)과 비슷하나 크다.

 鯇, 華板反, 郭胡本反, 『字林』下短反. 鱯, 胡本反, 又下短反, 一本作故本反. 鱒, 才損反.

환(鯇)은 화(華)와 판(板)의 반절인데, 곽박은 호(胡)와 본(本)의 반절이라 하였으며, 『자림』에는 하(下)와 단(短)의 반절이라 하였다. 혼(鱯)은 호(胡)와 본(本)의 반절, 또는 하(下)와 단(短)의 반절이다. 어떤 본에는 고(故)와 본(本)의 반절로 되어 있다. 준(鱒)은 재(才)와 손(損)의 반절이다.

 舍人云 : "鱧, 一名鯇." 郭氏所不取也.

사인(舍人)은 "례(鱧)는 일명 환(鯇)이다"고 하였는데, 곽박이 취하지 않은 것이다.

 鯊, 鮀.

사(鯊)는 타(鮀: 모래무지)이다.

今吹沙小魚, 體員而有文點.

지금의 모래를 불어내는 작은 물고기인데, 몸체가 둥글고 얼룩무늬가 있다.

 鯊, 本又作鯋, 音沙『詩』云: "魚麗于罶, 鱣鯊." 鮀, 徒何反.

사(鯊)는 본에 따라 사(鯋)로 되어 있는데, 음은 사(沙)이다. 『시경』「소아」「어리(魚麗)」에 "고기가 그물에 걸렸으니 자가사리와 모래무지로다"고 하였다. 타(鮀)는 도(徒)와 하(何)의 반절이다.

 鯊, 一名鮀.『詩』「小雅」云: "魚麗于罶, 鱣鯊." 陸璣云: "魚狹而小, 常張口吹沙." 故郭氏云: "今吹沙小魚"也.

사(鯊)는 일명 타(鮀)이다. 『시경』「소아」「어리(魚麗)」에 "고기가 그물에 걸렸으니 자가사리와 모래무지로다"고 하였는데, 육기는 "물고기가 좁고 작으며, 항상 입을 벌리고 모래를 불어낸다"고 하였다. 그러므로 곽박은 "지금의 모래를 불어내는 작은 물고기이다"고 하였다.

 鮂, 黑鰦.

수(鮂)는 흑자(黑鰦 : 피라미)이다.

卽白鯈魚, 江東呼爲鮂.

곧 백조어(白鯈魚 : 피라미)인데, 강동에서는 수(鮂)라 부른다.

 鮂, 徂秋反. 鰦, 音茲. 鯈, 音條, 本亦作鮋, 又音由, 又直留反, 又音酬.120)

수(鮂)는 조(徂)와 추(秋)의 반절이다. 자(鰦)는 음이 자(茲)이다. 조(鯈)는 음(音)이 조(條)인데 본에 따라 유(鮋)로 되어 있으며, 또 음이 유(由), 또는 직(直)과 류(留)의 반절, 또는 음이 수(酬)이다.

 鮂, 一名黑鰦. 郭云 : "卽白鯈魚, 江東呼爲鮂"者, 以時驗而言之也. 『詩』 「頌」曰 : "鰷鱨鰋鯉." 是也.

수(鮂)는 일명 흑자(黑鰦)이다. 곽박은 "곧 백조어(白鯈魚)이며, 강동에서는 수(鮂)라 부른다"고 한 것은 당시 증험으로 말한 것이다. 『시경』 「소아」 「잠(潛)」에 "피라미와 자가사리와 메기와 잉어"라 한 것이 이것이다.

 鰼, 鰌.

습(鰼)은 추(鰌 : 미꾸라지)이다.

---

120) 酬 : 『이아고림』 「육음의」에는 '㲉'으로 되어 있다.

 今泥鰍.

지금의 니추(泥鰍 : 미꾸라지)이다.

 鰍, 音秋, 郭云 : "泥鰍"也.『字林』云 : "似鱣, 短小也." 泥, 乃兮反.

추(鰍)는 음(音)이 추(秋)이다. 곽박은 "니추(泥鰍)이다"고 하였다.『자림』
에 "전(鱣 : 철갑상어)과 비슷하나 짧고 작다"고 하였다. 니(泥)는 내(乃)와 혜
(兮)의 반절이다.

 鰼, 一名鰍, 卽今泥鰍也. 穴於泥中, 因以名云.

습(鰼)은 일명 추(鰍)인데, 곧 지금의 니추(泥鰍)이다. 진흙 속에 구멍을
뚫기 때문에 이로 인하여 명칭을 붙인 것이라 한다.

 鰹, 大鮦; 小者鮵.

견(鰹)은 큰 동(鮦 : 가물치)이며, 작은 것은 탈(鮵 : 작은 가물치)이다.

 今靑州呼小鱺爲鮵.

지금 청주(靑州)에서는 조그만 려(鱺)를 불러 탈(鮛)이라 한다.

鰹, 音堅. 鮦, 音童, 又逐拱反. 鮛, 大活反. 鱺, 音禮, 又力知反.

견(鰹)은 음이 견(堅)이다. 동(鮦)은 음(音)이 동(童), 또는 축(逐)과 공(拱)의 반절이다. 탈(鮛)은 대(大)와 활(活)의 반절이다. 려(鱺)는 음(音)이 례(禮), 또는 력(力)과 지(知)의 반절이다.

此卽上文"鱧"也, 其大者名鰹, 小者名鮛. 故注云: "今靑州呼小鱺爲鮛." 鱺與鱧, 音義同.

이는 곧 위 글의 "례(鱧 : 가물치)"이며, 그 큰 것의 명칭은 견(鰹)이고, 작은 것의 명칭은 탈(鮛)이다. 그러므로 주에 "금청주호소려위탈(今靑州呼小鱺爲鮛)"이라 하였다. 려(鱺)는 례(鱧)와 음의가 같다.

鮡, 大鱯, 小者鮡.

비(鮡)는 대호(大鱯 : 큰 메기)이고, 작은 것은 죠(鮡 : 작은 메기)이다.

鱯, 似鮎而大, 白色.

호(鱯)는 점(鮎 : 메기)과 비슷하나 크며, 백색이다.

鮊, 蒲悲反, 或音丕. 鱯, 下化反, 一音獲. 鮡, 音兆, 又音姚.

비(鮊)는 포(蒲)와 비(悲)의 반절인데, 혹은 음이 비(丕)이다. 호(鱯)는 하(下)와 화(化)의 반절인데, 일음(一音)은 획(獲)이다. 죠(鮡)는 음(音)이 죠(兆), 또는 음이 요(姚)이다.

鱯, 魚名. 似鮎而大, 白色. 鱯之大者別名鮊, 小者別名鮡也.

호(鱯)는 물고기 이름이다. 메기와 비슷하나 크며 백색이다. 호(鱯) 가운데 큰 것의 별명이 비(鮊)이며, 작은 것의 별명은 죠(鮡)이다.

鰝, 大鰕.

호(鰝)는 대하(大鰕 : 왕새우)이다.

鰕大者出海中, 長二三丈, 鬚長數尺. 今青州呼鰕魚爲鰝.

새우가 큰 것은 바다 속에서 나는데, 길이는 2~3장(丈)이고, 수염의 길이는 수 척(尺)이다. 지금 청주(青州)에서는 새우를 불러 호(鰝)라 한다.

鰝, 郭音鄗, 戶老反. 鰕, 戶加反. 數, 所主反.

호(鰝)에 대하여 곽박은 음이 호(鄗)라 하였는데, 호(戶)와 로(老)의 반절이다. 하(鰕)는 호(戶)와 가(加)의 반절이다. 수(數)는 소(所)와 주(主)의 반절이다.

 鰕之大者, 長二三丈, 鬚長數尺. 若此之類者, 名鰝.

새우 가운데 큰 것은 길이가 2~3장(丈)이고 수염의 길이는 수 척(尺)이다. 이와 같은 종류는 명칭이 호(鰝)이다.

 鯤, 魚子.

곤(鯤)은 어자(魚子 : 물고기의 새끼)이다.

 凡魚之子總名鯤.

모든 물고기 새끼를 총괄한 명칭이 곤(鯤)이다.

 鯤, 音昆.

곤(鯤)은 음(音)이 곤(昆)이다.

凡魚之子總名鯤. 『詩』云 : "其魚魴鰥." 鄭云 : "鰥, 魚子." 鯤·鰥字異, 蓋古字通用也. 「魯語」云 : "宣公夏濫於泗淵, 里革斷其罟而棄之, 曰 : '魚禁鯤鮞,[121] 鳥翼鷇卵, 蕃庶物也.'" 是亦以鯤爲魚子也.

모든 물고기의 새끼를 총괄한 명칭이 곤(鯤)이다. 『시경』「제풍(齊風)」「폐구(敝笱)」에 "그 물고기는 방어와 물고기 새끼로다"고 하였는데, 정현은 "환(鰥)은 물고기 새끼이다"고 하였다. 곤(鯤)과 환(鰥)은 글자가 다른데, 대체로옛 글자에서는 통용되었다. 『국어』「노어 상(魯語上)」에 "선공(宣公 : 魯 文公의 子)이 여름에 사연(泗淵)에 그물을 치자, 이혁(里革)이 그 그물을 잘라 버리고 말하기를, '물고기는 곤이(鯤鮞 : 어린 물고기)를 금하고, 새는 구란(鷇卵 : 새 새끼와 새 알)을 육성해야 온갖 사물이 번식한다'고 하였다"고 하였는데, 이것이 또한 곤(鯤)을 물고기 새끼로 여긴 것이다.

鱀, 是鱁.

기(鱀)는 시축(是鱁 : 돌고래)이다.

鱀, 䲔屬也. 體似鱏, 尾如鮻魚, 大腹, 喙小, 銳[122]而長, 齒羅生, 上下相銜, 鼻在額上, 能作聲, 少肉多膏. 胎生, 健啗細魚. 大者長丈餘, 江中多有之.

---

121) 鮞 : 『이아고림』「형소」에는 '鮞'로 되어 있으며, 이를 근거로 풀이하였다.
122) 銳 : 『이아고림』「곽주」에는 '銳'로 되어 있으며, 이를 근거로 풀이하였다.

기(鱀)는 착(鰭 : 상어)의 등 속이다. 몸체는 큰 다랑어와 비슷하나 꼬리는 국어(鰗魚 : 알락돌고래)와 같고, 배는 크고 주둥이는 작은데 날카롭고 길며, 이빨이 연이어 나서 아래 위 이가 맞물리고, 코는 이마 위에 있으며, 소리를 잘 내고 살은 적으나 기름이 많다. 태생(胎生)하며, 작은 물고기를 잘 먹는다. 큰 것은 길이가 1장(丈) 남짓인데, 양자강에 많이 있다.

鱀, 其冀反. 『字林』作鱸, 音鱀, 云 : "胎生魚." 是, 本或作鯤, 非. 鰠, 音逐, 本亦作逐. 鰭, 七各・七畧二反. 鱏, 尋・涅二音. 鰗, 居六・巨六二反. 『字林』云 : "魚有兩乳, 出樂浪, 一曰, 出江東[123]." 『說文』同. 喙, 香穢反. 膏, 音高. 胎, 他來反. 啗[124], 大敢反.

기(鱀)는 기(其)와 기(冀)의 반절이다. 『자림』에는 기(鱸)로 되어 있으며, 음이 기(鱀)인데 "태생(胎生)하는 고기이다"고 하였다. 시(是)는 본에 따라 시(鯤)로 되어 있으나 잘못이다. 축(鰠)은 음(音)이 축(逐)인데, 본에 따라 축(逐)으로 되어 있다. 착(鰭)은 칠(七)과 각(各), 칠(七)과 략(畧) 두 가지의 반절이다. 심(鱏)은 심(尋)과 음(涅) 두 가지 음이다. 국(鰗)은 거(居)와 육(六), 거(巨)와 육(六) 두 가지의 반절이다. 『자림』에 "두 개의 젖이 있는 물고기로 낙랑(樂浪)에서 나며, 한편으로 강동에서 난다"고 하였는데, 『설문』에서도 같다. 훼(喙)는 향(香)과 예(穢)의 반절이다. 고(膏)는 음(音)이 고(高)이다. 태(胎)는 타(他)와 래(來)의 반절이다. 담(啗)은 대(大)와 감(敢)의 반절이다.

鱀, 一名是鰠, 鰭之屬也. 云"體似鱏"者, 『字林』云 : "鱏, 長鼻魚也, 重千斤." 傳曰 : "伯牙鼓琴, 鱏魚出聽." 是也. 鱀魚之體似之

---

123) 東 : 『경전석문』에는 없으나, 『이아고림』 「음의고증」에 따라 보충하였다.
124) 啗 : 『이아고림』 「음의고증」에는 啗, "邢本作啖, 俗"이라 하며, '啖'은 '啗'의 속자라 하였다.

也. 云“尾如鯦魚”者, 『說文』云 : “鯦, 魚名, 出樂浪潘國. 一曰, 鯦魚, 出江東, 有兩乳.” 今鱀魚之尾如鯦魚, 故云“尾如鯦魚”也. 云“大腹”以下者, 時驗而言也.

기(鱀)는 일명 시축(是鱁)이며 작(䱜 : 상어)의 등속이다. 주에서 “체사심(體似鱏)”이라 하였는데, 『자림』에 “심(鱏)은 코가 긴 물고기이며 무게가 천 근이다”고 하였다. 전(傳)에 “백아(伯牙)가 거문고를 타니, 심어(鱏魚 : 큰 다랑어)가 나와 듣는다”고 한 것이 이것이다. 기어(鱀魚)의 몸체는 이것과 비슷하다. 주에서 “미여국어(尾如鯦魚)”라고 한 것은 『설문』에 “국(鯦 : 알락돌고래)은 물고기 명칭이며, 낙랑(樂浪)과 반국(潘國)에서 난다. 한편으로 국어(鯦魚)는 강동에서 나는데 두 개의 젖이 있다”고 하였다. 지금 기어(鱀魚 : 돌고래)의 꼬리가 국어(鯦魚)와 같기 때문에 “미여국어(尾如鯦魚)”라 한 것이다. “대복(大腹)” 이하의 것은 당시 경험으로 말한 것이다.

經文 鱦, 小魚.

승(鱦)은 소어(小魚 : 물고기 새끼)이다.

爾雅注 『家語』曰 : “其小者鱦魚也.” 今江東亦呼魚子未成者爲鱦.

『공자가어(孔子家語)』「굴절해(屈節解)」에 “그 작은 것은 승어(鱦魚)이다”고 하였다. 지금 강동에서는 또한 물고기 새끼가 아직 성숙하지 않은 것을 승(鱦)이라 부른다.

鯴, 郭音繩, 顧音孕, 本或作鯩, 同.

승(鯴)에 대하여 곽박은 음이 승(繩)이라 하였으며, 고야왕은 음이 잉(孕)
이라 하였는데 본에 따라 잉(鯩)으로 되어 있으며 음의가 같다.

案『家語』宓子賤爲單父宰. 孔子使巫馬期往觀政焉. 期陰免衣弊
裘入界, 見歛者得魚輒捨之, 期問焉. 曰 : "凡歛者爲得魚也, 何
以得魚卻捨之?" 曰 : "魚之大者名爲鱄鱜,[125] 吾大夫愛之. 其小者名爲
鯴, 吾大夫欲長之. 是以得二者輒捨之." 是也. 引之證鯴是小魚之名也.

살피건대, 『공자가어(孔子家語)』 「굴절해(屈節解)」에 복자천(宓子賤)이 선
보(單父)의 수령이 되었다. 공자가 무마기(巫馬期)에게 가서 그가 정치하는
것을 관찰하도록 하였다. 무마기가 몰래 평소 입던 옷을 벗고 해진 갖옷
을 입은 다음 선보의 지역으로 들어갔는데, 어부가 물고기를 잡았다가 번
번이 버리는 것을 보고 무마기가 그에게 물었다. "무릇 어부는 물고기를
잡기 위함인데, 어찌 물고기를 잡았다가 문득 버립니까?"라고 하자, 대답
하기를 "물고기 가운데 큰 것을 이름하여 전상(鱄鱜)이라 하는데 우리 대
부(吾大夫 : 복자천)께서 아끼십니다. 그 작은 것을 이름하여 승(鯴)이라 하
는데 우리 대부께서 기르고 싶어하십니다. 이 때문에 두 번이나 잡았다가
문득 버린 것입니다"고 한 것이 이것이다. 이를 인용하여 승(鯴)이 소어(小
魚)의 명칭임을 증명하였다.

---

125) 鱜 : 한문대계본 『孔子家語』에는 '鱨'로 되어 있다.

 鮥, 鮛鮪.

락(鮥 : 다랑어)은 숙유(鮛鮪 : 작은 다랑어)이다.

 鮪, 鱣屬也. 大者名王鮪. 小者名鮛鮪. 今宜都郡自京門以上江
中通出鱏鱣之魚. 有一魚狀似鱣而小, 建平人呼鮥子, 卽此魚也.

유(鮪)는 철갑상어 등속이다. 큰 것의 명칭은 왕유(王鮪)이다. 작은 것의
명칭은 숙유(鮛鮪)이다. 지금 의도군(宜都郡) 경문(京門) 이상의 강에서 모두
심어(鱏魚)와 전어(鱣魚)가 난다. 그 중 어떤 고기의 모양이 전어(鱣魚)와 비
슷하면서 작은데, 건평(建平) 사람들이 낙자(鮥子)라고 부르는 것이 곧 이
물고기이다.

鮥, 音洛. 『字林』作鰭, 巨救反. 鮛, 書育反. 鮪, 于軌反. 『字林』
于九反, 或曰卽鱏魚也. 似鱣而長鼻, 體無鱗甲. 鱣, 知連反. 上,
時掌反.

락(鮥)은 음이 락(洛)인데, 『자림』에는 구(鰭)로 되어 있으며, 거(巨)와 구
(救)의 반절이다. 숙(鮛)은 서(書)와 육(育)의 반절이다. 유(鮪)는 우(于)와 궤
(軌)의 반절인데, 『자림』에는 우(于)와 구(九)의 반절이라 하였다. 혹자는
"심어(鱏魚)이다. 전(鱣)과 비슷하나 코가 길며, 몸체에는 비늘과 등딱지가
없다"고 하였다. 전(鱣)은 지(知)와 런(連)의 반절이다. 상(上)은 시(時)와 장
(掌)의 반절이다.

郭義具注. 陸璣云：“鮪魚, 形似鱣而靑黑, 頭小而尖, 似鐵兜鍪,
口亦在頷下, 其甲可以摩薑, 大者不過七八尺. 益州人謂之鱣鮪.
大者爲王鮪, 小者爲鮛鮪, 一名鮥. 肉色白, 味不如鱣也. 今東萊遼東人
謂之尉魚, 或謂之仲明. 仲明者, 樂浪尉也, 溺死海中化爲此魚.” 又曰：
“河南鞏縣東北崖上, 山腹有穴. 舊說云此穴與江湖通, 鮪從此穴而來, 北
入河西上龍門, 入漆沮. 故張衡賦云：‘王鮪岫居’, 山穴爲岫, 謂此穴也.”
「月令」季春“薦鮪於寢廟.”「天官」「漁人」“春獻王鮪.” 是也.

곽박의 뜻이 주에 갖추어져 있다. 육기는 “유어(鮪魚 : 다랑어)는 모양이
철갑상어와 비슷하나 청흑색이고, 대가리는 작고 뾰족하여 쇠로 만든 투
구와 비슷하며, 주둥이 또한 턱 밑에 있고, 그 등딱지로는 생강을 갈 수
있으며, 큰 것도 7~8척(尺)을 넘지 않는다. 익주(益州) 사람들은 전유(鱣鮪)
라 한다. 큰 것은 왕유(王鮪)이고, 작은 것은 숙유(鮛鮪)라 하는데 일명 낙
(鮥)이다. 살은 색깔이 희며, 맛은 철갑상어만 못하다. 지금 동래(東萊)와
요동(遼東) 사람들은 위어(尉魚), 혹은 중명(仲明)이라 한다. 중명(仲明)이란
낙랑위(樂浪尉)가 바다에 익사하여 변화여 이 물고기가 되었다”고 하였다.
또 “하남(河南) 공현(鞏縣) 동북쪽에 있는 낭떠러지 가의 산허리에 동굴이
있다. 옛말에 이 동굴은 강호(江湖)와 통하는데, 유(鮪)가 이 동굴을 따라
와서 북쪽으로 하서(河西)로 들어가 용문(龍門)으로 올라 칠저(漆沮)로 들어
간다. 때문에 장형(張衡)의 「서경부(西京賦)」에 ‘왕유가 산굴에 살고 있다’
고 하였는데, 산굴을 수(岫)라 하니, 이 동굴을 말한다”고 하였다. 『예기』
「월령」의 계춘(季春)에 “침묘(寢廟)에 유(鮪)를 올린다”고 하였고, 『주례』 「천
관」 「어인」에 “봄에 왕유(王鮪)를 올린다”고 한 것이 이것이다.

 鮂, 當魱.

구(鮂)는 당호(當魱 : 준치)이다.

爾雅注 海魚也. 似鯿而大鱗, 肥美多鯁, 今江東呼其最大長三尺者爲當魱.

바닷물고기이다. 편(鯿 : 방어)과 비슷하나 비늘이 크고, 살찌고 맛있는데 뼈가 많으며, 지금 강동에서는 가장 크고 길이가 3척(尺)인 것을 당호(當魱)라 부른다. •

爾雅音義 鮂, 具救反, 又徐秋反, 似鯿而長三尺.『字林』作鮥, 音格, 云: "當魱也." 顧作鮂, 同. 魱, 郭音胡, 一音互. 鯿, 字又作鰏, 方仙反.『字林』云: "魚也." 案魚似魴而大, 腰細而長. 鯁, 工杏反,『說文』云: "魚骨也."『字林』工孟反.

구(鮂)는 구(具)와 구(救)의 반절, 또는 서(徐)와 추(秋)의 반절이며, 편(鯿)과 비슷하면서 길이가 3척(尺)이다.『자림』에는 락(鮥)으로 되어 있는데 음이 격(格)이며, "당호(當魱)이다"고 하였다. 고야왕은 구(鮂)로 썼는데 음의가 같다. 호(魱)에 대하여 곽박은 음이 호(胡)이며, 일음(一音)은 호(互)라 하였다. 편(鯿)은 글자를 또 편(鰏)으로도 쓰는데 방(方)과 선(仙)의 반절이다. 『자림』에는 "물고기이다"고 하였다. 살피건대, 물고기가 방(魴 : 방어)과 같으나 크며, 살이 연하고 가늘면서 길다"고 하였다. 경(鯁)은 공(工)과 행(杏)의 반절이며,『설문』에 "물고기 뼈이다"고 하였고,『자림』에는 공(工)과 맹(孟)의 반절이라 하였다.

 鮤, 一名當魱, 海魚也. ○云"似鯿而大鱗"者, 案, 鯿似魴而大, 腰[126]細而長, 今鮤魚似之, 但鱗大耳. 云"肥美"以下者, 以時驗而知也.

구(鮤)는 일명 당호(當魱)로, 바닷물고기이다. ○ 주에서 "사편이대린(似鯿而大鱗)"이라 한 것은 살피건대, 편(鯿 : 방어)은 방어와 비슷하나 크며 허리는 가늘고 긴데, 지금 구어(鮤魚)가 이와 비슷하지만 단지 비늘이 클 뿐이다. "비미(肥美)" 이하의 것은 당시 경험으로 안 것이다.

 鮤, 鱴刀.

열(鮤)은 멸도(鱴刀 : 갈치)이다.

今之紫魚也, 亦呼爲魛魚.

지금의 제어(紫魚 : 갈치)인데 또한 도어(魛魚)라 부른다.

鮤, 音列, 顧閭結反. 鱴, 亡節反. 刀, 字亦作魛. 『字林』云 : "刀魚, 飮而不食." 紫, 徂禮反, 又徐爾反. 『字林』云 : "刀魚也. 才跂反, 字或作鮆."

열(鮤)은 음(音)이 렬(列)인데, 고야왕은 여(閭)와 결(結)의 반절이라 하였

---

126) 腰 : 『이아고림』 「형소」에는 '腰'로 되어 있으며, 이를 근거로 풀이하였다.

다. 멸(鱴)은 망(亡)과 절(節)의 반절이다. 도(刀)는 글자를 도(魛)로도 쓰며,
『자림』에 "도어(刀魚 : 갈치)는 마시기만 하고 먹지 않는다"고 하였다. 제(鮆)
는 조(徂)와 례(禮)의 반절, 또는 서(徐)와 이(爾)의 반절이다. 『자림』에 "도
어(刀魚)이다. 재(才)와 시(豉)의 반절이며, 글자를 간혹 제(鯷)로도 쓴다"고
하였다.

 鱴, 一名鱴刀. 郭氏云 : "今之鮆魚也." 『說文』云 : "鮆, 飮而不食,
刀魚也. 九江有之." 亦呼爲魛魚. 是則此魚一名鱴魚, 一名鱴刀,
一名魛魚, 一名鮆魚也.

열(鱴)은 일명 멸도(鱴刀)이다. 곽박은 "지금의 제어(鮆魚 : 갈치)이다"고 하
였다. 『설문』에 "제(鮆)는 마시기만 하고 먹지 않으며, 도어(刀魚)이다. 구
강(九江)에 있다"고 하였는데, 또한 도어(魛魚)라 부르기도 한다. 이렇다면
이 물고기는 일명 열어(鱴魚), 일명 멸도(鱴刀), 일명 도어(魛魚), 일명 제어
(鮆魚)이다.

 鱊鮬, 鳜鯞.

율고(鱊鮬)는 궐추(鳜鯞 : 납자루. 민물고기의 일종)이다.

 小魚也. 似鮒子而黑, 俗呼爲魚婢, 江東呼爲妾魚.

작은 물고기이다. 부자(鮒子 : 붕어 새끼)와 비슷하나 검고, 민간에서는 어

비(魚婢)라 부르며, 강동에서는 첩어(妾魚)라 부른다.

爾雅音義 鱊, 郭古滑反.『字林』于一反, 沈音逑, 又音聿. 鯆, 郭音步.『字林』丘于反, 施蒲悲反. 鱖, 音厥, 本亦作厥.『字林』几[127]綴·巨月二反. 鰡, 章酉反, 本或作帚. 鮒, 符付反,『廣雅』云: "鰿也. 音積."『字林』子狄反.

율(鱊)에 대하여 곽박은 고(古)와 활(滑)의 반절이라 하였다.『자림』에는 우(于)와 일(一)의 반절로 되어 있으며, 심선은 음이 술(逑)이라 하였고, 또 음이 율(聿)이다. 고(鯆)에 대하여 곽박은 음이 보(步)라 하였다.『자림』에는 구(丘)와 우(于)의 반절로 되어 있으며, 시건은 포(蒲)와 비(悲)의 반절이라 하였다. 궐(鱖)은 음(音)이 궐(厥)인데 본에 따라 궐(厥)로 되어 있으며,『자림』에는 궤(几)와 철(綴), 거(巨)와 월(月) 두 가지의 반절이라 하였다. 추(鰡)는 장(章)과 유(酉)의 반절인데, 본에 따라 추(帚)로 되어 있다. 부(鮒)는 부(符)와 부(付)의 반절인데,『광아』에 "적(鰿: 붕어)이다. 음은 적(積)이다"고 하였으며,『자림』에는 자(子)와 적(狄)의 반절이라 하였다.

爾雅疏 郭云: "小魚也, 似鮒子而黑."『廣雅』云: "鮒, 鰿也." 此魚似其小者. 故云"似鮒子而黑", 色爲異也, 江東呼爲妾魚.『說文』云: "鮻魚, 出樂浪潘國." 是也.

곽박은 "작은 물고기이다. 부자(鮒子)와 비슷하나 검다"고 하였다.『광아』에 "부(鮒)는 적(鰿: 붕어)이다"고 하였는데, 이 물고기는 그 작은 것과 비슷한 것이다. 때문에 "사부자이흑(似鮒子而黑)"이라고 한 것이니, 색깔이 다른 것이며, 강동에서는 첩어(妾魚)라 부른다.『설문』에 "첩(鮻)은 첩어(鮻

---

127) 几:『경전석문』에는 '凡'으로 되어 있으나 '几'의 잘못으로 보인다.

魚 : 납자루)이다. 낙랑(樂浪)과 반국(潘國)에서 난다"고 한 것이 이것이다.

 魚有力者, 黴.

물고기가 힘이 있는 것은 휘(黴)이다.

 强大多力.

강하고 커서 힘이 많다.

 黴, 字或作鱝, 許韋反.

휘(黴)는 글자를 간혹 휘(鱝)로도 쓰는데, 허(許)와 위(韋)의 반절이다.

 凡魚之强大多力異於群輩者, 名黴.

무릇 물고기가 강대하고 힘이 많아 뭇 고기들과 다른 것은 명칭이 휘(黴)이다.

 鈖, 鰕.

분(鈖)은 하(鰕 : 새우)이다.

 出穢邪頭國, 見呂氏『字林』.

예야두국(穢邪頭國 : 穢貊國)에서 나는데, 여침(呂忱)의 『자림』에 보인다.

鈖, 符云反, 又符粉反, 顧孚粉反. 郭云 : "小鰕別名." 鰕, 下家
反, 字或作蝦. 邪, 羊嗟反.

분(鈖)은 부(符)와 운(云)의 반절, 또는 부(符)와 분(粉)의 반절인데, 고야왕
은 부(孚)와 분(粉)의 반절이라 하였다. 곽박은 "소하(小鰕 : 작은 새우)의 별명
이다"고 하였다. 하(鰕)는 하(下)와 가(家)의 반절인데, 글자를 간혹 하(蝦)로
도 쓴다. 야(邪)는 양(羊)과 차(嗟)의 반절이다.

鈖魚, 一名鰕. 郭云 : "出穢邪頭國, 見呂氏『字林』." 案『說文』
亦云.

분어(鈖魚)는 일명 하(鰕)이다. 곽박은 "예야두국(穢邪頭國)에서 나는데, 여
침(呂忱)의 『자림』에 보인다"고 하였다. 살피건대, 『설문』에도 또한 말했다.

 鮅, 鱒.

필(鮅)은 준(鱒 : 송어)이다.

 似鯶子, 赤眼.

혼자(鯶子 : 草魚)와 비슷하나 눈이 붉다.

鮅, 音必, 『字林』云 : "魵也." 鱒, 才損反. 『說文』云 : "赤目魚."
一音仕轉反, 或直轉反. 鯶, 呼本反.

필(鮅)은 음(音)이 필(必)이며, 『자림』에 "방(魵 : 방어)이다"고 하였다. 준(鱒)
은 재(才)와 손(損)의 반절이다. 『설문』에 "붉은 눈의 물고기이다"고 하였
으며, 일음(一音)은 사(仕)와 전(轉)의 반절이고, 혹은 직(直)과 전(轉)의 반절
이다. 혼(鯶)은 호(呼)와 본(本)의 반절이다.

鮅, 一名鱒. 『詩』云 : "九罭之魚, 鱒魴." 陸璣云 : "鱒似鯶魚而鱗
細於鯶, 赤眼." 是也.

필(鮅)은 일명 준(鱒)이다. 『시경』「빈풍(豳風)」「구역(九罭)」에 "아홉 그물
의 물고기여, 송어와 방어로다"고 하였는데, 육기는 "준(鱒)은 혼어(鯶魚)와
비슷하나 비늘이 혼어보다 가늘고 눈이 붉다"고 한 것이 이것이다.

 魴, 魾.

방(魴)은 비(魾 : 방어)이다.

 江東人呼魴魚爲鯿, 一名魾.

강동 사람들은 방어(魴魚)를 편(鯿)이라 부르는데, 일명 비(魾)이다.

 魴, 『字林』音房, 云 : "赤尾魚." 魾, 音丕, 又音毗. 鯿, 必連反.

방(魴)에 대하여 『자림』에서는 음이 방(房)이라 하였으며, "꼬리가 붉은 물고기이다"고 하였다. 비(魾)는 음(音)이 비(丕), 또는 음이 비(毗)이다. 편 (鯿)은 필(必)과 련(連)의 반절이다.

魴, 一名魾, 江東呼爲鯿. 『詩』云 : "其魚魴鰥." 陸璣云 : "魴, 今 伊 · 洛 · 濟 · 潁魴魚也. 廣而薄, 肥恬而少肉, 細鱗, 魚之美者. 遼東梁水魴, 特肥而厚, 尤美於中國魴, 故其鄕語曰 : '居就糧, 梁水魴.' 是也."

방(魴)은 일명 비(魾)인데, 강동에서는 편(鯿)이라 부른다. 『시경』 「제풍 (齊風)」 「폐구(敝笱)」에 "그 물고기는 방어와 물고기 새끼로다"라 하였는데, 육기는 "방(魴)은 지금 이수(伊水) · 낙수(洛水) · 제수(濟水) · 영수(潁水)의 방 어(魴魚)이다. 넓적하고 얇으며, 기름지고 담백하나 살이 적으며, 비늘이 가늘고 물고기 중에 맛있는 것이다. 요동(遼東)과 양수(梁水)의 방어는 특히 살이 쪄서 두껍고 중국의 방어보다 더욱 맛이 있기 때문에 그 지방의 말에 '거취(居就 : 縣名)의 곡식, 양수(梁水)의 방어(魴魚)'라 한 것이 이것이다"고 하였다.

 鱺, 鮵.

리(鱺)는 래(鮵 : 준치)이다.

 未詳.

자세하지 않다.

 蜎, 蠉.

연(蜎)은 현(蠉 : 장구벌레)이다.

 井中小蛣蟩, 赤蟲, 一名孑孒, 『廣雅』云.

우물 속의 작은 길궐(蛣蟩 : 장구벌레)로 붉은 벌레인데, 일명 혈궐(孑孒)이라고 『광아』에 말하였다.

黎, 力兮反, 又音梨. 『廣雅』云 : "魾, 黎." 鯠, 郭音來. 『埤蒼』云 :
"黎鯠, 魾也." 『字林』作鰥, 音七. 蜎, 郭狂兗反. 『字林』一全反,
又一奐反, 蟲貌也, 一曰, 蟲也. 蠉, 郭香兗反, 呂火全反. 蛣, 古節反, 又
音吉, 或五結反. 蟩, 居月反. 孑, 紀列反. 『字林』云 : "無右臂. 古熱反."
孓, 九月反. 『字林』云 : "無左臂也." 『廣雅』云 : "孑孓, 蜎也."

리(黎)는 력(力)과 혜(兮)의 반절, 또는 음이 리(梨)이다. 『광아』에 "비(魾)는
리(黎)이다"고 하였다. 래(鯠)에 대하여 곽박은 음이 래(來)라 하였다. 『비창』
에 "이래(黎鯠)는 비(魾)이다"고 하였다. 『자림』에는 칠(鰥)로 되어 있는데,
음이 칠(七)이다. 연(蜎)에 대하여 곽박은 광(狂)과 연(兗)의 반절이라 하였으
며, 『자림』에는 일(一)과 전(全)의 반절, 또 일(一)과 연(奐)의 반절이며, 벌레
의 모습이라 하였는데, 한편으로 벌레라고 하였다. 현(蠉)에 대하여 곽박은
향(香)과 연(兗)의 반절이라 하였으며, 여침(呂忱)은 화(火)와 전(全)의 반절이
라 하였다. 길(蛣)은 고(古)와 절(節)의 반절, 또는 음이 길(吉), 혹은 오(五)와
결(結)의 반절이다. 궐(蟩)은 거(居)와 월(月)의 반절이다. 혈(孑)은 기(紀)와 렬
(列)의 반절인데, 『자림』에 "오른쪽 팔뚝이 없다. 고(古)와 열(熱)의 반절이
다"고 하였다. 궐(孓)은 구(九)와 월(月)의 반절인데, 『자림』에 "왼쪽 팔뚝이
없다"고 하였다. 『광아』에 "혈궐(孑孓)은 연(蜎)이다"고 하였다.

井中小赤蟲也. 一名蜎, 一名蠉, 一名蛣蟩, 又一名孑孓, 『廣雅』
云 : "孑孓, 蜎." 是也.

우물 속의 작고 붉은 벌레이다. 일명 연(蜎), 일명 현(蠉), 일명 길궐(蛣
蟩), 또한 일명은 혈궐(孑孓)인데, 『광아』에 "혈궐(孑孓)은 연(蜎)이다"고 한
것이 이것이다.

 蛭, 蟣.

질(蛭)은 기(蟣 : 거머리)이다.

 今江東呼水中蛭蟲喜入人肉者爲蟣.

지금 강동에서는 물 속의 질충(蛭蟲 : 거머리)으로서 사람의 살 속으로 들어가기를 좋아하는 것을 기(蟣)라 한다.

蛭, 沈・呂豬秩反, 謝豬悌反, 一音之逸反. 『本草』謂之水蛭, 一名蚑, 一名至掌. 案『說文』"今俗呼爲馬蜞, 亦名馬蜞, 卽楚王食寒葅所得而吞之, 能去結積也." 蚑蜞同音其. 然「釋蟲」已有"蛭蟣, 至掌." 郭云 : "未詳." 依『本草』卽是"水蛭"也. 蟣, 郭音祈. 『字林』云 : "齊人名蛭也." 『本草』又作蚑.

질(蛭)에 대하여 심선과 여침은 저(豬)와 질(秩)의 반절이라 하였으며, 사교는 저(豬)와 제(悌)의 반절이라 하였는데, 일음(一音)은 지(之)와 일(逸)의 반절이다. 『본초』에서는 수질(水蛭)이며, 일명 기(蚑), 일명 지장(至掌)이라고 하였다. 살피건대, 『설문』에 "지금 민간에서는 마기(馬蜞)라고 부르며, 또 명칭은 마기(馬蜞)인데, 곧 초왕(楚王)이 한저(寒葅 : 한식날 김치)를 먹다가 얻어서 삼켜서, 맺히고 쌓인 것을 제거할 수 있다"[128]고 하였다. 기(蚑)와 기(蜞)는 함께 음이 기(其)이다. 그런데 「석충(釋蟲)」에 이미 "질유(蛭蟣)는

---

128) 지금 …… 제거할 수 있다 : 『설문고림』「又考」에 이 글의 출전은 『설문』이 아니라 『本草』라고 하였다.

지장(至掌)이다"고 하였고, 곽박이 "미상(未詳)이다"고 하였는데, 『본초』에 의하면 이것은 수질(水蛭: 거머리)이다. 기(蟣)에 대하여 곽박은 음이 기(祈)라 하였는데, 『자림』에 "제(齊)나라 사람은 질(蛭)이라 한다"고 하였으며, 『본초』에는 또 기(蚑)로 되어 있다.

此水中蟲, 喜入人肉者, 江東呼爲蟣. 『本草』謂之水蛭, 一名馬蜞, 一名馬𧎼, 卽楚王食寒菹得而吞之, 能去結積者, 是也.

이는 물 속의 벌레로 사람의 살 속에 들어가기를 좋아하는 것이며, 강동에서는 기(蟣)라 한다. 『본초』에서는 수질(水蛭)이며, 일명 마기(馬蜞), 일명 마기(馬𧎼)인데, 곧 초왕이 한저(寒菹)를 먹다가 얻어서 삼켜서, 맺히고 쌓인 것을 제거할 수 있었다고 한 것이 이것이다.

 科斗, 活東.

과두(科斗)는 활동(活東: 올챙이)이다.

 蝦蟆子.

하마자(蝦蟆子: 올챙이)이다.

科, 苦禾反, 字或作蝌. 斗, 樊·孫云: "科斗, 蟾諸子也." 郭云: "蝦蟇子." 活東, 如字, 謝·施音括, 舍人本亦作頢[129]東. 蝦, 音遐. 蟆, 音麻.

과(科)는 고(苦)와 화(禾)의 반절이며, 글자를 간혹 과(蝌)로도 쓴다. 두(斗)
에 대하여 번광(樊光)과 손염은 "과두(科斗)는 섬저(蟾諸 : 두꺼비)의 새끼이
다"고 하였으며, 곽박은 "하마자(蝦蟇子 : 올챙이)이다"고 하였다. 활동(活東)
은 여자(如字)인데, 사교와 시건은 음이 괄(括)이라 하였으며, 사인본(舍人本)
에는 또한 괄동(頢東)으로 되어 있다. 하(蝦)는 음(音)이 하(遐)이다. 마(蟆)는
음(音)이 마(麻)이다.

 郭云 : "蝦蟆子." 此蟲, 一名科斗, 一名活東. 頭圓大而尾細, 古
文似之. 故孔安國云 : "皆科斗文字." 是也.

곽박은 "하마자(蝦蟆子)이다"고 하였다. 이 벌레는 일명 과두(科斗), 일명
활동(活東)이다. 대가리는 둥글고 크지만 꼬리는 가는데, 고문(古文 : 蝌蚪文)
이 이와 비슷하다. 때문에 공안국이 "모두 과두문자(科斗文字)이다"고 한
것이 이것이다.

 魁陸.

괴륙(魁陸 : 고막)이다.

『本草』云 : "魁, 狀如海蛤, 圓而厚, 外有理縱橫. 卽今之蚶也."

---

129) 頢 : 『경전석문』에는 '頴'으로 되어 있으나, 『이아고림』「음의고증」에 따라 고쳤다.

『본초』에 "괴(魁)는 모양이 해합(海蛤 : 바다조개)과 같으나 둥글고 두꺼우며, 표면에는 결이 종횡으로 나 있다. 곧 지금의 감(蚶 : 고막)이다"고 하였다.

爾雅音義 魁, 苦回反, 郭云 : "狀如海蛤." 案『本草』海蛤, 一名魁蛤, 又有魁蛤, 一名魁陸, 一名活東, 並生東海. 『說文』云 : "蛤有三, 皆生于海, 蛤厲千[130]歲雀所化, 秦人謂之牡厲. 海蛤者, 百歲燕所化也. 魁蛤, 一名復絫, 老服翼所化." 縱, 子容反. 蚶, 火甘反. 字書云 : "蛤也, 出會稽, 可食."

괴(魁)는 고(苦)와 회(回)의 반절이며, 곽박은 "모양이 해합(海蛤)과 같다"고 하였다. 살피건대, 『본초』에 해합(海蛤)은 일명 괴합(魁蛤)이며, 또 괴합(魁蛤)은 일명 괴륙(魁陸), 일명 활동(活東)인데 모두 동해에서 난다고 하였다. 『설문』에 "합(蛤)에는 세 가지가 있는데 모두 바다에서 나며, 합려(蛤厲 : 조개)는 10년 된 참새가 변한 것으로, 진(秦)나라 사람들은 모려(牡厲)라 한다. 해합(海蛤)은 100년 된 제비가 변한 것이다. 괴합(魁蛤)은 일명 복류(復絫)인데 늙은 복익(服翼 : 박쥐)이 변한 것이다"고 하였다. 종(縱)은 자(子)와 용(容)의 반절이다. 감(蚶)은 화(火)와 감(甘)의 반절이다. 자서(字書)에 "합(蛤)이다. 회계(會稽)에서 나며 먹을 수 있다"고 하였다.

爾雅疏 卽魁蛤也, 見『本草』. ○案『本草』蟲魚部, "魁蛤, 一名魁陸, 生東海. 正圓, 兩頭空, 表有文." 陶隱居注云 : "形似紡軒, 小狹長, 外有縱橫文理, 云是老蝙蝠化爲者." 是也. 云"卽今之蚶也"者, 案, 字書云 : "蚶, 蛤也. 出會稽, 可食." 是也. 然則又一名蚶也.

곧 괴합(魁蛤)이며, 『본초』에 보인다. ○살피건대, 『본초』의 충어부(蟲魚

---

130) 千 : 段注本『說文』에 '千'은 '十'의 잘못이라 하여 이를 따라 풀이하였다.

部)에 "괴합(魁蛤)은 일명 괴륙(魁陸)인데 동해에서 난다. 동그랗고 두 대가리는 비어 있으며 표면에 무늬가 있다"고 하였다. 도은거(陶隱居 : 陶弘景)의 주에 "모양은 방광(紡軖 : 물레)과 비슷하나 작고 좁으며 긴데, 표면에 종횡으로 무늬 결이 있기 때문에 늙은 편복(蝙蝠 : 박쥐)이 변해서 된 것이다"고 한 것이 이것이다. 주(注)에서 "즉금지감야(卽今之蚶也)"라 한 것은 살피건대, 자서(字書)에 "감(蚶)은 합(蛤)이다. 회계(會稽)에서 나며 먹을 수 있다"고 한 것이 이것이다. 그렇다면 또 하나의 명칭은 감(蚶)이다.

 蜪蚅.

도액(蜪蚅 : 누리의 알. 메뚜기의 알)이다.

 未詳.

자세하지 않다.

 鼀䗇, 蟾諸.

거추(鼀䗇)는 섬저(蟾諸 : 두꺼비)이다.

似蝦蟆, 居陸地. 淮南謂之去蚊.

하마(蝦蟆 : 개구리)와 비슷하나 육지에 산다. 회남(淮南)에서는 거보(去蚊)라 한다.

 在水者黽.

물에 있는 것은 맹(黽 : 맹꽁이)이다.

 耿黽也. 似靑蛙, 大腹, 一名土鴨.

경맹(耿黽 : 개구리의 일종)이다. 청개구리와 비슷하나 배가 크며 일명 토압(土鴨)이다.

蜪, 徒刀反. 蚖, 於革反. 黿, 起據反. 䲹,[131] 音秋. 蟾, 音占. 蚥, 音甫, 又音扶甫反. 黽, 莫幸反. 耿, 耕幸反. 蛙, 戶媧反. 鴨, 於甲反.

도(蜪)는 도(徒)와 도(刀)의 반절이다. 액(蚖)은 어(於)와 혁(革)의 반절이다. 거(黿)는 기(起)와 거(據)의 반절이다. 추(䲹)는 음이 추(秋)이다. 섬(蟾)은 음(音)이 점(占)이다. 보(蚥)는 음(音)이 보(甫), 또는 음이 부(扶)와 보(甫)의 반절이

---

131) 䲹 : 『경전석문』에는 '䲹'로 되어 있으나, 『이아고림』 「음의고증」에 따라 고쳤다.

다. 맹(鼃)은 막(莫)과 행(幸)의 반절이다. 경(耿)은 경(耕)과 행(幸)의 반절이다.
와(蛙)는 호(戶)와 와(媧)의 반절이다. 압(鴨)은 어(於)와 갑(甲)의 반절이다.

此有多種, 黿鼉, 一名蟾諸. 郭云:"似蝦蟆, 居陸地. 淮南謂之去
蚥." 然蟾諸非蝦蟆, 但相似耳. 案『本草』"蝦蟆"陶注云:"此是腹
大·皮上多疿磊者也." 蟾諸亦類此.『抱朴子』曰: 蟾諸壽三千歲者, "頭
上有角, 頷下有丹書八字."『玄中記』云:"蟾諸頭生角者, 食之壽千歲."
是也. 其居水者名鼃, 一名耿鼃, 一名土鴨. 狀似青蛙而腹大爲異. 陶注
『本草』云:"大而青脊者, 俗名土鴨, 其鳴甚壯." 卽此鼃也. 陶又云:"一
種小形善鳴"喚名爲蠅者, 卽郭云:"青蛙"者也.

이는 많은 종류가 있는데, 거추(黿鼉)는 일명 섬저(蟾諸)이다. 곽박이 "하
마(蝦蟆 : 개구리)와 비슷하나 육지에 산다. 회남(淮南)에서는 거보(去蚥)라 한
다"고 하였다. 그러므로 섬저(蟾諸)는 개구리가 아니며 단지 서로 비슷할
뿐이다. 살피건대,『본초』의 하마(蝦蟆)에 대한 도홍경의 주에 "이것은 배
가 크고 표피에 작은 종기 같은 것이 많은 것이다"고 하였는데, 섬저(蟾諸)
또한 이와 비슷하다.『포박자』에 "섬저(蟾諸)는 3천년을 사는 것인데, 대가
리 위에 뿔이 있고 턱 밑에 붉은 글씨의 팔자(八字)가 있다"고 하였다.『현
중기』에 "섬저(蟾諸)는 대가리에 뿔이 난 것인데, 이를 먹으면 수명을 천
년이나 누린다"고 한 것이 이것이다. 물에 사는 것의 명칭이 맹(鼃)인데
일명 경맹(耿鼃), 일명 토압(土鴨)이다. 모양은 청개구리와 비슷하나 배가
큰 것이 다른 점이다.『본초』의 도홍경의 주에 "크고 푸른 등을 하고 있
는 것은 민간에서 토압(土鴨)이라 하는데, 그 울음소리가 매우 장대(壯大)하
다"고 하였으니, 곧 이 맹꽁이다. 도홍경이 또 "같은 종류로써 형체가
작고 잘 우는 것"을 이름하여 와(蠅)라고 한 것은 바로 곽박이 말한 "청와
(青蛙 : 청개구리)"라는 것이다.

 蛼, 蠯.

폐(蛼)는 비(蠯 : 긴 맛. 긴 맛과의 바닷물조개)이다.

 今江東呼蚌長而狹者爲蠯.

지금 강동에서는 방장(蚌長)이라고 부르는데 좁은 것을 비(蠯)라 한다.

蛼, 步禮反, 又扶氏反. 『字林』 "小蛤也." 蠯, 謝步佳[132]反, 郭毗支反. 『字林』作蠯, 沈父幸反, 施蒲鯁反. 蚌, 步項反, 本或作蜯, 下注同. 狹, 戶夾反.

폐(蛼)는 보(步)와 례(禮)의 반절, 또는 부(扶)와 저(氏)의 반절이다. 『자림』에 "소합(小蛤 : 작은조개)이다"고 하였다. 비(蠯)에 대하여 사교는 보(步)와 추(佳)의 반절이라 하였으며, 곽박은 비(毗)와 지(支)의 반절이라 하였다. 『자림』에는 비(蠯)로 되어 있으며, 심선은 부(父)와 행(幸)의 반절이라 하였고, 시건은 포(蒲)와 경(鯁)의 반절이라 하였다. 방(蚌)은 보(步)와 항(項)의 반절이며, 본에 따라 봉(蜯)으로 되어 있는데, 아래의 주에서도 같다. 협(狹)은 호(戶)와 협(火)의 반절이다.

蛼, 一名蠯, 蚌屬也. 『說文』云 : "脩爲蠯, 圓爲蠇." 郭云 : "今江東呼蚌長而狹者爲蠯." 其肉可爲醢, 『周禮』 「醢人」掌饋食之豆云 "脾析·蠯醢" 是也.

---

132) 佳 : 『이아고림』 「육음의」에는 '佳'로 되어 있다.

폐(蚍)는 일명 비(蠯)로 방(蚌 : 조개)의 등속이다. 『설문』에 "긴 것은 비(蠯)이고, 둥근 것은 율(蝸 : 둥근조개)이다"고 하였다. 곽박은 "지금 강동에서는 방장(蚌長)이라고 부르는데 좁은 것을 비(蠯)라 한다"고 하였다. 그 속살은 젓을 담을 수 있으니, 『주례』「해인(醢人)」에 제사 때 익힌 음식을 올리는 제기를 관장하는데, "비석·비해(脾析·蠯醢 : 소의 위장과 조개젓)이다"고 한 것이 이것이다.

 蚌, 含漿.

방(蚌)은 함장(含漿 : 조개)이다.

 蚌, 卽蜃也.

방(蚌)은 곧 신(蜃 : 대합조개과의 바닷조개)이다.

 蜃, 字又作蝠, 市忍反. 『字林』: "雉入海所化也."

신(蜃)은 글자를 또한 신(蝠)으로도 쓰며, 시(市)와 인(忍)의 반절이다. 『자림』에 "꿩이 바다에 들어가서 변한 것이다"고 하였다.

 『說文』云 : "蜃屬." 郭云 : "卽蜃也." 謂老產珠者也. 一名蚌, 一名含漿, 『周禮』謂之貍物.

『설문』에 방(蚌)은 "신(蜃)의 등속이다"고 하였고, 곽박은 "곧 신(蜃)이다"고 하였으니, 오래되면 진주(眞珠)가 생산되는 것을 말한다. 일명 방(蚌), 일명 함장(含漿)인데, 『주례』「별인(鼈人)」에서는 매물(貍物)[133]이라 하였다.

 鼈三足, 能. 龜三足, 賁.

발이 셋인 별(鼈 : 자라)은 능(能 : 세발 자라)이다. 발이 셋인 귀(龜 : 거북)는 분(賁 : 세발 거북)이다.

爾雅注 『山海經』曰: "從山多三足鼈, 人苦山多三足龜. 今吳興郡陽羨縣君山上有池, 池中出三足鼈, 又有六眼龜.

『산해경』「중산경(中山經)」에 "종산(從山)에 발이 셋인 별(鼈)이 많고, 대고산(大苦山)에 발이 셋인 귀(龜)가 많다. 지금 오흥군(吳興郡) 양선현(陽羨縣)의 군산(君山) 정상에 연못이 있는데, 연못에 발이 셋인 자라가 나고, 또한 여섯 개의 눈이 달린 거북이도 있다.

爾雅音義 鼈, 字又作鱉, 卑滅反. 能, 如字, 又奴代反. 龜, 『字林』古追反, 字又作𪓁.[134] 賁, 謝音奔, 又音墳, 顧彼義反. 羨, 似面反.

별(鼈)은 글자를 또한 별(鱉)로도 쓰는데, 비(卑)와 멸(滅)의 반절이다. 능(能)은 여자(如字)인데, 또는 노(奴)와 대(代)의 반절이다. 귀(龜)에 대하여 『자

---

133) 貍物 : 진흙에서 사는 동물로, 거북이나 자라 따위를 말한다.
134) 𪓁 : 『경전석문』에는 '𪓁'로 되어 있으나, 『이아고림』「음의고증」에 따라 고쳤다.

림』에서는 고(古)와 추(追)의 반절이며, 글자를 또한 귀(𪚦)로도 쓴다고 하였다. 분(賁)에 대하여 사교는 음이 분(奔)이며, 또한 음은 분(墳)이라 하였고, 고야왕은 피(彼)와 의(義)의 반절이라 하였다. 선(羨)은 사(似)와 면(面)의 반절이다.

爾雅疏 鼈·龜皆四足, 三足者異, 故異其名. 鼈之三足者名能, 龜之三足者名賁也. ○案「中山經」云: '游戲山東南二十里, 曰從山, 從水出其上, 潛其下, 其中多三足鼈. 食之無蠱疾.' 是從山多三足鼈也. 又云: '放皐山東五十七里, 曰大苦山. 陽狂水出焉, 西南注伊水, 其[135]中多三足龜. 食者無大疾, 可以已腫.' 是大苦山多三足龜也. 云"吳興郡"以下者, 以時驗而言也.

별(鼈)과 귀(龜)는 모두 발이 넷인데, 발이 셋인 것이 다르기 때문에 그 명칭을 달리한 것이다. 별(鼈)이 발이 셋인 것의 명칭은 능(能)이고, 귀(龜)가 발이 셋인 것의 명칭이 분(賁)이다. ○ 살피건대, 『산해경』「중산경」에 '유희산(遊戲山) 동남쪽 20리에 종산(從山)이 있고, 종수(從水)는 그 정상에서 흘러나와 그 아래로 잠기는데, 그 속에 발이 셋인 자라가 많다. 이를 먹으면 기생충과 질병이 없어진다'고 하였다. 이것이 종산(從山)에 발이 셋인 자라가 많다는 것이다. 또 '방고산(放皐山) 동쪽 57리에 대고산(大苦山)이 있다. 남쪽에 광수(狂水)가 흘러나와 서남쪽으로 이수(伊水)로 흘러가는데, 그 속에 발이 셋인 거북이가 많다. 이를 먹는 자는 큰 병이 없으며 부스럼을 치료할 수 있다'고 하였다. 이것이 대고산(大苦山)에 발이 셋인 거북이가 많다는 것이다. 주에서 말한 "오흥군(吳興郡)" 이하는 당시 증험으로 말한 것이다.

---

135) 其 : 대본에는 없으나 『山海經』에 따라 삽입하였다.

 蚹蠃, 蚹蝓.

부라(蚹蠃)는 이유(蚹蝓 : 달팽이)이다.

 卽蝸牛也.

곧 와우(蝸牛 : 달팽이)이다.

蚹, 音附, 一音扶卜反. 蠃, 力禾反, 下同. 注作螺, 字亦同. 蚹,
余支反, 又音斯. 蝓, 羊朱反. 蝸, 工花反, 或工禾反.

부(蚹)는 음(音)이 부(附)인데, 일음(一音)은 부(扶)와 복(卜)의 반절이다. 라
(蠃)는 력(力)과 화(禾)의 반절이며, 아래도 같다. 주에 라(螺)로 되어 있으나
역시 같은 글자이다. 이(蚹)는 여(余)와 지(支)의 반절, 또는 음이 사(斯)이다.
유(蝓)는 양(羊)과 주(朱)의 반절이다. 와(蝸)는 공(工)과 화(花)의 반절, 혹은
공(工)과 화(禾)의 반절이다.

蚹蠃, 一名蚹蝓. 郭云 : "卽蝸牛也." 案『本草』 "蝸牛" 陶注云 : "生
山中及人家. 頭形似蛞蝓, 但背負殼爾." 海邊又一種正相似, 以
火炙殼便走出, 食之, 益顔色, 名寄居, 亦可作醢. 『周禮』饋食之豆 "葵
菹・蠃醢." 是也.

부라(蚹蠃)는 일명 이유(蚹蝓)이다. 곽박은 "곧 와우(蝸牛)이다"고 하였는
데 살피건대, 『본초』의 "와우(蝸牛)"에 대한 도홍경의 주에 "산 속과 인가

(人家)에서 난다. 대가리의 모양은 고유(蛄蝓)와 비슷하나 다만 등에 껍질이 있다"고 하였다. 해변에 또한 동일한 종류로 서로 흡사한 것이 있어, 불로 껍질을 구우면 곧 튀어나와 이를 먹으면 얼굴색이 좋아지는데, 명칭은 기거(寄居)이며 또한 젓을 담글 수 있다. 『주례』 「해인(醢人)」에 제사 때 익힌 음식을 올리는 제기에 "규저(葵菹 : 아욱김치)와 나해(蠃醢 : 달팽이젓)이다" 고 한 것이 이것이다.

 蠃, 小者蜬.

라(蠃 : 고둥)에서 작은 것이 함(蜬 : 소라)이다.

 螺大者如斗, 出日南漲海中, 可以爲酒杯.

소라가 큰 것은 말(斗)만 하고, 일남군(日南郡) 창해(漲海)에서 나는데, 그것으로 술잔을 만들 수 있다.

蜬, 本又作凾, 顧古含反, 又呼含反, 下同, 謝音含. 螺, 力禾反. 漲, 音張, 又音帳. 杯, 布廻反.

함(蜬)은 본에 따라 함(凾)으로 되어 있는데, 고야왕은 고(古)와 함(含)의 반절, 또는 호(呼)와 함(含)의 반절이라 하였으며, 아래도 같다. 사교는 음이 함(含)이라 하였다. 라(螺)는 력(力)과 화(禾)의 반절이다. 창(漲)은 음(音)이 장(張), 또는 음이 장(帳)이다. 배(杯)는 포(布)와 회(廻)의 반절이다.

蠃與螺音義同, 其小者名蜬.

라(蠃)는 라(螺)와 음의가 같으며, 그 작은 것의 명칭이 함(蜬)이다.

 蝓蠌, 小者蟧.

활택(蝓蠌 : 집게)은 작은 것이 로(蟧 : 작은 게)이다.

 螺屬, 見『埤蒼』. 或曰卽彭蝓也, 似蟹而小.

소라 등속으로 『비창』에 보인다. 혹은 곧 팽활(彭蝓 : 작은 게의 일종)이라고 하는데, 게와 비슷하나 작다.

蝓, 音滑.『字林』音骨. 蠌, 音澤, 『字林』大各反. 蟧, 力刀反. 埤, 避移反. 鼟, 音彭, 本今作彭.

활(蝓)은 음(音)이 활(滑)인데, 『자림』은 음이 골(骨)이라 하였다. 택(蠌)은 음(音)이 택(澤)인데, 『자림』은 대(大)와 각(各)의 반절이라 하였다. 로(蟧)는 력(力)과 도(刀)의 반절이다. 비(埤)는 피(避)와 이(移)의 반절이다. 팽(鼟)은 음이 팽(彭)이며, 어떤 본에는 지금 팽(彭)으로 되어 있다.

爾雅疏
蝟, 卽彭蝟也. 似蟹而小, 一名蠌. 其小者別名蟧. 案『埤蒼』卽云 "螺屬." 郭氏兩從之.

활(蝟)은 곧 팽활(彭蝟)이다. 게와 비슷하나 작으며 일명 택(蠌)이다. 그 작은 것의 별명은 로(蟧)이다. 살피건대, 『비창』에는 곧 "라속(螺屬 : 소라 등 속)"이라 하였다. 곽박은 양쪽 주장을 따랐다.

蜃, 小者珧.

신(蜃) 중에 작은 것이 요(珧 : 조개)이다.

爾雅注
珧, 玉珧. 卽小蚌.

요(珧)는 옥요(玉珧 : 작은 조개)인데, 곧 작은 조개이다.

爾雅音義
珧, 餘招反.『山海經』云 : '激女之水多蜃珧.' 郭注云 : "蚌屬也." 字書云 : "玉珧肉不可食, 唯柱136)可食耳." 衆家本皆作濯.

요(珧)는 여(餘)와 초(招)의 반절이다. 『산해경』에 '격녀(激女)의 물에 신요 (蜃珧)가 많다'고 하였는데, 곽박의 주에 "방(蚌)의 등속이다"고 하였다. 『자서』에 "옥요(玉珧)의 고기는 먹을 수 없고, 오직 주(柱)만 먹을 수 있다"

---

136) 柱 : 『경전석문』에는 '柾'로 되어 있으나, 『이아고림』「音義攷證」에 따라 고쳤다. 그리고 『이아고림』「義疏」에 柱를 설명하여 "按此卽江瑤柱, 亦名車鰲"라고 하여 조 개라고 하였다.

고 하였는데, 중가(衆家)의 본에는 모두 탁(濯)으로 되어 있다.

 蜃, 大蛤也.「月令」云 : 孟冬之月, "雉入大水爲蜃." 其小者名珧,
一名玉珧, 可飾佩刀削.『詩』傳云 : "天子玉瑬而珧珌." 是也.『山
海經』: '嶧皋山, 皋水出焉, 東注激女水, 其中多蜃珧.'

　신(蜃)은 대합조개이다.『예기』「월령」에 맹동(孟冬)의 달에 "꿩이 대수
(大水)에 들어가 신(蜃)이 된다"고 하였는데, 그 작은 것의 명칭이 요(珧)이
며, 일명 옥요(玉珧)로, 패도(佩刀)의 칼집을 장식할 수 있다.『시경』「소아」
「첨피낙의(瞻彼洛矣)」의 모전(毛傳)에 "천자(天子)는 옥봉(玉瑬 : 칼집 위 부분을
장식한 옥)에 요필(珧珌 : 칼집 아래 부분을 장식한 자개)한다"고 한 것이 이것이
다.『산해경』「동산경(東山經)」에 '역고산(嶧皋山)에서 고수(皋水)가 흘러나
와 동쪽으로 격녀수(激女水)로 흘러가는데, 그 속에 신요(蜃珧)가 많다'고
하였다.

 龜, 俯者靈,

　귀(龜)는 대가리를 숙이는 것이 영(靈 : 머리숙인 거북)이고,

 行頭低.

　다닐 때 대가리를 숙인다.

 仰者謝,

대가리를 쳐드는 것이 사(謝 : 머리 든 거북)이고,

 行頭仰.

다닐 때 대가리를 쳐든다.

 前弇諸果,

등딱지가 앞으로 길게 나와 덮은 것이 과(果 : 앞 껍질 긴 거북)이고,

 甲前長.

등딱지가 앞으로 길게 나왔다.

 後弇諸獵,

등딱지가 뒤로 길게 나와 덮은 것이 렵(獵 : 뒷 껍질 긴 거북)이고,

甲後長.

등딱지가 뒤로 길게 나왔다.

 左倪不類,

다닐 때 대가리를 왼쪽으로 낮추는 것이 불류(不類 : 왼쪽머리 낮은 거북)이고,

 行頭左庳, 今江東所謂左食者, 以甲卜審.

다닐 때 대가리를 왼쪽으로 낮추는데, 지금 강동에서 좌식(左食 : 왼쪽머리 낮은 거북)이라 말하는 것으로, 등딱지로 점쳐 길흉(吉凶)을 살핀다.

 右倪不若.

다닐 때 대가리를 오른쪽으로 낮추는 것이 불약(不若 : 오른쪽 머리 낮은 거북)이다.

 行頭右庳, 爲右食, 甲形皆爾.

다닐 때 대가리를 오른쪽으로 낮추는데, 우식(右食 : 오른쪽 머리 낮은 거북)
이라 하며 등딱지 모양은 모두 이와 같다.

爾雅
音義 低, 丁兮反. 謝, 如字, 衆家本作射. 弇, 古奄字, 又作揜, 於檢反.
果, 衆家作褁, 唯郭作此字. 獵, 力輒反. 倪, 五計反, 亦有本作
睨, 下同. 類, 力愧反, 又力魏反. 庳, 普計反, 下同.

저(低)는 정(丁)과 혜(兮)의 반절이다. 사(謝)는 여자(如字)이며, 중가(衆家)의
본(本)에는 사(射)로 되어 있다. 엄(弇)은 엄(奄)의 고자이며, 또 엄(揜)으로도
쓰는데, 어(於)와 검(檢)의 반절이다. 과(果)에 대하여 중가(衆家)들은 과(褁)로
썼는데, 오직 곽박만 이 글자를 썼다. 렵(獵)은 력(力)과 첩(輒)의 반절이다.
예(倪)는 오(五)와 계(計)의 반절인데, 또한 어떤 본에는 예(睨)로 쓴 것도 있
으며, 아래도 같다. 류(類)는 력(力)과 괴(愧)의 반절, 또는 력(力)과 위(魏)의
반절이다. 비(庳)는 보(普)와 계(計)의 반절이며, 아래도 같다.

爾雅
疏 此辨龜之俯仰・前後左右, 其形不同, 其名亦異也. 云“龜”者目
諸龜也. 云“龜, 俯者靈”者, 謂行時頭低.『周禮』“天龜曰靈屬” 是
也. 云“仰者謝”者, 謂行時頭仰.『周禮』“地龜曰繹屬” 是也. 云“前弇諸
果”者, 諸, 辭也. 謂甲前長弇覆者名果.『周禮』“東龜曰果屬” 是也. 云
“後弇諸獵”者, 諸, 亦辭也. 謂甲後長弇覆者名獵.『周禮』“南龜曰獵屬”
是也. 云“左倪不類”者, 倪, 庳也. 不, 發聲也. 謂行時頭左邊庳下者名類.
『周禮』“西龜曰雷屬” 是也. 云“右倪不若”者, 不, 亦發聲也. 謂行時頭右
邊庳下者名若.『周禮』“北龜曰若屬” 是也.『周禮』又云 : “各以其方之色
與其體辨之.” 鄭注云 : “屬, 言非一也. 色, 謂天龜玄, 地龜黃, 東龜靑, 西
龜白, 南龜赤, 北龜黑. 俯者靈, 仰者繹, 前弇果, 後弇獵, 左倪雷, 右倪
若, 是其體也. 東龜・南龜長前後, 在陽, 象經也. 西龜・北龜長左右, 在
陰, 象緯也. 天龜俯, 地龜仰, 東龜前, 南龜御, 西龜左, 北龜右, 各從其稱

也." 是『周禮』先有成文, 故此釋之. 鄭取此文爲說, 其言正同. 惟繹與謝, 雷與類小異耳, 其義亦同. ○案, 賈公彦說『周禮』以倪爲睥睨, 則左倪右倪是左顧右顧也. 郭氏以庳解倪, 及云"今江東所謂左食者", 皆以時驗而言也. 云"以甲卜審", 言用此龜之甲, 以卜吉凶審諦也.

여기서는 거북이가 대가리를 숙이고 쳐듦과 전후좌우로 그 모양이 같지 않음에 따라 그 명칭도 역시 다름을 구별한 것이다. "귀(龜)"라 한 것은 거북에 대하여 제목을 붙인 것이다. "귀부자령(龜俯者靈)"이라 한 것은 다닐 때 고개를 숙이는 것을 말한다. 『주례』「춘관」「귀인(龜人)」에 "천귀(天龜)를 영속(靈屬)[137]이라 한다"고 한 것이 이것이다. "앙자사(仰者謝)"라 한 것은 다닐 때 대가리를 쳐드는 것을 말한다. 『주례』「춘관」「귀인(龜人)」에 "지귀(地龜)를 역속(繹屬)이라 한다"고 한 것이 이것이다. "전엄저과(前弇諸果)"라 한 것에서 저(諸)는 어조사이다. 등딱지가 앞으로 길게 나와 덮은 것의 명칭이 과(果)임을 말한 것이다. 『주례』「춘관」「귀인(龜人)」에 "동귀(東龜)를 과속(果屬)이라 한다"고 한 것이 이것이다. "후엄저렵(後弇諸獵)"이라 한 것에서 저(諸)도 또한 어조사이다. 등딱지가 뒤로 길게 나와 덮은 것의 명칭이 렵(獵)임을 말한다. 『주례』「춘관」「귀인(龜人)」에 "남귀(南龜)를 엽속(獵屬)이라 한다"고 한 것이 이것이다. "좌예불류(左倪不類)"라 한 것에서 예(倪)는 비(庳 : 낮추다)의 뜻이다. 불(不)은 발어성(發語聲)이다. 다닐 때 대가리를 왼쪽 가로 낮추는 것의 명칭이 류(類)임을 말한다. 『주례』「춘관」「귀인(龜人)」에 "서귀(西龜)를 뇌속(雷屬)이라 한다"고 한 것이 이것이다. "우예불약(右倪不若)"이라 한 것에서 불(不) 역시 발어성이다. 다닐 때 대가리를 오른쪽 가로 낮추는 것의 명칭이 약(若)임을 말한다. 『주례』「춘관」「귀인(龜人)」에 "북귀(北龜)를 약속(若屬)이라 한다"고 한 것이 이것이다. 『주례』「춘관」「귀인(龜人)」에 또 "각각 그 방향의 색깔과 그 몸체로써

---

137) 靈屬 : 이하 6가지 龜를 六龜라 한다.

구분한다"고 하였는데, 정현의 주에 "속(屬)은 하나가 아님을 말한다. 색(色)은 천귀(天龜)는 검은색, 지귀(地龜)는 황색, 동귀(東龜)는 청색, 서귀(西龜)는 백색, 남귀(南龜)는 적색, 북귀(北龜)는 흑색임을 말한다. 대가리를 숙인 것이 영(靈), 쳐든 것이 역(繹), 등딱지가 앞으로 나와 덮은 것이 과(果), 등딱지가 뒤로 나와 덮은 것이 렵(獵), 대가리를 왼쪽 가로 낮추는 것이 뢰(雷), 오른쪽 가로 낮추는 것이 약(若)인데, 이것이 그 몸체이다. 동귀(東龜)와 남귀(南龜)는 전후(前後)로 등딱지가 길고 양(陽)의 방위에 있으니, 경도(經度)를 본뜬 것이다. 서귀(西龜)와 북귀(北龜)는 좌우(左右)로 등딱지가 길고, 음(陰)의 방위에 있으니, 위도(緯度)를 본뜬 것이다. 천귀(天龜)는 대가리를 숙이고 지귀(地龜)는 대가리를 쳐들고, 동귀(東龜)는 등딱지가 앞으로 길게 나오고 남귀(南龜)는 등딱지가 뒤로 길게 나오고, 서귀(西龜)는 왼쪽 가로 대가리를 낮추고, 북귀(北龜)는 오른쪽 가로 대가리를 낮추는 것은 각각 그 짝을 따른 것이다"고 하였는데, 이는 『주례』에 먼저 작성된 글이 있었기 때문에 여기서 풀이한 것이다. 정현이 이 글을 취하여 설(說)로 삼았는데, 그 말이 똑같다. 오직 역(繹)과 사(謝), 뢰(雷)와 류(類)가 조금 다를 뿐이나, 그 의미는 동일하다. ○ 살피건대, 가공언(賈公彥)은 『주례』에서 예(倪)를 비예(睥睨 : 살펴보다)라고 말했으니, 좌예(左睨)와 우예(右睨)는 좌측으로 돌아보고 우측으로 돌아본다는 뜻이다. 곽박은 비(庳)를 예(睨)로 풀이하고 "금강동소위조식자(今江東所謂左食者)"라고까지 말했으니, 모두 당시 경험으로 말한 것이다. "이갑복심(以甲卜審)"이라 한 것은, 이 거북이 등딱지로써 길흉(吉凶)을 점쳐 살피는 것을 말한다.

 貝, 居陸贆, 在水者蜬.

패(貝 : 조개)는 육지에 사는 것이 표(贆 : 육지 조개)이고, 물에 있는 것이 함
(蜬 : 물 조개)이다.

 陸·水異名也. 貝中肉如科斗, 但有頭尾耳.

물과 물에 따라 명칭을 달리한다. 패(貝) 속의 살은 과두(科斗 : 올챙이)와
같으나 단지 대가리와 꼬리가 있을 뿐이다.

 大者魧,

큰 것은 항(魧 : 큰 조개)이고,

 『書大傳』曰 : "大貝, 如車渠." 渠謂車輞, 卽魧屬.

『상서대전(尙書大傳)』에 "큰 조개가 거거(車渠 : 수레바퀴의 테)만하다"고 하
였는데, 거(渠)는 거망(車輞 : 수레바퀴의 테)을 말하며, 곧 항(魧 : 큰 조개) 등속
이다.

 小者鰿.

작은 것은 적(鰿 : 작은 조개)이다.

 今細貝亦有紫色者, 出日南.

지금 가는 조개 또한 자색(紫色)을 띤 것이 있는데, 일남군(日南郡)에서
난다.

 玄貝, 貽貝.

현패(玄貝)는 이패(貽貝 : 껍질이 검은 조개)이다.

 黑色貝也.

검은 색의 조개이다.

 餘貾, 黃白文.

여지(餘貾 : 황백 무늬 조개)는 황백(黃白) 무늬이다.

以黃爲質, 白爲文點.

황색으로 바탕을 이루고 백색으로 얼룩무늬가 져 있다.

 餘泉, 白黃文.

여천(餘泉 : 황백 무늬 조개)은 백황(白黃) 무늬이다.

 以白爲質, 黃爲文點. 今之紫貝, 以紫爲質, 黑爲文點.

백색으로 바탕을 이루고 황색으로 얼룩무늬가 져 있다. 지금의 자패(紫貝)는 자색으로 바탕을 이루고 흑색으로 얼룩무늬가 져 있다.

 蚆, 博而頯.

파(蚆 : 넓으며 뾰족한 조개)는 넓적하며 두 대가리가 뾰족하다.

 頯者, 中央廣, 兩頭銳.

규(頍)란 가운데가 넓적하고 두 대가리가 뾰족한 것이다.

 蜠, 大而險.

군(蜠 : 크며 지저분하고 얇은 조개)은 크며 지저분하고 얇다.

 險者, 謂汚薄.

험(險)이란 지저분하고 얇은 것을 말한다.

 蟥, 小而橢.

책(蟥 : 작으며 좁고 긴 조개)은 작으며 좁고 길쭉하다.

 卽上小貝, 橢謂狹而長. 此皆說貝之形容.

곧 위의 작은 조개이며, 타(橢)는 좁고 긴 것을 말한다. 여기서는 모두
조개의 모양을 설명하였다.

賝, 字亦作猋, 方遙反. 魟, 謝戶郎反, 郭胡黨反.『字林』作魟, 云
:"大貝也. 又口葬反." 輞, 音罔. 鰿, 音賾.『字林』音績. 眙, 顧餘
之反, 本又作胎, 他來反.『字林』作蛤, 云:"黑貝也. 大才反." 眡, 直其反.
泉, 如字, 本或作螮. 蚆, 普巴反, 郭音巴,『字林』同, 云:"蠃屬, 博而頯
也." 博, 布莫反. 頯, 郭匡軌反, 顧又巨追反. 蜖, 郭求隕反, 又丘筠反.
汚, 音烏. 蟦, 施音賾, 郭音責, 沈音積, 或作鰿, 又作賫, 又作鱋, 音皆同.
檈, 他果反, 狹而長也. 狹, 乎夾反.

표(賝)는 글자를 또 표(猋)로도 쓰는데, 방(方)과 요(遙)의 반절이다. 항(魟)
에 대하여 사교는 호(戶)와 랑(郎)의 반절이라 하였으며, 곽박은 호(胡)와 당
(黨)의 반절이라 하였다.『자림』에는 항(魟)으로 되어 있으며 "큰 조개이다.
또한 구(口)와 장(葬)의 반절이다"고 하였다. 망(輞)은 음이 망(罔)이다. 적(鰿)
은 음(音)이 색(賾)인데,『자림』에는 음이 적(績)이라 하였다. 이(眙)에 대하
여 고야왕은 여(餘)와 지(之)의 반절이라 하였으며, 본에 따라 태(胎)로 되어
있는데 타(他)와 래(來)의 반절이다.『자림』에는 태(蛤)로 되어 있으며 "검은
조개이다. 대(大)와 재(才)의 반절이다"고 하였다. 지(眡)는 직(直)과 기(其)의
반절이다. 천(泉)은 여자(如字)인데, 본에 따라 천(螮)으로 되어 있다. 파(蚆)
는 보(普)와 파(巴)의 반절이나, 곽박은 음이 파(巴)라 하였는데,『자림』도
같으며 "라(蠃) 종류이며 넓으면서 두 대가리가 뾰족하다"고 하였다. 박(博)
은 포(布)와 막(莫)의 반절이다. 규(頯)에 대하여 곽박은 광(匡)과 궤(軌)의 반
절이라 하였으며, 고야왕은 또 거(巨)와 추(追)의 반절이라 하였다. 균(蜖)에
대하여 곽박은 구(求)와 윤(隕)의 반절이라 하였는데, 또 구(丘)와 균(筠)의
반절이다. 오(汚)는 음(音)이 오(烏)이다. 책(蟦)에 대하여 시건은 음이 색(賾)
이라 하였으며, 곽박은 음이 책(責)라 하였고, 심선은 적(積)이라 하였다.
혹은 적(鰿)으로, 또는 자(賫)로, 또는 적(鱋)으로도 쓰나 음은 모두 같다. 타
(檈)는 타(他)와 과(果)의 반절이며, 좁으면서도 긴 것이다. 협(狹)은 호(乎)와
협(夾)의 반절이다.

此辨貝居陸・居水・大小・文彩不同之名也. 云"貝"者, 目諸貝也. 『說文』云: "貝, 海介蟲也." 取其甲以飾器物. 古者貨貝, 周而有泉, 至秦廢貝行錢. 居陸者名贆, 在水者名蜬. 至大者名魠, 至小者名鰿. 黑色之貝名眙貝. 黃爲質, 白爲文點者名餘貾. 白爲質, 黃爲文點者名餘泉. 中央廣, 兩頭銳者名蚆. 大而汚薄者名蜠, 小而狹長者名蟖. ○案『大傳』云: 西伯旣戡耆,[138] 紂囚之羑里. 散宜生"之江淮之浦, 取大貝", 大如大車之渠, 以贖其罪, 是也. 「考工記」謂"車輞爲渠." 故云"渠謂車輞." 其貝形曲及大小如車輞, 故比之也, 引之以證此經. 魠是其大如車輞者, 故云"卽魠屬." ○舍人云: "貝, 水中蟲也." 李巡曰: "餘貾, 貝甲黃爲質, 白爲文彩. 餘泉, 貝甲白爲質, 黃爲文彩." 陸璣『疏』云: "貝, 水中介蟲也, 龜鼈之屬. 其文彩之異・大小之殊甚衆. 古者貨貝, 是也. 餘貾, 黃爲質, 以白爲文. 餘泉, 白爲質, 以黃爲文. 又有紫貝, 其白質如玉, 紫點爲文, 皆行列相當. 其貝大者, 當至一尺六七寸者, 今九眞交趾以爲杯盤寶物也." 是先儒相傳爲然. 但解紫貝與郭氏少異. 陸璣以白爲質, 紫爲文, 郭氏以紫爲質, 黑爲文, 是其異也. 『書』云: "文貝仍几." 『詩』云: "成是貝錦." 『山海經』: "陰山. 濁浴水出焉, 南流注蕃澤, 其中多文貝." 皆謂此餘貾・餘泉也. ○云"卽上小貝", 知者以其同名鰿也. 云"蟖, 謂狹而長"者, 『詩』云: "隋山喬嶽." 『楚辭』云: "南北順蟖, 其循[139]幾何?" 皆是蟖爲狹長之名也.

여기서는 조개가 육지에 사는 것과 물에 사는 것과 대소(大小)와 문채가 같지 않음에 따른 명칭을 구별하였다. "패(貝)"라고 한 것은 패(貝)에 대하여 제목을 붙인 것이다. 『설문』에 "패(貝)는 바다에서 사는 개충(介蟲)[140]이다"고 하였는데, 그 갑각(甲殼: 껍질)을 취하여 기물(器物)을 장식한다. 옛

---

138) 耆: 주소본에는 '黎'로 되어 있다(대본 주).
139) 循: 『楚辭』에는 '衍'으로 되어 있다.
140) 介蟲: 껍질이 있는 벌레. 鞘翅類에 속하는 동물의 총칭. 딱정벌레 풍뎅이 따위. 甲蟲.

날에는 조개를 화폐로 사용하여 주(周)나라에 천(泉)이 있었는데, 진(秦)나라에 이르러 조개가 돈으로 유통되는 것을 폐지하였다. 육지에 사는 것의 명칭은 항(魧)이고, 지극히 작은 것의 명칭은 표(螵)이고, 물에 사는 것의 명칭은 함(蝛)이다. 지극히 큰 것의 명칭은 적(鰿)이다. 흑색을 띤 조개의 명칭은 이패(貽貝)이다. 황색으로 바탕을 이루고 백색으로 얼룩무늬가 진 것의 명칭은 여지(餘貾)이다. 백색으로 바탕을 이루고 황색으로 얼룩무늬가 진 것의 명칭은 여천(餘泉)이다. 가운데가 넓고 두 대가리가 뾰족한 것의 명칭은 파(蚆)이다. 크고 지저분하면서 얇은 것의 명칭은 군(蜠)이고, 작고 좁으면서 긴 것의 명칭은 책(蜻)이다. ○ 살피건대, 『상서대전』에 서백(西伯)이 기(耆)나라를 쳐 이기고 나서, 주왕(紂王)이 그를 유리(羑里)에 가두었다. 산의생(散宜生)이 "양자강과 회수(淮水)의 나루에 가서 큰 조개를 얻었다"고 하였는데, 크기가 큰 수레의 바퀴의 테와 같았으며, 그것을 바쳐 그 죄를 면제받게 하였다고 한 것이 이것이다. 『주례』 「고공기」에 "거망(車輞)을 거(渠)라 한다"고 하였기 때문에 "거(渠)는 거망(車輞)을 말한다"고 하였다. 그 조개의 모습이 굽었고 크기도 수레바퀴의 테와 같기 때문에 여기에 비유한 것이며, 이를 인용하여 이 경(經)을 증명하였다. 항(魧)은 그 크기가 수레바퀴의 테와 같기 때문에 "즉항속(卽魧屬)"이라고 한 것이다. ○ 사인(舍人)은 "패(貝)는 물 속에 사는 벌레이다"고 하였다. 이순은 "여지(餘貾)는 조개의 껍데기가 황색으로 바탕을 이루며 백색으로 무늬를 이룬다. 여천(餘泉)은 조개 껍데기가 백색으로 바탕을 이루며 황색으로 무늬를 이룬다"고 하였다. 육기의 『모시초목조수충어소』에 "패(貝)는 물 속에 사는 개충(介蟲)으로, 거북이와 자라 등속이다. 그 문채의 다름과 대소(大小)의 차이가 매우 많다. 옛날에 조개를 화폐로 사용한 것이 이것이다. 여지(餘貾)는 황색으로 바탕을 이루고 백색으로 무늬를 이룬다. 여천(餘泉)은 백색으로 바탕을 이루며 황색으로 무늬를 이룬다. 또한 자패(紫貝)도 있는데, 옥(玉)같은 백색 바탕에 자색(紫色) 점으로 무늬를 이루고, 모든 줄이 서로 만난다. 그 조개가 큰 것은 1척 6~7촌이나 되는 것도 있다. 구진군(九眞郡)

과 교지군(交趾郡)에서는 이것으로 술잔과 쟁반과 보물을 만든다"고 하였는데, 이는 선유(先儒)들이 전하여 그렇게 여겼다. 단지 자패(紫貝)를 풀이한 것은 곽박과 조금 다르다. 육기는 백색으로 바탕을 이루고 자색으로 무늬를 이룬다고 하였고, 곽박은 자색으로 바탕을 이루고 흑색으로 무늬를 이룬다고 하였으니, 이것이 그 차이이다. 『서경』「고명(顧命)」에 "문패(文貝)로 꾸민 궤(几)는 살았을 때처럼 그대로 두었다"고 하였으며, 『시경』「소아」「항백(巷伯)」에 "이 패금(貝錦)을 이룬다"[141]고 하였고, 『산해경』「서산경(西山經)」에 "음산(陰山)이다. 탁욕수(濁浴水)가 흘러나와 남쪽으로 번택(蕃澤)에 흘러 들어가는데, 그 속에 문패(文貝)가 많다"고 하였는데, 모두 이 여지(餘貾)와 여천(餘泉)을 말하는 것이다. ○"즉상소패(卽上小貝)"라 한 것은, 아는 자가 적(鱴)을 같은 명칭으로 했기 때문이다. "타, 위협이장(橢, 謂狹而長)"이라 한 것은 『시경』「주송(周頌)」「반(般)」에 "길고 좁은 산과 높은 산악"이라 하였고, 『초사』「천문(天問)」에 "남북으로 점차 좁고 길어, 그 광대(廣大)하기가 얼마인가?"라고 하였는데, 모두 타(橢)가 좁고 길다는 명칭이다.

蠑螈, 蜥蜴; 蜥蜴, 蝘蜓; 蝘蜓, 守宮也.

영원(蠑螈)은 석척(蜥蜴 : 도마뱀)이며, 석척(蜥蜴)은 언정(蝘蜓)이며, 언정(蝘蜓)은 수궁(守宮 : 파충류에 딸린 도마뱀 비슷한 동물)이다.

---

141) 이 貝錦을 이룬다 : 『시경』「소아」「함백(巷伯)」의 鄭箋에 "錦文者, 文如餘泉・餘貾 之貝文也"라고 하여, '조개 무늬'로 풀이하였다.

轉相解, 博異語, 別四名也.

돌아가면서 서로 풀이하였는데, 폭넓게 말을 달리하여 네 가지 명칭으로 나누었다.

爾雅音義 蠑, 音榮, 本或作榮. 蚖, 音原.『字林』作蚖, 五丸反, 云:"蠑蚖, 蛇蛪也."『說文』同. 蜥, 先歷反. 蜴, 音亦,『說文』·『字林』作易, 云:"在壁曰蝘蜓, 在草曰蜥蜴." 案東方朔云:"非守宮卽蜥蜴." 是二物也.『方言』云:"秦·晉·西夏謂之守宮, 澤中曰蜥蜴, 南楚謂之蛇蛪, 或謂之蠑蚖." 蝘, 烏典反. 蜓, 徒典反, 字或作蝘.

영(蠑)은 음(音)이 영(榮)인데, 본에 따라 영(榮)으로 되어 있다. 원(蚖)은 음(音)이 원(原)인데,『자림』에는 원(蚖)으로 되어 있고 오(五)와 환(丸)의 반절이며, "영원(蠑蚖)은 사의(蛇蛪)이다"고 하였는데,『설문』도 같다. 석(蜥)은 선(先)과 력(歷)의 반절이다. 척(蜴)은 음(音)이 역(亦)인데,『설문』과『자림』에는 역(易)으로 되어 있으며, "벽에 있으면 언정(蝘蜓)이라 하고, 풀에 있으면 석척(蜥蜴)이라 한다"고 하였다. 살펴건대, 동방삭(東方朔)은 "수궁(守宮)이 아니라 석척(蜥蜴)이다"고 하였으니, 두 가지 동물이다.『방언』에 "진(秦)·진(晉)·서하(西夏)에서는 이를 수궁(守宮)이라 하고, 택중(澤中)에서는 석척(蜥蜴)이라 하고, 남초(南楚)에서는 이를 사의(蛇蛪)라 하며, 혹은 이를 영원(蠑蚖)이라 한다"고 하였다. 언(蝘)은 오(烏)와 전(典)의 반절이다. 정(蜓)은 도(徒)와 전(典)의 반절인데, 글자를 간혹 진(蝘)으로도 쓴다.

爾雅疏 『詩』「小雅」「正月」云:"胡爲虺蜴" 謂此也. 蠑蚖·蜥蜴·蝘蜓·守宮, 一物形狀相類而四名也.『字林』云:"蠑蚖, 蛇蛪也."『說文』云:"在草曰蜥蜴, 在壁曰蝘蜓."『方言』云:"秦·晉·西夏謂之守

宮, 或謂之蠦蠸, 或謂之刺易. 南陽人呼蝘蜓, 其在澤中者謂之易蜥. 南
楚謂之蛇醫, 或謂之蠑螈." 又東方朔云 : "非守宮卽蜥蜴." 案, 此諸文則
是在草澤中者, 名蠑螈·蜥蜴; 在壁者, 名蝘蜓·守宮也. 『博物志』云 :
'以器養之, 食以眞朱. 體盡赤, 重七斤, 搗萬杵, 以點女人體, 終身不滅.
耦則落, 故號守宮.' 陸璣『疏』云 : "靑綠色, 大如指, 形狀可惡." 是也.

　『시경』「소아」「정월」에 "어찌하여 훼척(虺蜴)처럼 하는가?"라 한 것은
이를 말한다. 영원(蠑螈)·석척(蜥蜴)·언정(蝘蜓)·수궁(守宮)은 동일한 동물
로서 모양이 서로 비슷하며 네 개의 명칭을 갖고 있다. 『자림』에 "영원(蠑
螈)은 사의(蛇醫)이다"고 하였고, 『설문』에 "풀에 있으면 석척(蜥蜴)이라 하
고, 벽에 있으면 언정(蝘蜓)이라고 한다"고 하였다. 『방언』에 "진(秦)·진
(晉)·서하(西夏)에서는 이를 수궁(守宮)이라 하고, 혹은 노전(蠦蠸)이라 하고,
혹은 척역(刺易)이라 한다. 남양(南陽) 사람들은 언정(蝘蜓)이라 부르고, 못
속에 있는 것을 역석(易蜥)이라 부른다. 남초(南楚)에서는 사의(蛇醫)라 하고,
혹은 영원(蠑螈)이라 한다"고 하였다. 또 동방삭(東方朔)은 "수궁(守宮)이 아
니라 석척(蜥蜴)이다"고 하였다. 살펴건대, 이에 대해서는 여러 글에서 풀
과 못 속에 있는 것을 영원(蠑螈)·석척(蜥蜴)이라 명명하며, 벽에 있는 것
을 언정(蝘蜓)·수궁(守宮)이라 명명하였다. 『박물지』에 '그릇에 담아 기르
면 진주(眞朱 : 丹砂)를 먹인다. 몸체는 모두 붉고 무게는 일곱 근이며, 방망
이로 만 번을 찧어 여인의 몸에 바르면 죽을 때까지 없어지지 않는다. 다
른 남자와 짝하면 지워지기 때문에 수궁(守宮)[142]이라 부른다'고 하였다.
육기의 『모시초목조수충어소』에 "청록색이며 크기는 손가락 만한데 모양
이 밉살스럽다"고 한 것이 이것이다.

---

142) 守宮 : '방을 지킨다'는 뜻으로, '房室之事(男女關係)'가 있으면 점이 없어져, 이를
　　바르면 음탕을 방지하기 때문에 '守宮'이라 한다.

 蚗, 蚅.

절(蚗)은 악(蚅 : 독사)이다.

 蝮屬. 大眼, 最有毒, 今淮南人呼蚅子.

복(蝮 : 살무사) 등속이다. 눈이 크고 가장 독(毒)이 많은 것으로, 지금 회남(淮南) 사람들은 악자(蚅子)라 부른다.

 蚗, 大結反, 『說文』云: "蛇毒長也." 蚅, 烏洛反. 蝮, 芳福反.

절(蚗)은 대(大)와 결(結)의 반절인데, 『설문』에 "독이 가장 많은 뱀이다"고 하였다. 악(蚅)은 오(烏)와 락(洛)의 반절이다. 복(蝮)은 방(芳)과 복(福)의 반절이다.

蛇也, 蝮虺之屬. 大眼, 有毒. 一名蚗, 又名蚅, "淮南人呼蚅子"者, 是也.

뱀으로 복훼(蝮虺 : 살무사의 일종) 등속이다. 눈이 크고 독이 있다. 일명 절(蚗), 또 다른 이름은 악(蚅)인데, "회남 사람들이 악자(蚅子)라 부른다"는 것이 이것이다.

 螣, 螣蛇.

등(螣)은 등사(螣蛇)[143]이다.

 龍類也, 能興雲霧而遊其中. 『淮南』云'蟒蛇.'

용과 비슷하며, 구름과 안개를 잘 일으켜 그 속에 노닌다. 『회남자(淮南子)』에 '망사(蟒蛇 : 이무기)'라 하였다.

螣, 直錦反, 字又作胅, 又作騰, 並同, 徒登反. 『字林』云 : "神蛇也." 『愼子』云 : "螣, 蛇遊."

등(螣)은 직(直)과 금(錦)의 반절인데 글자를 또 짐(胅)으로도 쓰며, 또 등(騰)으로도 쓰는데 음의가 같으며 도(徒)와 등(登)의 반절이다. 『자림』에 "신사(神蛇)이다"고 하였으며, 『신자』에 "등(螣)은 뱀이 노는 것이다"고 하였다.

蛇似龍者也, 名螣, 一名螣蛇. 能興雲霧而遊其中也. 蟒當爲奔. 『淮南子』「覽冥」篇說女媧云 : "功烈, 上際九天, 下契黃墟. 名聲被後世, 光輝熏萬物. 乘雷車, 服應龍, 驂靑虬, 援絕瑞, 席蘿圖, 雲黃璐, 前白螭, 後奔蛇." 許愼云 : "奔蛇, 馳蛇." 是也. 或曰淮南人呼此螣爲蟒蛇, 義亦通.

용과 비슷한 뱀으로, 명칭은 등(螣)인데 일명 등사(螣蛇)이다. 구름과 안

---

143) 螣蛇 : 용 비슷한 뱀으로, 전설상의 날 수 있는 뱀.

개를 잘 일으켜 그 속에서 노닌다. 망(蟒)은 당연히 분(奔)이 되어야 한다.
『회남자』「남명(覽冥)」편에 여와(女媧)를 설명하기를, "공열(功烈)은 위로 구
천(九天)에 도달하고 아래로 황로(黃墟 : 황천의 흙)에 이른다. 명성(名聲)은 후
세에 미쳤고, 광휘(光輝)는 만물을 훈훈하게 하였다. 뇌신(雷神)의 수레를
타고 응룡(應龍)144)을 복마(服馬)로 삼고 푸른 교룡을 참마(驂馬)로 삼아 수
레를 모는데, 최대의 상서로움이 도우며, 도서를 나열하여 자리를 만들어
주며 누런 구름이 에워싸고, 앞에서는 백리(白螭)145)가 인도하고 뒤에는
분사(奔蛇)가 따른다"고 하였는데, 허신이 "분사(奔蛇)는 달리는 뱀이다"고
한 것이 이것이다. 혹은 회남(淮南) 사람들은 이 등(螣)을 호칭하여 망사(蟒
蛇)라 한다고 하는데, 의미 또한 통한다.

 蟒, 王蛇.

망(蟒)은 왕사(王蛇 : 이무기)이다.

 蟒, 蛇最大者, 故曰王蛇.

망(蟒)은 뱀 가운데 가장 큰 것이기 때문에 왕사(王蛇)라 한다.

 蟒, 音莽. 『字林』云 : "大蛇也."

---

144) 應龍 : 날개가 있다는 전설상의 용. 禹 임금이 治水할 때 나타나, 꼬리로 땅을 파서
　　물길을 내어 강물을 바다로 흘러가게 하였다고 함(『楚辭』「天問」).
145) 白螭 : 神話傳說 가운데 일종의 흰 용 종류의 동물(『楚辭』「涉江」).

망(蟒)은 음(音)이 망(莽)인데, 『자림』에 "대사(大蛇: 이무기)이다"고 하였다.

此蛇之最大者也. 名蟒, 又名王蛇. 與上螣蛇異.

이것은 뱀 가운데 가장 큰 것이다. 명칭은 망(蟒)인데, 또한 명칭은 왕사(王蛇)이다. 앞의 등사(螣蛇)와는 다르다.

 蝮虺, 博三寸, 首大如擘.

복훼(蝮虺: 살무사)는 너비가 3촌(寸)이며 대가리 크기가 엄지 만하다.

身廣三寸, 頭大如人擘指. 此自一種蛇, 名爲蝮虺.

몸뚱이는 너비가 3촌이며 대가리의 크기가 사람의 엄지 만하다. 이것은 본래 일종의 뱀으로 명칭은 복훼(蝮虺: 엄지 크기 머리 뱀)라 한다.

蝮, 字亦作蝮, 芳服反, 又亡六反, 此蛇色如綬, 鼻上有針, 大者百餘斤, 又一名反鼻, 鼻一孔. 虫, 卽虺字也, 虛鬼反.『說文』云: "一名蝮,[146] 博三寸, 首大如擘."『字林』同, 舍人亦云: "蝮, 一名虺." 案蝮, 大蛇也, 非虺之類, 故郭云別自一種蛇, 名蝮虺. 本今作虺. 博三寸,

---

146) 一名蝮:『경전석문』에는 '上一名蝮'으로 되어 있으나 段注本『說文』에는 '上'자가 없어 넣지 않았다.

博, 廣也, 謂身廣三寸. 擘, 甫革反. 劉昌宗音薄歷反, 孫云: "頭如拇指." 郭注『三蒼』云: "擘, 大指也." 案手足大指俱名擘也. 種, 章勇反.

복(蝮)은 글자를 또 복(蝮)으로도 쓰는데, 방(芳)과 복(服)의 반절, 또는 망(亡)과 육(六)의 반절이다. 이 뱀은 색이 인끈과 같으며 코 위에 침이 있다. 큰 것은 백여 근인데, 또한 명칭은 반비(反鼻)이며, 코에 한 개의 구멍이 있다. 훼(虫)는 곧 훼(虺)자이니, 허(虛)와 귀(鬼)의 반절이다. 『설문』에는 "훼(虫)는 일명 복(蝮)이다. 너비가 3촌(寸)이고 대가리의 크기가 엄지 만하다"고 하였는데 『자림』도 같으며, 사인(舍人) 또한 "복(蝮)은 일명 훼(虺)이다"고 하였다. 살피건대, 복(蝮)은 큰 뱀으로 훼(虺)의 종류가 아니다. 그러므로 곽박이 별도로 본래 일종의 뱀으로 명칭은 복훼(蝮虺)라고 하였다. 본에 따라 지금은 훼(虺)로 되어 있다. 박삼촌(博三寸)에 대하여 박(博)은 너비이며, 몸의 너비가 3촌(寸)임을 말한다. 벽(擘)은 보(甫)와 혁(革)의 반절인데, 유창종(劉昌宗)은 음이 박(薄)과 력(歷)의 반절이라 하였으며, 손염은 "대가리가 엄지 만하다"고 하였다. 『삼창(三蒼)』의 곽박 주에 "벽(擘)은 큰 손가락이다"고 하였다. 살피건대, 수족(手足) 가운데 큰 손가락과 큰 발가락을 함께 이름하여 벽(擘)이라 한다. 종(種)은 장(章)과 용(勇)의 반절이다.

爾雅疏 博, 廣也. 首, 頭也. 擘, 拇指也. 此自一種毒蛇, 名蝮虺. 身廣三寸, 其頭大如人拇指. ○案郭注『三蒼』云: "擘, 大指也." 『蒼頡篇』以爲足大指, 鄭注『儀禮』以爲手大指. 然則手足大指皆得名擘, 故注云頭大如人擘指, 又名拇. 孫炎云: "頭如拇指." 是也. 案舍人曰: "蝮, 一名虺. 江淮以南曰蝮, 江淮以北曰虺." 孫炎曰: "江淮以南謂虺爲蝮. 廣三寸, 頭如拇指, 有牙, 最毒." 郭璞曰: "此自一種蛇, 人自名爲蝮虺." 今蛇細頸大頭, 色如艾綬文, 文間有毛似豬鬣, 鼻上有針, 大者長七八寸, 一名反鼻, 如虺類. 足以明此自一種蛇, 如郭意. 此蛇, 人自名蝮虺, 非南北之異蛇, 實是蟲, 以有鱗, 故在「釋魚」. 且魚亦蟲之屬乎.[147]

박(博)은 너비이다. 수(首)는 대가리이다. 벽(擘)은 엄지이다. 이것은 본래 일종의 독사(毒蛇)로 명칭은 복훼(蝮虺)이다. 몸뚱이 너비는 3촌이며 그 대가리의 크기는 사람의 엄지 만하다. ○ 살펴건대, 『삼창』의 곽박 주에 "벽(擘)은 큰 손가락이다"고 하였는데, 『창힐편』에는 벽(擘)을 큰 발가락이라고 하였으며, 『의례』의 정현 주에는 큰 손가락이라고 하였다. 그렇다면 큰 손가락과 큰 발가락을 모두 벽(擘)이라 이름할 수 있다. 때문에 주에서 "대가리의 크기가 사람의 벽지(擘指 : 엄지) 만하다"고 하였고, 또한 명칭을 무(拇 : 엄지)라 하니, 손염이 "대가리가 무지(拇指) 만하다"고 한 것이 이것이다. 살펴건대, 사인(舍人)은 "복(蝮)은 일명 훼(虺)이다. 양자강과 회수(淮水) 이남에서는 복(蝮)이라 하고 양자강과 회수(淮水) 이북에서는 훼(虺)라 한다"고 하였고, 손염은 "양자강과 회수(淮水) 이남에서는 훼(虺)를 복(蝮)이라 한다. 너비는 3촌이고 대가리는 엄지 만하며 어금니가 있고 독이 가장 많다"고 하였다. 곽박은 "이것은 본래 일종의 뱀으로, 사람들이 스스로 명칭하기를 복훼(蝮虺)라 한다"고 하였다. 지금의 뱀은 모가지가 가늘고 대가리가 크며, 색깔은 쑥 빛의 인끈 무늬와 같은데 무늬 사이에 돼지 갈기 같은 털이 있으며, 코 위에 침이 있고 큰 것은 길이가 7~8촌이며, 일명 반비(反鼻)라 하는데, 훼(虺)의 종류와 비슷하다. 이로써 이것이 본래 일종의 뱀이라는 것을 밝힐 수 있는데, 곽박이 말한 뜻과 같다. 이 뱀은 사람들이 스스로 명명하여 복훼(蝮虺)라 하고, 남과 북의 다른 뱀이 아니라 실제로는 충(蟲)이며 비늘이 있기 때문에 「석어(釋魚)」에 있는 것이다. 또한 어(魚)도 역시 충(蟲)의 종류이다.

鯢, 大者謂之鰕.

---

147) 乎 : 『이아고림』 「형소」에는 '也'로 되어 있다.

예(鯢 : 암코래)는 큰 것을 하(鰕)라 한다.

今鯢魚似鮎, 四脚, 前似獼猴, 後似狗. 聲如小兒啼, 大者長八九尺.

지금의 예어(鯢魚 : 암코래)로 점(鮎 : 메기)과 비슷하며 네 개의 다리가 있고, 앞은 미후(獼猴 : 원숭이)와 같고 뒤는 개와 같다. 어린아이의 울음소리처럼 소리를 내며, 큰 것은 길이가 8~9척이다.

鯢, 五兮反. 鰕, 音遐. 鮎, 乃兼反. 猴, 音侯. 狗, 音苟.

예(鯢)는 오(五)와 혜(兮)의 반절이다. 하(鰕)는 음(音)이 하(遐)이다. 점(鮎)은 내(乃)와 겸(兼)의 반절이다. 후(猴)는 음(音)이 후(侯)이다. 구(狗)는 음(音)이 구(苟)이다.

鯢, 雌鯨也. 大者長八九尺, 別名鰕.

예(鯢)는 자경(雌鯨 : 암코래)이다. 큰 것은 길이가 8~9척이며, 별명은 하(鰕)이다.

魚枕謂之丁,

물고기의 침(枕)을 정(丁 : 枕骨)이라 하고,

 枕, 在魚頭骨中, 形似篆書丁字, 可作印.

침(枕)은 고기 대가리 속에 있으며, 모양은 전서(篆書)의 정(丁)자와 비슷
하며 인장(印章)을 만들 수 있다.

 魚腸謂之乙, 魚尾謂之丙.

물고기의 창자를 을(乙 : 물고기 창자)이라 하고, 물고기의 꼬리를 병(丙 : 물
고기 꼬리)이라 한다.

 此皆似篆書字, 因以名焉. 『禮記』曰 : "魚去乙." 然則魚之骨體,
盡似丙丁之屬, 因形名之.

이는 모두 전서(篆書)의 글자와 비슷하므로 그것으로써 명칭을 붙인 것이
다. 『예기』 「내칙(內則)」에 "물고기에서 을(乙)을 제거한다"고 하였다. 그
렇다면 물고기의 뼈의 모양이 모두 병(丙)과 정(丁)의 종류와 비슷하므로
그로 인하여 형태로써 명칭을 붙인 것이다.

 枕, 之甚反. 篆, 丈轉反. 印, 一刃反. 腸, 音長. 去, 羌呂反. 盡,
子忍反.

침(枕)은 지(之)와 심(甚)의 반절이다. 전(篆)은 장(丈)과 전(轉)의 반절이다. 인(印)은 일(一)과 인(刃)의 반절이다. 장(腸)은 음(音)이 장(長)이다. 거(去)는 강(羌)과 여(呂)의 반절이다. 진(盡)은 자(子)와 인(忍)의 반절이다.

爾雅疏 此釋魚之骨體·腸尾之名也. 其魚頭中骨爲枕, 其骨形似篆書丁字, 故因謂之丁. 其腸似篆書乙字, 尾似篆書丙字, 亦因名之也. ○注『禮記』曰:魚去乙. 此『禮記』「內則」文也. 鄭玄注云:"乙, 魚體中害人者名也. 今東海鰶魚有骨名乙, 在目旁, 狀如篆乙, 食之鯁人, 不可出"者, 與此經違, 非郭義也.

여기서는 물고기 뼈의 모양과 창자와 꼬리의 명칭을 풀이하였다. 그 물고기 대가리 속의 뼈를 침(枕)이라 하는데, 그 뼈의 모양이 전서(篆書)의 정(丁)자와 비슷하기 때문에 그로 인하여 정(丁)이라 한다. 그 창자가 전서의 을(乙)자와 비슷하고 꼬리가 전서의 병(丙)자와 비슷한 것 또한 그로 인하여 명칭을 붙인 것이다. ○주에서 인용한 『예기』의 "어거을(魚去乙)"은 『예기』「내칙」의 글인데, 정현의 주에 "을(乙)은 물고기 뼈 속에 있는 사람을 해롭게 하는 것의 명칭이다. 지금 동해(東海)에서 나는 용어(鰶魚:전어)는 을(乙)이라 이름하는 뼈가 있는데, 눈 주위에 있으며 모양은 전서(篆書)의 을(乙)자 같고, 이를 먹으면 사람의 목에 가시가 걸려 꺼낼 수가 없다"고 한 것은, 이 경(經)과는 어긋나며, 곽박의 뜻이 아니다.

一曰神龜,

첫째를 신귀(神龜:신비한 거북)라 하고,

龜之最神明.

거북 중에 가장 신명(神明)한 것이다.

 二曰靈龜,

둘째를 영귀(靈龜 : 영험한 거북)라 하고,

 涪陵郡出大龜, 甲可以卜, 緣中文似瑇瑁, 俗呼爲靈龜, 即今觜蠵龜. 一名靈蠵, 能鳴.

부릉군(涪陵郡)에서 큰 거북이가 나는데, 껍질로 점을 칠 수 있으며, 가장자리와 가운데의 무늬는 대모(瑇瑁 : 바다거북의 일종)와 비슷하고, 민간에서는 영귀(靈龜)라 부르는데, 곧 지금의 자휴귀(觜蠵龜 : 바다거북의 한 가지)이다. 일명 영휴(靈蠵)라 하는데 소리를 잘 낸다.

 三曰攝龜,

셋째를 섭귀(攝龜 : 작은 거북)라 하고,

小龜也. 腹甲曲折, 解能自張閉, 好食蛇, 江東呼爲陵龜.

작은 거북이다. 배딱지는 구불구불하고, 스스로를 늘리거나 움츠릴 수 있으며, 뱀을 잘 먹고, 강동에서는 능귀(陵龜)라 부른다.

 四曰寶龜,

넷째를 보귀(寶龜 : 푸른테 거북)라 하고,

 『書』曰 : "遺我大寶龜."

『서경』「대고(大誥)」에 "나에게 큰 보귀(寶龜)를 남겨주었다"고 하였다.

 五曰文龜,

다섯째를 문귀(文龜 : 문채 있는 거북)라 하고,

 甲有文彩者. 『河圖』曰 : "靈龜負書, 丹甲靑文."

껍질에 문채가 있는 것이다. 『하도』에 "영귀(靈龜)가 글을 지고 있는데, 붉은 등딱지에 푸른 무늬가 있다"고 하였다.

六曰筮龜,

여섯째를 서귀(筮龜 : 시초에 사는 거북)라 한다.

常在蓍叢下潛伏, 見『龜策傳』.

항상 시초(蓍草)의 떨기 밑에 잠복해 있는 것으로서, 『사기』「귀책전」에 보인다.

七曰山龜, 八曰澤龜, 九曰水龜, 十曰火龜.

일곱째를 산귀(山龜 : 산 거북)라 하고, 여덟째를 택귀(澤龜 : 못 거북)라 하고, 아홉째를 수귀(水龜 : 물 거북)라 하고, 열째를 화귀(火龜 : 불 거북)라 한다.

此皆說龜生之處所. 火龜猶火鼠耳. 物有含異氣者, 不可以常理推, 然亦無所怪.

여기에서는 모두 거북이가 사는 장소로 설명하였다. 화귀(火龜)는 화서

(火鼠)[148]와 같다. 사물에는 기이한 기운을 머금고 있는 것이 있어 범상(凡常)한 이치로 추론할 수 없다. 그러나 또한 괴이할 것도 없다.

爾雅音義 涪, 音浮, 又音苻. 緣, 悅絹反. 瑇, 字又作蝳, 音代, 或作徒妹反. 蝐, 字又作蝐, 音妹. 觜, 字又作蠵, 子移反, 或子隨反. 蠵, 以規反, 又下圭反. 『字林』云: "大龜似猬也." 攝, 謝之涉反, 郭袪浹反, 施之協反. 折, 之舌反. 解, 音蟹. 好, 呼報反. 遺, 唯季反. 筮, 舌制反. 蓍, 音尸. 叢, 才空反, 『說文』云: "草衆生也." 見, 音現. 策, 初革反. 傳, 直戀反. 處, 昌慮反.

부(涪)는 음(音)이 부(浮)인데, 또 음이 부(苻)이다. 연(緣)은 열(悅)과 견(絹)의 반절이다. 대(瑇)는 글자를 또 대(蝳)로도 쓰며 음이 대(代)인데, 혹은 도(徒)와 매(妹)의 반절로도 쓴다. 모(蝐)는 글자를 또 모(蝐)로도 쓰며 음이 매(妹)이다. 자(觜)는 글자를 또 자(蠵)로도 쓰는데, 자(子)와 이(移)의 반절, 혹은 자(子)와 수(隨)의 반절이다. 휴(蠵)는 이(以)와 규(規)의 반절, 또는 하(下)와 규(圭)의 반절이다. 『자림』에 "큰 거북으로 위(猬 : 고슴도치)와 같다"고 하였다. 섭(攝)에 대하여 사교는 지(之)와 섭(涉)의 반절이라 하였으며, 곽박은 거(袪)와 협(浹)의 반절이라 하였고, 시건은 지(之)와 협(協)의 반절이라 하였다. 절(折)은 지(之)와 설(舌)의 반절이다. 해(解)는 음(音)이 해(蟹)이다. 호(好)는 호(呼)와 보(報)의 반절이다. 유(遺)는 유(唯)와 계(季)의 반절이다. 서(筮)는 설(舌)과 제(制)의 반절이다. 시(蓍)는 음(音)이 시(尸)이다. 총(叢)은 재(才)와 공(空)의 반절인데, 『설문』에 "풀이 무더기로 더부룩히 난 것이다."고 하였다. 현(見)은 음(音)이 현(現)이다. 책(策)은 초(初)와 혁(革)의 반절이다. 전(傳)은 직(直)과 련(戀)의 반절이다. 처(處)는 창(昌)과 여(慮)의 반절이다.

---

148) 火鼠 : 전설에 나오는 쥐. 털로 火浣布를 만들 수 있다 함. 火浣布는 火毳이며, 석면으로 만든, 불에 타지 아니하는 직물이다.

爾雅疏

『易』「損卦」「六五」爻辭云: "十朋之龜, 弗克違." 馬·鄭皆取此 文解之, 則此經十龜所以釋『易』也. 神龜者, 龜之最神明者也. 『禮統』曰: "神龜之象, 上圓法天, 下方法地, 背上有盤法丘山, 玄文交錯 以成列宿, 長尺二寸, 明吉凶, 不言而信者." 是也. 靈龜, 龜之有靈·次 神龜者. 「雒書」曰: "靈龜者, 玄文五色, 神靈之精也." 攝龜, 龜之小者. 腹甲曲折, 能自張閉者也. 寶龜, 傳國所寶者. 『春秋』經曰: "盜竊寶玉大 弓." 『公羊傳』云: "寶者何?", "龜青純." 何休云: "謂之寶者, 言世世保用 之辭." 是也. 文龜, 甲有文彩者. 筮龜, 在蓍叢下者. 山龜, 生山中者. 澤 龜, 生澤中者. 水龜, 生水中者. 火龜, 生火中者. ○注"『書』曰: '遺我大 寶龜'." 此「周書」「大誥」文也. ○引之以證龜甲有文彩. 其實『河圖』說 靈龜也, 非此經之文龜, 取其一邊耳. ○「龜策傳」云: 傳曰 "上有擣蓍, 下有神龜." 又云: "聞蓍滿百莖者, 其下必有神龜守之, 其上常有青雲覆 之." "傳曰: '天下和平, 王道得, 而蓍莖長丈, 其叢生滿百.'" 是也. ○注 "火龜猶火鼠耳." 嫌龜不生於火, 故以火鼠猶之也. 郭注『山海經』云: "今 去天南東萬里有蓍薄國, 復五千里許有火山國. 其山雖霖雨, 火常燃. 火 中白鼠時出山邊求食, 人捕得之, 以毛作布, 名之火澣布." 是也.

『주역』「손괘」「육오」의 효사(爻辭)에 "열 무리[149]의 거북을 능히 피하 지 않는다"고 하였는데, 마융(馬融)과 정현(鄭玄)은 모두 이 글을 취하여 풀 이하였으니, 이 경(經)의 십귀(十龜)는 『주역』을 풀이한 것이다. 신귀(神龜)란 거북이 중에 가장 신명(神明)한 것이다. 『예통』에 "신귀(神龜)의 모양은, 위 는 하늘을 본받아 둥글고, 아래는 땅을 본받아 네모지고, 등 위는 언덕과 산을 본받아 높이가 낮고 접시 모양이 있으며, 거무스름한 무늬가 서로 엇갈려 뒤섞여서 나열된 별자리를 이루며, 길이는 2척인데, 길흉(吉凶)을 밝히니 말하지 않아도 믿는 것이다"고 한 것이 이것이다. 영귀(靈龜)는 거

---

149) 무리 : 朋을 王弼은 '黨'이라 하였다. 그러나 「朱子本義」에서는 '兩龜爲朋'이라 하 여, '거북 한 쌍' 즉 두 마리를 '朋'이라 설명하였다.

북이 가운데 영험함이 있어 신귀(神龜) 다음 가는 것이다. 「낙서(雒書)」에 "영귀(靈龜)란 거무스름한 무늬에 오색(五色)을 띠며 신령(神靈)의 정수(精髓)이다"고 하였다. 섭귀(攝龜)는 거북이 가운데 작은 것이다. 배딱지는 구불구불하고, 스스로를 늘리거나 움츠릴 수 있는 것이다. 보귀(寶龜)는 나라를 전할 때 보물로 삼는 것이다. 『춘추』 정공(定公) 8년 경(經)에 "도적이 보(寶)와 옥(玉)과 대궁(大弓)을 훔쳤다"고 하였고, 『공양전』에 "보(寶 : 푸른테 거북)란 무엇인가?", "귀(龜)가 푸르게 선두른 것이다"고 하였는데, 하휴(何休)는 "보(寶)라고 말하는 것은 세세(世世)로 보존하여 쓰는 말을 말한다"고 한 것이 이것이다. 문귀(文龜)란 등딱지에 문채가 있는 것이다. 서귀(筮龜)란 시초(蓍草) 떨기 밑에 있는 것이다. 산귀(山龜)는 산 속에서 사는 것이다. 택귀(澤龜)는 못 속에 사는 것이다. 수귀(水龜)는 물 속에 사는 것이다. 화귀(火龜)는 불 속에 사는 것이다. ○ 주에서 인용한 『서경』의 "유아대보귀(遺我大寶龜)"는 「주서」 「대고(大誥)」의 글이다. ○ 주에서 "『하도(河圖)』"로부터 "청문(青文)"까지는 이를 인용해서 거북이 껍질에 문채가 있음을 증명한 것이다. 그것은 실제로 『하도』에서 말한 영귀(靈龜)이지 이 경(經)의 문귀(文龜)는 아니며, 그 한 부분을 취했을 뿐이다. ○ 주에서 인용한 「귀책전(龜策傳)」은 『사기(史記)』 「귀책전」의 전(傳)에 "위에는 떨기로 난 시초(蓍草)가 있고, 밑에는 신귀(神龜)가 있다"고 하였고, 또 "듣건대, 시초(蓍草)가 나서 100줄기가 된 것은 그 밑에 반드시 신귀(神龜)가 있어 이를 지키고 그 위에는 항상 청운(青雲)이 덮고 있다고 한다"고 하였고, 또 "전(傳)에 '천하가 화평(和平)해져 왕도(王道)가 있게 되면, 시초 줄기의 길이가 1장이며 그 떨기로 난 것이 100줄기가 된다'"고 한 것이 이것이다. ○ 주에서 "화구유화서이(火龜猶火鼠耳)"라 한 것은 거북이가 불에서 나오지 않았나 의심할 수 있기 때문에 화서(火鼠)가 이와 같다고 한 것이다. 『산해경』 「대황서경(大荒西經)」의 곽박의 주에 "지금 하늘에서 떨어져 남동쪽 1만리에 기박국(耆薄國)이 있고, 다시 5천리쯤에 화산국(火山國)이 있다. 그 산은 비록 장마비가 내려도 항상 불이 타오른다. 불 속에 흰쥐가 때때로 산 가로 나와서 먹이를

구하는데, 사람이 이를 잡아 털로 베를 만들어 이를 화한포(火澣布)라 이름
한다"고 한 것이 이것이다.

석조(釋鳥) 제17(第十七)

爾雅
音義 『說文』云 : "短尾羽衆禽總名也." 案此文云二足而羽謂之禽, 禽
卽鳥也.

『설문』에 "짧은 꼬리와 깃을 가진 모든 새의 총체적인 이름이다"고
하였다. 살피건대, 〈허신의〉 이 글은 다리가 두 개이고 날개가 있는 것
이 금(禽)[1]이라는 의미인데 금(禽 : 새)은 곧 조(鳥)이다.

---

1) 禽:段注本 『說文』에는 "禽, 走獸總名. 獸, 守備者, 一曰兩足曰禽, 四足曰獸. 隹,
鳥之短尾總名也. 鳥, 長尾禽總名也"라 되어 있다. 『설문고림』 「古本考」에는 『이아』
의 이 글을 제시하고, "短乃長字, 傳寫之誤, 蓋古本有羽衆二字, 今奪"이라 하여, '短'
은 '長'의 잘못이라 하였고, 古本에는 '羽衆' 두 글자가 있었다고 하였다.

 『說文』云 : “鳥者, 羽禽之總名, 象形字.” 『左傳』曰 : “少皞氏, 以鳥名官”之類. 此篇廣釋其名也.

『설문』에 “죠(鳥 : 새)는 날개 있는 짐승의 총체적인 명칭으로 상형자이다”고 하였다. 『좌전』 소공(昭功) 17년에 “소호씨(少皞氏)는 죠(鳥)로써 관직 명칭을 삼았다”고 한 등의 종류이다. 이 편(篇)에서는 새의 명칭을 널리 풀이하였다.

 隹其, 鳺鴀.

추기(隹其)는 부부(鳺鴀 : 염주비둘기. 또는 산비둘기)이다.

 今鵰鳩

지금의 부구(鵰鳩)이다.

爾雅 音義 隹如字, 旁或加鳥, 非也. 鳺, 本亦作夫.『字林』甫于反. 鴀, 本亦作不, 同, 方浮方九二反. 夫不, 楚鳩也. 鵰, 音浮, 又音孚.

추(隹)는 여자(如字)인데, 편방(偏旁)에 혹 죠(鳥)를 더하기도 하나 잘못이다.[2] 부(鳺)는 본에 따라 부(夫)로 되어 있다. 『자림』은 보(甫)와 우(于)의 반

---

2) 偏旁에 …… 잘못이다 : 隹를 雎로 쓰는 것이 잘못이라는 것이다. 『이아고림』 「義疏」에는 “祝鳩雎其聲相傳, 雎借作隹, 釋文反以隹旁加鳥爲非, 失之矣”라고 하여, 雎가 정자, 隹는 假借字라고 하여, 陸德明의 음의를 잘못이라고 하였다.

절이라 하였다. 부(碼)는 본에 따라 부(不)로 되어 있는데 음의가 같으며, 방(方)과 부(浮), 방(方)과 구(九)로 반절이 둘이다. 부부(夫不)는 초구(楚鳩)이다. 부(鵂)는 음이 부(浮), 또는 부(孚)이다.

舍人曰：“雛一名夫不.” 李巡曰：“今楚鳩也.” 某氏引『春秋』云：“祝鳩氏, 司徒”, “祝鳩, 卽雛其‧夫不, 孝, 故爲司徒也.” 郭云：“今鵂鳩.” 『詩』曰：“翩翩者雛” 毛傳云：“雛, 夫不也.” “一宿之鳥.” 鄭箋云：“一宿者, 一意于所宿之木.” 又云：“鳥之謹慤者, 人皆愛之.” 則此是謹慤孝順之鳥也. 陸璣云：“今小鳩也. 一名鵂鳩. 幽州人或謂之鳴鶉, 梁宋之間謂之佳, 楊州人亦然.”

사인은 “추(雛)는 일명 부부(夫不)이다”고 하였으며, 이순은 “지금의 초구(楚鳩)이다”고 하였다. 모씨(某氏：樊光)는 『춘추』에 “축구씨(祝鳩氏)는 사도(司徒)이다”를 인용하여 “축구(祝鳩)는 곧 추기(雛其)‧부부(夫不)로 성품이 효성스러워 사도(司徒)가 되었다”고 하였다. 곽박은 “지금의 부구(鵂鳩)이다”고 하였다. 『시경』「소아」, 「사모(四牡)」에 “훨훨 나는 산비둘기”라고 하였는데, 모전에 “추(雛)는 부구(鳩碼)로 일숙지조(一宿之鳥)이다”고 하였으며, 정전은 “일숙(一宿)은 머문 나무에 한결같이 뜻을 둔다”고 하였다. 또 이르기를 “새 가운데 신중하고 성실한 것으로 사람들이 모두 사랑한다”고 하였으니, 이 새가 신중하고 성실한 효성스러운 새이다. 육기의 『모시초목조수충어소』에는 “지금의 소구(小鳩：작은 비둘기)이다. 일명 부구(鵂鳩)이다. 유주(幽州) 사람들은 혹은 저황(鳴鶉)라 하고, 양(梁)‧송(宋) 지역에서는 추(佳)라 하는데, 양주(楊州) 사람들 역시 그러하다”고 하였다.

鶌鳩, 鶻鵃.

굴구(鶌鳩)는 골주(鶻鵃 : 산비둘기의 일종)이다.

爾雅注 似山鵲而小. 短尾, 青黑色, 多聲. 今江東亦呼爲鶻鵃.

산까치와 비슷하나 작다. 짧은 꼬리에 청
흑색(青黑色)으로 많이 지저귄다. 지금 강동에서 역시 골주(鶻鵃)라 한다.

爾雅音義 鶌, 居[3]辰勿反. 鳩, 九牛反. 鶻, 音骨. 鵃, 竹交反, 或竹又反. 『字林』云: "鶻鵃, 小種鳩也." 『毛詩草木疏』云: "斑鳩也. 桂陽人
謂之斑佳."

굴(鶌)은 거(居)와 물(勿)의 반절이다. 구(鳩)는 구(九)와 우(牛)의 반절이다.
골(鶻)은 음이 골(骨)이다. 주(鵃)는 죽(竹)과 교(交)의 반절, 혹은 죽(竹)과 우
(又)의 반절이다. 『자림』에 "골주(鶻鵃)는 작은 종류의 구(鳩)이다"고 하였
다. 『모시초목소(毛詩草木疏)』에 "반구(斑鳩)이다. 계양(桂陽) 사람들은 반추
(斑佳)라 부른다"고 하였다.

爾雅疏 『春秋左氏傳』云: "鶻鳩氏, 司事也." 杜注云: "鶻鳩, 鶻雕也. 春
來秋去, 故爲司事." 卽此鶌鳩也. 舍人曰: "鶌鳩, 一名鶻鵃, 今
之斑鳩." 孫炎曰: "鶻鳩, 一名鳴鳩." 「月令」云: "鳴鳩拂其羽." 郭云: "似
山鵲而小. 短尾, 青黑色, 多聲. 今江東亦呼爲鶻鵃." 案, 舊說及『廣雅』

---

3) 居 : 대본에는 '辰'으로 되어 있으나, 『이아고림』「음의고증」에 의하여 고쳤다.

皆云"班鳩", 非也.

『춘추좌씨전』 소공 17년에 "골구씨(鶻鳩氏)는 사사(司事)[4]이다"고 하였는데, 두예의 주에 "골구(鶻鳩)는 골조(鶻雕)이다. 봄에 왔다가 가을에 가므로 사사(司事)가 된다"고 하였으니, 곧 이는 굴구(鶌鳩)이다. 사인은 "굴구(鶌鳩)는 일명 골주(鶻鵃)로 지금의 반구(班鳩)이다"고 하였다. 손염은 "골구는 일명 명구(鳴鳩)이다"고 하였다. 『예기』 「월령(月令)」 3월에 "명구(鳴鳩)가 날개를 떨친다"고 하였다. 곽박은 "산까치와 비슷하나 작다. 짧은 꼬리에 청흑색(靑黑色)으로 많이 지저귄다. 지금 강동에서 역시 골주(鶻鵃)라한다"고 하였다. 살피건대, 구설(舊說)과 『광아』에는 모두 "반구(班鳩)이다"고 하였으나 잘못이다.

 鳲鳩, 鴶鵴.

시구(鳲鳩)는 길국(鴶鵴 : 뻐꾸기)이다.

 今之布穀也. 江東呼爲穫穀.

지금의 포곡(布穀 : 뻐꾸기)이다. 강동에서는 확곡(穫穀)이라 부른다.

---

4) 司事 : 나라에 사용되는 器物을 담당하는 관리.

鳲音尸, 字又作鳽. 鵠, 郭古八反『字林』音吉. 鶌, 居六反. 穫戶郭反.

시(鳲)는 음(音)이 시(尸)인데 글자를 시(鳽)로도 쓴다. 길(鵠)에 대하여 곽박은 고(古)와 팔(八)의 반절이라 하였으며,『자림』은 음이 길(吉)이라 하였다. 국(鶌)은 거(居)와 육(六)의 반절이다. 확(穫)은 호(戶)와 곽(郭)의 반절이다.

『左傳』云: "鳲鳩氏, 司空也." 『詩』「召南」云: "維鵲有巢, 維鳩居之." 皆謂此也. 郭云: "今之布穀. 江東呼爲穫穀." 『埤倉』云: "鵠鶌." 『方言』云: "戴勝." 謝氏云: "布穀類也." 陸璣『疏』云: "今梁宋之間謂布穀爲鵠鶌, 一名繋穀, 一名桑鳩." 案, 戴勝自生穴中, 不巢生. 而『方言』云: "戴勝", 非也.

『좌전』소공 17년에 "시구씨(鳲鳩氏)는 사공(司空)이다"고 하였다.『시경』「소남(召南)」「작소(鵲巢)」에 "까치가 둥지를 트니 뻐꾸기가 산다"고 하였는데, 모두 이를 말한다. 곽박은 "지금의 포곡(布穀 : 뻐꾸기)이다. 강동에서는 확곡(穫穀)이라 부른다"고 하였다.『비창(埤倉)』에는 : "길국(鵠鶌)이다"고 하였다.『방언』에는 "대승(戴勝)이다"고 하였다. 사교는 "뻐꾸기 종류이다"고 하였다. 육기의『모시초목조수충어소』에는 "지금 양(梁)·송(宋)지역에서는 포곡(布穀)을 길국(鵠鶌)이라 하는데, 일명 계곡(繋穀), 일명 상구(桑鳩)라 한다"고 하였다. 살피건대, 대승(戴勝)은 스스로 구멍에서 살지 둥지에서 살지 않는데도『방언』에서 "대승(戴勝)이다"고 한 것은 잘못이다.

鶌鳩, 鵠鶌.

급구(鶌鳩)는 병급(鵧鷑 : 때까치)이다.

 小黑鳥, 鳴自呼. 江東名爲烏鳴.

작고 검은 새로 자호(自呼)라고 지저귄다. 강동에서는 오구(烏鳴)라 한다.

 鶌, 呂·郭巨立反, 施音及, 下同. 鵧, 謝苻悲反, 郭力買反, 苻尸
反. 『字林』父佳反. 臼, 如字.

급(鶌)에 대하여 여침과 곽박은 거(巨)와 립(立)의 반절이라 하였으며, 시
건은 음이 급(及)이라 하였는데 아래도 같다. 병(鵧)[5]에 대하여 사교는 부
(苻)와 비(悲)의 반절이라 하였으며, 곽박은 력(力)과 매(買)의 반절 또는 부
(苻)와 시(尸)의 반절이라 하였다. 『자림』은 부(父)와 추(佳)의 반절이라 하였
다. 구(臼)는 여자(如字)이다.

 鶌鳩, 一名鵧鷑. 郭云: "小黑鳥, 鳴自呼. 江東名爲烏鳴."

급구(鶌鳩)는 일명 병급(鵧鷑)이다. 곽박은 "작고 검은 새로 자호(自呼)라
고 지저귄다. 강동에서는 오구(烏鳴)라 한다"고 하였다.

 鴗鳩, 王鴗.

---

5) 鵧 : 『玉篇』에는 "步丁切"이라 하였다.

저구(雎鳩)는 왕저(王雎 : 물수리. 징경이)이다.

雕類. 今江東呼之爲鶚, 好在江中渚邊, 食魚.『毛詩』傳曰 : "鳥摯而有別."

수리 종류이다. 지금 강동에서는 악(鶚)
이라 부르는데, 강 속이나 모래섬 가에 있
기를 좋아하고 물고기를 먹는다.『모시』전
에는 "새가 정이 지극하면서 분별이 있다"
고 하였다.

雎, 本又作雎, 七徐反. 鳩, 音彫. 鶚, 五各反. 好, 呼報反, 下皆
同. 摯, 本又作摯, 音至. 別, 彼列反.

저(雎)는 본에 따라 저(雎)로 되어 있으며, 칠(七)과 서(徐)의 반절이다. 조
(鳩)는 음(音)이 조(彫)이다. 악(鶚)은 오(五)와 각(各)의 반절이다. 호(好)는 호
(呼)와 보(報)의 반절로 아래도 모두 같다. 지(摯)는 본에 따라 지(摯)로 쓰며,
음(音)이 지(至)이다. 별(別)은 피(彼)와 렬(列)의 반절이다.

李巡曰 : "王雎, 一名雎鳩." 郭云 : "雕類. 今江東呼之爲鶚, 好在
江中渚邊食魚."『詩』「周南」云 : "關關雎鳩." 陸機『疏』云 : "雎鳩
大小如鴟. 深目, 目上骨露. 幽州謂之鷲." 而揚雄・許愼皆曰 : "白鷢似
鷹, 尾上白." ○注 "『毛詩』傳曰 : '鳥摯而有別'." 此卽 「關雎」傳文也. 摯,
至也. 謂鳥中雌雄情意至厚而猶能有別. 故以興后妃說樂君子, 情深猶能
不淫其色.

이순은 "왕저(王鴡)는 일명 저구(鴡鳩)이다"고 하였다. 곽박은 "수리 종류이다. 지금 강동에서는 악(鶚)이라 부른다. 강속이나 모래 섬 가에 있기를 좋아하고 물고기를 먹는다"고 하였다. 『시경』「주남」「관저(關雎)」에 "소리치는 물수리"라 하였는데, 육기의 『모시초목조수충어소』에는 "물수리는 크기가 치(鴟 : 올빼미)와 같다. 눈이 움푹 들어갔으며 눈 위로 뼈가 튀어 나왔다. 유주(幽州) 사람들은 취(鷲)라고 부른다"고 하였다. 양웅과 허신은 모두 "백궐(白鷢)로 응(鷹 : 매)과 비슷하며 꼬리와 머리가 희다"고 하였다. ○ 주에서 인용한 『모시』전의 "새가 정이 지극하면서 분별이 있다"고 한 것은 「관저(關雎)」의 전문(傳文)이다. 지(鷙)는 지(至 : 지극하다)이다. 새 가운데 암수의 정이 지극히 두터우면서도 오히려 분별이 있다. 그러므로 그것으로 후비(后妃)가 군자와 즐기고, 정이 깊어도 오히려 능히 그 색욕에 음탕히 하지 않음을 흥(興)[6]으로 하였다.

鴶, 鳺鵊.

격(鴶)은 기기(鳺鵊 : 부엉이)이다.

今江東呼鵂鶹爲鳺鵊, 亦謂之鴝鴶.

지금 강동에서는 휴류(鵂鶹)를 기기(鳺鵊)라고 부르며, 또한 구격(鴝鴶)이라 한다.

---

6) 興 : 『시경』 六義의 하나. 다른 사물을 앞서 말하여 읊을 말을 이끌어 내는 수사법. 朱子는 「關雎」의 集傳에서 "先言他物, 以引其所詠之辭也"라고 하였다.

鵅, 古客反, 注同. 鶅, 巨記反, 本亦作忌. 鵋, 去其反, 本亦作欺, 下欺老同, 本今作鵋. 鵂, 音休. 鶹, 音留. 鉤, 古侯反. 本今作鴝

각(鵅)은 고(古)와 객(客)의 반절이며 주(注)에서도 같다. 기(鶅)는 거(巨)와 기(記)의 반절인데 본에 따라 기(忌)로 되어 있다. 기(鵋)는 거(去)와 기(其)의 반절인데, 본에 따라 기(欺)로 되어 있으며, 아래 문장의 기로(欺老)의 기(欺)와 같다. 본에 따라 지금은 기(鵋)로 되어 있다. 휴(鵂)는 음(音)이 휴(休)이다. 류(鶹)는 음이 류(留)이다. 구(鉤)는 고(古)와 후(侯)의 반절이다. 본에 따라 지금은 구(鴝)로 되어 있다.

鵅, 一名鶹鶹. 郭云 : "今江東呼鵂鶹爲鶹鶹, 亦謂之鴝鵅."

격(鵅)은 일명 기기(鶹鶹)이다. 곽박은 "지금 강동에서는 휴류(鵂鶹)를 기기(鶹鶹)라고 하며, 또한 구격(鴝鵅)이라 한다"고 하였다.

鸍, 鶬軌.

치(鸍)는 토궤(鶬軌 : 새의 일종)이다.

爾雅
注

未詳.

미상이다.

 鴗, 天狗.

립(鴗)은 천구(天狗: 물총새의 일종)이다.

 小鳥也. 靑似翠, 食魚. 江東呼爲水狗.

작은 새이다. 비취처럼 푸르며 물고기를 먹는다. 강동에서는 수구(水狗)
라고 한다.

 鸍, 側其側事二反. 鶮, 他故反, 本亦作兎, 同. 鴗, 音立.

치(鸍)는 측(側)과 기(其), 측(側)과 사(事) 두 가지의 반절이다. 토(鶮)는 타
(他)와 고(故)의 반절인데 본에 따라 토(兎)로 되어 있으며 음의가 같다. 립
(鴗)은 음(音)이 립(立)이다.

 鴗, 一名天狗. 郭云 : "小鳥也. 靑以翠, 今江東呼爲水拘."

립(鴗)은 일명 천구(天狗)이다. 곽박은 "작은 새이다. 비취처럼 푸르며,
지금 강동에서는 수구라 한다"고 하였다.

鷚, 天鸙.

류(鷚)는 천약(天鸙 : 종다리)이다.

爾雅注 大如鷃雀, 色似鶉, 好高飛作聲. 今江東名之曰天鷚. 音綢繆.

크기가 안작(鷃雀 : 세 가락 메추라기)과 비슷하며 색은 순(鶉 : 메추라기)과 비슷한데 높이 날면서 소리지르기를 좋아한다. 지금 강동에서는 천류(天鷚)라 한다. 음은 주무(綢繆)이다.

爾雅音義 鷚, 字又作鷚, 郭音繆, 亡侯反. 『說文』力幼反. 孫音流, 又丘蚪反. 鸙, 子若反. 『說文』作䳺. 鷃音晏, 又一練反. 鶉, 音淳. 綢, 音儔.

류(鷚)는 글자를 또 류(鷚)로도 쓰는데 곽박은 음을 무(繆)라 하였으니, 망(亡)과 후(侯)의 반절이다. 『설문』에는 력(力)과 유(幼)의 반절이라 하였다. 손염은 음을 류(流)라 하였으며, 또 구(丘)와 규(蚪)의 반절이라 하였다. 약(鸙)은 자(子)와 약(若)의 반절이다. 『설문』에는 약(䳺)으로 되어 있다. 안(鷃)은 음(音)이 안(晏), 또는 일(一)과 련(練)의 반절이다. 순(鶉)은 음(音)이 순(淳)이다. 주(綢)는 음(音)이 주(儔)이다.

爾雅疏 鷚, 一名天鸙. 郭云 : "大如鷃雀, 色似鶉, 好高飛作聲. 今江東名之曰天鷚." "音綢繆"者 『詩』「豳風」云 : "綢繆牖戶." 取其音同, 故讀從之.

류(鶹)는 일명 천약(天鸙)이다. 곽박은 "크기가 안작(鷃雀)과 비슷하며 색은 순(鶉)과 비슷한데 높이 날면서 소리지르기를 좋아한다. 지금 강동에서는 천류(天鶹)라 한다"고 하였다. "음주무(音綢繆)"라고 한 것은 『시경』「빈풍(豳風)」「치효(鴟鴞)」에 "주무유호(綢繆牖戶 : 창문을 얽어맨다)"라 하였는데, 그 음이 같음을 취하였기 때문에 그를 따라 읽은 것이다.

 鵁鸕, 鷎.

육루(鵁鸕)는 아(鷎 : 야생 거위)이다.

 今之野鵝

지금의 들 거위이다.

 鵁音六. 鸕, 郭力于反, 謝施力侯反. 鷎, 字亦作鵝. 五河反.

육(鵁)은 음(音)이 육(六)이다. 루(鸕)에 대하여 곽박은 력(力)과 우(于)의 반절이라 하였으며, 사교와 시건은 력(力)과 후(侯)의 반절이라 하였다. 아(鷎)는 글자를 또 아(鵝)로도 쓰는데 오(五)와 하(河)의 반절이다.

 鵁鸕者, 野鵝之別名也. 郭云 : "今之野鵝."

육아(鵱鷜)는 야생 거위의 별명이다. 곽박은 "지금의 들 거위이다"고 하였다.

 鶬, 麋鴰.

창(鶬)은 미괄(麋鴰 : 왜가리. 또는 재두루미)이다.

 今呼鶬鴰

지금은 창괄(鶬鴰)이라 부른다.

 鶬, 音倉.『字林』七羊反. 麋, 音眉.『字林』作䴩, 音同. 鴰, 古活反.『說文』音刮.

창(鶬)은 음이 창(倉)이다.『자림』에는 칠(七)과 양(羊)의 반절이라 하였다. 미(麋)는 음이 미(眉)이다.『자림』에는 미(䴩)로 되어 있는데 음은 같다. 괄(鴰)은 고(古)와 괄(活)의 반절이다.『설문』은 음이 괄(刮)이라 하였다.

 一名麋鴰. 郭云 : "今呼鶬鴰."

일명 미괄(麋鴰)이다. 곽박은 "지금은 창괄(鶬鴰)이라 부른다"고 하였다.

 鸙, 烏鸔.

락(鸙)은 오폭(烏鸔 : 물새 이름)이다.

 水鳥也. 似鶂而短頸, 腹翅紫白, 背上綠色. 江東呼烏鸔.

물새이다. 역(鶂 : 물새 이름)과 비슷하나 목이 짧으며, 배와 날개는 자주색과 흰색이고 등 위는 녹색이다. 강동에서는 오폭(烏鸔)이라 한다.

鸙音洛. 鸔, 郭音駮, 『字林』方沃反. 孫音暴. 鶂, 五歷反, 又五結反, 水鳥也. 『春秋』云 : "六鶂退飛, 過宋都." 是也. 頸, 古郢反. 駮, 布角反.

락(鸙)은 음이 락(洛)이다. 폭(鸔)에 대하여 곽박은 음이 박(駮)이라 하였는데, 『자림』은 방(方)과 옥(沃)의 반절이라 하였다. 손염은 음을 포(暴)라 하였다. 역(鶂)은 오(五)와 력(歷)의 반절, 또는 오(五)와 결(結)의 반절이며, 물새이다. 『춘추』 희공(僖公) 16년에 "여섯 마리의 익조(鶂鳥)가 바람에 휘날려 물러나가 송(宋)나라 도읍지를 지났다"고 한 것이 이것이다. 경(頸)은 고(古)와 영(郢)의 반절이다. 박(駮)은 포(布)와 각(角)의 반절이다.

鸙, 一名鸔. 郭云 : "水鳥也. 似鶂而短頸, 腹翅紫白, 背上綠色. 江東呼烏鸔."

락(鸙)은 일명 박(鸔)이다. 곽박은 "물새이다. 역(鶂)과 비슷하나 목이 짧으며, 배와 날개는 자주색과 흰색이며 등 위는 녹색이다. 강동에서는 오폭(烏鸈)이라 한다”고 하였다.

 舒鴈, 鵝.

서안(舒鴈)은 아(鵝 : 기러기. 혹은 거위)이다.

 『禮記』曰 : “出如舒鴈.” 今江東呼鴚.

『예기』에 “문을 나설 때는 기러기가 날개를 펴듯이 한다.”고 하였다. 지금 강동에서는 가(鴚)라 부른다.

 鴚, 郭音加, 『說文』音河. 『廣雅』云 : “鴚鵝鴈也.

가(鴚)에 대하여 곽박은 음이 가(加), 『설문』에는 음이 하(河)라고 하였다. 『광아』에 “가아(鴚鵝)는 안(鴈)이다”고 하였다.

 鵝, 一名舒鴈. 今江東呼鴚. 某氏云 : “在野, 舒翼飛遠者爲鵝.” 李巡曰 : “野曰鴈, 家曰鵝.” ○注 『禮記』曰 : ‘出如舒鴈.’ 「聘禮」記文也. 案, 彼云 : “私覿愉愉焉, 出如舒鴈.” 鄭注云 : “威儀自然而有行列.” 是也.

아(鵝)는 일명 서안(舒鴈)이다. 지금 강동에서는 가(鴚)라 한다. 모씨(某氏)는 "들에 있는데 날개를 펴 멀리 날아가는 것이 아(鵝)이다"고 하였다. 이순은 "들에서 살면 안(鴈), 집에서 살면 아(鵝)이다"고 하였다. ○ 주에서 말한 『예기』의 "출여서안(出如舒鴈)"은 『의례』 「빙례(聘禮)」의 글이다. 살펴건대, 그 글에는 "사사로이 뵐 때는 온화한 모습이고, 나갈 때는 기러기가 날개를 펴듯 한다"고 하였는데, 정현의 주에 "거동에 저절로 줄이 있게 된다"고 한 것이 이것이다.

 舒鳧, 鶩.

서부(舒鳧)는 목(鶩 : 집오리)이다.

 鴨也.

압(鴨 : 오리)이다.

 鳧, 音符. 鶩, 音木. 鴨, 一甲反.

부(鳧)는 음(音)이 부(符)이다. 목(鶩)은 음(音)이 목(木)이다. 압(鴨)은 일(一)과 갑(甲)의 반절이다.

 鶩, 鴨也. 一名舒鳧. 李巡曰 : "野曰鳧, 家曰鶩." 『禮記』「內則」
辨鳥之不可食者, 云 : "舒鳧翠."

목(鶩)은 압(鴨)이다. 일명 서부(舒鳧)이다. 이순은 "들에서 살면 부(鳧), 집
에서 살면 목(鶩)이다"고 하였다. 『예기』「내칙(內則)」에 새에서 먹을 수 없
는 부위를 구별하면서 "서부취(舒鳧翠 : 오리의 꼬리)"[7]라 하였다.

 鴨, 鵁鶄.

견(鴨)은 교정(鵁鶄 : 해오라기)이다.

 似鳧. 脚高, 毛冠. 江東人家養之以厭火災.

오리와 비슷하다. 다리가 높고 벗에 털이 있다. 강동 사람들은 집에서
길러 화재를 물리치려고 한다.[8]

 鴨, 郭五革反, 『字林』音肩. 鵁, 音交, 本亦作交. 鶄, 音精, 本又
作精. 厭, 以冉反.

견(鴨)에 대하여 곽박은 오(五)와 혁(革)의 반절이라 하였으며, 『자림』에

---

7) 舒鳧翠 : 孔穎達은 舒鳧를 鶩, 翠를 尾肉이라 하였다.
8) 강동 …… 물리치려고 한다 : 『이아고림』「正義」에는 "以其爲水禽, 故云以厭火災"라
하여, 물새이기 때문이라고 하였다. 그리고 『이아고림』「義疏」에는 "云厭火災, 未聞"
이라 하여, 이를 실증하지 않았다.

는 음이 견(肩)이라 하였다. 교(鵁)는 음(音)이 교(交)인데, 음의 정(精)인데, 본에 따라 교(交)로 되어 있다. 청(鶄)은 음이 정(精)인데, 본에 따라 정(精)으로 되어 있다. 염(厭)은 이(以)와 염(冉)의 반절이다.

 鵁鶄, 一名鳽. 郭云:"似鳧. 脚高, 毛冠. 江東人家養之以厭火災"

교정(鵁鶄)은 일명 견(鳽)이다. 곽박은 "오리와 비슷하다. 다리가 높고 볏에 털이 있다. 강동사람들은 집에서 길러 화재를 물리치려고 한다"고 하였다.

 輿, 鷣鶋.

여(輿)는 경도(鷣鶋)이다.

 未詳.

미상이다

 鶌, 鵁鶋.

제(鵜)는 오택(鴮鸅: 사다새)이다.

今之鵜鶘也. 好群飛, 沈水食魚, 故名洿澤. 俗呼之爲淘河.

지금의 제호(鵜鶘)이다. 떼지어 날기를 좋아하며 물에 들어가 물고기를 먹으므로 오택(洿澤)이라 한다. 민간에서는 도하(淘河)라고 한다.

輿, 音餘. 樊孫本作鸒. 鵛, 古形反, 本亦作徑. 鶟, 音徒. 鵜, 大兮反. 鴮『毛詩』傳作洿, 同, 音烏. 郭火布反. 鸅, 音澤.『毛詩』傳作澤. 鶘, 音胡. 鶟, 大刀反.

여(輿)는 음(音)이 여(餘)이다. 번광과 손염본에는 여(鸒)로 되어 있다. 경(鵛)은 고(古)와 형(形)의 반절인데, 본에 따라 경(徑)으로도 되어 있다. 도(鶟)는 음(音)이 도(徒)이다. 제(鵜)는 대(大)와 혜(兮)의 반절이다. 오(鴮)는 모전에 오(洿)로 되어 있는데 음의가 같으며 음이 오(烏)이다. 곽박은 화(火)와 포(布)의 반절이라 하였다. 택(鸅)은 음(音)이 택(澤)이다. 모전에는 택(澤)으로 되어 있다. 호(鶘)는 음(音)이 호(胡)이다. 도(鶟)는 대(大)와 도(刀)의 반절이다.

舍人曰: "鵜, 一名鴮鸅." 郭云: "今之鵜鶘也. 好群飛, 沈水食魚, 故鴮澤. 俗呼之爲淘河."『詩』「曹風」云: "維鵜在梁." 陸璣『疏』云: "鵜, 水鳥. 形如鶚而極大. 喙長尺餘, 直而廣. 口中正赤. 頷下胡大如數斗囊. 若小澤中有魚, 便群共抒水, 滿其胡而棄之. 令水竭盡, 魚在陸地, 乃共食之, 故曰淘河."

사인은 "제(鵜)는 일명 오택(鴮鸅)이다"고 하였다. 곽박은 "지금의 제호(鵜鶘)이다. 떼지어 날기를 좋아하며 물에 들어가 물고기를 먹으므로 오택

(洿澤)이라 한다. 민간에서는 도하(淘河)라고 한다"고 하였다. 『시경』 「조풍
(曹風)」 「후인(候人)」에 "사다새가 다리에 있다"고 하였는데, 육기의 『모시
초목조수충어소』에 "제(鵜)는 물새이다. 모습이 악(鶚 : 물수리)과 비슷하나
훨씬 크다. 부리 길이는 1척(尺) 남짓인데 곧고도 넓다. 입 속은 순적색이
다. 턱 아래 처진 살은 크기가 몇 되는 담을 수 있는 주머니 같다. 만약
작은 못에 고기가 있으면 곧 떼를 지어 모두 물을 떠서 그 턱살에 가득
담아서 버린다. 못물을 모두 없애서 물고기가 땅위에 있으면 함께 잡아먹
으므로 도하(淘河)[9]라고 한다"고 하였다.

 鶾, 天雞.

한(鶾)은 천계(天雞 : 꿩의 일종인 금계)이다.

 鶾雞, 赤羽. 『逸周書』曰 : "文鶾,
若彩雞. 成王時蜀人獻之."

한계(鶾雞)는 붉은 날개이다. 『일주서(逸
周書)』에 "무늬 있는 한계가 알록달록한 닭과 같다. 성왕(成王) 때 촉(蜀) 사
람이 바쳤다"고 하였다.

 鶾, 本又作鳽, 胡旦反. 樊云 : "一名山雞."

---

9) 淘河 : 『이아고림』 「義疏」에 "按淘河卽鵜鶘聲之轉"이라고 하여, '淘河'는 '鵜鶘'의
轉音이라고 하였다. '淘河'는 '냇물을 일듯이 한다'는 뜻이다.

한(鶾)은 본에 따라 간(鶾)으로 되어 있으며 호(胡)와 단(旦)의 반절이다. 변광은 "일명 산계(山雞)이다"고 하였다.

爾雅疏 鶾, 一名天雞, 赤羽之鳥也. ○注: "『逸周書』曰"者, 雖是「周書」, 不在『尚書』百篇內, 故曰『逸周書』. 今所謂『汲冢周書』也. 云"文鶾, 若彩鵤"者, 「王會」篇文也. 案, 彼云: "蜀人以文鶾, 文鶾者, 若翬雉." 孔晁注云: "鳥有文彩者." 是也. 云: "成王時蜀人獻之."者, 案, 彼孔晁注又云: "王城旣成, 大會諸侯及四夷." 故知當成王時蜀人獻之也.

한(鶾)은 일명 천계(天雞)로 깃이 붉은 새이다. ○ 주에서 말한 "『일주서』왈"은 비록 「주서(周書)」이기는 하지만 『서경』100편에 있지 않으므로 『일주서』라 한 것이니, 지금의 소위 『급총주서(汲冢周書)』이다. "문한, 약채계(文鶾, 若彩鵤)"는 『일주서』「왕회(王會)」편의 글이다. 살피건대, 「왕회」에 "촉땅 사람들이 문한(文鶾)을 바쳤다. 문한(文鶾)은 휘치(翬雉 : 꿩)와 같다"고 하였는데, 공조(孔晁)의 주에는 "새 중에 무늬가 있는 것이다"고 한 것이 이것이다. "성왕시촉인헌지(成王時蜀人獻之)"는 살피건대, 거기에10) 공조가 주석하여 또 말하기를 "왕성(王城)이 완성되자 제후와 사이(四夷)를 대대적으로 불러모았다"고 하였으므로, 성왕(成王)때를 당하여 촉 사람들이 바친 것임을 알 수 있다.

 鷽, 山鵲.

학(鷽)은 산작(山鵲 : 삼광조)이다.

---

10) 거기에 : 「왕회」편의 첫 구절인 "成周之會"에 대한 공조의 주석이다.

似鸐而有文彩. 長尾, 觜·脚赤.

꿩과 비슷하나 무늬가 있다. 긴 꼬리에 부리와 다리가 붉다.

 鷽, 郭音渥, 又音學, 又才五反.『字林』乙竺反. 鸐, 本亦作鸐, 七
約反. 觜, 子髓反, 字或作觜.『廣雅』云 : "口也."

학(鷽)에 대하여 곽박은 음을 악(渥), 또 음이 학(學), 또는 재(才)와 오(五)
의 반절이라고 하였다.『자림』은 을(乙)과 축(竺)의 반절이라 하였다. 작(鸐)
은 본에 따라 작(鸐)으로 되어 있으며, 칠(七)과 약(約)의 반절이다. 취(觜)는
자(子)와 수(髓)의 반절이며 글자를 혹 취(觜)로 쓴다.『광아』에는 "취(觜)는
입이다"고 하였다.

 山鸐, 一名鷽. 郭云 : "似鸐而有文彩. 長尾, 觜·脚赤."『說文』
云 : "知來事鳥也.

산작(山鸐)은 일명 학(鷽)이다. 곽박은 "꿩과 비슷하나 무늬가 있다. 긴
꼬리에 부리와 다리가 붉다"고 하였다.『설문』에는 학(鷽)은 "앞일을 아는
새이다"고 하였다.

 鷐, 負雀.

음(鷐)은 부작(負雀 : 새매)이다.

鷂, 鷣也. 江南呼之爲鷂. 善捉雀, 因名焉.

음(鷂)은 요(鷣)이다. 강남에서는 음(鷂)이라 부른다. 참새를 잘 잡으므로 이름이 붙여졌다.

 鷂, 音淫. 負, 字或作鵗同, 房九反. 鷣, 以照反. 『字林』云 : "鷙鳥", 下同.

음(鷂)은 음이 음(淫)이다. 부(負)는 글자를 부(鵗)로도 쓰는데 음의가 같으며 방(房)과 구(九)의 반절이다. 요(鷣)는 이(以)와 조(照)의 반절이다. 『자림』에 "지조(鷙鳥)이다"고 하였으며, 아래도 같다.

 鷂, 一名負雀. 郭云 : "鷂, 鷣也. 江南呼之爲鷂. 善捉雀, 因名焉."

음(鷂)은 일명 부작(負雀)이다. 곽박은 "음(鷂)은 요(鷣)이다. 강남에서는 음(鷂)이라 부른다. 참새를 잘 잡으므로 이름이 붙여졌다"고 하였다.

 齧, 齒艾.

설(齧)은 치애(齒艾)이다.

未詳.

미상이다.

 鶼, 鶪老.

천(鶼)은 기노(鶪老: 부리가 굽은 새)이다.

 鴿鶼也. 俗呼爲癡鳥.

금천(鴿鶼)이다. 민간에서는 치조(癡鳥)라 한다.

 鶼, 呂郭丑絹反, 孫勑亂反. 鴿, 巨炎反. 『字林』云: "勾喙鳥."

천(鶼)에 대하여 여침과 곽박은 축(丑)과 견(絹)의 반절, 손염은 칙(勑)과 란(亂)의 반설이라 하였다. 금(鴿)은 기(巨)의 염(炎)의 반절이다. 『자림』에 "부리가 굽은 새이다"고 하였다.

 鶼, 一名鶪老. 郭云: "鴿鶼也. 俗呼爲癡鳥." 『字林』云: "勾喙鳥."

천(鶄)은 일명 기노(鶂老)이다. 곽박은 "금천(鶄鶄)이다. 민간에서는 치조(鴟鳥)라 한다"고 하였다. 『자림』은 "부리가 굽은 새이다"고 하였다.

 扈, 鴳.

호(扈)는 안(鴳: 농사일이 시작될 때 날아오는 철새)이다.

 今鴳雀

지금의 안작(鴳雀)이다.

爾雅音義 扈, 『說文』作雇籀文也. 『左傳』『詩』並作扈, 音戶. 鴳, 音晏

호(扈)에 대하여 『설문』은 고(雇)로 썼는데 주문(籀文)이다고 하였다. 『좌전』과 『시경』은 모두 호(扈)로 되어 있으며 음이 호(戶)이다. 안(鴳)은 음(音)이 안(晏)이다.

爾雅疏 別二名也. 郭云: "今鴳雀." 案, 舍人·李巡·孫炎·郭氏皆斷老上屬, 扈下屬. 解云: 鶂, 一名鶂老. 扈, 一名鴳, 鴳, 雀也. 唯樊光斷鶂鶂爲句, 以老下屬. 注云『春秋』云: "九扈爲九農正" 九扈者: 春扈, 夏扈, 秋扈, 冬扈, 棘扈, 行扈, 宵扈, 桑扈, 老扈. 是以老爲下屬, 唯鴳不重耳. 杜預仍云: "老扈, 鴳鴳."11) 非郭義.

11) 老扈, 鴳鴳.: 대본에는 "老扈, 鴳. 鴳非郭義"로 되어 있으나, 『이아고림』 「邢疏」 등

두 가지 명칭으로 구별하였다. 곽박은 "지금의 안작(鶠雀)이다"고 하였다. 사인·이순·손염·곽박은 모두 로(老)를 끊어서 위 문장에 붙이고 호(鳸)를 아래 문장에 붙였다. 풀이하기를 천(鶼)은 일명 기노(鶺老)이다. 호(鳸)는 일명 안(鶠)으로 안(鶠)은 작(雀)이다고 하였다. 오직 번광만 천기(鶼鶺)를 끊어 한 구로 만들고 로(老)를 아래 문장에 붙였다. 주에서 『춘추』 소공 17년을 인용하여 "구호위구농정(九鳸爲九農正)"[12]이라 하였다. 구호(九鳸)는 춘호(春鳸)·하호(夏鳸)·추호(秋鳸)·동호(冬鳸)·극호(棘鳸)·행호(行鳸)·소호(宵鳸)·상호(桑鳸)·노호(老鳸)이다. 이런 까닭에 번광은 로(老)를 아래 문장에 붙였는데, 안(鶠)에 비중을 두지 않았기 때문이다. 두예는 "노호(老鳸)는 안안(鶠鶠)이다"고 하였으나 곽박의 뜻은 아니다.

 桑鳸, 竊脂.

상호(桑鳸)는 절지(竊脂 : 밀화부리)이다.

 俗謂之靑雀. 觜曲, 食肉, 好盜脂膏, 因名云.

세상에서 청작(靑雀)이라 부른다. 부리가 굽었으며 고기를 먹고 기름진 음식을 훔치기를 좋아하므로 절지(竊脂)라 부른다.

에는 "老鳸, 鶠鶠. 非郭義"로 표점을 달았다.

12) 九鳸爲九農正 : 구호는 구농정이다. 곧 구호는 아홉 가지 농사일을 담당하는 우두머리이다. 九農은 아홉 가지 농사일을, 正은 우두머리를 의미한다. 아홉 종류의 새의 명칭으로 아홉 종류의 관직명을 삼았다.

竊, 音切. 脂. 音之.

절(竊)은 음(音)이 절(切)이다. 지(脂)는 음(音)이 지(之)이다.

桑鳸, 一名竊脂. 郭云: "俗謂之靑雀. 觜曲, 食肉, 好盜脂膏, 因名云." 鄭玄『詩箋』云: "竊脂, 肉食." 陸璣『毛詩疏』云: "竊脂, 靑雀也. 好竊人脯肉脂及簁中膏, 故以名竊脂也." 諸儒說竊脂, 皆謂盜人脂膏. 卽如下云"竊玄"·"竊黃"者, 豈復盜竊玄黃乎? 案, 下篇「釋獸」云: "虎竊毛謂之虥貓." 虪如小熊, 竊毛而黃. 竊毛皆謂淺毛. 竊卽古之淺字. 但此鳥其色不純. 竊玄, 淺黑也. 竊藍, 淺靑也. 竊黃, 淺黃也. 竊丹, 淺赤也. 四色皆具, 則竊脂爲淺白也. 而諸儒必爲盜竊脂膏者, 以此經下別云桑鳸與竊玄·竊黃等幷列, 則爲淺白者也,『春秋』"九鳸"是也. 此自別一種靑雀, 好竊脂肉, 目驗而然.『詩』「小雅」"交交桑鳸"是也. 且鄭玄·郭樸[13]·陸璣, 皆當世名儒, 無容不知竊爲淺義, 脂爲白色, 而待後人剝正也. 後人不達此旨, 妄說異端, 非也.

상호(桑鳸)는 일명 절지(竊脂)이다. 곽박은 "세상에서 청작(靑雀)이라 부른다. 부리가 굽었으며 고기를 먹고 기름진 음식을 훔치기를 좋아하므로 절지(竊脂)라 부른다"고 하였다. 정현은 『시전(詩箋)』에서 "절지(竊脂)는 육식(肉食)한다"고 하였는데, 육기의 『모시초목조수충어소』에 "절지(竊脂)는 청작(靑雀)이다. 사람들의 포·고기와 통발 속의 고기 훔치기를 좋아하므로 절지(竊脂)라 이름 붙였다"고 하였다. 제유(諸儒)들은 절지(竊脂)를 대부분 사람들이 먹는 고기를 훔치는 것으로 풀이하였다. 그렇다면 아래 문장의 "절현(竊玄)"·"절황(竊黃)"은 어찌 다시 현황(玄黃: 채색한 비단)을 훔치겠는

---

13) 樸: 璞의 잘못이다.

가? 살피건대, 아래편의 「석수(釋獸)」에 "호절모위지잔묘(虎竊毛謂之虥貓 : 옅은 색의 털을 가진 호랑이를 잔묘라 한다)"고 하였다. 퇴(魋)는 작은 곰과 같은데 털이 옅으며 황색이다. 절모(竊毛)는 모두 천모(淺毛 : 옅은 색의 털이다)이니, 절(竊)은 곧 천(淺)의 고자(古字)이다. 다만 이 새는 그 색이 순수하지 못하다. 절현(竊玄)은 옅은 흑색이다. 절람(竊藍)은 옅은 청색이다. 절황(竊黃)은 옅은 황색이다. 절단(竊丹)은 옅은 적색이다. 사색(四色 : 흑·청·황·적)이 모두 구비되어 있다면 절지(竊脂)는 천백(淺白 : 옅은 백색)이다. 그런데 제유(諸儒)들이 반드시 고기를 훔치는 것으로 풀이한 것은 아래 글인 상호(桑扈)와 절현(竊玄)·절황(竊黃) 등을 따로 말하여 나란히 나열하였으니, 옅은 백색이 되기 때문인데, 『춘추』의 "구호(九扈)"가 이것이다. 여기서는 일종의 청작(靑雀)이 고기 훔치기를 좋아한다는 것을 구별하기 위해서인데 눈으로 경험해서 그런 것이다. 『시경』 「소아」 「소완(小宛)」에 "조그마한[14] 밀화부리"라고 한 것이 이것이다. 또 정현·곽박·육기는 모두 당대의 이름난 학자인데 절(竊)이 천(淺)이라는 뜻이고, 비(脂)가 백(白)이라는 색을 모를리 없지만, 후대 사람이 논박하여 바로잡아 주기를 기다린 것이다. 후대 사람은 이런 뜻을 이해하지 못하고 망령되게 이상한 설명을 하였으니 잘못이다.

鴟鴞, 鴚䴕.

초료(鴟鴞)는 부위(鴚䴕 : 뱁새)이다.

---

14) 조그마한 : 毛傳의 "交交, 小貌"를 따랐다. 集傳은 "交交, 往來之貌"라 하였다.

好剖葦皮, 食其中蟲, 因名云. 江東呼蘆虎. 似雀, 靑班, 長尾.

갈대 껍질을 벗겨 그 속에 있는 벌레 먹기를 좋아하므로 부위라고 부른다. 강동에서는 노호(蘆虎)라고 한다. 참새와 비슷하고 푸른색 반점이 있으며 꼬리가 길다.

 鴩, 丁堯斑. 鷯, 力小反. 剖, 普口反.

초(鴩)는 정(丁)과 요(堯)의 반절이다. 료(鷯)는 력(力)과 소(小)의 반절이다. 부(剖)는 보(普)와 구(口)의 반절이다.

 鴩鷯, 一名剖葦. 郭云: "好剖葦皮, 食其中蟲, 因名云. 江東呼蘆虎. 似雀, 靑班. 長尾."

초료(鴩鷯)는 일명 부위(剖葦)이다. 곽박은 "갈대 껍질을 벗겨 그 속에 있는 벌레 먹기를 좋아하므로 부위라고 부른다. 강동에서는 노호(蘆虎)라고 한다. 참새와 비슷하고 푸른색 반점이 있으며 꼬리가 길다"고 하였다.

 桃蟲, 鷦. 其雌鴱.

도충(桃蟲)은 초(鷦 : 뱁새)이다. 그 암컷은 예(鴱 : 암뱁새)이다.

鷦鸌, 桃雀也. 俗呼爲巧婦.

초묘(鷦鸌)는 도작(桃雀)이다. 세상에서는 교부(巧婦)라 부른다.

 鷦, 子遙反. 雌, 字或作鶅, 同, 七移反. 鴱, 本又作鳱, 謝五蓋反, 呂郭音乂. 鸌, 亡小亡消二反.『字林』云 : "澤雀"

초(鷦)는 자(子)와 요(遙)의 반절이다. 자(雌)는 글자를 간혹 자(鶅)로도 쓰는데 음의가 같으며 칠(七)과 이(移)의 반절이다. 애(鴱)는 본에 따라 애(鳱)로도 쓰는데 사교는 오(五)와 개(蓋)의 반절이라 하였으며, 여침과 곽박은 음이 예(乂)라 하였다. 묘(鸌)는 망(亡)과 소(小), 망(亡)과 소(消)로 반절이 둘이다.『자림』에는 "택작(澤雀)이다"고 하였다.

 舍人曰 : "桃蟲名鷦, 其雌名鴱." 郭云 : "鷦鸌, 桃雀也. 俗呼爲巧婦." 此鷦鸌小鳥而生鵰鶚者也.『詩』「周頌」云 : "肇允彼桃蟲, 拚飛維鳥." 毛傳云 : "桃蟲, 鷦也, 鳥之始小終大者." 陸璣『疏』云 : "今鷦鷯, 是也. 微小于黃雀, 其雛化而爲鵰. 故俗語鷦鷯生雕." 鄭『詩箋』云 : "鷦之所爲鳥題肩也, 或曰鴟, 皆惡聲之鳥." 其義未詳.『方言』說巧婦之名, "自關而東謂之工爵, 或謂之過蠃, 或謂之女鴎, 或謂之鶵鳰. 自關而西謂之桑飛, 或謂之懱爵." 是也.

사인은 "도충(桃蟲)은 초(鷦)라 하고 그 암컷은 예(鴱)이다"고 하였다. 곽박은 "초묘(鷦鸌)는 도작(桃雀)이다. 세상에서는 교부(巧婦)라 부른다"고 하였다. 이 뱁새는 작은 새인데 물수리를 낳는 것이다.『시경』「주송」「소비(小毖)」에 "처음에는 뱁새로 믿었더니, 훌쩍 날아가는 큰 새로다"고 하였는데, 모전에 "도충(桃蟲)은 초(鷦)이다. 새가 처음에는 작다가 나중에는

크게 되는 것이다"고 하였으며, 육기의 『모시초목조수충어소』에는 "지금
의 뱁새가 이것이다. 황작(黃雀)보다 작지만 그 새끼가 화육되어 수리가
된다. 그러므로 속담에 뱁새가 수리를 낳는다는 말이 있다"고 하였다. 정
현의 『시전』에 "초(鶵)라는 새는 제견(鵜肩 : 고니)이다. 혹은 효(鴞 : 올빼미)라
고도 하는데 모두 소리가 나쁜 새다"고 하였다. 그 의미는 미상이다.
『방언』에 교부(巧婦)의 명칭을 설명하면서 "함곡관 동쪽에서는 공작(工爵)
또는 과라(過蠃), 또는 여장(女鴎), 또는 영결(鸋鴂)이라 부른다. 함곡관 서쪽
에서는 상비(桑飛), 또는 멸작(懱爵)이라 부른다"고 한 것이 이것이다.

鶠, 鳳. 其雌皇.

언(鶠)은 봉(鳳 : 봉새)이다. 그 암컷이 황(皇 : 암봉황)이다.

瑞應鳥. 雞頭, 蛇頸, 燕頷, 龜背, 魚尾, 五彩色. 高六尺許.

상서로움이 응하는 새이다. 닭 머리에, 뱀의 목, 제비 턱, 거북 등, 물고
기 꼬리로 다섯 가지 채색이다. 키는 6척 가량이다.

鶠, 音偃. 鳳, 郭云 : "瑞應鳥也. 雞頭, 蛇頸, 燕頷, 龜背, 魚尾,
五彩色. 高六尺許."『說文』云 : "神鳥也. 天老曰, 鳳象麟前鹿後,
蛇頸魚尾, 龍文龜背, 燕頷雞喙, 五色備舉. 出於東方君子之國, 翱翔四
海之外. 過崑崙, 飮砥柱, 濯羽弱水, 暮宿風穴. 見則天下大安寧."『毛詩
草木疏』云 : "雄曰鳳, 雌曰皇. 一名鶠. 其雛名鸑鷟. 或曰鳳一名鸑鷟. 其

形鴻前鹿後, 蛇頸魚尾, 龍文龜身, 燕頜雞喙. 首戴德, 頸揭義, 背負仁
翼挾信, 心抱忠, 足履正, 尾繫武. 非梧桐不棲, 非竹實不食. 朝鳴曰發明,
晝鳴曰上翔, 夕鳴曰滿昌, 昏鳴曰固常, 夜鳴曰保長. 得其鳳象之一則過
之, 二則翔之, 三則集之, 四則春秋居之, 五則爲身居之." 皇, 本亦作凰.
應, 音膺. 頜, 吉井反. 頷, 乎感反.

　언(鷗)은 음(音)이 언(偃)이다. 봉(鳳)에 대하여 곽박은 "상서로움이 응하
는 새이다. 닭 머리에, 뱀의 목, 제비 턱, 거북이 등, 물고기 꼬리로 다섯
가지 채색이다. 키는 6척 가량이다"고 하였다. 『설문』은 봉(鳳)에 대해 "신
조(神鳥)이다. 천로(天老)[15]가 이르기를 봉(鳳)의 모습은 앞은 기린, 뒤는 사
슴, 뱀의 목, 물고기의 꼬리, 용의 무늬, 거북의 등, 제비의 턱, 닭의 부리
이고 오색(五色)을 갖추었다. 동방 군자의 나라에서 나와 사해의 밖을 날
아다닌다. 곤륜산(崑崙山)을 지나며 지주(砥柱)의 물을 마시고 약수(弱水)에
깃을 씻고, 저녁이면 풍혈(風穴)에서 잔다. 이 새가 나타나면 천하가 크게
편안해진다"고 하였다. 육기의 『모시초목소(毛詩草木疏)』에 "수컷을 봉(鳳)
이라 하고 암컷을 황(皇)이라 하는데 일명 언(鷗)이다. 그 새끼는 악작(鸑鷟)
이다. 혹은 봉(鳳)은 일명 악작(鸑鷟)이라고 한다. 그 형상은 앞은 기러기,
뒤는 사슴, 뱀의 목, 물고기의 꼬리, 용의 무늬, 거북의 몸, 제비의 턱, 닭
의 부리이다. 머리에는 덕을 이고, 목에는 의(義)를 걸고, 등에는 인(仁)을
지고, 날개는 신(信)을 끼고, 가슴은 충(忠)을 안고, 발은 정(正)을 밟고, 꼬
리는 무(武)가 매달려 있다. 오동(梧桐)이 아니면 깃들지 아니하고, 죽순이
아니면 먹지 않는다. 아침에 우는 것을 발명(發明), 낮에 우는 것을 상상(上
翔), 저녁에 우는 것을 만창(滿昌), 저물 녘에 우는 것을 고상(固常), 밤에 우
는 것을 보장(保長)이라 한다. 봉황의 덕 중에 하나를 얻으면 봉황이 지나
가고, 둘을 얻으면 날아오고, 셋을 얻으면 모여들고, 넷을 얻으면 올바른

---

15) 天老 : 고대 黃帝의 臣下.

춘추(春秋)에 머물고, 다섯을 얻으면 몸에 봉황의 덕이 머문다"고 하였다. 황(皇)은 본에 따라 황(凰)으로 되어 있다. 응(應)은 음(音)이 응(膺)이다. 경(頸)은 길(吉)과 정(井)의 반절이다. 함(頷)은 호(乎)와 감(感)의 반절이다.

鳳, 一名鶠. 郭云: "瑞應鳥. 雞頭, 蛇頸, 燕頷, 龜背, 魚尾, 五彩色. 高六尺許." 『說文』云: "神鳥也. 天老曰: 鳳像, 麟前鹿後, 蛇頸魚尾, 龍文龜背, 燕頷鷄喙, 五色備擧. 出于東方君子之國, 翺翔四海之外. 過崑崙, 飮砥柱, 濯羽弱水, 暮宿丹穴. 見則天下大安寧. 字從鳥凡聲. 鳳飛, 則羣鳥從以萬數. 故鳳古作朋字." 『山海經』曰: "丹穴之山, 有鳥焉. 其狀如鶴, 五彩而文, 名曰鳳. 首文曰德, 翼文曰順16), 背文曰義17), 膺文曰仁, 腹文曰信. 是鳥也, 飮食自然18) 自歌自舞, 見則天下大安寧." 京房『易傳』曰: "鳳皇高丈二, 漢時鳳皇數至." 『漢書』云: "高五六尺." 是說鳳皇之狀也.

봉(鳳)은 일명 언(鶠)이다. 곽박은 "상서로움이 응하는 새이다. 닭 머리에, 뱀의 목, 제비 턱, 거북 등, 물고기 꼬리로 다섯 가지 채색이다. 키는 6척 남짓이다"고 하였다. 『설문』은 봉(鳳)에 대해 "신조(神鳥)이다. 천로(天老)가 이르기를 봉(鳳)의 모습은 기린의 앞, 사슴의 뒤, 뱀의 목, 물고기의 꼬리, 용의 무늬, 거북의 등, 제비의 턱, 닭의 부리이고 오색(五色)을 갖추었다. 동방 군자의 나라에서 나와 사해의 밖을 날아다닌다. 곤륜산을 지나며 지주(砥柱)의 물을 마시고 약수(弱水)에 깃을 씻고, 저녁이면 단혈(丹穴)에서 잔다. 이 새가 나타나면 천하가 크게 편안해진다. 글자는 조(鳥)를 따르고 범(凡)이 소리이다. 봉황이 날면 수 만 마리의 많은 새가 따른다. 그러므로 봉(鳳)은 옛날에 붕(朋)19)으로 썼다. 『산해경』「남산경(南山經)」에

---

16) 順: 『山海經』 「南山經」에는 '義'로 되어 있다.
17) 義: 『山海經』 「南山經」에는 '禮'로 되어 있다.
18) 自然: 대본에는 빠졌으나 『山海經』 「南山經」에 따라 넣는다.

"단혈산(丹穴山)에 새가 있다. 그 모습은 학(鶴)과 같고, 다섯 가지 채색에 무늬가 있는데 봉(鳳)이라 한다. 머리 무늬는 덕(德), 날개 무늬는 순(順), 등 무늬는 의(義), 가슴 무늬는 인(仁), 배 무늬는 신(信)을 상징한다. 이 새는 마시고 먹는 것이 자연의 법도에 맞으며 저절로 노래하고 저절로 춤을 춘다. 이 새가 나타나면 천하가 태평해진다"고 하였다. 경방(京房)의 『역전(易傳)』에는 "봉황은 키가 2장(丈) 정도인데 한(漢)나라 때는 봉황이 자주 왔다"고 하였다. 『한서』에 "키가 5~6척(尺)이다"고 하였다. 이것은 봉황의 모습을 설명한 것이다.

 鶺鴒, 雝渠.

척령(鶺鴒)은 옹거(雝渠 : 할미새)이다.

 雀屬也. 飛則鳴, 行則搖.

참새 종류이다. 날면 울고 움직이면 몸을 흔든다.

 䳻, 『詩』作脊, 同. 精益反. 本今作鶺. 鴒, 『詩』作令, 同. 力丁反. 雝, 於恭反. 渠, 字或作鶇.

척(䳻)은 『시경』에 척(脊)으로 되어 있는데 음의가 같으며 정(精)과 익(益)

---

19) 朋 : 鳳의 古文으로 象形이다. 朋이 날면 뭇새가 따라 날므로 朋黨이라는 뜻이 되었다(『설문』 朋).

의 반절이다. 본에 따라 지금은 척(鶺)으로 되어 있다. 령(鴒)은 『시경』에 령(令)으로 되어 있는데 음의가 같으며 력(力)과 정(丁)의 반절이다. 옹(雝)은 어(於)와 공(恭)의 반절이다. 거(渠)는 글자를 혹 거(鵱)로도 쓴다.

 鶺鴒, 一名雝渠, 水鳥也. 郭云 : "雀屬也. 飛則鳴, 行則搖." 『詩』 「小雅」云 : "脊令在原." 陸璣 『疏』 云 : "大如鷃雀. 長脚, 長尾, 尖喙, 背上青灰色, 腹下白, 頸下黑如連錢. 故杜陽人謂之連錢." 是也.

척령(鶺鴒)은 일명 옹거(雝渠)로 물새이다. 곽박은 "참새 종류이다. 날면 울고 움직이면 몸을 흔든다"고 하였다. 『시경』 「소아」 「상체(常棣)」에 "할미새가 언덕에 있다"고 하였는데, 육기의 『모시초목조수충어소』에 "크기가 세 가락 메추라기와 같다. 긴 다리, 긴 꼬리, 뾰쪽한 부리에 등 위는 청회색(青灰色), 배 아래는 흰색, 목 아래는 검은데 동전을 연이은 듯하다. 그러므로 두양(杜陽) 사람들은 연전(連錢)이라 부른다"고 한 것이 이것이다.

 鸒斯, 鵯鶋.

여사(鸒斯)는 필거(鵯鶋 : 큰 부리 까마귀. 갈가마귀)이다.

 鴉烏也. 小而多群, 腹下白. 江東亦呼爲鵯烏.

아오(鴉烏)이다. 몸집이 작고 대부분 떼지어 있으며 배 아래는 희다. 강동에서는 역시 필오(鵯烏)라고 부른다.

鸒, 弋庶反.『毛詩』傳云:"鵯鶋, 鴉烏也."『小爾雅』云:"小而腹
下白. 不反哺者, 謂之鴉烏."『說文』·『字林』皆云:"楚烏也." 一
名鸒, 一名鵯鶋, 秦云鴉烏. 斯, 本多無此字. 案, 斯是詩人協句之言. 後人
因將添此字也. 而俗本遂斯旁作鳥, 謬甚. 鵯, 音匹. 鶋, 音居, 本或作居.

여(鸒)는 익(弋)과 서(庶)의 반절이다.『모시』전에 "여(鸒)는 필거(鵯鶋)이니
아오(鴉烏)이다"고 하였다.『소이아(小爾雅)』에 "작고 배 아래가 희다. 어미
에게 먹이를 먹여 주지 않는 놈을 아오(鴉烏)라 한다"고 하였다.『설문』·
『자림』은 모두 "초오(楚烏)이다"고 하였다. 일명 여(鸒)이며, 일명 필거(鵯鶋)
이며, 진(秦)나라에서는 아오(鴉烏)라 한다. 사(斯)는 대부분의 본에 이 글자
가 없다. 살피건대, 사(斯)는 시인(詩人)이 구(句)를 맞춘 말인데, 후대 사람
들이 그대로 따라 이 글자를 보태려 하여, 세상의 책에서는 드디어 사(斯)
편방에 조(鳥)를 썼으니,[20] 잘못이 심하다. 필(鵯)은 음(音)이 필(匹)이다. 거
(鶋)는 음(音)이 거(居)인데, 본에 따라 거(居)로 되어 있다.

鸒斯, 一名鵯鶋. 郭云:"鴉烏也. 小而多羣, 腹下白. 江東亦呼爲
鵯烏."『詩』「小雅」云:"弁彼鸒斯." 毛傳云:"鸒, 鵯鶋." 然則此
鳥名鸒, 而云"斯"者, 語辭, 猶"蓼彼蕭斯"之類也.『小爾雅』云:"小而腹
下白. 不反哺者, 謂之雅烏."『說文』·『字林』皆云:"楚烏." 是也.

거사(鸒斯)는 일명 필거(鵯鶋)이다. 곽박은 "아오(鴉烏)이다. 몸집이 작고
떼지어 있으며 배 아래는 희다. 강동에서는 역시 필오(鵯烏)라고 부른다"
고 하였다.『시경』「소아」「소반(小弁)」에 "기뻐하는[21] 저 갈가마귀"라고
하였는데, 모전에 "거(鸒)는 필거(鵯鶋)이다"고 하였다. 그렇다면 이 새는

---

20) 斯 편방에 鳥를 썼으니 : 허사 '斯'를 실사로 인식하여 '鶋'로 씀을 말한다.
21) 기뻐하는 :「모전」의 "弁, 樂也"를 따랐다.「集傳」은 "弁, 飛拊翼貌"라 하여, '날개
치는 모양'으로 풀이하였다.

이름이 여(鸒)이며, 사(斯)라고 한 것은 어조사이다. 『시경』「소아」「육소(蓼蕭)」에서 "육피소사(蓼彼蕭斯 : 무성한 저 쑥)"의 사(斯)와 같은 종류이다. 『소이아』에는 "작고 배 아래가 희다. 어미에게 먹이를 먹여 주지 않는 놈을 아오(雅烏)라 한다"고 하였다. 『설문』·『자림』에 모두 "초조(楚烏)이다"고 한 것이 이것이다.

 燕, 白脰烏.

연(燕)은 백두오(白脰烏 : 제비)이다.

 脰, 頸.

두(脰)는 경(頸 : 목)이다.

 燕, 於見反, 象形. 字, 或作加鳥字, 非. 脰, 音豆.

연(燕)은 어(於)와 견(見)의 반절로 상형(象形)이다. 글자를 혹 조(鳥)자를 첨가하여 쓰는데22) 잘못이다. 두(脰)는 음(音)이 두(豆)이다.

---

22) 鳥자를 첨가하여 쓰는데 : '燕'을 '鷰'·'鷰'으로 씀을 말함. '燕'은 제비 모양을 본뜬 상형자이므로, 여기에 '鳥'를 더 보낼 필요가 없는 것이다.

脰, 頸也.『小爾雅』云:"白項而群飛者, 謂之燕烏. 燕烏, 白脰烏." 是也.

두(脰)는 목이다.『소이아』에 "목이 희고 떼지어 나는 것을 연오(燕烏 : 제비)라고 한다. 연오는 백두오(白脰烏)이다"고 한 것이 이것이다.

 鴽, 鵵母.

여(鴽)는 모모(鵵母 : 메추라기의 일종)이다.

 鶉也. 青州呼鵵母.

암(鶉)이다. 청주(青州)에서는 모모(鵵母)라 부른다.

 鴽, 音如. 鵵, 字或作牟, 音謀. 母[23]如字, 李音無, 舍人本作蕪. 鶉, 烏南反

여(鴽)는 음(音)이 여(如)이다. 모(鵵)는 글자를 간혹 모(牟)로도 쓰는데 음이 모(謀)이다. 모(母)는 여자(如字)인데, 이순은 음이 무(無)라고 하였고, 사인본(舍人本)에는 무(蕪)로 되어 있다. 암(鶉)은 오(烏)와 남(南)의 반절이다.

---

23) 母 :『釋文』에는 '毋'로 되어 있으나 경문과 곽박 주를 따랐다.

 李巡云 : "鴽, 鶉, 一名鴾母." 郭云 : "鶉也. 青州呼鴾母." 田鼠所
化者也.「月令」季春"田鼠化爲鴽." 是也.

이순은 "여(鴽)는 암鶉)으로 일명 모모(鴾母)이다"고 하였다. 곽박은 "암
(鶉)이다. 청주(青州)에서는 모모(鴾母)라 부른다"고 하였다. 전서(田鼠 : 두더
쥐)가 변한 것이다. 『예기』「월령」에 3월에는 "두더지가 변하여 여(鴽)가
된다"고 한 것이 이것이다.

 密肌, 繋英.

밀기(密肌)는 계영(繋英)이다.

「釋蟲」以有此名. 疑誤重.

「석충」에 이 명칭이 있다. 아마 잘못해서 거듭 나온 듯하다.

 雟周.

휴주(雟周 : 두견새 또는 제비)이다.

子雟鳥, 出蜀中.

자휴조(子嶲鳥 : 소쩍새)로 촉(蜀)에서 나온다.

 鶴, 音密, 本今作密. 肌, 音飢. 繫, 音計. 鵋, 音英, 本今作英. 嶲,
戶圭反.『說文』:"周燕[24]也. 蜀王望帝淫其相妻, 慙亡去, 爲子
嶲鳥. 故蜀人聞子嶲鳴, 皆起曰, 是望帝也."

　밀(鶴)은 음이 밀(密)인데, 본에 따라 밀(密)로 되어 있다. 기(肌)는 음이
기(飢)이다. 계(繫)는 음이 계(計)이다. 영(鵋)은 음이 영(英)인데, 본에 따라
지금은 영(英)으로 되어 있다. 휴(嶲)는 호(戶)와 규(圭)의 반절이다.『설문』
에는 "주연(周燕 : 소쩍새)이다. 촉왕(蜀王) 망제(望帝)가 그 재상의 처와 음란
한 짓을 하다가 부끄러워 달아났는데 자휴조(子嶲鳥)가 되었다. 그러므로
촉인들은 자휴(子嶲)의 소리를 들으면 모두 일어나 이는 망제(望帝)이다"고
하였다.

子嶲鳥也, 出蜀中.『說文』云 :"嶲, 蜀王望帝化爲子嶲." 今謂之
子規, 是也.

　자휴조(子嶲鳥)로 촉(蜀)에서 난다.『설문』에 : "휴(嶲)는 촉왕(蜀王) 망제(望
帝)가 변하여 자휴(子嶲)가 된 것이다"고 하였다. 지금 자규(子規 : 소쩍새)라
고 하는 것이 이것이다.

燕燕, 䴇.

---

24) 周燕 : 段注本『설문』에는 "嶲, 嶲周, 燕也"라고 하여, '嶲'를 더 넣고 '제비'로 풀이
하였다.

연연(燕燕)은 을(鳦 : 제비)이다.

『詩』云: "燕燕于飛." 一名玄鳥, 齊人呼鳦.

『시경』에 "제비가 난다"고 하였다. 일명 현조(玄鳥)인데 제(齊)나라 사람은 을(鳦)이라 부른다.

鳦, 音乙. 本或作乙, 或音軋.

을(鳦)은 음(音)이 을(乙)이다. 본에 따라 을(乙)로 되어 있으며, 혹은 음이 알(軋)이다.

燕燕, 又名鳦. 郭云: "一名玄鳥, 齊人呼鳦." 此燕燕, 卽今之燕, 古人重言之. 『詩』云: "燕燕于飛." 『漢書』童謠云: "燕燕尾涎涎." 是也. 孫炎·舍人以鳻周·燕燕·鳦, 爲一物三名. 郭所不取也. ○『詩』云: "燕燕于飛"者, 「邶風」衛莊姜送歸妾之詩也. 云"一名玄鳥"者, 案「月令」仲春之月 "玄鳥至", 以其色玄, 故謂之玄鳥, 是也. 云"齊人呼鳦"者, 案「商本紀」云: "簡狄行浴, 見玄鳥隋其卵, 取而呑之, 因孕生契." 諸緯候皆言簡狄呑鳦卵而生契. 是玄鳥又名鳦也.

연연(燕燕)은 또 을(鳦)이라 한다. 곽박은 "일명 현조(玄鳥)인데 제(齊)나라 사람은 을(鳦)이라 부른다"고 하였다. 여기의 연연(燕燕)은 곧 지금의 연(燕)인데 고인(古人)이 중복해서 말하였다. 『시경』「패풍(邶風)」「연연(燕燕)」에 "연연우비(燕燕于飛)"라고 하였으며, 『한서』동요(童謠)에 "제비꼬리 길게 이어졌다"고 한 것이 이것이다. 손염·사인은 휴주(鳻周)·연연(燕燕)·을

(鳦)을 한 가지 사물에 세 가지 명칭이라고 하였으나 곽박은 취하지 않았다. ○『시경』의 "연연우비(燕燕于飛)"는 「패풍(邶風)」 「연연(燕燕)」에서 위(衛)나라 장강(莊姜)이 본국으로 돌아가는 첩(妾:陳의 戴嬀)을 전송한 시이다. "일명현조(一名玄鳥)"라고 한 것은 살펴건대, 『예기』 「월령」에 2월에는 "현조지(玄鳥至:제비가 온다)"라고 하였는데, 그 색이 검기 때문에 현조(玄鳥)라고 부른다는 것이 이것이다. "제인호을(齊人呼鳦)"은 살펴건대, 『사기』 「상본기(商本紀)」에 "간적(簡狄)이 목욕을 하는 중에 현조(玄鳥)가 알을 떨어뜨리는 것을 보고 가져와 먹었는데 그대로 임신하여 설(契)을 낳았다"고 하였다. 여러 위후(緯候)[25)]는 모두 간적이 제비알을 먹고 설을 낳았다고 한다. 이것이 현조(玄鳥)를 또 을(鳦)이라고 한 것이다.

 鴟鴞, 鸋鴂.

치효(鴟鴞)는 영결(鸋鴂:올빼미의 일종)이다.

 鴟類.

올빼미 종류이다.

 鴟, 尺之反, 或作鵄. 鴞, 于驕反. 鸋, 音寧, 又音甯. 鴂, 音決, 鸋鴂今之巧婦鳥.

----

25) 緯候 : 緯書 또는 讖緯를 공부하는 학자.

치(鴟)는 척(尺)과 지(之)의 반절인데, 혹 치(鵄)로도 쓴다. 효(鴞)는 우(于)와 교(驕)의 반절이다. 영(鸋)은 음(音)이 녕(寧), 또는 음이 녕(甯)이다. 결(鴂)은 음(音)이 결(決)인데, 영결(鸋鴂)은 지금의 교부조(巧婦鳥)이다.

舍人云: "鴟鴞, 一名鸋鴂." 郭云: "鴟類." 『詩』「豳風」云: "鴟鴞鴟鴞." 毛傳云: "鴟鴞, 鸋鴂." 陸璣『疏』云: "鴟鴞似黃雀而小. 其喙尖如錐, 取茅秀爲窠, 以麻紩之, 如刺襪然. 縣著樹枝, 或一房, 或二房. 幽州人或謂之鸋鴂, 或曰巧婦, 或曰女鴟. 關東謂之工雀, 或謂之過蠃[26]關西謂之桑飛, 或謂之襪雀, 或曰巧女." 先儒皆以爲今之巧婦. 郭注此云: "鴟類." 又注『方言』云: "鸋鴂, 鴟鴞, 鴟屬." 非此小雀明矣. 是與先儒意異也. 今『爾雅』以郭氏爲宗, 且依郭氏.

사인은 "치효(鴟鴞)는 일명 영결(鸋鴂)이다"고 하였으며, 곽박은 "올빼미 종류이다"고 하였다. 『시경』「빈풍(豳風)」「치효(鴟鴞)」에 "올빼미여, 올빼미여!"라고 하였는데, 모전은 "치효(鴟鴞)는 영결(鸋鴂)이다"고 하였으며, 육기의 『모시초목조수충어소』에는 "치효는 황작(黃雀)과 비슷하지만 작다. 그 부리가 송곳처럼 뾰족하고 띠 이삭을 가져와 둥지를 만드는데 삼을 가지고 테두리 엮기를 버선을 꿰매는 듯하다. 나무 가지에 붙여 다는데 혹은 방이 한 개 혹은 방이 두 개이다. 유주(幽州) 사람들은 혹은 영결(鸋鴂), 혹은 교부(巧婦), 혹은 여장(女鴟)이라 한다. 관동(關東)에서는 공작(工雀), 혹은 과라(過蠃)라고 하며, 관서(關西)에서는 상비(桑飛), 혹은 말작(襪雀), 혹은 교녀(巧女)라고 한다"고 하였다. 선대의 학자들 대다수는 지금의 교부(巧婦: 뱁새)라고 여겼다. 곽박은 여기의 주에서 "올빼미 종류이다"고 하고, 또 『방언』의 주에 "영결(鸋鴂)은 치효(鴟鴞)이니, 올빼미 종류이다"고 하였으니, 이것이 작은 새가 아닌 것은 분명하다. 이것은 선대 학자들과 의견

---

26) 蠃 : 대본에는 '嬴'로 되어있다. 『이아고림』「注疏正字」에는 "蠃字從虫, 音螺, 從羊作, 誤"라고 하여, '虫'로 써야 옳고 '羊'으로 쓰면 틀린다고 하였다.

이 다른 것이다. 지금 『이아』는 곽박의 주석을 으뜸으로 여기고 또 곽박에 의거한다.

 狂, 茅鴟.

광(狂)은 모치(茅鴟 : 올빼미의 일종)이다.

 今鵂鴟也. 似鷹而白.

지금의 망치(鵂鴟)이다. 매와 비슷하나 희다.

 怪鴟.

괴치(怪鴟 : 올빼미의 일종)이다.

 卽鴟鵂也, 見『廣雅』. 今江東通呼此屬爲怪鳥.

곧 치휴(鴟鵂)로 『광아』에 보인다. 지금 강동에서는 일반적으로 이런 종류의 새를 통틀어 괴조(怪鳥)라고 부른다.

 梟, 鴟.

효(梟)는 치(鴟:올빼미의 일종)이다.

 土梟.

토효(土梟)이다.

狂如字, 本或作鵟. 茅, 本或作鵋. 鴟, 字又作鴟, 亡項反, 又亡江反. 『字林』云: "鴟也, 亡董反." 『廣雅』云: "茅鴟, 鴟也." 鷹, 於陵反. 怪, 古拜反. 梟, 古堯反.

광(狂)은 여자(如字)인데, 본에 따라 광(鵟)으로 되어 있다. 모(茅)는 본에 따라 모(鵋)로 되어 있다. 망(鴟)은 글자를 또 망(鴟)으로도 쓰는데, 망(亡)과 항(項)의 반절, 또는 망(亡)과 강(江)의 반절이다. 『자림』에 "치(鴟)이다. 망(亡)과 동(董)의 반절이다"고 하였다. 『광아』에 "모치(茅鴟)는 망(鴟)이다"고 하였다. 응(鷹)은 어(於)와 릉(陵)의 반절이다. 괴(怪)는 고(古)와 배(拜)의 반절이다. 효(梟)는 고(古)와 요(堯)의 반절이다.

此別鴟類也. 茅鴟, 一名狂. 『廣雅』云: "茅鴟, 鴟也." 郭云: "今鴟鴟也. 似鷹而白." 怪鴟, 『廣雅』謂之鴟鵂. 郭云: "今江東通呼此屬爲怪鳥." 梟, 一名鴟. 郭云: "土梟." 『說文』云: "梟, 食母, 不孝之鳥. 故冬至捕梟磔之. 字從鳥首在木上." 『詩』「陳風」云: "墓門有梅, 有鴞萃止." 毛傳云: "惡聲之鳥也." 一名鵩, 一名梟, 一名鴟. 「大雅」「瞻卬」云:

"爲梟爲鴟." 陸璣云 : "鴞大如班鳩, 綠色, 惡聲之鳥也. 入人家, 凶. 賈誼所賦鵩鳥是也. 其肉甚美, 可爲羹臛, 又可爲炙. 漢供御物, 各隨其時. 鴞冬夏常施之, 以其美故也."

여기서는 올빼미의 종류를 구별하였다. 모치(茅鴟)는 일명 광(狂)이다. 『광아』에 "모치(茅鴟)는 망(鶬)이다"고 하였다. 곽박은 "지금의 망치(鶬鴟)이다. 매와 비슷하나 희다"고 하였다. 괴치(怪鴟)에 대하여 『광아』에서는 치휴(鴟鵂)라고 하였다. 곽박은 "지금 강동에서는 일반적으로 이런 종류의 새를 통틀어 괴조(怪鳥)라 부른다"고 하였다. 효(梟)는 일명 치(鴟)이다. 곽박은 "토효(土梟)이다"고 하였다. 『설문』에 "효(梟)는 어미를 잡아먹는 불효(不孝)한 새이다. 그러므로 동지(冬至)일에 효(梟)를 잡아 갈기갈기 찢는다. 글자는 조(鳥)의 머리가 목(木) 위에 있는 것을 따랐다"고 하였다. 『시경』「진풍(陳風)」「묘문(墓門)」에 "무덤으로 통하는 문에 매화나무 있고, 올빼미가 모였다"고 하였는데, 모전에 "소리가 나쁜 새이다"고 하였다. 일명 복(鵩), 일명 효(梟), 일명 치(鴟)이다. 『시경』「대아」「첨앙(瞻卬)」에 "효(梟)가 되고 치(鴟)가 된다"고 하였는데, 육기는 "효(鴞)는 크기가 반구(班鳩 : 산비둘기)와 같고, 녹색으로 소리가 나쁜 새이다. 인가(人家)에 들어가면 흉하다. 가의(賈誼)가 읊은 복조(鵩鳥)가 이것이다.27) 그 고기 맛이 매우 좋아 고깃국으로 만들만 하고 또한 불고기도 만들만 하다. 한(漢)나라에서는 임금께 바쳤는데 각각 그 계절에 따랐다. 효(鴞)는 겨울과 여름에 항상 바쳤는데, 맛이 있었기 때문이다.

 鵲, 劉疾.

---

27) 賈誼가 …… 이것이다 : 賈誼의 「鵩鳥賦」를 말한다.

개(鶻)는 유질(劉疾)이다.

 未詳.

미상이다.

 生哺, 鷇.

태어나서 어미가 먹이는 것은 구(鷇: 새 새끼)이다.

 鳥子須母食之.

새 새끼는 반드시 어미가 먹여주어야 한다.

 生噣, 雛.

태어나서 쪼아먹는 것은 추(雛: 병아리)이다.

 皆自食.

모두 스스로 먹는다.

鶠, 音皆, 又音界. 劉, 字或作留, 音留. 哺, 蒲路反.『說文』云 :
"口中嚼食也." 㲉, 謝苦候反,『字林』工豆反. 郭音同, 又古豆反.
鳥子須哺而食者, 燕雀之屬也.『史記』云 : "趙武靈王探雀㲉而食之." 是
也. 食, 本或作飤, 同, 音嗣. 噣, 竹角反, 義當作啄. 雛,『字林』云 : "雞子
也." 匠于反, 又仕俱反. 鳥子生而能自啄者.『禮記』云 : "雛尾不盈握, 不
食." 是也. 字或作鶵, 同. 或云仕俱反者, 是鳥子也. 匠于反者, 爲鳳類也.

개(鶠)는 음(音)이 개(皆), 또는 음이 계(界)이다. 류(劉)는 글자를 혹 류(留)
로도 쓰며, 음이 류(留)이다. 포(哺)는 포(蒲)와 로(路)의 반절이다.『설문』은
포(哺)는 "입 속에서 먹이를 씹음이다"고 하였다. 구(㲉)에 대하여 사교는
고(苦)와 후(候)의 반절이라 하였는데,『자림』은 공(工)과 두(豆)의 반절이라
하였다. 곽박은 음을 동(同), 또는 고(古)와 두(豆)의 반절이라 하였다. 어미
가 먹여주어 사육됨을 필요로 하는 새 새끼로, 연작(燕雀) 종류이다.『사
기』에 "조(趙)의 무령왕(武靈王)이 참새 새끼를 찾아서 먹였다"고 한 것이
이것이다. 사(食)는 본에 따라 사(飤)로 되어 있으나 음의가 같으며 음이
사(嗣)이다. 탁(噣)은 죽(竹)과 각(角)의 반절인데, 뜻이 마땅히 탁(啄)이 되어
야 한다. 추(雛)에 대하여『자림』에는 "계자(雞子 : 병아리)이다. 장(匠)과 우
(于)의 반절, 또는 사(仕)와 구(俱)의 반절이다. 태어나면서 스스로 쪼아서
먹을 수 있는 새 새끼이다"고 하였다.『예기』에 "새 새끼 꼬리가 한 주먹
이 못 되는 것은 먹지 않는다"고 한 것이 이것이다. 글자를 간혹 추(鶵)로
도 쓰는데 음의가 같다. 혹은 사(仕)와 구(俱)의 반절이라 한 말은 바로 새
새끼이며, 장(匠)과 우(于)의 반절이라 한 것은 봉(鳳)의 종류이다.28)

---

28) 혹은 仕와 …… 종류이다 : 反切에 의한 同字異音異義를 보이는 것이다. 雛가 匠于
反일 때는 鳥子이고, 仕俱反일 때는 鳳인데, 于와 俱는 모두 虞韻으로 同韻이고, 聲
만 匠은 從聲, 仕는 崇聲으로 다르다(이상『漢語大字典』). 즉 同韻異聲으로 음이 차

爾雅疏 辨鳥子之異名也. 鳥子生須母哺而食者, 名鷇, 謂燕雀之屬也, 『史記』趙武靈王探雀鷇而食之, 是也. 鳥子生而能自噣食者, 名雛, 謂雞雉之屬也. 『禮記』「內則」云 : "雛尾不盈握, 弗食", 是也.

새 새끼의 다른 이름을 분별하였다. 새 새끼로서 태어나면서 어미가 먹여주어 사육됨을 필요로 하는 것의 이름을 구(鷇)라 하는데, 연작(燕雀) 종류를 말한다. 『사기』에 "조(趙)의 무령왕(武靈王)이 참새 새끼를 찾아서 사육했다"고 한 것이 이것이다. 태어나서 스스로 쪼아먹는 새 새끼를 추(雛)라 하는데 계치(雞雉)의 종류를 말한다. 『예기』「내칙(內則)」에 "새 새끼 꼬리가 한 주먹이 못 되는 것은 먹지 않는다"고 한 것이 이것이다.

 爰居, 雜縣.

원거(爰居)는 잡현(雜縣 : 바다새)이다.

爾雅注 『國語』曰 : "海鳥, 爰居." 漢元帝時琅邪有大鳥如馬駒, 時人謂之爰居.

『국어』「노어 상(魯語上)」에 "해조(海鳥)는 원거(爰居)이다"고 하였다. 한(漢) 원제(元帝) 때 낭아(琅邪)에 망아지 만한 큰 새가 있었는데 당시 사람들은 원거(爰居)라고 하였다.

이나고, 이것이 의미의 차이로 직결되는 것이다.

爰, 本亦作鶢, 音袁. 居, 本或作鶋, 同. 李云: "爰居, 海鳥也." 樊云: "似鳳凰" 雜, 字亦作鷚. 琅, 音郎. 邪, 似差反. 駒, 音俱.

원(爰)은 본에 따라 원(鶢)으로 되어 있으며, 음이 원(袁)이다. 거(居)는 본에 따라 거(鶋)로 되어 있으나 음의가 같다. 이순은 "원거(爰居)는 바닷새이다"고 하였다. 번광은 "봉황(鳳凰)과 비슷하다"고 하였다. 잡(雜)은 글자를 또한 잡(鷚)으로도 쓴다. 랑(琅)은 음(音)이 랑(郎)이다. 사(邪)는 사(似)와 차(差)의 반절이다. 구(駒)는 음(音)이 구(俱)이다.

爰居, 海鳥也. 大如馬駒, 一名雜縣. 漢元帝時琅邪有之. ○云 "『國語』曰海鳥爰居"者, 案「魯語」云: "海鳥曰爰居. 止於魯東門之外三日, 臧文仲命國人祭之. 展禽曰: '越哉. 臧孫之爲政也. 夫祀, 國之大節也. 節, 政之所成也. 故制祭祀29)以爲國典. 今無故而加典, 非政之宜也. 今海鳥至. 已不知而祀之, 以爲國典, 難以言仁且知矣. 無功而祀之, 非仁也. 弗知而弗問, 非知也. 今玆海其有災乎. 夫廣川之鳥獸, 皆知辟其災' 是歲, 海多大風, 冬暖." 是其事也.

원거(爰居)는 해조(海鳥)이다. 크기가 망아지만 한데 일명 잡현(雜縣)이다. 한(漢) 원제(元帝) 때 낭야에 있었다. ○주에서 인용한 『국어』의 "해조원거(海鳥爰居)"는 살피건대, 『국어』「노어 상(魯語上)」에 "해조(海鳥)를 원거(爰居)라 한다. 노(魯)나라의 동문 밖에서 3일을 머물자 장문중(臧文仲)이 나라 사람에게 명령하여 원거를 제사를 지내게 하였다. 전금(展禽)30)이 말하기를 '오활(迂闊)하구나, 장문중이 정사를 처리함이여! 제사란 나라의 중요한 제도이다. 제도는 정치가 이루어지는 것이다. 그러므로 제사의 제도를 제

---

29) 制祭祀: 『國語』「魯語」에는 "愼制祀"라 되어 있다.
30) 展禽: 춘추시대 魯나라의 대부. 柳下에 살았고 시호가 惠이므로 柳下惠라고 한다. 孟子는 聖人이라고 높이 평가하였다.

정하여 나라의 법전(法典)으로 삼는다. 지금 이유도 없이 법전을 더하니 정사의 마땅함이 아니다. 지금 해조가 날아오자, 자기는 알지도 못하면서 제사를 지내어 나라의 법전으로 하니, 어질고도 지혜롭다고 말하기가 어렵다. 공적도 없는데 제사지냄은 어짊이 아니며, 알지도 못하면서 물어보지 않는 것은 지혜로움이 아니다. 이제 바다에는 재앙이 있을 것이다. 넓은 바다의 많은 새·짐승들이 대개 재앙을 피할 줄 안 것이다'고 하였다. 이 해에 바다에는 큰 태풍이 많았고 겨울 날씨도 따뜻하였다"고 한 것이 그 일이다.

 春鳸, 鳻鶞. 夏鳸, 竊玄. 秋鳸, 竊藍. 冬鳸, 竊黃. 桑鳸, 竊脂. 棘鳸, 竊丹. 行鳸, 唶唶. 宵鳸, 嘖嘖.

춘호(春鳸)는 분춘(鳻鶞 : 봄 철새)이다. 하호(夏鳸)는 절현(竊玄 : 여름 철새)이다. 추호(秋鳸)는 절람(竊藍 : 가을 철새)이다. 동호(冬鳸)는 절황(竊黃 : 겨울 철새)이다. 상호(桑鳸)는 절지(竊脂 : 밀화부리)이다. 극호(棘鳸)는 절단(竊丹 : 철새의 일종)이다. 행호(行鳸)는 책책(唶唶 : 철새의 일종)이다. 소호(宵鳸)는 책책(嘖嘖 : 철새의 일종)이다.

 諸鳸皆因其毛色·音聲以爲名. 竊藍, 靑色.

여러 호(鳸)는 모두 털 색과 소리에 따라 이름을 붙였다. 절람(竊藍)은 청색(靑色)이다.

爾雅音義

鳸, 音戶. 鳻, 本亦作分, 同, 扶云反, 或芳云反. 鷦, 勑倫反, 本亦作遁. 藍, 力甘反. 行如字. 唶唶,『說文』云: "借字也. 一云大聲也." 莊百反. 顧子夜反, 又子亦反.『廣雅』云: "唶唶, 鳴也." 嘖, 莊革反.『廣雅』云: "鳴也."『說文』: "嘖, 呼也."

호(鳸)는 음(音)이 호(戶)이다. 분(鳻)은 본에 따라 분(分)으로 되어 있으나 음의가 같으며, 부(扶)와 운(云)의 반절, 혹은 방(芳)과 운(云)의 반절이다. 춘(鷦)은 칙(勑)과 륜(倫)의 반절인데, 본에 따라 둔(遁)으로 되어 있다. 람(藍)은 력(力)과 감(甘)의 반절이다. 행(行)은 여자(如字)이다. 책책(唶唶)은『설문』에 "차(借) 글자이다.[31] 한편 대성(大聲 : 큰 소리)이다"고 하였다. 장(莊)과 백(百)의 반절인데, 고야왕은 자(子)와 야(夜)의 반절, 또는 자(子)와 역(亦)의 반절이라 하였다.『광아』에 "책책(唶唶)은 새의 울음이다"고 하였다. 책(嘖)은 장(莊)과 혁(革)의 반절이다.『광아』에는 "새의 울음이다"고 하였다.『설문』에는 "책(嘖)은 외침이다"고 하였다.

爾雅疏

李巡云: "諸鳸別春夏秋冬四時之名. 唶唶・嘖嘖鳥聲貌也." 郭云: "諸鳸皆因其毛色・音聲以爲名. 竊藍, 靑色." 案, 昭十七年『左傳』云: "九扈爲九農正." 以此八鳸并上"鳸, 鷃"爲九. 賈逵注云: "春鳸, 分循, 相五土之宜, 趣民耕種者也. 夏鳸, 竊玄, 趣民耘苗者也. 秋鳸, 竊藍, 趣民收斂者也. 冬鳸, 竊黃, 趣民蓋藏者也. 棘鳸, 竊丹, 爲果驅鳥者也. 行鳸, 唶唶, 晝爲民驅鳥者也. 宵鳸, 嘖嘖, 夜爲農驅獸者也. 桑鳸, 竊脂, 爲蠶驅雀者也. 老鳸, 鷃鷃, 趣民收麥, 令不得晏起者也." 舍人・樊光注『爾雅』, 其言亦與賈同. 其意皆謂以鳸爲官, 還令依此諸鳸而動作也. 然則趣民耕耘及收斂・蓋藏其事, 可得召民使聚而總號令之. 其爲果

---

31) 借 글자이다 :『설문』에 의하면 唶는 譜의 或字이다. 譜의 段注에 "『설문』人部에는 借字가 없다[說文人部無借字]"라 하고, 또 "譜唶可以爲借字"라고 하여 譜・唶가 借로 될 수 있다고 하였다.

驅鳥, 爲蠶驅雀, 豈得多置官, 方使之就果樹・入蠶室爲民驅之哉? 又晝
驅鳥, 夜驅獸, 不可竟日通宵常在田野. 溥天之下, 何以可周? 且其言不
經, 難可據信也. 故郭氏及杜預皆不從也.

　　이순은 "여러 호(鳸)를 춘하추동 사계절의 명칭으로 구별하였다. 책책
(啧啧)・책책(嘖嘖)은 새소리와 모양이다"고 하였다. 곽박은 "여러 호(鳸)는
모두 털 색과 소리에 따라 이름을 붙였다. 절람은 청색(靑色)이다"고 하였
다. 살피건대, 『좌전』 소공 17년에 "구호위구농정(九鳸爲九農正)"이라 하였
다. 여기의 팔호(八鳸)에 위 글의 "호(鳸)는 안(鴳)이다"를 더하면 아홉이 된
다. 가규(賈逵)의 주32)에 "춘호(春鳸)는 분순(分循)인데 오토(五土)33)가 적당
한가를 살펴서 백성들에게 밭을 갈고 씨를 뿌리도록 재촉하는 것이다. 하
호(夏鳸)는 절현(竊玄)인데 백성들에게 곡식 싹을 김매도록 재촉하는 것이
다. 추호(秋鳸)는 절람(竊藍)인데 백성들에게 곡식 싹을 수확하도록 재촉하
는 것이다. 동호(冬鳸)는 절황(竊黃)인데 백성들에게 곡식 싹을 갈무리하도
록 재촉하는 것이다. 극호(棘鳸)는 절단(竊丹)인데 과일을 위해 새를 내쫓는
것이다. 행호(行鳸)는 책책(啧啧)인데 낮에 백성들을 위해 새를 내쫓는 것이
다. 소호(宵鳸)는 책책(嘖嘖)인데 밤에 농부를 위해 짐승을 내쫓는 것이다.
상호(桑鳸)는 절지(竊脂)인데 누에를 위해 참새를 내쫓는 것이다. 노호(老鳸)
는 안안(鴳鴳)인데 백성들에게 보리를 수확하도록 재촉하고, 늦게 일어나
지 못하도록 하는 것이다"고 하였다. 사인・번광의 『이아』 주에서도 그
말이 역시 가규와 같다. 그 의미는 모두 호(鳸)를 관직으로 여겼으며, 또한
이 여러 호(鳸)에 의거하여 동작하게 하였다. 그렇다면 백성들에게 밭을
갈고, 김매고, 수확하고, 갈무리하는 등의 일을 재촉하고, 백성들을 불러,

---

32) 賈逵의 注 : 賈逵의 注 아래의 모든 글은 『左傳』 昭公 17년에 나오는 "九鳸爲九農
正"에 대한 孔穎達의 疏를 그대로 인용한 것이다.
33) 五土 : 다섯 종류의 토지. 山林・川澤・丘陵・墳衍(平地)・原濕(高原과 卑濕한 곳)
을 말한다.

모이게 하여 총체적인 호령할 수 있게 된다. 과일을 위해 새를 내쫓고, 누에를 위해서 참새를 내쫓는 데에 어찌 관리를 많이 두어 그들로 하여금 과일나무에 가게 하고 잠실(蠶室)에 들어가게 하여 백성들을 위해서 새들을 내쫓게 할 수 있는가? 또 낮에는 새를 내쫓고, 밤에는 짐승을 내쫓는 데에 하루 내내 밤을 새우면서 항상 논밭에 있기는 불가능하다. 넓은 하늘 아래에 어떻게 두루 다 미칠 수 있는가? 또 그 말이 불합리하므로 믿기가 어렵다. 그러므로 곽박과 두예는 모두 따르지 않았다.[34]

鵖鴔, 戴鵀.

핍핍(鵖鴔)은 대임(戴鵀 : 후투티. 오디새)이다.

鵀卽頭上勝, 今亦呼爲戴勝. 鵖鴔猶鵶鵖, 語聲轉耳.

임(鵀)은 곧 두상승(頭上勝)으로 지금은 또한 대승(戴勝)[35]이라 부른다. 핍핍(鵖鴔)은 핍핍(鵶鵖)과 같은데 소리가 전환되었을 뿐이다.

鵖, 彼及反. 郭房汲反, 『字林』方立反. 鴔, 皮及反. 郭北及[36]反, 『字林』房立反, 又音伏. 鵀, 本亦作䳒, 女金反, 施沒沁反. 『方

---

34) 그러므로 …… 않았다 : 賈逵·舍人·樊光처럼 관직 명칭으로 보지 않고, 새 이름으로 보았다는 의미다.

35) 戴勝 : 후투티란 새의 이름이다. 새 모양이 마치 부녀자들이 머리 위에 올리는 머리 장식과 같이 생겼으므로 붙여진 명칭이다. 勝은 부녀자의 머리 장식이다.

36) 及 : 대본에는 反으로 되어 있다.

言』云 : “戴鵀, 一名戴南 一名戴勝.” 勝, 尸證反. 鶝, 皮逼反. 鷝, 音逼,
又音福.

핍(鶝)은 피(彼)와 급(及)의 반절이다. 곽박은 방(房)와 급(汲)의 반절, 『자
림』은 방(方)과 립(立)의 반절이라 하였다. 핍(鷝)은 피(皮)와 급(及)의 반절이
다. 곽박은 북(北)과 급(及)의 반절이라 하였으며, 『자림』은 방(房)과 립(立)
의 반절, 또는 음이 복(伏)이다. 임(鵀)은 본에 따라 또 임(𪁖)으로 되어 있
으며 녀(女)와 금(金)의 반절인데, 시건은 몰(沒)과 심(沁)의 반절이라 하였
다. 『방언』에 “대임(戴鵀)은 일명 대남(戴南), 일명 대승(戴勝)이다”고 하였
다. 승(勝)은 시(尸)와 증(證)의 반절이다. 핍(鶝)은 피(皮)와 핍(逼)의 반절이
다. 핍(鷝)은 음(音)이 핍(逼), 또는 음이 복(福)이다.

李巡云 : “戴勝, 一名鴲鴢.” 郭云 : “鵀卽頭上勝, 今亦呼爲戴勝.
鴲鴢猶鶝鷝, 語聲轉耳.” 「月令」季春云 : “戴勝降于桑.” 『方言』
云 : “燕之東北朝鮮洌水之間 謂之鶝鷝. 自關而東謂之戴鵀, 或謂之戴鴢,
或謂之戴勝. 東齊吳揚之間謂之鵀. 自關而西謂之服鶝, 或謂之鴲鴢.”

이순은 “대승(戴勝)은 일명 핍핍(鴲鴢)이다”고 하였다. 곽박은 “임(鵀)은
곧 두상승(頭上勝)으로 지금은 또 대승(戴勝)이라 부른다. 핍핍(鴲鴢)은 핍핍
(鶝鷝)과 같은데 소리가 전환되었다”고 하였다. 『예기』「월령」계춘(季春)
에 “대승이 뽕나무에 내려온다”고 하였다. 『방언』에 “연(燕)의 동북쪽과
조선의 열수(洌水) 지역에서는 복비(鶝鷝)라 한다. 함곡관 동쪽에서는 대임
(戴鵀), 혹은 대분(戴鴢), 혹은 대승(戴勝)이라고 한다. 동제(東齊)와 오양(吳揚)
지역에서는 임(鵀)이라 한다. 함곡관 서쪽 지역에서는 복핍(服鶝), 또는 핍
핍(鴲鴢)이라 한다”고 하였다.

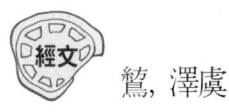

經文 鶭, 澤虞.

방(鶭)은 택우(澤虞 : 쇠물닭)이다.

爾雅注 今婟澤鳥. 似水鴞, 蒼黑色, 常在澤中. 見人輒鳴喚不去, 有象主守之官, 因名云. 俗呼爲護田鳥.

지금의 고택조(婟澤鳥)이다. 수효(水鴞 : 물올빼미)와 비슷하며 창흑색(蒼黑色)인데 항상 못 안에 있다. 사람을 보면 곧 소리를 지르고 떠나지 않는데 주수지관(主守之官)[37]을 상징해서 고택조라는 명칭이 붙었다. 세상에서는 호전조(護田鳥)라 부른다.

爾雅音義 鶭, 本或作旊, 『說文』作鶭, 孚往反. 澤虞, 『字林』作鸅鸆, 音同. 婟, 戶故反, 下同. 『說文』云 : "嫪也" 『廣雅』云 : "妬也" 『聲類』云 : "婟嫪, 戀惜也." 『字書』作嫮. 一本作詃, 皆同. 嫪, 力報反

방(鶭)은 본에 따라 방(旊)으로 되어 있는데, 『설문』에는 방(鶭)으로 되어 있으며, 부(孚)와 왕(往)의 반절이다. 택우(澤虞)는 『자림』에 택우(鸅鸆)로 되어 있으며 음이 같다. 고(婟)는 호(戶)와 고(故)의 반절로 아래도 같다. 『설문』에는 "고(婟)는 로(嫪 : 그리워하다)이다"고 하였다. 『광아』에는 "투(妬 : 질투하다)이다"고 하였다. 『성류(聲類)』에는 "고로(婟嫪)는 연석(戀惜 : 그리워하다)이다"고 하였다. 『자서』에는 호(嫮)로 되어 있다. 어느 본에는 견(詃)으로 되어 있으나 모두 음의가 같다. 로(嫪)는 력(力)과 보(報)의 반절이다.

37) 主守之官 : 창고 등을 지키는 관리.

 澤虞, 一名鷺. 郭云 : "今𪃭澤鳥. 似水鴞, 蒼黑色, 常在澤中. 見人輒鳴喚不去, 有象主守之官, 因名云. 俗呼爲護田鳥.『說文』云 : "𪃭, 嫪也."『聲類』云 : "𪃭嫪, 戀惜也." 以此鳥戀惜池澤, 見人不去, 因名𪃭澤鳥也.

택우(澤虞)는 일명 방(鷺)이다. 곽박은 "지금의 고택조(𪃭澤鳥)이다. 수효(水鴞)와 비슷하며 창흑색(蒼黑色)인데 항상 못 안에 있다. 사람을 보면 곧 소리를 지르고 떠나지 않는데 주수지관(主守之官)과 비슷해서 고택조라는 명칭이 붙었다. 세상에서는 호전조(護田鳥)라고 부른다"고 하였다.『설문』에는 "고(𪃭)는 로(嫪)이다"고 하였으며,『성류』에는 "고로(𪃭嫪)는 연석(戀惜)이다"고 하였다. 이 새가 못을 그리워하여 사람을 보아도 떠나지 않으므로 고택조(𪃭澤鳥)라 부른다.

 鷀, 鶿.

자(鷀)는 의(鶿 : 가마우지)이다.

 卽鸕鷀也. 觜頭曲如鉤, 食魚.

곧 노자(鸕鷀)이다. 부리 끝이 굽어 갈고리와 같으며 물고기를 먹는다.

 鷀, 音慈『字林』云 : "似鴞而黑." 鶿, 郭懿翳二音.『字林』英茈反. 觜, 子髓反.

자(鷀)는 음(音)이 자(慈)이다. 『자림』에 "역(鶂 : 물새 이름)과 비슷하면서 검다"고 하였다. 의(鷧)에 대하여 곽박은 의(懿)와 예(翳)로 음이 두 가지라고 하였다. 『자림』에는 영(英)과 이(佉)의 반절이라 하였다. 취(觜)는 자(子)와 수(髓)의 반절이다.

 別二名也. 『字林』云 : "似鶂而黑." 郭云 : "卽鸕鷀也."

두 가지 명칭을 구별하였다. 『자림』에 "역(鶂)과 비슷하면서 검다"고 하였다. 곽박은 "곧 노자(鸕鷀)이다"고 하였다.

 鷚, 鶉. 其雄鶛, 牝痺.

료(鷚)는 순(鶉 : 메추라기)이다. 그 수컷을 개(鶛 : 암 메추라기), 암컷을 비(痺 : 숫메추라기)라 한다.

 鶉, 鶬屬.

순(鶉)은 암(鶬 : 메추라기)의 종류이다.

 鷚, 『字林』力彫反. 鶉, 順春反. 鶛, 音皆. 牝, 毗忍反, 舊扶死反. 痺, 婢支反, 施音婢, 郭音卑. 鶬, 烏含反.

료(鷚)는 『자림』에 력(力)과 조(彫)의 반절이라 하였다. 순(鶉)은 순(順)과 춘(春)의 반절이다. 개(鶛)는 음(音)이 개(皆)이다. 빈(牝)은 비(庫)와 인(忍)의 반절인데, 옛날에는 부(扶)와 사(死)의 반절이라 하였다. 비(庫)는 비(婢)와 지(支)의 반절인데 시건은 음을 비(婢)라 하였으며, 곽박은 음을 비(卑)라 하였다. 암(鷁)은 오(烏)와 함(含)의 반절이다.

李巡曰：“別雄雌異方之言.” 鶉, 一名鷚. 其雄名鶛, 其牝名庫. 郭云：“鶉, 鷁屬.” 鷁卽上云“鴽, 鴾母, 田鼠所化者.” 鶉, 舊云：“蝦蟆所化者也.”

이순은 “암수와 지방마다 다른 말을 구별한 것이다”고 하였다. 순(鶉)은 일명 료(鷚)이다. 그 수컷을 개(鶛), 암컷을 비(庫)라 한다. 곽박은 “순(鶉)은 암(鷁)의 종류이다”고 하였다. 암(鷁) 곧 위 글의 “여(鴽)는 모모(鴾母：메추라기의 일종)이다. 두더지가 변한 것이다”고 한 것이다. 순(鶉)은 옛날에는 “하마(蝦蟆：개구리)가 변한 것이다”고 하였다.

 鸍, 沈鳧.

시(鸍)는 침부(沈鳧：물오리의 일종)이다.

 似鴨而小. 長尾, 背上有文. 今江東亦呼爲鸍.

오리와 비슷하나 작다. 긴 꼬리에다 등 위에 무늬가 있다. 지금 강동에서는 역시 시(鸍)라고 부른다.

爾雅音義 鸍, 郭音施, 尸支反. 『字林』亡支反. 沈, 直今反.

시(鸍)에 대하여 곽박은 음이 시(施)라 하였으며, 시(尸)와 지(支)의 반절이다. 『자림』에는 망(亡)과 지(支)의 반절이라 하였다. 침(沈)은 직(直)과 금(今)의 반절이라 하였다.

爾雅疏 鸍, 一名沈鳧. 郭云: "似鴨而小. 長尾, 背上有文. 今江東亦呼爲鸍." 陸璣云: "大小如鴨. 青色, 卑脚, 短喙. 水鳥之謹愿者也." 大雅云: "鳧鷖在涇."

시(鸍)는 일명 침부(沈鳧)이다. 곽박은 "오리와 비슷하나 작다. 긴 꼬리에다 등 위에 무늬가 있다. 지금 강동에서는 시(鸍)라 부른다"고 하였다. 육기는 "크기가 오리와 같다. 청색이며 다리가 낮고 부리도 짧다. 물새 중에 신중한 놈이다"고 하였다. 『시경』「대아」「부예(鳧鷖)」에 "물오리가 경수(涇水)에 있다"고 하였다.

鵁, 頭鵁.

요(鵁)는 두교(頭鵁 : 물새의 일종)이다.

爾雅注 似鳧. 脚近尾, 略不能行. 江東謂之魚鵁. 音髐箭.

오리와 비슷하다. 다리가 꼬리에 가까이 있어 제대로 움직이지 못한다. 강동에서는 어교(魚鵁)라 부른다. 교(鵁)는 음이 효전(髐箭)의 효(髐)이다.

爾雅音義 鸀, 謝烏卯反, 郭音杳, 『字林』音幼. 頭, 字或作投. 鵁, 本或作鳱. 郭音髐, 虛交反, 又音交. 近, 附近之近. 箭, 子賤反.

요(鸀)에 대하여 사교는 오(烏)와 묘(卯)의 반절이라 하였으며, 곽박은 음이 묘(杳), 『자림』은 음이 유(幼)라 하였다. 두(頭)는 글자를 혹은 투(投)로도 쓴다. 교(鵁)는 본에 따라 혹은 교(鳱)로 되어 있다. 곽박은 음이 효(髐), 허(虛)와 교(交)의 반절, 또는 음이 교(交)라고 하였다. 근(近)은 부근(附近)의 근(近)이다. 전(箭)은 자(子)와 천(賤)의 반절이다.

爾雅疏 鸀, 一名頭鵁. 郭云："似鳧. 脚近尾, 略不能行. 江東謂之魚鵁. 音髐箭." 嫌讀爲鵁鶄之鵁, 故音之. 『山海經』云："青要山, 畛水出焉, 北注河. 其中有鳥名鸀, 狀如鳧. 青身朱目赤毛. 食之宜子." 是也

요(鸀)는 일명 두교(頭鵁)이다. 곽박은 "오리와 비슷하다. 다리가 꼬리에 가까이 있어 제대로 움직이지 못한다. 강동에서는 어교(魚鵁)라 부른다. 교(鵁)는 음이 효전(髐箭)의 효(髐)이다"고 하였다. 교정(鵁鶄)의 교(鵁)라 읽는 것을 피하려고 효전이라 음을 달았다. 『산해경』「중산경(中山經)」에 "청요산(青要山)에서 진수(畛水)가 흘러나와 북쪽으로 황하에 흘러간다. 그 속에 요(鸀)라는 새가 있는데 모습이 오리와 같고, 파란 몸, 붉은 눈, 빨간 털을 가졌다. 이 새를 먹으면 아이를 쉽게 가진다"고 한 것이 이것이다.

 鶌鳩, 寇雉.

탈구(鶌鳩)는 구치(寇雉 : 사막 꿩)이다.

 鶌大如鴿. 似雌雉, 鼠脚, 無後指, 岐尾. 爲鳥憨急, 群飛, 出北方
沙漠地.

탈(鶌)은 크기가 합(鴿 : 비둘기)과 같다. 암꿩과 비슷하며 쥐 다리에, 뒷발
가락이 없으며 꼬리가 갈라져 있다. 새가 성질이 단순하고 급하며 떼지어
나는데 북방 사막에서 출현한다.

鶌, 貞刮直活二反. 寇, 苦候反. 鴿, 古合反. 岐, 音祁. 憨, 呼濫
反. 『字書』云 : “愚也.” 漠, 音莫.

탈(鶌)은 정(貞)과 괄(刮), 직(直)과 활(活)로 반절이 둘이다. 구(寇)는 고(苦)
와 후(候)의 반절이다. 합(鴿)은 고(古)와 합(合)의 반절이다. 기(岐)는 음(音)이
기(祁)이다. 감(憨)은 호(呼)와 람(濫)의 반절이다. 『자서』에는 “어리석다”고
하였다. 막(漠)은 음(音)이 막(莫)이다.

寇雉, 名鶌鳩. 郭云 : “鶌大如鴿. 似雌雉, 鼠脚, 無後指, 岐尾.
爲鳥憨急, 群飛, 出北方沙漠地.” 又謂之泆泆. 下云“寇雉, 泆
泆”, 是也.

구치(寇雉)는 일명 탈구(鶌鳩)이다. 곽박은 “탈(鶌)은 크기가 비둘기와 같
다. 암꿩과 비슷하며 쥐 다리에, 뒷발가락이 없으며 꼬리가 갈라져 있다.

새가 성질이 단순하고 급하며 떼지어 나는데 북방 사막에서 출현한다"고
하였다. 또 일일(泆泆)이라고 한다. 아래 글에서 "구치(寇雉)는 일일(泆泆)이
다"고 한 것이 이것이다.

 雈, 老鵵.

환(雈)은 노토(老鵵 : 부엉이의 일종)이다.

 木免也. 似鴟鵂而小. 免頭, 有角, 毛脚. 夜飛, 好食雞.

목토(木免)이다. 치휴(鴟鵂 : 부엉이의 일종)와 비슷하나 작다. 토끼 머리에
뿔이 있고 다리에 털이 있다.[38] 밤에 날며 닭을 잡아먹기를 좋아한다.

 雈, 音桓. 鵵, 本又作菟, 音免.

환(雈)은 음(音)이 환(桓)이다. 토(鵵)는 본에 따라 토(菟)로 되어 있으며,
음이 토(免)이다.

 老鵵, 一名雈. 郭云 : "木免也. 似鴟鵂而小. 免頭, 有角, 毛脚.
夜飛, 好食雞."

---

38) 토끼 …… 털이 있다 : 『이아고림』 「義疏」에서는 "其頭似免, 以耳上毛爲角也"라고
하여, '귀 위의 털이 角을 이루었다'고 하고 '脚'은 설명이 없다.

노토(老鵌)는 일명 환(雈)이다. 곽박은 "목토(木兔)이다. 치휴(鴟鵂)와 비슷하나 작다. 토끼 머리에 뿔이 있고 다리에 털이 있다. 밤에 날며 닭을 잡아먹기를 좋아한다"고 하였다.

鴩鴠鳥.

돌호조(鴩鴠鳥 : 꿩 비슷하게 생긴 새)이다.

似雉, 靑身, 白頭.

꿩과 비슷하나 몸이 파랗고 머리가 희다.

鴩, 徒忽反, 本亦作突. 胡, 字或作鴠.

돌(鴩)은 도(徒)와 홀(忽)의 반절이며, 본에 따라 또 돌(突)로 되어 있다. 호(胡)는 글자를 혹은 호(鴠)로도 쓴다.

鴩鴠, 鳥名也. 郭云: "似雉, 靑身, 白頭."

돌호(鴩鴠)는 새 이름이다. 곽박은 "꿩과 비슷하나 몸이 파랗고 머리가 희다"고 하였다.

 狂, 䳎鳥.

광(狂)은 몽조(䳎鳥 : 오색 빛깔의 새)이다.

 狂鳥, 五色, 有冠. 見『山海經』.

광조(狂鳥)는 오색(五色)으로 볏이 있다. 『산해경』에 보인다.

 䳎, 亡貢反

몽(䳎)은 망(亡)과 공(貢)의 반절이다.

 䳎鳥, 一名狂. 五采之鳥也.『山海經』者, 案, 「大荒西經」云 : "栗廣之野, 有五采之鳥, 有冠, 名曰狂鳥." 是也.

몽조(䳎鳥)는 일명 광(狂)이다. 오색 빛깔의 새이다. 주에서 인용한 『산해경』은 살피건대 『산해경』「대황서경(大荒西經)」에 "율광야(栗廣野)에 오색 빛깔의 새가 있는데 볏이 있으며 광조(狂鳥)라 한다"고 한 것이 이것이다.

 皇, 黃鳥.

황(皇)은 황조(黃鳥 : 꾀꼬리)이다.

 俗呼黃離留, 亦名摶[39]黍.

세상에서 황이류(黃離留 : 꾀꼬리)라 하며, 또한 단서(摶黍)라 부른다.

 摶, 徒端反. 黍, 音暑.

단(摶)은 도(徒)와 단(端)의 반절이다. 서(黍)는 음(音)이 서(暑)이다.

舍人曰 : “皇, 一名黃鳥.” 郭云 : “俗呼黃離留, 亦名摶黍.” 『詩』 「周南」云 : “黃鳥于飛.” 陸璣『疏』云 : “黃鳥, 黃鸝留也. 或謂之黃 栗留. 幽州人謂之黃鶯. 一名倉庚, 一名商庚, 一名鵹黃, 一名楚雀. 齊人 謂之摶黍. 當甚熟時來在桑間. 故里語曰 : ‘黃栗留, 看我麥黃甚熟不.’ 亦 是應節趨時之鳥也.” 自此以下, 諸言倉庚 · 商庚 · 鵹黃 · 楚雀 · 倉庚 · 鵹黃之文, 與此一也.

사인은 “황(皇)은 일명 황조(黃鳥)이다”고 하였다. 곽박은 “세상에서는 황이류(黃離留)라 하며, 또한 단서(摶黍)라 부른다”고 하였다. 『시경』 「주남」 「갈담(葛覃)」에 “꾀꼬리가 난다”고 하였는데, 육기의 『모시초목조수충어 소』에서 “황조(黃鳥)는 황이류(黃鸝留), 혹은 황율류(黃栗留)라고 한다. 유주 (幽州) 사람들은 황앵(黃鶯)이라고 한다. 일명 창경(倉庚), 일명 상경(商庚), 일 명 이황(鵹黃), 일명 초작(楚雀)이라 한다. 제(齊)나라 사람들은 단서(摶黍)라

---

39) 摶 : 대본에는 ‘摶’으로 되어 있으나 音義의 ‘徒端反’에 의하면 ‘摶’은 ‘摶’의 잘못임 을 알 수 있다.

한다. 오디가 익을 때가 와서 뽕나무 사이에 있다. 그러므로 마을 속담에 '꾀꼬리가 우리들의 보리가 누렇고 오디가 익었는지를 보는가?'라고 한다. 역시 절기에 응하고 계절에 따라서 오는 새이다. 이 글 아래로 창경(倉庚)·상경(商庚)·이황(鵹黃)·초작(楚雀)·창경(倉庚)·이황(鵹黃)을 두루 말한 글은 이것과 동일하다.

 翠, 鷸.

취(翠)는 휼(鷸 : 물총새)이다.

爾雅注
似燕. 紺色, 生鬱林.

제비와 비슷하다. 감색(紺色)으로 울창한 숲에서 산다.

爾雅音義
鷸, 聿述二音. 『左傳』云 : "鄭子臧好聚鷸冠." 卽翠鳥毛也. 紺, 古闇反.

휼(鷸)은 율(聿)과 술(述)로 음이 둘이다. 『좌전』에 "정(鄭)나라의 자장(子臧)이 취휼관(聚鷸冠 : 물총새)의 깃을 모아 만든 관을 좋아하였다"[40]고 하였으니, 이 휼(鷸)은 곧 물총새 털이다. 감(紺)은 고(古)와 암(闇)의 반절이다.

---

40) 鄭나라의 …… 좋아하였다 : 『좌전』 본문의 杜預 注에 "聚鷸羽以爲冠"이라고 설명하였다.

李巡曰: "鷸, 一名爲翠. 其羽可以爲飾." 樊光云: "靑羽, 出交州." 郭云: "似燕. 紺色, 生鬱林." 『說文』云: "翠, 靑羽雀也." 案, 『漢書』尉他獻文帝翠鳥毛. 然則鷸羽可以飾器物. 故僖二十四年『左氏傳』"鄭子臧好聚鷸冠", 是也.

이순은 "휼(鷸)은 일명 취(翠)이다. 그 깃은 장식물을 만들 수 있다"고 하였다. 번광은 "파란 깃은 교주(交州)에서 산출된다"고 하였다. 곽박은 "제비와 비슷하다. 감색(紺色)으로 울창한 숲에서 산다"고 하였다. 『설문』은 "취(翠)는 청우작(靑羽雀)이다"고 하였다. 살피건대, 『한서』에는 위타(尉他)가 문제(文帝)에게 물총새 깃을 바쳤다고 하였다. 그렇다면 물총새 깃으로 기물(器物)을 꾸밀 수 있다. 그러므로 『좌씨전』 희공 24년에 "정(鄭)나라의 자장(子臧)이 취휼관(聚鷸冠)을 좋아하였다"고 한 것이 이것이다.

鸀, 山烏.

촉(鸀)은 산오(山烏: 까마귀 비슷한 새)이다.

似烏而小. 赤觜, 穴乳, 出西方.

까마귀와 비슷하나 작다. 부리가 붉고 구멍에서 새끼를 키우는데 서쪽 지역에서 난다.

鸀, 濁蜀二音. 乳, 如注反, 下同.

촉(鸀)은 탁(濁)과 촉(蜀)으로 음이 둘이다. 유(乳)는 여(如)와 주(注)의 반절이며, 아래도 같다.

 山烏, 一名鸀. 郭云 : "似烏而小. 赤觜, 穴乳, 出西方."

산오(山烏)는 일명 촉(鸀)이다. 곽박은 "까마귀와 비슷하나 작다. 부리가 붉고 구멍에서 새끼를 키우는데 서쪽 지역에서 난다"고 하였다.

 蝙蝠, 服翼.

편복(蝙蝠)은 복익(服翼 : 박쥐)이다.

 齊人呼爲蟙䘃, 或謂之仙鼠.

제(齊)나라 사람은 직묵(蟙䘃)이라고 부르며, 또는 선서(仙鼠)라고 한다.

 蝙, 音邊. 蝠, 音福. 蟙, 章弋反. 䘃, 亡北反.

편(蝙)은 음(音)이 변(邊)이다. 복(蝠)은 음(音)이 복(福)이다. 직(蟙)은 장(章)과 익(弋)의 반절이다. 묵(蟔)은 망(亡)과 북(北)의 반절이다.

 蝙蝠, 一名服翼. 郭云 : "齊人呼爲蟙蟔. 或謂之仙鼠." 『方言』云 : "蝙蝠, 自關而東謂之服翼, 或謂之僊鼠. 自關而西秦隴之間謂之蝙蝠. 北燕謂之蟙蟔."

편복(蝙蝠)은 일명 복익(服翼)이다. 곽박은 "제(齊)나라 사람은 직묵(蟙蟔)이라고 부르며, 또는 선서(仙鼠)라고 한다"고 하였다. 『방언』에는 "편복은 함곡관 동쪽에서는 복익(服翼), 혹은 선서(僊鼠)라고 한다. 함곡관 서쪽의 진롱(秦隴)에서는 편복(蝙蝠)이라 한다. 북연(北燕)에서는 직묵(蟙蟔)이라 한다"고 하였다.

 晨風, 鸇.

신풍(晨風)은 전(鸇 : 송골매)이다.

 鷂屬. 『詩』曰 : "鴥彼晨風."

요(鷂 : 새매) 종류이다. 『시경』에 "빨리 나는 송골매"라고 하였다.

晨, 如字, 本或作鷐. 鷐, 之然反. 『說文』上仙反, 『字林』已仙反. 鷂, 羊召反. 鴥, 戶橘反, 『字林』云 : "鷐飛貌

신(晨)은 여자(如字)인데 본에 따라 신(鷐)으로 되어 있다. 전(鷏)은 지(之)와 연(然)의 반절이다. 『설문』에는 상(上)과 선(仙)의 반절이라 하였으며, 『자림』은 이(已)와 선(仙)의 반절이다. 요(鷂)는 양(羊)과 소(召)의 반절이다. 율(鶐)은 호(戶)와 귤(橘)의 반절인데, 『자림』에는 "송골매가 나는 모습이다"고 하였다.

 舍人曰 : "晨風, 一名鷐. 摯鳥也." 郭云 : "鷂屬." 陸璣云 : "鷐似鷂. 黃色, 燕頷, 勾喙, 嚮風搖翅. 乃因風飛急, 疾擊鳩鴿燕雀食之." 注 "『詩』曰 : '鴥彼晨風'." 『詩』「秦風」「晨風」篇文也.

사인은 "신풍(晨風)은 일명 전(鷐)인데 사나운 새이다"고 하였다. 곽박은 "요(鷂) 종류이다"고 하였다. 육기는 『모시초목조수충어소』에서 "전(鷐)은 요(鷂)와 비슷하다. 황색(黃色)이며 제비 턱에 부리가 굽었으며 바람을 향하여 깃을 흔든다. 바람을 따라 빨리 날아가서 비둘기·제비·참새들을 재빨리 공격하여 잡아먹는다"고 하였다. 주에서 말한 『시경』의 "율피신풍(鴥彼晨風)"은 『시경』「진풍(秦風)」「신풍(晨風)」편의 글이다.

 鶐, 白鷢.

앙(鶐)은 백궐(白鷢 : 매의 일종)이다.

爾雅
注
似鷹, 尾上白.

매와 비슷하나 꼬리 위와 머리가 희다.

 鴋, 音楊. 鸄, 巨月反.『說文』云 : "白鸄, 王雎也."『字林』同. 鷹,
於陵反.

양(鴋)은 음(音)이 양(楊)이다. 궐(鸄)은 거(巨)와 월(月)의 반절이다.『설문』
에는 궐(鸄)에 대해 "백궐(白鸄)은 왕저(王雎)이다"고 하였으며,『자림』도 같
다. 응(鷹)은 어(於)와 릉(陵)의 반절이다.

 鴋, 一名白鸄. 郭云 : "似鷹, 尾上白."

양(鴋)은 일명 백궐(白鸄)이다. 곽박은 "매와 비슷하나 꼬리와 머리 위가
희다"고 하였다.

 寇雉, 泆泆.

구치(寇雉)는 일일(泆泆 : 꿩의 일종인 사막 꿩)이다.

 卽鵽鳩也.

곧 탈구(鵽鳩)이다.

 泆, 音逸.

일(泆)은 음(音)이 일(逸)이다.

 鶠, 蟁母.

전(鶠)은 문모(蟁母 : 쏙독새)이다.

 似烏鶪而大. 黃白雜文, 鳴如鴿聲. 今江東呼爲蚊母. 俗說此鳥
常吐蚊, 因以名云.

오폭(烏鶪 : 물새 이름)과 비슷하나 크다. 황백색의 무늬가 섞였으며 울 때
는 비둘기 소리와 같다. 지금 강동에서는 문모(蚊母)로 부른다. 속설(俗說)에
는 이 새가 항상 모기를 토하므로 그로 인하여 이름이 붙여졌다고 한다.

 鶠, 田眞二音. 蟁, 本或作鷗, 郭云 : "皆古蚊字, 音文." 案『說文』
蟁正字, 蚊俗字. 或作蟁. 『字林』亡巾反. 鶪, 布角反.

전(鶠)은 전(田)과 진(眞)으로 음이 둘이다. 문(蟁)은 본에 따라 문(鷗)으로
도 쓰는데 곽박은 "문(蚊)의 고자(古字)이다. 음은 문(文)이다"고 하였다. 살
피건대, 『설문』에는 문(蟁)은 정자(正字)이고, 문(蚊)은 속자(俗字)라 하였다.
혹은 민(蟁)자로도 쓴다. 『자림』에는 망(亡)과 건(巾)의 반절이라 하였다. 폭
(鶪)은 포(布)와 각(角)의 반절이다.

鼰, 一名蟗母. 蟗, 蚊, 音義同,

전(鼰)은 일명 문모(蟗母)이다. 문(蟗)은 문(蚊)과 음의가 같다.

鷈, 須鸁.

체(鷈)는 수라(須鸁 : 논병아리 또는 되강 오리)이다.

鷈, 鷿鷈. 似鳧而小. 膏中瑩刀.

체(鷈)는 벽체(鷿鷈)이다. 오리와 비슷하나 작다. 기름은 칼을 광내기에
적합하다.

鷈, 他兮反, 字或作騠. 鸁, 力戈反. 鷿, 蒲歴反, 本今作鷺. 瑩,
烏暝反, 本今作瑩. 瑩磨瑩也.

체(鷈)는 디(他)의 혜(兮)의 반절인데, 글자를 혹은 체(騠)로도 쓴다. 라(鸁)
는 력(力)과 과(戈)의 반절이다. 벽(鷿)은 포(蒲)와 력(歴)의 반절인데, 본에 따
라 지금은 벽(鷺)으로 되어 있다. 형(瑩)은 오(烏)와 명(暝)의 반절인데, 본에
따라 지금은 형(瑩)으로 되어 있다. 형(瑩)은 마형(磨瑩 : 광택을 냄)이다.

鷈, 一名須鸁. 郭云 : "鷈, 鸊鷈. 似鳧而小. 膏中瑩刀."

체(鷈)는 일명 수라(須鸁)이다. 곽박은 "체(鷈)는 벽체(鸊鷈)이다. 오리와
비슷하나 작다. 기름은 칼을 광내기에 적합하다"고 하였다.

鼯鼠, 夷由.

오서(鼯鼠)는 이유(夷由 : 날다람쥐)이다.

爾雅
注 狀如小狐, 似蝙蝠, 肉翅. 翅尾項腋毛紫赤色, 背上蒼艾色, 腹下
黃, 喙頷雜白. 脚短, 爪長, 尾三尺許. 飛且乳, 亦謂之飛生. 聲如
人呼, 食火烟. 能從高赴下, 不能從下上高.

모습이 작은 여우와 같으며 박쥐와 비슷하고 육시(肉翅 : 살이나 근육으로
된 날개)이다. 날개·꼬리·목·겨드랑이의 털은 자적색(紫赤色), 등 위는
푸른 쑥색, 배 아래는 황색, 부리·턱은 얼룩덜룩한 백색이다. 다리가 짧
고 손톱이 길며 꼬리는 3척 가량이다. 날면서 젖을 먹이므로 또한 비생(飛
生)이라고도 한다. 소리는 사람의 외침소리와 비슷하고 불에 익힌 음식물
도 먹는다. 위에서 아래로 내려올 수 있지만, 아래에서 위로는 올라가지
못한다.

爾雅
音義 鼯, 音吾, 或作鸔. 由, 字或作鴞. 狐, 音呼. 項, 乎講反. 腋, 許業
反. 喙, 許穢反. 呼, 火故反. 上, 時丈反.

오(鼯)는 음(音)이 오(吾)인데, 혹은 오(鸓)로도 쓴다. 유(由)는 글자를 혹은 유(鼬)로도 쓴다. 호(狐)는 음(音)이 호(呼)이다. 항(項)은 호(乎)와 강(講)의 반절이다. 협(脅)은 허(許)와 업(業)의 반절이다. 훼(喙)는 허(許)와 예(穢)의 반절이다. 호(呼)는 화(火)와 고(故)의 반절이다. 상(上)은 시(時)와 장(丈)의 반절이다.

鼯鼠, 一名夷由. 郭云: "狀如小狐, 似蝙蝠, 肉翅. 翅尾項脅毛紫赤色, 背上蒼艾色, 腹下黃, 喙頷雜白. 脚短, 爪長, 尾三尺許. 飛且乳, 亦謂之飛生. 聲如人呼, 食火烟. 能從高赴下, 不能從下上高."

오서(鼯鼠)는 일명 이유(夷由)이다. 곽박은 "모습이 작은 여우와 같으며 박쥐와 비슷하고 육시(肉翅)이다. 날개·꼬리·목·겨드랑이의 털은 자적색(紫赤色), 등 위는 푸른 쑥색, 배 아래는 황색, 부리·턱은 얼룩덜룩한 백색이다. 다리가 짧고 손톱이 길며 꼬리는 3척 가량이다. 날면서 젖을 먹이므로 또한 비생(飛生)이라고도 한다. 소리는 사람의 외침소리와 비슷하고 불에 익힌 음식물도 먹는다. 위에서 아래로 내려올 수 있지만, 아래에서 위로는 올라가지 못한다"고 했다.

 倉庚, 商庚.

창경(倉庚)은 상경(商庚 : 꾀꼬리)이다.

 卽鶬黃也.

곧 이황(鸎黃)이다.

 倉庚, 商庚, 本或作皆加鳥. 鸎, 音離.

창경(倉庚)과 상경(商庚)은 본에 따라 모두 조(鳥)를 첨가시켰다. 리(鸎)는 음이 리(離)이다.

 鴷, 鯆䴅.

철(鴷)은 포축(鯆䴅)이다.

 未詳.

미상이다.

 鴂, 大結反. 『說文』音吐節反. 本今作鴷. 鯆, 音步, 字或作鶴. 䴅, 如字, 本今作䴅.

철(鴂)은 대(大)와 결(結)의 반절이다. 『설문』에는 음이 토(吐)와 절(節)의 반절이다고 하였다. 본에 따라 지금은 철(鴷)로 되어 있다. 포(鯆)는 음(音)이 보(步)인데, 글자를 간혹 식(鶴)으로 쓴다. 시(䴅)는 여자(如字)인데 본에 따라 지금은 축(䴅)으로도 쓴다.

 鷹, 鶆鳩.

응(鷹)은 내구(鶆鳩: 매)이다.

 鶆, 當爲鷞字之誤耳. 『左傳』作"鷞鳩", 是也.

내(鶆)는 당연히 상(鷞)자의 잘못이라 해야 한다. 『좌전』에 "상구(鷞鳩)"
로 되어 있으니, 이것이다.

來, 字或作鶆, 郭讀作爽, 所丈反. 衆家並依字. 樊云: "來鳩, 鷞
鳩也." 『字林』作鶆, 音來, 云: "鶆鳩, 鷹也." 爽, 本或作鷞.

래(來)는 글자가 혹 래(鶆)로 되어 있는데, 곽박은 상(爽)으로 읽어야 하
며, 소(所)와 장(丈)의 반절이라고 하였다. 대부분의 주석가들은 모두 글자
그대로 따랐다. 번광은 "래구(來鳩)는 상구(鷞鳩)이다"고 하였다. 『자림』에
는 래(鶆)로 되어 있으며, 음이 래(來)인데, "래구(鶆鳩)는 응(鷹)이다"고 하였
다. 상(爽)은 본에 따라 상(鷞)으로 되어 있다.

樊光口: "來鳩, 爽鳩也." 『春秋』曰: "爽鳩氏, 司寇." 鷹鷙故爲
司寇. 郭云: "鶆當爲鷞字之誤耳. 『左傳』作'鷞鳩', 是也." 案, 昭
十七年『左傳』郯子曰: "少皞氏以鳥名官." "鷞鳩氏, 司寇也." 杜注云:
"鷞鳩, 鷹也. 鷙故爲司寇. 主盜賊." 是也.

번광은 "내구(來鳩)는 상구(爽鳩)이다"고 하였다. 『춘추』에 "상구씨(爽鳩

氏)는 사구(司寇)이다"고 하였다. 매는 사나우므로 사구(司寇)가 된 것이다. 곽박은 "내(鵊)는 당연히 상(鵊)자의 잘못이라 해야 한다. 『좌전』에 '상구(鵊鳩)'라 하였으니 이것이다"고 하였다. 살펴건대, 『좌전』 소공 17년에 담자(郯子)가 말하기를 "소호씨(少皞氏)는 새로 관직명을 삼았다"고 하고, "상구씨(鵊鳩氏)는 사구(司寇)이다"고 하였는데, 두예의 주에 "상구(鵊鳩)는 응(鷹)이다. 사나우므로 사구(司寇)가 되었다. 도적을 관장한다"고 한 것이 이것이다.

 鶼鶼, 比翼.

겸겸(鶼鶼)은 비익(比翼 : 비익조)이다.

 說已在上.

설명이 이미 위 글에 있다.

 鶼, 古恬反. 衆家作兼. 李云 : "鳥有一目一翅, 相得乃飛. 故曰兼兼也."

겸(鶼)은 고(古)와 염(恬)의 반절이다. 여러 주석가들은 겸(兼)으로 썼다. 이순은 "새가 눈이 하나, 날개가 하나여서 서로 합쳐야 날 수 있다. 그러므로 겸겸(兼兼)이라 한다"고 하였다.

鶼鶼, 比翼鳥名也. 說在「釋地」篇. 故注云"說已在上."

겸겸(鶼鶼)은 비익조(比翼鳥) 이름이다. 설명이 「석지(釋地)」편에 있다. 그러므로 주에서 "설이재상(說已在上)"이라고 하였다.

 鵹黃, 楚雀.

이황(鵹黃)은 초작(楚雀 : 꾀꼬리)이다.

 卽倉庚也.

곧 창경(倉庚)이다.

 鵹, 『詩』傳作離. 阮謝同, 力知反. 施音黎. 『說文』作鸝, 云 : "其色黎黑而黃也." 文釋云 : "離黃, 倉庚也. 鳴則蠶生." 『字林』作鸝, 力兮反. 『毛詩草木疏』云 : "黃麗留也. 或謂之黃栗留也. 幽州人謂之黃鶯, 一名倉庚, 一名商庚, 一名鵹黃, 一名楚雀. 齊人謂之搏黍, 關西謂之黃鳥." 『方言』云 : "自關而東謂之倉庚, 關西謂之黃鸝留也."

리(鵹)는 『시경』의 모전에 리(離)로 되어 있다. 완효서(阮孝緖)와 사교도 동일하며 력(力)과 지(知)의 반절이다. 시건은 음이 려(黎)라 하였다. 『설문』에는 려(鸝)로 되어 있으며 "그 색이 검으면서 누렇다"고 하였다. 글을 해

석하여 이르기를 "이황(離黃)은 창경(倉庚)이다. 울면 누에가 생긴다"고 하
였다. 『자림』에는 려(鸍)로 되어 있는데 력(力)과 혜(兮)의 반절이라고 하였
다. 육기의 『모시초목소』에 "황려류(黃麗留)이다. 혹은 황율류(黃栗留)라고
한다. 유주(幽州) 사람은 황앵(黃鸎)이라고 하는데, 일명 창경(倉庚), 일명 상
경(商庚), 일명 이황(鵹黃), 일명 초작(楚雀)이다. 제(齊)나라 사람은 단서(摶黍)
라 하고, 관서 지역에서는 황조(黃鳥)라 한다"고 하였다. 『방언』에 "함곡관
(函谷關) 동쪽에서는 창경(倉庚), 관서(關西) 지방에서는 황리류(黃鸝留)라 한
다"고 하였다.

鴷, 斲木.

열(鴷)은 착목(斲木 : 딱따구리)이다.

口如錐, 長數寸. 常斲樹食蟲, 因名云.

입이 송곳 같으며 길이가 수 촌(寸)이다. 항상 나무를 쪼아 벌레를 잡아
먹으므로 착목(斲木)이라 부른다.

鴷, 音列. 斲, 陟角反. 錐, 章誰反.

열(鴷)은 음(音)이 렬(列)이다. 착(斲)은 척(陟)과 각(角)의 반절이다. 추(錐)는
장(章)과 수(誰)의 반절이다.

斲木鳥, 一名鴷. 郭云: "口如錐, 長數寸. 常斲樹食蟲, 因名云."

착목조(斲木鳥)는 일명 열(鴷)이다. 곽박은 "입이 송곳 같으며 길이가 수
촌(寸)이다. 항상 나무를 쪼아 벌레를 먹으므로 착목(斲木)이라 부른다"고
하였다.

 鷱, 鶶鷵.

격(鷱)은 당도(鶶鷵 : 까마귀 비슷한 새)이다.

 似烏, 蒼白色.

까마귀 비슷한데 푸르고 흰색이다.

 鷱, 郭古狄反. 『字林』工了反. 鶶, 音唐. 鷵, 音徒.

격(鷱)에 대하여 곽박은 고(古)와 적(狄)의 반절이라 하였다. 『자림』은 공
(工)과 료(了)의 반절이라 하였다. 당(鶶)은 음(音)이 당(唐)이다. 도(鷵)는 음
(音)이 도(徒)이다.

鷑, 一名鵧鷑. 郭云 : "似烏, 蒼白色."

격(鷑)은 일명 당도(鵧鷑)이다. 곽박은 "까마귀 비슷한데 푸르고 흰색이
다"고 하였다.

 鸏, 諸雉.

노(鸏)는 제치(諸雉 : 꿩의 일종)이다.

 未詳. 或云卽今雉.

미상이다. 혹은 지금의 꿩이라고 한다.

 鸏, 謝力吳反, 施力魚反.

로(鸏)에 대하여 사교는 력(力)과 오(吳)의 반절이라 하였으며, 시건은 력
(力)과 어(魚)의 반절이라 하였다.

 鷺, 舂鉏.

로(鷺)는 용서(舂鉏 : 백로)이다.

白鷺也. 頭·翅·背上 皆有長翰毛. 今江東人取以爲睫䍦, 名之曰白鷺縗.

백로(白鷺)이다. 머리·날개·등 위에 모두 긴 털이 있다. 지금 강동 사람들은 이 긴 털을 가지고 첩리(睫䍦 : 흰 모자)를 만들어 백로최(白鷺縗)라고 한다.

鷺, 音路. 『毛詩』傳云 : "白鳥也." 『字林』音盧. 舂, 舒容反. 鉏, 字又作鉏, 仕居反. 翰, 音汗. 睫, 字又作睞, 音接. 『說文』云 : "目旁毛也." 『三蒼』云 : "眥毛也." 䍦, 力知反. 縗, 西雷反, 又西河反.

로(鷺)는 음(音)이 로(路)이다. 『시경』의 모전에 "백조(白鳥)이다"고 하였다. 『자림』에는 음이 로(盧)라 하였다. 용(舂)은 서(舒)와 용(容)의 반절이다. 서(鉏)는 글자를 또 서(鉏)로 쓰는데, 사(仕)와 거(居)의 반절이다. 한(翰)은 음(音)이 한(汗)이다. 첩(睫)은 글자를 또 첩(睞)으로도 쓰는데 음이 접(接)이다. 『설문』은 첩(睞)에 대해 "눈가의 털이다"고 하였다. 『삼창(三蒼)』에 "눈가의 털이다."고 하였다. 리(䍦)는 력(力)과 지(知)의 반절이다. 최(縗)는 서(西)와 뢰(雷)의 반절, 또는 서(西)와 하(河)의 반절이다.

鷺, 一名舂鉏. 郭云 : "白鷺也. 頭·翅·背上皆有長翰毛. 今江東人取以爲睫䍦, 名之曰白鷺縗." 『詩』「陳風」云 : "値其鷺羽." 陸璣『疏』云 : "鷺, 水鳥也. 好而潔白, 故謂之白鳥. 齊·魯之間謂之舂鉏. 遼東·樂浪·吳揚人皆謂之白鷺. 青脚, 高尺七八寸. 尾如鷹尾, 喙長三寸. 頭上有長毛十數枚, 長尺餘, 毿毿然與衆毛異. 好欲取魚, 時則弭之. 今吳人亦養焉. 楚威王時, 有朱鷺合沓飛翔而來舞, 則復有赤者. 舊鼓吹

「朱鷺曲」是也. 然則鳥名白鷺, 赤者少耳."

로(鷺)는 일명 용서(舂鉏)이다. 곽박은 "백로(白鷺)이다. 머리·날개·등 위에 모두 긴 털이 있다. 지금 강동사람들은 이 긴 털을 가지고 첩리(睫欐)를 만들어 백로최(白鷺綕)라 한다"고 하였다. 『시경』「진풍」「완구(宛丘)」에 "백로 깃을 가진다"[41]고 하였는데, 육기의 『모시초목조수충어소』에 "로(鷺)는 물새이다. 깨끗한 것을 좋아하므로 백조(白鳥)라고 부른다. 제(齊)나라 노(魯)나라 지역에서는 용서(舂鉏)라고 한다. 요동(遼東)·낙랑(樂浪)·오양(吳揚) 사람들은 모두 백로(白鷺)라고 한다. 다리는 푸른데 높이가 1척(尺) 7~8촌(寸)이다. 꼬리는 매 꼬리 같고, 부리는 길이가 3촌(寸)이다. 머리 위는 긴 털이 수 십 가닥으로 길이가 1척(尺) 남짓인데, 긴 모양의 털은 다른 새 털과는 다르다. 물고기를 잡으려 하여 때로는 굽히기를 좋아한다.[42] 지금 오(吳) 지역 사람들은 또한 백로도 기른다. 초(楚)나라 위왕(威王) 시절에 주로(朱鷺 : 해오라기)가 계속해서 날아와 춤을 춘 적이 있다고 하였으니, 붉은 백로도 있다. 옛적에 「주란곡(朱鷺曲)」을 연주하였다고 한 것이 이것이다. 그렇다면 새 이름이 백로(白鷺)이지만 붉은 것도 약간 있다"고 하였다.

 鵁雉.

요치(鵁雉 : 꿩의 일종)이다.

---

41) 백로 깃을 가진다 : 모전의 "值, 持也"를 따랐다. 集傳은 "值, 植也"라고 하였다.
42) 물고기를 …… 좋아한다 : 『이아고림』「義疏」 등에는 "翟 …… 異好, 欲取魚時則俯之"로 표점을 찍었다.

青質五彩.

청색 바탕에 오채(五彩)이다.

 鷸雉.

교치(鷸雉 : 꽁지가 긴 꿩의 일종)이다.

 卽鷸雞也. 長尾, 走且鳴.

곧 교계(鷸雞)이다. 꼬리가 길고 달리면서 운다.

 鳴雉.

복치(鳴雉 . 청색 꿩)이다.

 黃色, 鳴自呼.

황색인데 자호(自呼)라고 울어댄다.

 鷩雉.

별치(鷩雉 : 금계와 비슷한 꿩의 일종)이다.

 似山雞而小. 冠·背毛黃, 腹下赤, 項綠色鮮明.

산계(山雞 : 금계)와 비슷하나 작다. 벗과 등 위의 털이 노랗고, 배 아래는 붉고, 목은 녹색인데 선명하다.

 秩秩, 海雉.

질질(秩秩)은 해치(海雉 : 꿩의 일종)이다.

 如雉而黑, 在海中山上.

꿩과 비슷하지만 검으며 바다와 산에 산다.

 鸐, 山雉.

적(鸐)은 산치(山雉 : 꼬리가 긴 꿩의 일종)이다.

 長尾者.

꼬리가 긴 것이다.

 鷩雉. 鷩雉.

한치(鷩雉)는 조치(鷩雉 : 꿩의 일종)이다.

 今白鷳也. 江東呼白鷳, 亦名白雉.

지금의 백조(白鷳)이다. 강동에서는 백한(白鷳)이라 부르고, 또 백치(白雉)
라 한다.

 雉絶有力, 奮.

꿩 중에 가장 힘센 놈이 분(奮 : 가장 힘센 꿩)이다.

 最健鬭.

가장 튼튼하고 싸움을 잘한다.

 伊洛而南, 素質五彩皆備成章曰翬.

이수(伊水)와 낙수(洛水) 이남 지역에 흰색 바탕에 다섯 가지 채색을 모
두 갖추어 무늬를 이룬 것을 휘(翬 : 털 색이 선명한 꿩의 일종)라고 한다.

 翬亦雉屬. 言其毛色光鮮.

휘(翬) 역시 꿩 종류이다. 그 털 색이 빛나고 선명한 것을 말한다.

 江淮而南, 靑質五彩皆備成章曰鷂.

강수(江水)와 회수(淮水) 이남 지역에 청색 바탕에 다섯 가지 채색을 모
두 갖추어 무늬를 이룬 것을 요(鷂)라고 한다.

 卽鷂雉也.

곧 요치(鷂雉)이다.

經文 南方曰𠷹, 東方曰鶅, 北方曰鵗, 西方曰鷷.

남방의 것을 수(𠷹 : 남방 꿩), 동방의 것을 치(鶅 : 동방 꿩), 북방의 것을 희(鵗 : 북방 꿩), 서방의 것을 준(鷷 : 서방 꿩)이라고 한다.

爾雅注 說四方雉之名.

사방(四方)의 꿩의 명칭을 설명하였다.

爾雅音義 鷂, 郭音遙, 下同. 鷮, 音驕. 鳪, 音卜, 郭方木反, 又方角反. 鷩, 謝必滅反, 呂郭方世反. 秩秩, 本又作失失, 謝持乙反, 施音逸. 翟, 音狄, 本又作鸐, 又音濯. 雗, 戶旦反, 字又作翰. 鵫, 呂郭音罩, 陟孝反, 又音卓. 鵖音白, 本又作白. 鬭, 丁豆反, 又丁侯反. 翬, 音暉. 𠷹, 本或作𪈞, 直留反, 郭徒留反. 『字林』女知反. 鶅, 側其反. 鵗, 音希. 鷷, 郭音尊, 謝徂尊反.

요(鷂)에 대하여 곽박은 음이 요(遙)라 하였으며, 아래도 같다. 교(鷮)는 음(音)이 교(驕)이다. 복(鳪)은 음(音)이 복(卜)인데, 곽박은 방(方)과 목(木)의 반절, 또는 방(方)과 각(角)의 반절이라 하였다. 별(鷩)에 대하여 사교는 필(必)과 멸(滅)의 반절이라 하였으며, 여침과 곽박은 방(方)과 세(世)의 반절이라 하였다. 질질(秩秩)은 본에 따라 실실(失失)로 되어 있는데, 사교는 지(持)

와 을(乙)의 반절, 시건은 음이 일(逸)이라 하였다. 적(翟)은 음(音)이 적(狄)인데, 본에 따라 적(鸐)으로 되어 있으며, 또는 음이 탁(濯)이다. 한(鷴)은 호(戶)와 단(旦)의 반절인데, 글자를 또 한(翰)으로도 쓴다. 조(鵫)에 대하여 여침과 곽박은 음이 조(罩)라 하였는데, 척(陟)과 효(孝)의 반절, 또는 음이 탁(卓)이다. 백(鷩)은 음이 백(白)인데, 본에 따라 백(白)으로 되어 있다. 투(鬭)는 정(丁)과 두(豆)의 반절, 또는 정(丁)와 후(侯)의 반절이다. 휘(翬)는 음(音)이 휘(暉)이다. 수(鷚)는 본에 따라 수(鷚)로 되어 있고, 직(直)과 유(留)의 반절인데, 곽박은 도(徒)와 유(留)의 반절이라 하였다. 『자림』에는 녀(女)와 지(知)의 반절이라 하였다. 치(鶅)는 측(側)과 기(其)의 반절이다. 희(鵗)는 음(音)이 희(希)이다. 준(鵕)에 대하여 곽박은 음이 준(尊)이라 하였으며, 사교는 조(俎)와 준(尊)의 반절이라 하였다.

爾雅疏 別諸雉之名也. "鷂雉"者, 郭云: "靑質五采." 卽下文"江淮而南"者, 是也. 云"鷂雉"者, 郭云: "卽鷂雞也. 長尾, 走且鳴." 『說文』云: "鷂, 長尾雉, 走鳴. 乘輿以尾爲防釳著馬頭上." 『詩』「小雅」云: "有集維鷂." 陸璣『疏』云: "鷂, 微小於翟也. 走而且鳴曰鷂鷂. 其尾長, 肉甚美. 故林木山下人語曰: '四足之美有麖, 兩足之美有鷂.' 麖者, 似鹿而小"是也. 『山海經』: "女几山其鳥多白鷂." 云"鳪雉"者, 雉之黃色, 鳴自呼者名鳪. 云"鷩雉"者, 案『山海經』: "牝山之上鳥多赤鷩." 郭注云: "卽鷩雉也." 『尙書』謂之"華蟲." 『周禮』「春官」「司服」職云: "鷩冕." 七章之服也, 畫此鷩雉. 郭云: "似山雞而小. 冠·背毛黃, 腹下赤, 項綠色鮮明." 云"秩秩, 海雉"者, 海雉, 一名秩秩. 郭云: "如雉而黑, 在海中山上." 云"鸐, 山雉"者, 山雉, 一名鸐. 郭云: "長尾者"今俗呼山雞是也. 云"鷳雉, 鷂雉"者, 別二名也. 郭云: "今白鷳也. 江東呼白鷳, 亦名白雉." 云"雉絶有力奮"者, 謂雉之壯大有力能鬭者名奮. 郭云: "最健鬭." 云"伊洛而南, 素質五彩皆備成章曰翬"者, 李巡曰: "素質五彩備具, 文章鮮明曰翬." 孫炎曰: "翬雉, 白質, 五色爲文也." 郭云: "翬亦雉屬. 言其毛色光鮮. 王后之服

以爲飾." 案『周禮』「內司服」云 : "王后之六服, 褘衣." 鄭注云 : "王后之服, 刻繪爲之形而彩畫之. 綴於衣以爲文章. 褘衣, 畫翬者." 是也. 云"江淮而南, 靑質五彩皆備成章曰鷂"者, 有雉, 靑質五彩備具而成文章, 名曰鷂雉. 郭云 : "卽鷂雉也. 亦王后之服以爲飾."『周禮』云"揄狄" 鄭注云 : "揄狄, 畫搖者"是也. 搖與鷂音義同. 云"南方曰鷸, 東方曰鶅, 北方曰鵗, 西方曰鷩"者, 郭云 : "說四方雉之名"『左傳』曰 : "五雉, 爲五工正." 杜預取此四方之雉, 并上"翬雉"以爲五也. 必取翬雉者, 伊洛, 土之中區, 故與四方之雉爲五也. 樊光・賈逵以此五雉分屬工. 無所馮據, 不可采用, 故略而不言.

　여러 종류의 꿩의 명칭을 구별하였다. "요치(鷂雉)"에 대해 곽박은 "청색 바탕에 오채(五彩)이다"고 하였으니, 곧 아래 글의 "강회이남(江淮而南)"이 이것이다. "교치(鷂雉)"에 대해 곽박은 "곧 교계(鷂雞)이다. 꼬리가 길고 달리면서 운다"고 하였다.『설문』에 "교(鷂)는 꼬리가 긴 꿩으로 달리면서 운다. 교(鷂)의 꼬리로 방흘(防釳)[43]을 만들어서 천자의 수레를 끄는 말의 머리에 붙인다"고 하였다.『시경』「소아」「거할(車舝)」에 "교라는 꿩이 모여 있다"고 하였는데, 육기의『모시초목조수충어소』에는 "교(鷂)는 적(翟)보다 약간 작다. 달리면서 울기를 교교(鷂鷂)라고 한다. 그 꼬리는 길고 고기가 매우 맛있다. 그러므로 산에서 사는 사람들의 말에 '네 발 달린 짐승으로 맛있는 것은 포(麃 : 사슴의 일종)요, 두 발 달린 것으로 맛있는 것은 교(鷂)이다'라고 한다. 포(麃)는 사슴과 비슷하지만 작다"고 한 것이 이것이다.『산해경』「중산경(中山經)」에 "여궤산(女几山)에 사는 새로는 백교(白鷂)가 많다"고 하였다. "복치(鳴雉)"라고 하였는데 황색 꿩으로 자호(自呼)라고 우는 것을 복(鳴)이라 한다. "별치(鷩雉)"는 살피건대,『산해경』「중산경」에 "빈산(牝山) 위의 새로는 적별(赤鷩)이 많다"고 하였는데, 곽박의 주에 "곧

---

43) 防釳 : 천자의 수레를 끄는 말의 대가리를 꾸미는 장식.

별치(鷩雉)이다"고 하였다. 『서경』「익직(益稷)」에는 "화충(華蟲 : 꿩)이다"고 하였다. 『주례』「춘관」「사복(司服)」직에 이르기를 "별면(鷩冕)이다"고 하였다. 칠장지복(七章之服)[44]에는 이 별치(鷩雉)를 그린다. 곽박은 "산계(山雞 : 금계)와 비슷하나 작다. 볏과 등 위의 털이 노랗고, 배 아래는 붉고, 목은 녹색인데 선명하다"고 하였다. "질질(秩秩)은 해치(海雉)"라 하였는데 해치(海雉)는 일명 질질(秩秩)이다. 곽박은 "꿩과 비슷하지만 검으며 바다와 산에 산다"고 하였다. "적(鸐)은 산치(山雉)"라 하였는데, 산치(山雉)는 일명 적(鸐)적이다. 곽박은 "꼬리가 긴 것이다"고 하였다. 지금은 세속에서 산계(山雞)라고 부르는 것이 이것이다. "한치(鷳雉)는 조치(鵫雉)"라고 하였는데, 두 가지 명칭으로 구별한 것이다. 곽박은 "지금의 백조(白鵫)이다. 강동에서는 백한(白鷳)이라 부르고, 또 백치(白雉)라 한다"고 하였다. "꿩 중에 가장 힘센 놈이 분(奮)이다"고 하였는데, 꿩 중에 몸집이 크고 힘이 세어 잘 싸우는 놈을 분(奮)이라고 부른다고 말한 것이다. 곽박은 "가장 튼튼하고 싸움 잘한다"고 하였다. "이수(伊水)와 낙수(洛水) 이남 지역에 흰색 바탕에다 오채색을 모두 갖추어 무늬를 이룬 것을 휘(翬)라고 한다"고 하였는데, 이순은 "흰색 바탕에 오채색을 구비하여 무늬가 선명한 것을 휘(翬)라고 한다"고 하였다. 손염은 "휘치(翬雉)는 흰색 바탕에 다섯 가지 색으로 무늬를 이루고 있다"고 하였다. 곽박은 "휘(翬) 역시 꿩 종류이다. 그 털 색이 빛나고 선명한 것을 말한다. 왕후의 옷에 장식으로 넣는다"고 하였다. 살피건대, 『주례』「천관」「내사복(內司服)」에 "왕후(王后)의 여섯 가지 복장 가운데 하나가 위의(褘衣)이다"고 하였다. 정현의 주에는 "왕후의 옷은 비단을 오려 모양을 만들고 채색을 그려 넣고, 옷에 꿰매 대어 무늬를 만든다. 위의(褘衣)는 휘(翬)를 그린 것이다"고 한 것이 이것이다. "강수(江水)와

---

44) 七章之服 : 일곱 가지 문양을 넣은 옷. 天子 및 제후의 계급에 따라 입는 옷이 달라진다. 十二章은 천자의 복장이고 제후는 七章, 五章 등이 있다. 七章인 경우에는 衣(웃옷)에 三章, 裳(아래옷)에 四章을 그려 넣는다. 十二章은 日・月・星辰・山・龍・華蟲・宗彝・藻・火・粉米・黼・黻이다.

회수(淮水) 이남 지역에 청색 바탕에 다섯 가지 채색을 모두 갖추어 무늬를 이룬 것이 요(鷂 : 꿩의 일종)이다"고 한 것은 꿩이 있는데, 청색 바탕에 다섯 가지 채색을 구비하여 무늬를 이룬 것을 요치(鷂雉)라 한다. 곽박은 "곧 요치(鷂雉)이다. 역시 왕후의 복장에 장식하는 것이다"고 하였다.『주례』「천관」「내사복(內司服)」에 "유적(楡狄)이다"고 하였는데, 정현의 주에 "유적(楡狄)은 요(搖)를 그린 것이다"고 한 것이 이것이다. 요(搖)는 요(鷂)와 음의가 같다. "남방의 것을 수(鷸), 동방의 것을 치(鷂), 북방의 것을 희(鶅), 서방의 것을 준(鷷)이라고 한다"고 한 것에 대하여 곽박은 "사방(四方)의 꿩의 명칭을 설명하였다"고 하였다.『좌전』소공 17년에 "오치위오공정(五雉爲五工正 : 오치로 오공의 장관을 삼았다)"45)이라 하였다. 두예는 여기 사방의 치(雉)에다가 윗글의 휘치(翬雉)를 합하여 다섯으로 하였다. 반드시 "휘치(翬雉)"를 취택한 것은 이수(伊水)와 낙수(洛水)가 중앙에 위치한 지역이므로 사방의 치(雉)와 더불어 다섯을 만든 것이다. 번광·가규는 이 오치(五雉)를 가지고 공(工 : 기능공)에 나누어 소속시켰지만 근거한 바가 없어 채용할 수 없으므로, 생략하여 말하지 않았다.

鳥鼠同穴, 其鳥爲鵌, 其鼠爲鼵.

조서동혈(鳥鼠同穴)46)이란 산이 있는데 그곳에서 사는 새를 도(鵌 : 쥐와 함께 사는 새)라 하고, 그곳에서 사는 쥐를 돌(鼵 : 새와 함께 사는 쥐)이라 한다.

---

45) 五雉爲五工正 : 五雉는 少昊 때의 관직 이름으로, 五工의 長官이다. 五工은 나무·가죽 등을 다루는 다섯 종류의 기능공을 말한다.

46) 鳥鼠同穴 : 1개의 산이라는 설과 2개의 산이라는 설이 있다.『이아곽림』「正郭」에 "是二山也. …… 郭注承用鄭注, 惟合鳥鼠同穴二山爲一山, 乃顯與鄭注爲二"라고 하여 鄭玄이 두 개 산으로 본 것을 郭璞이 한 개의 산으로 합쳤다고 하였다.

鼣如人家鼠而短尾. 䶉似鷉而小, 黃黑色. 穴入地三四尺, 鼠在
內, 鳥在外. 今在隴西首陽縣鳥鼠同穴山中. 孔氏『尚書傳』云:
"共爲雄雌." 張氏『地理記』云: "不爲牝牡."

돌(鼣)은 사람 집의 쥐와 같으나 꼬리가 짧다. 도(䶉)는 탈(鷉 : 사막꿩)과
비슷하나 작고 황흑색(黃黑色)이다. 땅 속에 3~4척(尺) 정도로 구멍을 파는
데 쥐는 안에 있고, 새는 바깥에 있다. 지금 농서(隴西) 수양현(首陽縣)에 조
서동혈산(鳥鼠同穴山) 속에 있다. 공씨(孔氏)의 『상서전(尚書傳)』47)은 "모두
암수 성질을 가지고 있다"고 하였다. 장안(張晏)48)의 『지리기(地理記)』에는
"암수가 아니다"고 하였다.

䶉, 音途. 鼣, 徒忽反. 鷉, 丁刮反. 牝, 毗忍反. 牡, 音母.

도(䶉)는 음(音)이 도(途)이다. 돌(鼣)은 도(徒)와 홀(忽)의 반절이다. 탈(鷉)은
정(丁)과 괄(刮)의 반절이다. 빈(牝)은 비(毗)와 인(忍)의 반절이다. 모(牡)는 음
(音)이 모(母)이다.

『尚書』「禹貢」云: "導渭, 自鳥鼠同穴." 不言鳥獸之名, 故此釋之
也. 李巡云: "䶉·鼣鳥鼠之名. 共處一穴, 天性然也." 郭云: "鼣
如人家鼠而短尾. 䶉似鷉而小, 黃黑色. 穴入地三四尺, 鼠在內, 鳥在外.
今在隴西首陽縣鳥鼠同穴山中. 孔氏『尚書傳』云: '共爲雄雌.' 張氏『地理
記』云: '不爲牝牡'" 郭氏並載此言, 未知誰得其實也.

---

47) 『尚書傳』: 孔安國이 지었다는 『古文尚書傳』을 말하는데 58편 중 33편은 僞作으로
판명되었다. 一說에는 晉代에 梅賾이 바친 것이라고 한다.
48) 張晏: 三國時代 魏의 학자. 자는 子傳.

『서경』「우공」에 "위수(渭水)를 인도하되 조서동혈(鳥鼠同穴)에서 시작한
다"고 하였다. 조수(鳥獸)라는 명칭을 말하지 않았으므로 여기서 풀이하였
다. 이순은 "도(鵌)와 돌(鼵)은 새와 쥐의 명칭이다. 한 구멍에서 같이 생활
하는 것은 천성이 그러한 것이다"고 하였다. 곽박은 "돌(鼵)은 사람 집의
쥐와 같으나 꼬리가 짧다. 도(鵌)는 탈(鷄)과 비슷하나 작고 황흑색(黃黑色)
이다. 땅 속 3~4 척(尺) 정도 구멍을 파는데 쥐는 안에 있고, 새는 바깥에
있다. 지금 농서(隴西) 수양현(首陽縣)에 조서동혈산(鳥鼠同穴山) 속에 있다.
공씨의 『상서전』은 '공위웅자(共爲雄雌)'라고 하였다. 장안(張晏)의 『지리기
(地理記)』에는 : '불위빈모(不爲牝牡)'이다"고 하였다. 곽박은 이 말을 모두
실었으니, 누가 그 진실을 알았는지 모르겠다.

 鸐鵌, 鼵鵌. 如鵲, 短尾. 射之, 衒矢射人.

환단(鸐鵌)은 복유(鼵鵌 : 빠르고 힘센 새)이다. 까치 같고 꼬리가 짧다. 이
새를 쏘면 이 새가 도리어 화살을 물어 사람에게 쏜다.

 或說曰, 鸐鵌, 鼵鵌, 一名隋羿.

혹자가 말하기를 "환단(鸐鵌)은 복유(鼵鵌)인데 일명 타예(隋羿)이다"라고
하였다.

 鸐, 音歡. 鵌, 徒端反. 鼵, 音福, 字亦作福. 鵌, 而由反, 本亦作
柔, 或作蹂, 音同. 鵲, 七藥反, 射之, 食亦反, 注同. 隋, 字又作

隋, 徒課反. 『字書』云 : "古以爲懈惰字." 羿, 五計反, 古之善射者. 言此鳥捷勁, 雖羿之善射, 亦懈惰不敢射也, 故以名云.

환(鸛)은 음(音)이 환(歡)이다. 단(鶉)은 도(徒)와 단(端)의 반절이다. 복(鵬)은 음(音)이 복(福)인데, 글자를 또한 복(福)으로도 쓴다. 유(鶩)는 이(而)와 유(由)의 반절인데, 본에 따라 유(柔), 혹은 유(踩)로도 되어 있으나, 음이 같다. 작(鵲)은 칠(七)과 약(藥)의 반절이다. 석지(射之)의 석(射)은 식(食)과 역(亦)의 반절이며, 주에서도 같다. 타(隋)는 글자를 또 타(隋)로도 쓰는데 도(徒)와 과(課)의 반절이다. 『자서』에는 "옛날에는 해타(懈惰)의 타(惰)자로 여겼다"고 하였다. 예(羿)는 오(五)와 계(計)의 반절로, 옛날에 활을 잘 쏘는 자이다. 이 새가 빠르고 강하여서 비록 예의 뛰어난 활 솜씨로도 역시 해이해져 감히 쏘지 못하므로 타예(隋羿)라고 부른다는 것을 말한다.

[爾雅疏] 鸛鶉, 一名鵬鶩. 郭云 : "或曰, 鸛鶉, 鵬鶩, 一名隋羿." 案, 『字書』云 : "隋古以爲懈惰字." 羿, 古之善射者. 言此鳥捷勁, 雖羿之善射, 亦懈惰不敢射也, 故以名云. 郭『圖讚』云 : "鸛鶉之鳥, 一名隋羿. 應弦銜鏑, 矢不著地. 逢蒙縮手, 養由不睨."

환단(鸛鶉)은 일명 복유(鵬鶩)이다. 곽박은 "혹은 말하기를 환단(鸛鶉)은 복유(鵬鶩)인데 일명 타예(隋羿)이다"고 하였다. 살피건대, 『자서』에 "타(隋)는 "옛날에는 해타(懈惰)의 타(惰)자로 여겼다"고 하였다. 예(羿)는 옛날에 활을 잘 쏘는 자이다. 말하자면, 이 새가 빠르고 강하여서 비록 예의 뛰어난 활 솜씨로도 역시 해이해져 감히 쏘지 못하므로 타예(隋羿)라고 부른다는 것을 말한다. 곽박의 『도찬(圖讚)』에 "환작(鸛鶉)이라는 새는 일명 타예(隋羿)이다. 활을 쏘자마자 화살촉을 입에 물어 화살이 땅에 닿지도 않는다. 활의 명인인 방몽(逢蒙)[49]도 손을 놓고, 양유(養由)[50]도 쳐다보지 못한다"고 하였다.

 鵙鴃醜, 其飛也翪.

작격추(鵙鴃醜 : 때까치 종류)는 날 때 날개를 들어올리고 내린다.

 竦翅上下.

날개를 들어올리고 내린다.

 鴃, 古閴反.『字林』工役反. 翪, 子工反,『字林』作燮, 音子弄反. 竦, 思勇反. 上下, 時掌反.

격(鴃)은 고(古)와 격(閴)의 반절인데,『자림』에는 공(工)과 역(役)의 반절이라 하였다. 종(翪)은 자(子)와 공(工)의 반절인데,『자림』에는 종(燮)으로 쓰고 음이 자(子)와 롱(弄)의 반절이라 하였다. 송(竦)은 사(思)와 용(勇)의 반절이다. 상하(上下)의 상(上)은 시(時)와 장(掌)의 반절이다.

 鴃, 伯勞也. 翪, 竦也. 醜, 類也. 鵙鴃之類, 不能翶翔遠飛, 但竦翅上下而已.

격(鴃)은 백로(伯勞 : 때까치)이다. 종(翪)은 송(竦 : 들다)이다. 추(醜)는 류(類 : 종류)이다. 때까치 종류는 멀리 날아가지 못하고 다만 날개를 들어올리고 내린다.

---

49) 逢蒙 : 활의 명수. 羿에게서 배웠음.
50) 養由 : 춘추시대 활의 명수인 養由基를 말함.

 鳶鳥醜, 其飛也翔.

연오추(鳶鳥醜 : 올빼미 종류)는 날 때 빙빙 돈다.

 布翅翱翔.

날개를 펴서 빙빙 돌린다.

 鳶, 悅專反. 字亦作戴.

연(鳶)은 열(悅)과 전(專)의 반절인데, 글자를 또한 연(戴)으로도 쓴다.

 鳶, 鴟也. 鴟鳥之類, 其飛也布翅翱翔.

연(鳶)은 치(鴟 : 올빼미)이다. 올빼미같은 종류의 새들은 날 때 날개를 펴서 빙빙 돈다.

 鷹隼醜, 其飛也翬.

응준추(鷹隼醜 : 매 종류)는 날 때 날개를 펄럭펄럭한다.

鼓翅翬翬然疾.

날개를 쳐서 펄럭펄럭 빠르다.

 鷹, 字或作應. 隼, 西尹反 本或作鵻. 案, 隹卽鳥也, 無勞更加.

응(鷹)은 글자를 응(應)으로도 쓴다. 준(隼)은 서(西)와 윤(尹)의 반절인데, 본에 따라 혹은 준(鵻)으로 되어 있다. 살피건대, 추(隹)는 바로 조(鳥)이니 수고롭게 더욱 가할 것이 없다.

 舍人曰: "謂隼鷂之屬也." 翬翬, 其飛疾羽聲也. 郭云: "鼓翅翬翬然疾." 是急疾之鳥也. 『說文』云: "隼, 鷙鳥也." 陸璣云: "隼, 鷂屬也. 齊人謂之擊正, 或謂之題肩, 或謂之雀鷹. 春化爲布穀者是也."

사인은 "준요(隼鷂 : 새매) 종류이다"고 하였다. 휘휘(翬翬)는 빨리 날 때 나는 깃 소리이다. 곽박은 "날개를 쳐서 펄럭펄럭 빠르다"고 하였다. 『설문』은 "준(隼)은 지조(鷙鳥 : 사나운 새)이다"고 하였다. 육기는 『모시초목조수충어소』에서 "준(隼)은 새매 종류이다. 제(齊)나라 사람은 격정(擊正)이라 하는데, 혹은 제견(題肩), 혹은 작응(雀鷹)이라 한다. 봄에는 포곡(布穀 : 뻐꾸기)으로 변하는 것이 이것이다"고 하였다.

 鳧鴈醜, 其足蹼,

부안(鳧鴈)의 종류는 그 발은 복(蹼 : 물갈퀴)이고,

 脚指間有幕蹼屬相著.

발가락 사이에 물갈퀴가 이어져 서로 붙어 있다.

 其踵企.

그 발뒤꿈치는 기(企 : 곧게 뻗음)이다.

 飛卽伸其脚跟企直.

날면 곧 그 발뒤꿈치를 펴서 곧게 뻗는다.

 蹼, 本又作蹼, 音補木反. 有幕, 亡博反. 蹼屬, 章欲反. 相著, 直
畧反. 踵, 章勇反. 『聲類』云 : "足跟也." 企, 去跂反, 字或作跂.
跟, 音根. 『釋名』云 : "足後曰跟."

복(蹼)은 본에 따라 복(蹼)으로 되어 있으며, 음은 보(補)와 목(木)의 반절이
다. 유막(有幕)의 막(幕)은 망(亡)과 박(博)의 반절이다. 복촉(蹼屬)의 촉(屬)은
장(章)과 욕(欲)의 반절이다. 상착(相著)의 착(著)은 직(直)과 략(畧)의 반절이다.
종(踵)은 장(章)과 용(勇)의 반절이다. 『성류』에 "발뒤꿈치이다"고 하였다. 기

(企)는 거(去)와 시(跂)의 반절인데, 글자를 혹 기(跂)로도 쓴다. 근(跟)은 음(音)이 근(根)이다. 『석명』에 "발뒤꿈치를 근(跟)이라 한다"고 하였다.

 鳧, 水鳥也. 鴈, 陽鳥也. 蹼, 猶蹼屬相著之謂也. 踵, 脚跟也. 鳧
鴈之類, 脚指間有幕蹼屬相著, 飛則伸其脚跟企直也.

부(鳧)는 수조(水鳥 : 물새)이다. 안(鴈)은 양조(陽鳥 : 따뜻한 기운을 따르는 새로, 기러기)이다. 복(蹼)은 물갈퀴가 이어져 서로 붙어 있는 것과 같음을 말한다. 종(踵)은 발뒤꿈치이다. 오리나 기러기 종류는 발가락 사이에 물갈퀴가 이어져 서로 붙어 있고, 날면 그 발뒤꿈치를 펴고 곧게 뻗는다.

鳥鵲醜, 其掌縮.

오작(鳥鵲)의 종류는 날 때는 그 발을 오그린다.

 飛縮脚腹下.

날 때 다리를 배 아래로 오그린다.

 縮, 所六反.

축(縮)은 소(所)와 육(六)의 반절이다.

掌, 足也. 烏鵲之類, 飛時縮足於其腹下.

　　장(掌)은 족(足 : 다리)이다. 까마귀나 까치 종류는 날 때 다리를 배 아래
로 오그린다.

 亢, 鳥嚨.

　　항(亢)은 조롱(鳥嚨 : 새 목구멍)이다. 장(粻 : 먹이가 모이는 곳)을 소(嗉 : 모이주
머니)라 한다.

 嚨謂喉嚨. 亢卽咽.

 其粻, 嗉.

　　농(嚨)은 후롱(喉嚨 : 목구멍)을 말한다. 항(亢)은 곧 인(咽 : 목구멍)이다.

 嗉者, 受食之處, 別名嗉. 今江東呼粻.

　　소(嗉)는 먹이를 받는 곳으로 별명이 소(嗉)이다. 지금 강동에서는 장(粻)

이라 한다.

爾雅
音義 亢, 胡郞反. 郭云: "咽也." 舍人云: "鳥高飛也." 曨, 力東反. 樊
云: "亢, 星鳥也. 曨曨, 亢鳥之頸也." 郭云: "曨謂喉曨." 舍人云
: "曨曨, 財可見也." 喉, 音侯. 『蒼頡篇』云: "咽也." 咽, 於見反. 『說文』
云: "嗌也." 又於賢反. 粻, 音張. 嗉, 音素. 處, 昌慮反.

항(亢)은 호(胡)와 랑(郞)의 반절이다. 곽박은 "인(咽)이다"고 하였다. 사인
은 "새가 높이 나는 것이다"고 하였다. 롱(曨)은 력(力)과 동(東)의 반절이
다. 번광은 "항(亢)은 성조(星鳥)[51]이다. 롱롱(曨曨)은 항조(亢鳥)의 목이다"고
하였다. 곽박은 "롱(曨)은 후롱(喉曨)을 말한다"고 하였다. 사인은 "롱롱(曨
曨)은 막 니타나는 것이다"고 하였다 후(喉)는 음(音)이 후(侯)이다. 『창힐편
(蒼頡篇)』에 "인(咽)이다"고 하였다. 인(咽)은 어(於)와 견(見)의 반절이다. 『설
문』에 "인(咽)은 익(嗌: 목구멍)이다"고 하였으니, 또 어(於)와 현(賢)의 반절
이다. 장(粻)은 음(音)이 장(張)이다. 소(嗉)는 음(音)이 소(素)이다. 처(處)는 창
(昌)과 려(慮)의 반절이다.

爾雅
疏 別鳥咽嗉之名也. 亢者鳥喉曨也. 其受粻處名嗉. 郭云: "曨謂喉
曨. 亢卽咽也. 嗉者, 受食之處, 別名嗉. 今江東呼粻."

새의 목구멍과 모이주머니의 명칭을 구별하였다. 항(亢)은 새의 목구멍
이다. 그 먹이를 두는 곳을 소(嗉)라 한다. 곽박은 "농(曨)은 후롱(喉曨)을 말
한다. 항(亢)은 곧 인(咽)이다. 소(嗉)는 먹이를 받는 곳으로 별명이 소(嗉)이
다. 지금 강동에서는 장(粻)이라 한다"고 하였다.

---

51) 星鳥: 번광은 亢을 東方七宿의 두 번째 별자리는 亢宿로 이해한 것이다.

 鶉子, 鳼. 鴾子, 鸋.

순자(鶉子)는 문(鳼 : 메추라기 새끼)이다. 여자(鴾子)는 영(鸋 : 메추라기 새끼)이다.

 別鷁鶉鴾之名.

암(鷁)과 순(鶉)의 새끼 명칭을 구별한 것이다.

 鶉, 音純. 鳼, 音文. 鴾, 音如. 鸋, 音寧. 鷁. 烏含反. 雛, 仕俱反.

순(鶉)은 음(音)이 순(純)이다. 문(鳼)은 음(音)이 문(文)이다. 여(鴾)는 음(音)이 여(如)이다. 영(鸋)은 음(音)이 영(寧)이다. 암(鷁)은 오(烏)와 함(含)의 반절이다. 추(雛)는 사(仕)와 구(俱)의 반절이다.

 別鷁鶉雛之名也. 鶉之子雛名鳼, 鴾之子雛名鸋.

암(鷁)과 순(鶉)의 새끼 명칭을 구별한 것이다. 순(鶉 : 메추라기)의 새끼는 문(鳼)이라 하고, 여(鴾 : 메추라기의 일종)의 새끼는 영(鸋)이라 한다.

 雉之暮子爲鷚.

늦게 태어난 꿩 새끼를 류(鷚 : 늦게 태어난 꿩)라 한다.

 晩生者, 今呼少雞爲鷚.

늦게 태어난 꿩을 지금 소계(少雞)라 부르고 류(鷚)라 한다.

 鷚, 力救反, 又力求反.『說文』作䳙云 : "鳥大雛也, 一曰雉之暮
子也."『字林』力幼反. 少, 詩照反. 下文同.

류(鷚)는 력(力)과 구(救)의 반절, 또는 력(力)과 구(求)의 반절이다.『설문』
에 류(䳙)라 되어 있는데 "새의 큰 새끼이다. 한편으로는 늦게 태어난 꿩
새끼를 말한다"고 하였다.『자림』에 력(力)과 유(幼)의 반절이라고 하였다.
소(少)는 시(詩)와 조(照)의 반절인데, 아래 글도 같다.

 鷚是雉晩生之子名也. 郭云 : "晩生者, 今呼少雞爲鷚."

류(鷚)는 늦게 태어난 꿩 새끼의 명칭이다. 곽박은 "늦게 태어난 꿩을
지금 소계(少雞)라 부르고 류(鷚)라 한다"고 하였다.

 鳥之雌雄不可別者, 以翼右掩左, 雄. 左掩右, 雌.

암수가 구별되지 않는 새 중에 오른쪽 날개가 왼쪽 날개를 가리면 웅

(雄 : 수컷)이다. 왼쪽 날개가 오른쪽 날개를 가리면 자(雌 : 암컷)이다.

 別, 彼列反.

별(別)은 피(彼)와 렬(列)의 반절이다.

 鄭『詩箋』云 : "陰陽相下之義也."52)

정현의 『시전』에는 "음양으로 서로 낮추는 뜻이다"고 하였다.

 鳥少美長醜爲鶹鷅.

어릴 때는 아름답지만 성장해서는 추하게 되는 새를 유율(鶹鷅 : 예뻤다가 추해지는 새)이라 한다.

 鶹鷅猶留離. 『詩』所謂"留離之子."

유율(鶹鷅)은 유리(留離)와 같다. 『시경』에 이른바 "유리(留離)의 새끼"이다.

---

52) 陰陽相下之義也 : 『詩經』「小雅」「白華」의 "鴛鴦在梁"에 대한 鄭玄의 주석이다. 鄭箋에는 "鳥之雌雄不可別者, 以翼右掩左雄, 左掩右雌, 陰陽上下之義也"라고 하여, 좌우를 陰陽에 대응시켜 설명하였다.

爾雅
音義
長, 丁丈反. 鷚, 音留. 鷜, 音栗, 本亦作栗. 留離, 『詩』字如此. 或作鸛離, 後人改耳.

장(長)은 정(丁)과 장(丈)의 반절이다. 류(鷚)는 음(音)이 류(留)이다. 률(鷜)은 음(音)이 률(栗)인데 본에 따라 율(栗)로 되어 있다. 유리(留離)는 『시경』의 글자가 이와 같다. 혹은 유리(鸛離)로 되어 있는데, 후인들이 고쳤을 뿐이다.

爾雅
疏
鳥之少爲子而美, 長食母而醜, 其名爲鸛鷜, 猶留離. 『詩』所謂 "留離之子"者, 案『詩』「邶風」云 : "瑣兮尾兮, 流離之子." 陸璣 『疏』云 : "流離, 梟也. 自關而西謂梟爲流離. 其子適長大, 還食其母. 故 張奐云‘鸛鷜食母’, 許愼云‘梟, 不孝鳥’是也." 流與鷚同.

새가 어린 새끼 때에는 아름답지만 커서 어미를 잡아먹으면 추한데 그 이름을 유율(鸛鷜)이라 하니, 유리(留離)와 같다. 『시경』에서 말한 "유리자자(留離之子)"는 살피건대, 『시경』「패풍(邶風)」「모구(旄丘)」에 "어릴 때 예쁘던 유리의 새끼"[53]라고 하였는데, 육기의 『모시초목조수충어소』에는 "유리(流離)는 효(梟 : 올빼미)이다. 함곡관 서쪽에서는 효(梟)를 유리(流離)라고 한다. 새끼가 성장해서 크면 도리어 어미를 잡아먹는다. 그러므로 장환(張奐)[54]이 ‘유율(鸛鷜)이 어미를 잡아먹는다’고 하였다. 허신(許愼)도 ‘효(梟)는 불효조(不孝鳥)이다’고 한 것이 이것이다"고 하였다. 유(流)는 유(鷚)와 음의가 같다.

---

53) 어릴 때 …… 새끼 : 毛傳의 "瑣尾, 少好之貌. 流離, 鳥名也"에 의거하였다. 集傳은 "瑣. 細尾, 末也. 流離, 漂散也"라고 하여 ‘말석의 유랑하는 사람’으로 번역된다.
54) 張奐 : 後漢 사람. 字는 然明.

 二足而羽謂之禽, 四足而毛謂之獸.

두 발에 날개 달린 것을 금(禽:날짐승)이라 하고, 네 발에 털 달린 것을
수(獸:들짐승)라 한다.

別禽獸之異也. 凡語有通別. 別而言之, 羽則曰禽,
毛則曰獸. 所以然者, 禽者, 擒也. 言鳥力小, 可擒捉而取之. 獸者, 守也. 言其
力多, 不易可擒, 先須圍守, 然後乃獲. 故曰獸也. 通而爲說, 鳥不可曰獸,
獸亦可曰禽. 故『曲禮』[55]"鸚鵡不曰獸, 而猩猩通曰禽也."『易』云:"王用
三驅, 失前禽." 則驅走者亦曰禽也. 又『周禮』「司馬」職云:"大獸公之, 小
禽私之." 以此而言, 則禽未必皆鳥也. 又鄭玄注『周禮』云:"凡鳥獸未孕
曰禽."『周禮』又云:"以禽作六贄, 卿羔, 大夫鴈."『白虎通』云:"禽者, 鳥
獸之總名. 以其小獸可擒, 故得通名禽也."[56]

금(禽)과 수(獸)의 차이를 구별하였다. 무릇 말에는 통괄과 구별이 있다.
구별해서 말하자면 날개 달린 것을 금(禽), 털 달린 것을 수(獸)라 한다. 그
러한 까닭은 금(禽)은 금(擒:생포하다)이다. 말하자면 새는 힘이 약해 생포
하여 잡을 수 있다. 수(獸)는 수(守:지키다)이다. 말하자면 힘이 세어 쉽게
생포할 수 없으므로 먼저 반드시 둘러싸 지킨 후에야 잡게 된다. 그러므
로 수(獸)라 한다. 통괄해서 말하면 조(鳥)는 수(獸)라 할 수 없지만, 수(獸)는
도한 금(禽)이라 할 수 있다. 그러므로『예기』「곡례상」의 공영달의『소』
에서 "앵무새는 수(獸)라 할 수 없지만 성성(猩猩:원숭이의 일종)은 통괄하여
금(禽)이라 할 수 있다"고 하였다.『주역』「비괘(比卦)」 구오(九五)에 "왕용

---

55) 「曲禮」: 본문에 있는 글이 아니라 孔穎達의 疏에 나오는 말이다.
56) 別禽獸 …… 通名禽也.:『禮記』「曲禮上」의 孔穎達 疏를 邢昺이 그대로 옮겨 적은
   것이다.

삼구, 실전금(王用三驅, 失前禽 : 왕이 三驅法을 사용하여 사냥하는데 앞에서 달아나는 짐승을 놓쳤다.)"57)이라 하였으니, 달리는 짐승을 역시 금(禽)이라 한다. 『주례』「하관」「대사마(大司馬)」직에 "대수공지, 소수사지(大獸公之, 小禽私之 : 큰 짐승은 조정에 보내고, 작은 짐승은 개인적으로 가진다.)"고 하였다. 이 글로 말한다면 금(禽)이 반드시 모두 조(鳥)는 아니다. 또 정현의 『주례』주석에는 "무릇 새끼를 배지 않은 조수(鳥獸)를 금(禽)이라 한다"고 하였다. 『주례』「춘관」「대종백(大宗伯)」에 또 이르기를 "금(禽)으로 육지(六贄)58)로 삼는데 경(卿)은 고(羔 : 염소), 대부(大夫)는 안(鴈 : 기러기)이다"고 하였다. 『백호통』에 "금(禽)은 조수(鳥獸)의 총체적인 명칭이다. 작은 짐승은 생포할 수 있으므로 금(禽)이라고 통칭할 수 있다"고 하였다.

 鵙, 伯勞也.

격(鵙)은 백로(伯勞 : 때까치)이다.

 似鶷鷯而大. 『左傳』曰"伯趙氏."

한갈(鶷鷯 : 개똥지빠귀)과 비슷하나 크다. 『좌전』에는 "백조씨(伯趙氏)이다"고 하였다.

---

57) 王用三驅, 失前禽 : 三驅法은 고대 사냥법으로 사냥할 때 사방에 한쪽을 터 놓고 三面만 에워싸던 방법을 말한다. 곧 모든 짐승을 다 잡지 않고 살길을 열어 주면서 사냥하는 것이다.

58) 六贄 : 여섯 종류의 폐백. 贄는 신하가 임금을 알현할 때 가지고 가는 예물이다.

鶷, 音鎋. 鶡, 工鎋反, 又午鎋反.『字林』云 : "鶷鶡似伯勞而小."

 할(鶷)은 음(音)이 할(鎋)이다. 갈(鶡)은 공(工)과 할(鎋)의 반절, 또는 오(午)
와 할(鎋)의 반절이다.『자림』에는 "할갈(鶷鶡)은 때까치와 비슷하나 작다"
고 하였다.

 李巡云 : "伯勞, 一名鶪." 樊光曰 : "『春秋傳』曰 : '少皡氏以鳥名
官. 伯趙氏, 司至' 伯趙, 鶪也. 以夏至來, 冬至去." 郭云 : "似鶷
鶡而大." 陳思王「惡鳥論」云 : "伯勞以五月鳴, 應陰氣之動. 陽氣爲仁養,
陰爲殺殘賊. 伯勞蓋賊害之鳥也." 其聲鶪鶪, 故以其音名云.「月令」仲夏
之月"鶪始鳴" 是也. ○云"似鶷鶡而大"者,『字林』云 : "鶷鶡似伯勞而小
故也." 云『左傳』伯趙氏"者, 案昭十七年云 : "伯趙氏, 司至者也." 杜注
云 : "伯趙, 伯勞也. 以夏至鳴, 冬至止." 是也.

 이순은 "백로(伯勞)는 일명 격(鶪)이다"고 하였다. 번광은 "『춘추전』에
'소호씨(少皡)는 새 이름으로 관직 명칭을 정하였다. 백조씨(伯趙氏)는 사지
(司至 : 하지와 동지를 구분하는 관리)이다'고 하였다. 백조(伯趙)는 격(鶪)이다.
하지에 왔다가 동지에 간다"고 하였다. 곽박은 "개똥지빠귀와 비슷하나
크다"고 하였다. 진사왕(陳思王)[59]의 「악조론(惡鳥論)」에 "때까치는 오월에
우는데 음기(陰氣)의 작동[60]에 감응해서이다. 양기(陽氣)는 인양(仁養)이 되
고, 음(陰)은 잔적(殘賊)을 죽인다. 때까치는 대개 해로운 새이다"고 하였다.
소리가 격격(鶪鶪)하므로 그 소리를 근거로 격(鶪)이라 부른다.『예기』「월

---

59) 陳思王 : 三國時代 魏나라 曹植의 諡號이다. 曹植은 曹操의 셋째 아들로 당대의 문
  장가이다. 자는 子建이다.
60) 陰氣의 작동 : 5月은 巽(☴)下乾(☰)上의 姤卦에 해당되어 一陰이 처음 생기는 달임
  을 말한다.

령」에 중하(仲夏 : 음력 5월)의 달에 "때까치가 비로소 운다"고 한 것이 이것
이다. 곽박이 "할갈(鶡鵙)과 비슷하나 크다"고 한 것은, 『자림』에 "할갈(鶡
鵙)은 백로(伯勞) 비슷하나 작다고 하였기 때문이다"고 하였다. 주에서 인
용한 『좌전』의 "백조씨(伯趙氏)"는 살피건대, 『춘추』「좌전」 소공 17년에
"백조씨(伯趙氏)는 사지자(司至者)이다"고 하였고, 두예의 주에 "백조(伯趙)
는 백로(伯勞)이다. 하지에 울고 동지에 그친다"고 한 것이 이것이다.

 倉庚, 黧黃也.

창경(倉庚)은 이황(黧黃 : 꾀꼬리)이다.

 其色黧黑而黃, 因以名云.

그 색이 검고 노랗기 때문에 이황(黧黃 : 꾀꼬리)이라 부른다.

 黧, 力兮反, 又力知反.

리(黧)는 력(力)과 혜(兮)의 반절, 또는 력(力)과 지(知)의 반절이다.

 卽上黃鳥也. 郭云 : "其色黧黑而黃, 因以名云."

곧 위 글의 황조(黃鳥)이다. 곽박은 "색이 검고 노랗기 때문에 이황(鸝黃)이라 부른다"고 하였다.

석수(釋獸) 제18(第十八)

爾雅音義 獸, 叔又反. 『說文』云 : "獸, 守備也. 一曰兩足曰禽, 四足曰獸." 案, 此文云 : "四足而毛曰獸."

수(獸)는 숙(叔)과 우(又)의 반절이다. 『설문』에 "수(獸)는 수비(守備 : 지켜서 대비함)이다.[61] 한편 발이 둘인 것은 금(禽 : 날짐승), 발이 넷인 것은 수(獸 : 들짐승)이다"고 하였다. 살펴건대, 이 글에서는 "발이 넷이면서 털이 있는 것을 수(獸)라 한다"고 하였다.

爾雅疏 「釋鳥」云 : "四足而毛謂之獸." 『說文』云 : "獸, 守備也." 此篇釋其名狀, 故曰釋獸.

「석조」에서 "발이 넷이면서 털이 있는 것을 수라 한다"고 하였다. 『설문』은 "수(獸)는 수비(守備)이다"고 하였다. 이 편에서는 짐승의 명칭과 모습을 풀이하였으므로 석수(釋獸)라고 하였다.

---

61) 獸는 守備이다 : 段玉裁 注에 "以疊韻爲訓, 能守能備, 如虎豹在山是也"라고 하여, 疊韻으로 주석한 것이고, 虎豹처럼 수비하는 것이라고 하였다.

 麋 : 牡, 麚; 牝, 麎; 其子, 麑;

미(麋 : 사슴의 일종인 사불상) 중에서 수컷은 구(麚 : 숫사불상)이고, 암컷은 진
(麎 : 암사불상)이고, 그 새끼는 오(麑 : 어린 사불상)이다.

 『國語』曰 : "獸長麛⁶²⁾麑."

『국어』「노어(魯語)」상에 "어린 사슴, 어린 사불상을 성장시킨다"고 하
였다.

 其跡, 躔;

그 발자국을 전(躔 : 사불상 발자국)이라 한다.

 脚所踐處.

전(躔)은 다리가 밟은 자리이다.

---

62) 麛 : 四部備要本 『國語』에는 '麑'로 되어 있다.

 絶有力, 狄.

힘이 뛰어난 놈을 적(狄 : 힘이 센 사불상)이라 한다.

爾雅音義 麋, 亡非反.『字林』云 : "鹿屬也. 以冬至日解角." 牡, 音母. 麎,
其九反. 牝, 毗忍反. 麋, 郭音辰, 又音腎.『字林』上刃反. 麇, 於
兆反, 又於老反, 麋子也. 一曰少長曰麇. 長, 丁丈反. 麛, 音迷. 本或作
麑, 音同. 跡, 子益反, 字或作迹, 又作蹟, 音訓並同. 躔, 郭直連反, 又持
展反,『方言』云 : "躔, 循也, 歷也, 行也."

미(麋)는 망(亡)과 비(非)의 반절이다.『자림』에 "사슴 종류이다. 동지(冬
至)에 뿔이 빠진다"고 하였다. 모(牡)는 음이 모(母)이다. 구(麎)는 기(其)와
구(九)의 반절이다. 빈(牝)은 비(毗)와 인(忍)의 반절이다. 신(麋)에 대하여 곽
박은 음을 신(辰), 또는 신(腎)이라 하였다.『자림』에는 상(上)과 인(刃)의 반
절이라 하였다. 오(麇)는 어(於)와 조(兆)의 반절, 또는 어(於)와 로(老)의 반절
로 미(麋)의 새끼이다. 한편 조금 자란 것을 오(麇)라 한다. 장(長)은 정(丁)과
장(丈)의 반절이다. 미(麛)는 음(音)이 미(迷)이다. 본에 따라 예(麑)로 되어 있
으나 음이 같다. 적(跡)은 자(子)와 익(益)의 반절인데, 글자를 혹 적(迹) 또는
적(蹟)으로도 쓰는데 음과 훈(訓)이 모두 같다. 전(躔)에 대하여 곽박은 직
(直)과 련(連)의 반절, 또는 지(持)와 전(展)의 반절이라 하였다.『방언』에
"전(躔)은 순(循 : 따르다)이며, 력(歷 : 지나다)이며, 행(行 : 가다)이다"고 하였다.

爾雅疏 此釋麋之種類也.『說文』云 : "鹿屬也. 冬至解其角."『春秋』莊十
七年 : "冬, 多麋." 麋, 總名也. 其牡者名麎, 其牝者名麋.『詩』
「吉日」云 : "其麋孔有."[63] 是也. 其所生之子名麇. 其脚跡所踐之處名躔,

其絶異壯大有力者名狄也. ○注"『國語』曰‘獸長麛麌’"者, 此「魯語」文也. "魯宣公夏濫於泗淵, 里革斷其罟而棄之曰 : ‘且夫山不槎櫱, 澤不伐夭, 魚禁鯤鮞, 獸長麛麌, 鳥翼鷇卵, 蟲舍蚳蝝, 蕃庶物也, 古之訓也. 今魚方別孕, 不敎魚長, 又行網罟, 貪無藝也.’" 韋昭云 : "鹿子曰麛, 麋子曰麌." 是其事也.

여기서는 미(麋)의 종류를 풀이하였다. 『설문』에 "사슴 종류이다. 동지에 뿔이 빠진다"고 하였다. 『춘추』 장공(莊公) 17년에 "겨울에 미(麋)가 많다"고 하였다. 미(麋)는 총체적인 명칭이다. 수컷을 구(麔), 암컷을 신(麎)이라 한다. 『시경』「소아」「길일(吉日)」에 "숫사불상이 매우 많다"고 한 것이 이것이다. 그것이 낳은 새끼를 오(麌)라 한다. 다리가 밟은 곳을 전(躔), 대단히 몸집이 크고 힘이 세 놈을 적(狄)이라고 한다. ○ 주에서 인용한 『국어』의 "수장미오(獸長麛麌)"는 「노어(魯語)」의 글이다. "노(魯)나라 선공(宣公)이 여름에 사연(泗淵)에 그물을 담그자, 이혁(里革)이 그물을 자르고 팽개치고서 말하기를 ‘산에서는 어린 싹을 베지 않고, 못에서는 어린 나무를 베지 않고, 물고기는 알·치어를 잡지 않고, 짐승은 어린 사슴과 어린 사불상을 성장시키고, 새는 어린 새끼나 알을 육성하고, 벌레는 개미 알이나 어린 메뚜기들을 놓아두는 것은 많은 생물들을 번식시킴이니, 옛날의 가르침입니다. 지금 물고기가 교배한 후 헤어져 알을 낳으려고 하는데 임금께서는 고기가 자라도록 가르치지는 않고 도리어 그물을 던지니, 탐욕이 끝이 없는 것입니다’"고 하였다. 위소(韋昭)는 "사슴 새끼를 미(麛), 사불상 새끼를 오(麌)라 한다"고 하였는데, 이것이 그 일이다.

---

63) 其麌孔有 : 『詩經』「小雅」「吉日」에는 "其祁孔有"라 되어 있으며, 毛傳은 "祁, 大也"라고 하였고, 鄭箋은 "祁, 當作麎. 麎, 麋牡也"라 하였다.

鹿：牡, 麚, 牝; 麀; 其子, 麛; 其跡, 速; 絶有力, 麉.

녹(鹿 : 사슴) 중에서 수컷은 가(麚 : 숫사슴)이고, 암컷은 우(麀 : 암사슴)이고, 그 새끼는 미(麛 : 사슴 새끼)이고, 그 발자국은 속(速 : 사슴 발자국)이고, 매우 힘이 센 놈은 견(麉)이다.

爾雅音義 麚, 音加. 麀, 於牛反. 麑, 素卜反. 本又作速. 『字林』云 : "鹿跡, 一曰速鹿子." 麉, 郭音堅, 又音牽, 又音罄.

가(麚)는 음(音)이 가(加)이다. 우(麀)는 어(於)와 우(牛)의 반절이다. 속(麑)은 소(素)와 복(卜)의 반절이다. 본에 따라 또 속(速)으로 되어 있다. 『자림』에 "녹적(鹿跡 : 사슴 발자국)은 한편 속록자(速鹿子)라 한다"고 하였다. 견(麉)에 대하여 곽박은 음이 견(堅)이라 하였으며, 또 음이 견(牽), 또는 음이 경(罄)이라고 하였다.

爾雅疏 此辨鹿之種類也. 『說文』云 : "鹿, 解角獸也." 群萃善走者也. 其牡名麚, 其牝名麀. 『詩』「小雅」云 : "麀鹿麌麌." 其跡名速. 絶有力者名麉.

여기서는 사슴의 종류를 구별하였다. 『설문』에 "사슴은 뿔이 떨어지는 짐승이다"고 하였다. 떼지어 살며 달리기를 잘하는 것이다. 수컷은 가(麚), 암컷은 우(麀)라 한다. 『시경』「소아」「길일(吉日)」에 "암사슴이 많기도 하다"[64]고 하였다. 사슴 발자국을 속(速)이라 하고, 매우 힘이 센 놈을 견(麉)

---

64) 암사슴이 많기도 하다 : 麌麌에 대하여 毛傳은 "衆多也"라 하고, 鄭箋은 "麕牡曰麌. 麌復麌言多也"라 하였다.

이라 한다.

麕 : 牡, 麌;

균(麕 : 노루) 중에서 수컷은 우(麌)이고,

『詩』曰 : "麀鹿麌麌." 鄭康成解卽謂此也. 但重言耳.

『시경』에 "수사슴과 수노루가 많기도 하다"고 하였는데, 정강성(鄭康成 : 정현)은 우(麌)를 수노루로 보고 해석하였다. 다만 우(麌)를 거듭 말하였을 뿐이다.

牝, 麜; 其子, 麆; 其跡, 解; 絶有力, 豜.

암컷을 율(麜)이라 하고, 그 새끼는 조(麆 : 노루 새끼)라 하고, 발자국은 해(解 : 노루 발자국)라 하고, 매우 힘이 센 놈은 견(豜 : 힘이 센 노루)이라 한다.

麕, 九倫反, 本又作麏, 亦作麕. 『說文』 : "麕, 籒文麞." 『字林』云 : "麞, 麕也." 又九文反. 麌, 一作麌, 魚矩反. 『字林』音吳. 重, 直用反. 麜, 音栗. 麆, 音助, 本亦作麆同. 解, 音蟹, 施佳買反. 豜, 郭音與上麚字同, 顧五見反, 又古典反.

균(麕)은 구(九)와 륜(倫)의 반절인데, 본에 따라 균(麇)으로도 쓰며 역시 균(麏)으로도 쓴다. 『설문』에 "균(麕)은 주문(籒文)의 균(麇)이다"고 하였다. 『자림』에 "균(麇)은 장(麞 : 노루)이다"고 하였다. 또 구(九)와 문(文)의 반절이다. 우(麌)는 한편 우(麜)로도 쓰는데 어(魚)와 구(矩)의 반절이다. 『자림』에는 음이 오(吳)라고 하였다. 중(重)은 직(直)과 용(用)의 반절이다. 률(麎)은 음(音)이 률(栗)이다. 조(麈)는 음(音)이 조(助)인데, 본에 따라 조(麃)로 되어 있으며 음의가 같다. 해(解)는 음(音)이 해(蟹)인데, 시건은 가(佳)와 매(買)의 반절이라 하였다. 견(豜)에 대하여 곽박은 음이 위의 견(麘)자와 같다고 하였으며, 고야왕은 오(五)와 견(見)의 반절, 또는 고(古)와 전(典)의 반절이라 하였다.

此辨麕之種類也.『說文』云 : "麕, 麞也." 麕, 其總名也. 牡名麌, 牝名麎, 其子名麈, 其跡名解, 絶有力名豜. 注『詩』曰者, 『詩』「小雅」「吉日」篇文也. 鄭箋云 : "麕, 牡曰麌. 麌復麌, 言多也." 是鄭康成解卽謂此也. 云"但重言耳"者, 謂再言麌也.

여기서는 노루의 종류을 구별하였다. 『설문』에 "균(麕)은 장(麞)이다"고 하였다. 균(麕)은 총체적인 명칭이다. 수컷을 우(麌), 암컷을 율(麎), 새끼를 조(麈), 발자국을 해(解), 매우 힘이 센 놈을 견(豜)이라 한다. 주에서 인용한 『시경』은 『시경』「소아」「길일(吉日)」편의 글이다. 정전은 "균(麕)은 수컷을 우(麌)라 한다. 우(麌)에 또 우(麌)는 많은 것을 말함이다"고 하였다. 이것이 정강성해즉위차야(鄭康成解卽謂此也)이다. "단중언이(但重言耳)"는 거듭 우(麌)를 말하였다는 것이다.

狼 : 牡, 獾, 牝, 狼; 其子, 獥; 絕有力, 迅.

낭(狼 : 이리) 중에서 수컷을 환(獾 : 숫이리)이라 하고, 암컷을 낭(狼 : 암이리)이라 하고, 그 새끼를 격(獥 : 새끼 이리)이라 하고, 힘이 매우 센 놈을 신(迅 : 힘이 센 이리)이라 한다.

狼, 音郎. 『字林』云 : "獸似犬" 獾, 『字林』子丸反. 獥, 胡狄, 古狄, 工弔三反. 迅, 音信, 又音峻.

랑(狼)은 음(音)이 랑(郎)이다. 『자림』에는 "개와 비슷한 짐승이다"고 하였다. 환(獾)은 『자림』에는 자(子)와 환(丸)의 반절이라 하였다. 격(獥)은 호(胡)와 적(狄), 고(古)와 적(狄), 공(工)과 적(弔)으로 반절이 세 가지이다. 신(迅)은 음(音)이 신(信), 또는 음이 준(峻)이다.

此辨狼之種類也. 舍人曰 : "狼, 牡名獾, 牝名狼, 其子名獥, 絕有力者名迅." 孫炎曰 : "迅, 疾也." 『詩』「齊風」云 : "竝驅從兩狼兮." 陸璣『疏』云 : "其鳴能小能大, 善爲小兒啼聲, 以誘人. 去數十步, 其猛健者, 雖善用兵者不能免也. 其膏可煎和, 其皮可爲裘." 故『禮記』"狼臅膏", 又曰"君之右虎裘, 厥左狼裘" 是也.

여기서는 이리의 종류를 구별하였다. 사인은 "이리의 수컷은 환(獾), 암컷은 랑(狼), 새끼는 격(獥), 매우 힘이 센 놈은 신(迅)이라 한다"고 하였다. 손염은 "신(迅)은 질(疾 : 빠르다)이다"고 하였다. 『시경』「제풍」「선(還)」에 "나란히 달리며 두 마리의 이리를 쫓는다"고 하였다. 육기의 『모시초목조수충어소』에 "그 울음은 작게도 크게도 할 수 있는데 어린 아이의 울음소리를 잘 내어 사람을 유혹한다. 수십 보의 거리가 되면 용맹한 사람이나 무기를 잘 쓰는 사람이라도 화를 면하지 못한다. 이리의 기름은 끓여 조미할 수 있으며 가죽은 가죽옷을 만들 수 있다"고 하였다. 그러므로『예기』「내칙(內則)」에 "이리 가슴의 기름"이라 하였고, 또『예기』「옥조(玉藻)」에 "임금의 오른 쪽 호위 무사는 호랑이 가죽옷을 입은 군사, 좌측은 이리 가죽 옷을 입은 군사이다"고 한 것이 이것이다.

 兔子, 嬎;

토끼 새끼를 반(嬎 : 새끼 토끼)이라 한다.

 俗呼曰鶳.

세상에서는 토끼 새끼를 누(鶳)라고 한다.

 其跡, 迒; 絶有力, 欣.

발자국을 항(迒 : 토끼 발자국)이라 하고, 매우 힘이 센 놈을 흔(欣 : 힘이 센 토끼)이라 한다.

爾雅音義 菟, 字又作莵, 勅古反. 娩, 匹萬反, 又匹附反. 本惑作㜲, 敷萬反. 㜷, 『字林』云: "菟子也." 乃俱乃侯二反. 迒, 音剛, 又戸郎反. 諸詮之云: "菟道也." 阮孝緒云: "獸跡也" 欣, 如字, 本或作忻.

토(兔)는 글자를 또 토(莵)로도 쓰는데, 칙(勅)과 고(古)의 반절이다. 반(娩)은 필(匹)과 만(萬)의 반절, 또는 필(匹)과 부(附)의 반절이다. 본에 따라서는 반(㜲)으로 되어 있는데, 부(敷)와 만(萬)의 반절이다. 누(㜷)는 『자림』에 "토끼 새끼이다"고 하였다. 내(乃)와 구(俱), 내(乃)와 후(侯) 두 가지의 반절이다. 항(迒)은 음(音)이 강(剛), 또는 호(戸)와 랑(郎)의 반절이다. 여러 풀이에 "토끼가 다니는 길이다"고 하였으며, 완효서(阮孝緒)는 "짐승의 발자국이다"고 하였다. 흔(欣)은 여자(如字)인데, 본에 따라 흔(忻)으로 되어 있다.

爾雅疏 此辨菟之種類也. 崔豹『古今注』云: "菟有九孔." 『論衡』曰: "菟舐豪而孕, 及其生子, 從口而出, 其子名㜲." 郭云: "俗呼曰㜷." 其跡名迒. 『字林』云: "迒, 菟道也." 絶有力名欣.

여기서는 토끼의 종류를 구별하였다. 최표(崔豹)[65]의 『고금주(古今注)』에 "토끼는 아홉 개의 굴이 있다"고 하였다. 『논형』은 "토끼는 털을 핥고서 새끼를 배는데, 새끼를 낳을 때는 입으로 낳으며 그 새끼를 반(㜲)이라고 한다"고 하였다. 곽박은 "세상에서는 토끼 새끼를 누(㜷)라고 한다"고 하였다. 토끼의 발자국을 항(迒)이라 한다. 『자림』은 "항(迒)은 토끼가 다니는 길이다"고 하였다. 힘이 매우 센 토끼를 흔(欣)이라 한다.

---

65) 崔豹 : 晉代 사람. 字는 正能. 저서로 『古今注』가 있는데 사물의 명칭에 대해서 고증하였다.

 豕子, 豬.

시자(豕子)는 저(豬 : 돼지 새끼)이다.

 今亦曰彘. 江東呼爲豨, 皆通名.

지금은 또한 체(彘)라고 부른다 강동에서는 희(豨)라고 부르는데 모두 통용되는 명칭이다.

 豬, 豶.

타(豬)는 분(豶 : 거세한 돼지)이다.

 俗呼小豶猪爲豬子.

세상에서는 거세한 작은 돼지를 타자(豬子)라고 한다.

 幺, 幼.

요(幺)는 유(幼 : 가장 늦게 태어난 돼지)이다.

最後生者, 俗呼爲幺豚.

가장 늦게 태어난 놈을 세상에서는 요돈(幺豚)이라 한다.

奏者豱.

머리가 짧고 살결이 쭈글쭈글한 돼지가 주자온(奏者豱 : 머리 짧고 살결 쭈글쭈글한 돼지)이다.

今豱豬, 短頭, 皮理腠蹙.

지금의 온저(豱豬)로 머리가 짧고 살결이 쭈글쭈글하다.

豕生三, 豵; 二, 師; 一, 特.

돼지가 새끼 세 마리가 출생한 것을 종(豵 : 세마리 출생 돼지),66) 두 마리

---

66) 豵 : 여기서는 돼지 새끼 3마리 또는 그 이상 출생한 것을 말한다. 그러나 『시경』「주 남」「騶虞」의 毛傳에는 "一歲曰豵"이라 하여, 돼지가 태어난 시간의 경과에 의해 붙 여지는 이름으로 설명하였다.

가 출생한 것을 사(師 : 두 마리 출생 돼지), 한 마리가 출생한 것을 특(特 : 한마리 출생 돼지)이라 한다.

 豬生子常多, 故別其少者之名.

돼지는 항상 새끼를 많이 생산하므로, 적게 낳은 돼지의 명칭을 구별하였다.

 所寑, 橧.

자는 곳을 증(橧 : 돼지우리)이라 한다.

 橧, 其所臥蓐.

증(橧)은 돼지가 눕는 자리이다.

 四豴皆白, 豥.

네 발굽이 모두 흰 돼지를 해(豥 : 네발굽이 흰 돼지)라 한다.

『詩』云 : "有豕白蹢." 蹢, 蹄也.

『시경』「소아」「점점지석(漸漸之石)」에 "발굽이 흰 돼지가 있다"고 하였다. 적(蹢)은 제(蹄 : 발굽)이다.

 其跡刻. 絶有力豟.

발자국을 극(刻 : 돼지 발자국)이라 한다. 매우 힘이 센 놈을 액(豟 : 매우 힘센 돼지)이라 한다.

 卽豕高五尺者.

곧 돼지 키가 5척(尺)되는 놈이다.

 牝, 豝.

암컷을 파(豝 : 암돼지)라 한다.

 『詩』云 : "壹發五豝."

『시경』「소남」「추우(騶虞)」에 "한 번 발사에 다섯 마리 돼지로다"고 하였다.

豬, 張魚反.『說文』云: "豕, 而三毛叢居者." 彘, 直例反.『字林』云: "豕, 後蹄廢謂之彘."『小爾雅』云: "彘, 豬也."『方言』云: "關東西謂之彘, 或謂之豕." 豨, 虛豈反.『字書』云: "東方名豕也, 一曰豕足也." 獻, 羊箠反. 豶, 苻云反, 謂犍豬. 犍, 音九言反. 幺, 烏堯反.『字林』云: "小豚." 施, 於遙反. 幼, 伊秀反. 豚, 大昆反. 奏, 七豆反, 本或作湊, 下同. 豱, 音溫. 膡, 七豆反.『埤蒼』云: "膡, 膚理也." 毀, 子六反. 豵, 子公反.『小爾雅』云: "豕小者曰豵."『字林』云: "豕生六月也, 一曰一歲曰豵." 榢, 辭陵反. 舊本多作繪帛字, 非.『方言』作木旁. 蓐, 音辱. 蹄, 丁歷反, 蹄也. 本今作蹢. 豥, 工開反,『字林』下才反, 或戶楷反. 蹄, 音啼. 刻, 音克. 豞, 於革反. 豝, 百麻反, 牝豕也.『字林』同. 又一曰二歲豕.

저(豬)는 장(張)과 어(魚)의 반절이다.『설문』에 "돼지인데, 세 개의 털이 모여 있는 놈이다"고 하였다. 체(彘)는 직(直)과 례(例)의 반절이다.『자림』에 "돼지인데, 뒷발굽이 없어진 돼지를 체(彘)라 한다"고 하였다.『소이아』에 "체(彘)는 저(豬)이다"고 하였다.『방언』에 "관동(關東)・관서(關西)에서는 체(彘), 혹은 시(豕)라고 한다"고 하였다. 희(豨)는 허(虛)와 기(豈)의 반절이다.『자서』에 "동방(東方)에서는 이름이 시(豕)인데 한편으로는 돼지 발이다"고 하였다. 타(獻)는 양(羊)과 추(箠)의 반절이다. 분(豶)은 부(苻)와 운(云)의 반절로 거세한 돼지를 말한다. 건(犍)은 음이 구(九)와 언(言)의 반절이다. 요(幺)는 오(烏)와 요(堯)의 반절이다.『자림』에 "작은 돼지이다"고 하였으며, 시건은 어(於)와 요(遙)의 반절이라 하였다. 유(幼)는 이(伊)와 수(秀)의 반절이다. 돈(豚)은 대(大)와 곤(昆)의 반절이다. 주(奏)는 칠(七)과 두(豆)의 반절인데, 본에 따라 주(湊)로 되어 있으며, 아래도 같다. 온(豱)은 음(音)이 온(溫)이다. 주(膡)는 칠(七)과 두(豆)의 반절이다.『비창』에는 "주(膡)는 살결이다"고 하였다. 축(蹵)은 자(子)와 육(六)의 반절이다. 종(豵)은 자(子)와 공(公)의 반절이다. 『소이아』에 "돼지 중에 작은 놈을 종(豵)이라 한다"고 하였다. 『자림』에 "돼지가 태어나서 여섯 달이 된 것이다. 한편으로 1년 된 것을 종(豵)이라 한다"고 하였다. 증(橧)은 사(辭)와 릉(陵)의 반절이다. 구본(舊本)에는 대부분 증백(繒帛)의 증(繒)자로 되어 있는데 잘못이다. 『방언』에는 목(木)의 방(旁)으로 되어 있다. 욕(蓐)은 음이 욕(辱)이다. 적(蹢)은 정(丁)과 력(歷)의 반절로 발굽이다. 본에 따라 지금은 적(豴)으로 되어 있다. 해(豥)는 공(工)과 개(開)의 반절인데, 『자림』에는 하(下)와 재(才)의 반절, 혹은 호(戶)와 해(楷)의 반절이라 하였다. 제(蹄)는 음이 제(啼)이다. 극(刻)은 음(音)이 극(克)이다. 액(豟)은 어(於)와 혁(革)의 반절이다. 파(豝)는 백(百)과 마(痲)의 반절로 암돼지이며, 『자림』도 같다. 또 한편으로 2년 된 돼지라 한다.

爾雅疏 此辨豕之種類也. 其子名豬. 郭云: "今亦曰彘, 江東呼豨, 皆通名也." 『說文』云: "豬, 豕而三毛叢居者." 『字林』云: "豕, 後蹄廢謂之彘." 『小爾雅』云: "彘, 豬也. 其子曰豚, 大者謂之豣." 『方言』云: "北燕朝鮮之間謂之豭, 關東西或謂之彘, 或謂之豕. 南楚謂之豨. 其子或謂之豚, 或謂之貕, 音奚. 吳揚之間謂之豬子." 云"豶, 豮"者, 舍人曰: "豶, 一名豮." 郭云: "俗呼小豮豬爲豶子." 豮謂犍豬也. 云"幺, 幼"者, 豕之最後生者名也. 郭云: "最後生者, 俗呼爲幺豚." 云"奏者豱"者, 謂皮理腠蹙者名豱. 郭云: "今豱豬, 短頭, 皮理腠蹙." 云"豕生三豵, 二師, 一特"者, 郭云: "豬生子常多, 故別其少者之名." 『詩』「召南」云: "一發五豵." 鄭箋云: "豕生三曰豵." 張逸問曰: "豕生三曰豵, 不知母豕也? 豚也? 答曰: "豚也, 過三以往猶謂之豵, 以自三以上更無名也." 故知過三亦爲豵. 其生子二者爲師, 一者爲特. 云"所寢, 橧"者, 郭云: "橧, 其所臥蓐." 『方言』云: "其檻及蓐曰橧." 是也. 舍人曰: "豕所寢草名爲橧." 某氏曰: "臨淮人謂野豬所寢爲橧." 李巡曰: "豬臥處名橧." 橧是所居之處. 云"四豴皆白, 豥"者, 豴, 蹄也. 豕四蹄皆白名豥. 其跡名刻. 絶有力名豟, 卽下篇

"豕高五尺"者也. 云"牝, 豝"者, 豕之牝者名豝. 注『詩』云: '有豕白蹢'."
「小雅」「漸漸之石」篇文也. 案『詩經』直云"白蹢", 不云"豴", 則白蹢不知
幾蹢白. 而郭氏引之者, 以『爾雅』主謂釋『詩』.『詩』中言"豕白蹢"惟此而
已, 故知本以訓此也. 鄭箋以豴爲駭, 駭者, 躁疾之言也. 駭與豴字異義
同. 注『詩』云: '一發五豝.'"「召南」「騶虞」篇文也. 毛傳云: "豕牝曰豝.
虞人翼五豝, 以待公之發." 鄭箋云: "君射一發而翼五豝者, 戰禽獸之命
也. 戰之者, 仁心之至." 是也

　　여기서는 돼지의 종류를 구별하였다. 돼지 새끼를 저(豬)라 한다. 곽박은
"지금은 체(麂)라고 부른다. 강동에서는 희(豨)라고 부르는데 모두 통용되는
명칭이다"고 하였다.『설문』에 "저(豬)는 세 개의 털이 한 구멍에 모여 있는
돼지이다"고 하였다.『자림』에 "뒷발굽이 없어진 돼지를 체(麂)라 한다"고
하였다.『소이아』는 "체(麂)는 저(豬)이다. 그 새끼를 돈(豚), 큰 놈을 견(豣)이
라 한다"고 하였다.『방언』67)에 "북연(北燕)과 조선(朝鮮)에서는 가(豭), 관
동·관서에는 혹은 체(麂), 혹은 시(豕)라 한다. 남초(南楚)에서는 희(豨)라 한
다. 돼지 새끼를 혹은 돈(豚)이라 하고, 혹은 해(豥)라 한다. 음은 해(奚)이다.
오양(吳揚) 지역에서는 저자(豬子)라고 한다"고 하였다. "타(豭)는 분(豶)이다"
고 하였는데, 사인은 "타(豭)는 일명 분(豶)이다"고 하였다. 곽박은 "세상에
서는 거세한 작은 돼지를 타자(豭子)라 한다"고 하였다. 분(豶)은 거세한 돼
지이다. "요(幺)는 유(幼)이다"고 하였는데 가장 늦게 태어난 돼지 이름이다.
곽박은 "가장 늦게 태어난 놈을 세상에서는 요돈(幺豚)이라 한다"고 하였
다. "주자온(奏者豱)"은 살결이 쭈글쭈글 돼지가 온(豱)이라 함을 말한다. 곽
박은 "지금의 온저(豱豬)로 머리가 짧고 살결이 쭈글쭈글하다"고 하였다.
"시생삼종, 이사, 일특(豕生三豵, 二師, 一特)"에 대하여 곽박은 "돼지는 항상
새끼를 많이 낳으므로, 적게 낳은 것의 이름을 구별하였다"고 하였다.『시

　　67)『方言』: 권8에 보인다.

경』「소남」「추우(騶虞)」에 "일발오종(壹發五豵)"이라 하였다. 정전은 "세 마리가 태어난 돼지를 종(豵)이라 한다"고 하였다. 장일(張逸)이 묻기를 "세 마리가 태어난 돼지를 종(豵)이라 하는데, 어미돼지를 말하는지 새끼 돼지를 말하는지 모르겠다"고 하였다. 정현이 답하기를 "새끼 돼지이다. 세 마리를 넘는 이상도 오히려 종(豵)이라 하는데, 세 마리로부터 이상은 다시 명칭이 없다"고 하였다.[68] 그러므로 세 마리를 넘어도 역시 종(豵)이 됨을 알 수 있다. 새끼 두 마리를 생산한 놈을 사(師), 한 마리를 생산한 놈은 특(特)이다. "자는 곳을 증(橧 : 돼지우리)이라 한다"고 한 것에 대하여 곽박은 "증(橧)은 돼지가 눕는 자리이다"고 하였다. 『방언』에 "울타리와 자리를 증(橧)이라 한다"[69]고 한 것이 이것이다. 사인은 "돼지가 깔고 자는 풀을 증(橧)이라 한다"고 하였다. 모씨(某氏)는 "임회(臨淮) 사람은 멧돼지가 자는 자리를 증(橧)이라 한다"고 하였다. 이순은 "돼지가 눕는 곳을 증(橧)이라 한다"고 하였다. 증(橧)은 돼지가 거처하는 곳이다. "사적개백, 해(四豴皆白, 豥)"에서 적(豴)은 적(蹢 : 발굽)이다. 네 발굽이 모두 흰 돼지를 해(豥)라 한다. 그 발자국을 극(刻)이라 한다. 매우 힘이 센 놈을 액(豟)이라 한다고 하였는데, 곧 아래 편 「석축(釋畜)」의 "키가 다섯 척되는 돼지이다"고 한 것이다. "빈(牝)은 파(豝)이다"고 하였는데, 돼지 암컷을 파(豝)라 한다. 주에서 인용한 『시경』의 "발굽이 흰 돼지가 있다"는 「소아」「점점지석(漸漸之石)」편의 글이다. 살피건대, 『시경』에서는 "백적(白蹢)"이라고 직접 말하였고, "해(豥)"라고 말하지 않았으니, 흰 발굽이라 하더라도 몇 개의 발굽이 흰지 모르겠다. 그런데 곽박이 『시경』을 인용한 것은, 『이아』를 가지고 『시경』을 주로 해석하였기 때문이다. 『시경』 속에서 "시백적(豕白蹢)"이라 한 것은 오직 여기뿐이므로 근원을 알아 이를 해석하였다. 정전은 해(豥)를 해(駭)로 여겼는데, 해(駭)는 성급하다는 말이다. 해(駭)는 해(豥)와 글자는 다르지만 의미는 같다. 주에서 인용한 『시경』의 "일발오파(一發五豝)"는 「소남」「추우(騶虞)」

---

68) 張逸이 …… 하였다 : 鄭玄과 張逸의 問答은 『鄭志』에 나오는 내용이다.
69) 울타리와 …… 橧이라 한다 : 권8에 보인다.

편의 글이다. 모전은 "암퇘지를 파(豝)라 한다. 우인(虞人)[70]이 다섯 마리의 암퇘지를 몰아서[71] 임금이 활쏘기를 기다린다"고 하였다. 정전은 "임금이 화살 한 대를 쏘는데 다섯 마리의 돼지를 모는 것은 금수(禽獸)와 전쟁하는 듯이 하라는 명령[72]이다. 짐승을 다 죽이지 않는 것은 어진 마음의 지극함이다"고 한 것이 이것이다.

 虎竊毛謂之虦貓.

털 색이 옅은 호랑이를 잔묘(虦貓 : 털 색이 옅은 호랑이)라 한다.

 竊, 淺也. 『詩』曰 : "有貓有虎"

절(竊)은 천(淺 : 색깔이 연하다)이다. 『시경』에 "털 색이 옅은 호랑이와 호랑이가 있다"고 하였다.

虦, 字又作虥, 謝七版反, 或士簡反, 施士嫻反, 沈才班反, 郭昨閑反. 『字林』士山反. 貓, 亡朝反.

---

70) 虞人 : 山林과 川澤 등을 맡아서 관리하는 관리.
71) 몰아서 : 원문의 '翼'을 孔穎達 疏에는 "翼, 驅也"라고 풀이하였다.
72) 禽獸와 …… 명령 : 금수를 전쟁하는 듯이 다루어 다 죽이지는 말라는 명령. 전쟁터에서 적을 포위할 때는 3면만 포위하고 1면을 열어두어 도주하도록 둠으로써 모두 다 죽이지는 않는 것처럼 사냥할 때 금수들을 5마리 몰아서 1마리만 잡아 모조리 다 죽이지는 않는다는 뜻이다. 이에 대하여 『시경』 「周南」 「騶虞」의 孔疏에 "必云戰之者, 不忍盡殺, 令五豝止一發, 中則殺一而已, 亦不盡殺之, 猶如戰然, 故云戰禽獸之命也"라고 하였다.

잔(虦)은 글자를 또 잔(虥)으로도 쓰는데, 사교는 칠(七)과 판(版)의 반절, 혹은 사(士)와 간(簡)의 반절이라 하였고, 시건은 사(士)와 난(爛)의 반절, 심선은 재(才)와 반(班)의 반절, 곽박은 작(作)과 한(閑)의 반절, 『자림』에는 사(士)와 산(山)의 반절이라 하였다. 묘(貓)는 망(亡)과 조(朝)의 반절이다.

 虦, 淺也. 虎之淺毛者, 別名虦貓. 注"『詩』曰 : 有貓有虎"者, 『詩』「大雅」「韓奕」篇文也.

절(虦)은 천(淺)이다. 호랑이의 털 색이 옅은 놈의 별명이 잔묘(虦貓)이다. 주에서 인용한 "유묘유호(有貓有虎)"는 『시경』「대아」「한혁(韓奕)」편의 글이다.

 貘, 白豹.

맥(貘)은 백표(白豹 : 흰표범)이다.

 似熊, 小頭庳脚, 黑白駮, 能舐食銅鐵及竹骨. 骨節强直, 中實少髓, 皮辟濕. 或曰豹白色者別名貘.

곰과 비슷한데 머리는 작고 다리는 짧으며, 검은색과 흰색이 섞였으며, 동철(銅鐵)과 죽골(竹骨)을 잘 핥아먹는다. 뼈마디가 강하고 곧으나 속에는 골수가 적게 들어 있고, 가죽은 습기(濕氣)를 물리친다. 혹은 표범이 흰색인 것의 별명이 맥(貘)이라고 한다.

貘, 亡白反.『字林』云:"似熊而白黃, 出蜀郡. 一曰白豹." 豹, 必
孝反,『字林』云:"似虎貝文." 熊, 音雄. 羆, 音婢. 駁, 布角反.
鐵, 佗結反. 髓, 素累反. 辟, 必亦反.

맥(貘)은 망(亡)과 백(白)의 반절이다.『자림』에 "곰과 비슷하고 백황색이
며, 촉군(蜀郡)에서 난다. 한편 말하기를 백표(白豹)라 한다"고 하였다. 표(豹)
는 필(必)과 효(孝)의 반절이며,『자림』에 "호랑이와 비슷하면서 조개 무늬
가 있다"고 하였다. 웅(熊)은 음이 웅(雄)이다. 비(羆)는 음(音)이 비(婢)이다.
박(駁)은 포(布)와 각(角)의 반절이다. 철(鐵)은 타(佗)와 결(結)의 반절이다. 수
(髓)는 소(素)와 루(累)의 반절이다. 벽(辟)은 필(必)과 역(亦)의 반절이다.

貘, 一名白豹.『字林』云:"似熊而白黃, 出蜀郡. 一曰白豹." 郭
云:"似熊, 小頭庳脚, 黑白駁, 能舐食銅鐵及竹骨. 骨節強直, 中
實少髓, 皮辟濕. 或曰豹白色者別名貘."

맥(貘)은 일명 백표(白豹)이다.『자림』에 "웅(熊)과 비슷하면서 백황색이
며, 촉군(蜀郡)에서 난다. 한편 말하기를 백표(白豹)라 한다"고 하였다. 곽박
은 "곰과 비슷한데 머리는 작고 다리는 짧으며, 검은색과 흰색이 섞였으
며, 동철(銅鐵)과 죽골(竹骨)을 잘 핥아먹는다. 뼈마디가 강하고 곧으나 속
에는 골수가 적게 들어 있고, 가죽은 습기(濕氣)를 물리친다. 혹은 표범이
흰색인 것의 별명이 맥(貘)이라고 한다."고 하였다.

 甝, 白虎.

감(甝)은 백호(白虎 : 흰 범)이다.

漢宣帝時, 南郡獲白虎, 獻其皮·骨·爪牙.

한 선제(漢宣帝) 때 남군(南郡)에서 백호(白虎)를 잡아서 그 가죽과 뼈와 발톱과 어금니를 바쳤다.

 虪, 『字林』下甘反, 又亡狄反.

감(虪)은 『자림』에 하(下)와 감(甘)의 반절, 또는 망(亡)과 적(狄)의 반절이라 하였다.

 白虎, 一名虪. 漢宣帝時, 南郡獲白虎, 獻其皮·骨·爪牙.

백호(白虎)는 일명 감(虪)이다. 한 선제(漢宣帝) 때 남군(南郡)에서 백호(白虎)를 잡아서 그 가죽과 뼈와 발톱과 어금니를 바쳤다.

 虪, 黑虎.

숙(虪)은 흑호(黑虎 : 검은 범)이다.

 晉永嘉四年, 建平秭歸縣檻得之. 狀如小虎而黑, 毛深者爲斑. 『山海經』云 : 幽都山多玄虎·玄豹.

진(晉)나라 영가(永嘉) 4년에 건평(建平) 자귀현(秭歸縣)에서 함틀로 잡았는데, 생김새는 작은 호랑이와 같으나 검은색이고, 털이 많은 것은 얼룩져 있었다. 『산해경』에 유도산(幽都山)에 현호(玄虎)·현표(玄豹)가 많다고 하였다.

䖂, 式六反. 秭, 音姊. 檻, 戶覽反, 下同.

숙(䖂)은 식(式)과 육(六)의 반절이다. 자(秭)는 음(音)이 자(姊)이다. 함(檻)은 호(戶)와 람(覽)의 반절이며, 아래도 같다.

黑虎, 一名䖂. 郭云"晉永嘉四年, 建平秭歸縣檻得之. 狀如小虎而黑, 毛深者爲斑. 『山海經』云 : 幽都山多玄虎·玄豹."者. 案「海內經」云 : "北海之內, 有山, 名曰幽都之山, 黑水出焉. 其上有玄鳥·玄蛇·玄豹·玄虎." 是也.

흑호(黑虎)는 일명 숙(䖂)이다. 곽박이 "진(晉)나라 영가(永嘉) 4년에 건평(建平) 자귀현(秭歸縣)에서 함틀로 잡았는데, 생김새는 작은 호랑이와 같으나 검은색이고, 털이 많은 것은 얼룩져 있었다. 『산해경』에 유도산(幽都山)에 현호(玄虎)·현표(玄豹)가 많다"고 하였다. 살피건대, 「해내경(海內經)」에 "북해(北海)의 안에 산이 있는데, 이름을 유도산(幽都山)이라 하고, 흑수(黑水: 검은 물)가 나온다. 그 위에는 현조(玄鳥)·현사(玄蛇)·현표(玄豹)·현호(玄虎)가 있다"고 한 것이 이것이다.

 貀, 無前足.

놜(貀 : 앞발 없는 짐승)은 앞발이 없다.

 晉太康七年, 召陵扶夷縣檻得一獸, 似狗, 豹文, 有角, 兩足, 卽此種類也. 或說貀似虎而黑, 無前兩足.

진(晉)나라 태강(太康) 7년에 소릉(召陵)의 부이현(扶夷縣)에서 함틀로 짐승 한 마리를 잡았는데, 개와 비슷하며 표범의 무늬가 있고, 뿔과 두 발이 있었으니, 곧 이러한 종류이다. 혹자는 놜(貀)은 호랑이와 비슷하나 검으며, 두 앞발이 없다고 한다.

爾雅音義 貀, 本又作豽, 女滑反.『字林』云 : "獸無前足, 似虎而黑." 召, 市照反. 種, 章勇反.

놜(貀)은 본에 따라 놜(豽)로 되어 있으며, 녀(女)와 활(滑)의 반절이다. 『자림』에 "앞발이 없는 짐승으로 호랑이와 비슷하며 검다"고 하였다. 소(召)는 시(市)와 조(照)의 반절이다. 종(種)은 장(章)과 용(勇)의 반절이다.

爾雅疏『字林』云 : "獸無前足, 似虎而黑者名貀." 郭云 "晉太康七年, 召陵扶夷縣檻得一獸, 似狗, 豹文, 有角, 兩足, 卽此種類也. 或說貀似虎而黑, 無前兩足."

『자림』에 "앞발이 없는 짐승으로 호랑이와 비슷하며 검은 것의 이름이 놜(貀)이다"고 하였다. 곽박은 "진(晉)나라 태강(太康) 7년에 소릉(召陵)의 부

이현(扶夷縣)에서 함틀로 짐승 한 마리를 잡았는데, 개와 비슷하며 표범의
무늬가 있고, 뿔과 두 발이 있었으니, 곧 이러한 종류이다. 혹자는 놜(貀)
은 호랑이와 비슷하나 검으며, 두 앞발이 없다고 한다"고 하였다.

 鼳, 鼠身長須而賊, 秦人謂之小驢.

격(鼳 : 긴 수염 달린 해치는 짐승)은 쥐의 몸에 수염이 길고 사물을 해치는
데, 진(秦)나라 사람들은 소려(小驢)라고 한다.

 鼳, 似鼠而馬蹄, 一歲千斤, 爲物殘賊.

격(鼳)은 쥐와 비슷하고 말의 발굽을 하였으며, 한 해에 천 근이나 되며
사물을 해친다.

 鼳, 本多作㹈, 經文旣云"鼠身", 宜從鼠, 音古闃反. 驢, 力居反.

격(鼳)은 본에 따라 대부분 격(㹈)으로 되어 있다. 경문(經文)에 이미 "서
신(鼠身)"이라 하였으니, 마땅히 서(鼠)를 따라야 하며, 음은 고(古)와 격(闃)
의 반절이다. 려(驢)는 력(力)과 거(居)의 반절이다.

 鼳, 獸名也. 身如鼠, 有長須, 而賊害於物, 秦人呼爲小驢.

격(鼳)은 짐승 이름이다. 몸은 쥐와 같고 긴 수염이 있으며 사물을 해치는데, 진(秦)나라 사람들은 소려(小驢)라 부른다.

熊虎醜, 其子, 狗; 絶有力, 麙.

곰과 범 종류는 그 새끼가 구(狗: 새끼 곰·범)이며, 뛰어나게 힘이 있는 것은 암(麙: 힘센 곰·범)이다.

律曰 : 捕虎一, 購錢三千, 其狗半之.

법률에 범 한 마리를 잡으면 금전 3천에 사들이고, 그 새끼인 구(狗)는 반으로 한다고 하였다.

狗, 古口反. 本或作豿, 沈·施火候反, 注同. 麙, 本或作玁, 同, 五咸反. 捕, 音步. 購, 古豆反, 贖也.

구(狗)는 고(古)와 구(口)의 반절이며, 본에 따라 구(豿)로 되어 있는데, 심선과 시선은 화(火)와 후(候)의 반절이라 하였으며, 주에서도 같다. 암(麙)은 본에 따라 암(玁)으로도 쓰며 음의가 같고 오(五)와 함(咸)의 반절이다. 포(捕)는 음(音)이 보(步)이다. 구(購)는 고(古)와 두(豆)의 반절로 속(贖: 바꾸다)의 뜻이다.

 醜, 類也. 熊虎之類, 其子名狗. 絶有力名麙. 郭云 : "律曰 : 捕虎
一, 購錢三千, 其狗半之." 此當時之律也. 引之以證虎子名狗之
義也.

추(醜)는 류(類 : 종류)이다. 곰과 범 종류는 그 새끼의 명칭이 구(狗)이다.
뛰어나게 힘이 있는 것은 명칭이 암(麙)이다. 곽박이 "법률에 범 한 마리
를 잡으면 금전 3천에 사들이고, 그 새끼인 구(狗)는 반으로 한다"고 하였
는데, 이는 당시의 법률이다. 이를 인용하여 범 새끼의 명칭이 구(狗)의 뜻
임을 증명하였다.

 貍子, 隸.

이자(貍子 : 살쾡이 새끼)는 사(隸)이다.

 今或呼貊貍.

지금은 간혹 비리(貊貍)라고 부른다.

 貍, 力之反, 『字林』云 : "伏獸, 似貙." 隸, 以世反, 施餘棄反, 衆
家作肆, 又作㺨, 沈音四, 舍人本作隸. 貊, 字或作狉, 房悲反, 一
音丕. 『字林』云 : "貍也."

리(貍)는 력(力)과 지(之)의 반절이며, 『자림』에 "동굴에 사는 짐승으로,

추(貙: 살쾡이 비슷한 짐승)와 비슷하다"고 하였다. 사(㺪)는 이(以)와 세(世)의 반절인데, 시건은 여(餘)와 기(棄)의 반절이라 하였고, 대부분의 주석가들은 사(肆), 또는 사(隷)고 썼고, 심선은 음이 사(四)라고 하였으며, 사인본(舍人本)에는 사(㺪)로 되어 있다. 비(豾)는 글자를 간혹 비(狉)로도 쓰는데, 방(房)과 비(悲)의 반절이며, 일음은 비(丕)이고, 『자림』에는 "리(貍)이다"고 하였다.

『字林』云: "貍, 伏獸, 似貙, 其子名㺪." 郭云"今或呼豾貍"者, 『字林』云: "豾貍也."

『자림(字林)』에 "삵은 동굴에 사는 짐승으로, 추(貙)와 비슷한데, 그 새끼의 이름은 사(㺪)이다"고 하였다. 곽박이 "지금은 간혹 비리(豾貍)라고 부른다"고 한 것은, 『자림』에 "비리(豾貍)이다"고 하였기 때문이다.

 貊子, 貆.

학자(貊子: 오소리 새끼)는 훤(貆: 오소리 새끼)이다.

 其雌者名貗. 今江東呼貉爲狟狟.

그 암컷의 이름이 노(貗)이다. 지금 강동 지방에서는 맥(貉: 오소리)을 일러 앙사(狟狟)라 한다.

爾雅音義 貈,乎各反.『字林』云:“似狐, 善睡.” 本作貉, 亡白反.『字林』云:“北方人也, 非獸也.” 貆, 音桓, 又音懽. 䝞, 乃老反.『字林』云:“雌貈.” 𧲣, 烏郎反. 貄, 山吏反.『字林』云:“貁謂之貄.”『廣雅』云:“貄, 貁也.” 貁, 音餘救反.

학(貈)은 호(乎)와 각(各)의 반절이다.『자림』에 “여우와 비슷하며 잠을 잘 잔다.” 본에 따라 맥(貉)으로 되어 있으며, 망(亡)과 백(白)의 반절이다.『자림』에 “북방(北方) 사람이다. 짐승이 아니다”고 하였다. 환(貆)은 음(音)이 환(桓), 또는 음이 환(懽)이다. 노(䝞)는 내(乃)와 로(老)의 반절이다.『자림』에는 “자학(雌貈 : 암오소리)이다”고 하였다. 앙(𧲣)은 오(烏)와 랑(郞)의 반절이다. 사(貄)는 산(山)과 리(吏)의 반절이다.『자림』에 유(貁)를 사(貄)라 한다”고 하였다.『광아』에 “사(貄)는 유(貁)이다”고 하였다. 유(貁)는 음이 여(餘)와 구(救)의 반절이다.

爾雅疏 『字林』云:“貈似狐, 善睡, 其子名貆.” 郭云:“其雌者名䝞. 今江東呼貉爲𧲣貄.”『字林』云:“𧲣, 貍類. 貁謂之貄.”『廣雅』云:“貄, 貁也.” 然則皆貈之通名也.

『자림』에 “학(貈)은 여우와 비슷하고 잠을 잘 자는데, 그 새끼의 이름이 훤(貆)이다”고 하였다. 곽박은 “그 암컷의 이름이 노(䝞)이다. 지금 강동 지방에서는 맥(貉)을 일러 앙사(𧲣貄)라 한다”고 하였다.『자림』에 “앙(𧲣 : 오소리)은 리(貍 : 살쾡이)의 종류이다. 유(貁)를 사(貄 : 오소리)라 한다”고 하였다.『광야』에 “사(貄)는 유(𧲣)이다”고 하였다. 그렇다면 모두 학(貈)의 통용 이름이다.

 貒子, 貗.

단자(貒子 : 오소리 새끼)는 누(貗)이다

 貒豚也, 一名貛.

오소리 새끼로, 일명 환(貛 : 오소리 새끼)이다.

貒, 他官反. 『說文』·『字林』云 : "獸似豕而肥." 貗, 郭其禹反, 『字林』力于反. 豚, 音屯, 本又作肫. 貛, 音懽.

단(貒)은 타(他)와 관(官)의 반절이다. 『설문』과 『자림』에 "돼지와 비슷한 짐승이나 살이 쪘다"고 하였다. 루(貗)에 대하여 곽박은 기(其)와 우(禹)의 반절이라 하였고, 『자림』에는 력(力)과 우(于)의 반절이라 하였다. 돈(豚)은 음(音)이 둔(屯)인데, 본에 따라 순(肫)으로도 쓴다. 환(貛)은 음(音)이 환(懽)이다.

 『字林』云 : "貒獸似豕而肥." 其子名貗. 郭云 : "一名貛."

『자림』에 "단(貒)은 돼지와 비슷한 짐승이나 살이 쪘다"고 하였다. 그 새끼는 루(貗)이다. 곽박은 "오소리 새끼로, 일명 환(貛)이다"고 하였다.

 貔, 白狐. 其子, 豰.

비(貔)는 백호(白狐 : 흰 여우)이고, 그 새끼는 혹(豰 : 흰 여우 새끼)이다.

 一名執夷, 虎豹之屬.

일명 집이(執夷)인데, 범과 표범의 등속이다.

貔, 音毗.『字林』云: "豹屬, 出貊國, 一曰白狐.『毛詩草木疏』云 : "似虎, 或曰似熊, 一名執夷, 一名白狐, 其子爲豰, 遼東人謂之 白熊." 狐, 如字.『說文』云: "衭獸也, 鬼所乘. 有三德 : 其色中和‧小前 大後‧死卽邱首." 豰, 本又作殻, 火卜反, 又虎科反.

비(貔)는 음(音)이 비(毗)인데,『자림』에 "표범의 종류이며 맥국(貊國)에서 나는데 한편 백호(白狐)라 한다"고 하였다. 육기(陸璣)의 『모시초목조수충 어소』에 "범과 비슷한데, 혹자는 곰과 비슷하다고 한다. 일명 집이(執夷), 일명 백호(白狐)이며, 그 새끼를 혹(豰)이라 한다. 요동(遼東) 사람은 백웅(白 熊)이라 한다"고 하였다. 호(狐)는 여자(如字)이다.『설문』에 "요사스러운 짐 승으로, 귀신이 탄 것이다. 삼덕(三德)이 있는데, 그 색이 중화(中和)이고 앞 이 작으며 뒤가 크고, 죽으면 머리를 자기가 살던 언덕으로 향하는 것이 다"[73]고 하였다. 혹(豰)은 본에 따라 혹(殻)으로 되어 있는데, 화(火)와 복(卜) 의 반절, 또는 호(虎)와 두(科)의 반절이다.

---

73) 그 색이 …… 것이다:『說文詁林』「義證」에 "其色黃, 故曰中和, 鼻尖尾大, 故曰小 前大後, …… 狐死首邱, 不忘本也"라고 하여, 三德을 거듭 설명하여 색이 누렇고, 코 가 뾰족하며 꼬리가 크고, 근본을 잊지 않는다고 하였다.

 『字林』云 : "貔, 豹屬, 一名白狐. 其子名貗." 郭云 : "一名執夷, 虎豹之屬." 『詩』「大雅」云 : "獻其貔皮." 陸璣『疏』云 : "貔似虎, 或曰似熊. 一名執夷, 一名白狐. 遼東人謂之白羆."

『자림』에 "비(貔)는 표범의 종류로, 일명 백호(白狐)이다. 그 새끼는 이름이 혹(貗)이다"고 했다. 곽박은 "일명 집이(執夷)인데, 범과 표범의 등속이다"고 하였다. 『시경』「대아(大雅)」「한혁(韓奕)」에 "헌기비피(獻其貔皮 : 그 貔의 가죽을 바친다)"라 하였는데, 육기의 『모시초목조수충어소』에 "비(貔)는 범과 비슷한데, 혹자는 곰과 비슷하다고 한다. 일명 집이(執夷), 일명 백호(白狐)이다. 요동(遼東) 사람은 백비(白羆)라 한다"고 하였다.

 麝父, 麕足.

사보(麝父)는 균족(麕足 : 다리가 노루 비슷한 작은 사슴)이다

 脚似麕, 有香.

다리가 노루와 비슷하며 향기(香氣)가 있다.

麝, 食亦反. 『字林』音射, 云 : "如小鹿, 有香." 李本作澤, 云 : "澤父, 獸名." 父, 音甫, 下同. 麕, 九倫反.

사(麝)는 식(食)과 역(亦)의 반절이다. 『자림』에는 음이 사(射)이며, "작은

사슴과 같으며 향기가 있다"고 하였다. 이순(李巡) 본(本)에는 택(澤)으로 되어 있으며, "택보(澤父)는 짐승 이름이다"고 하였다. 보(父)는 음(音)이 보(甫)이며, 아래도 같다. 균(麇)은 구(九)와 륜(倫)의 반절이다.

『字林』云 : "小鹿有香, 其足似麞, 故云麇足." 郭云 : "脚似麞, 有香."

『자림』에 "작은 사슴으로 향기가 있고, 그 다리가 장(麞 : 노루)과 비슷하기 때문에 균족(麇足)이라 한다"고 하였다. 곽박은 "다리는 노루와 비슷하며 향기가 있다"고 하였다.

 豺, 狗足.

시(豺 : 개 다리 모양의 이리)는 다리가 개와 같다.

 脚似狗.

다리가 개와 비슷하다.

 豺, 仕皆反, 『字林』云 : "狼屬, 狗足."

시(豺)는 사(仕)와 개(皆)의 반절이며, 『자림』에 "이리의 종류로, 다리가 개와 같다"고 하였다.

『說文』云 : "豺, 狼屬, 狗聲." 郭云 : "脚似狗." 貪殘之獸. 『左傳』云 : "戎狄豺狼, 不可厭也."

『설문』에 "시(豺)는 이리의 종류로, 개의 소리를 낸다"고 하였다. 곽박은 "다리가 개와 비슷하다"고 하였다. 탐욕스럽고 잔인한 짐승이다. 『좌전』 민공(閔公) 원년(元年)에 "융적(戎狄)은 시(豺)와 낭(狼)과 같아 만족시킬 수 없다"고 하였다.

 貙獌, 似狸.

추만(貙獌 : 살쾡이 비슷한 짐승)은 살쾡이와 비슷하다.

 今山民呼貙虎之大者爲貙豻.

지금 산에 사는 사람들은 추호(貙虎)[74] 중에 큰 것을 추한(貙豻)이라 한다.

貙, 丑于反, 『字林』云 : "似狸而大." 獌, 本亦作獌, 音萬, 又亡姦反, 或亡羊反. 『字林』音幔, 云 : "狼屬, 一曰貙也." 豻, 郭音岸, 『字林』下旦反, 云 : "胡地野狗." 本又作犴. 『說文』作犴字, 陳國武音「子虛賦」苦姦反, 解云 : "胡地野犬, 似狐黑喙."

---

74) 貙虎 : 살쾡이와 비슷한 맹수의 이름.

추(貙)는 축(丑)과 우(于)의 반절이며, 『자림』에 "살쾡이와 비슷하나 크다"고 하였다. 만(㺎)은 본에 따라 만(貓)으로도 쓰는데, 음이 만(萬), 또는 망(亡)과 간(姦)의 반절, 혹은 망(亡)과 양(羊)의 반절이다. 『자림』에는 음이 만(幔)이며, "이리의 종류이다. 또 다르게는 추(貙)라 한다"고 하였다. 한(犴)에 대하여 곽박은 음이 안(岸)이라 하였는데, 『자림』에는 하(下)와 단(旦)의 반절이며, "호지(胡地[75])의 들개이다"고 하였다. 본에 따라 안(犴)으로 되어 있다. 『설문』에 한(犴)자로 되어 있으며, 진국무(陳國武)의 「자허부(子虛賦)」 음에 고(苦)와 간(姦)의 반절이며, 풀이하기를 "호지(胡地)의 들개이다. 여우와 비슷하면서 주둥이가 검다"고 하였다.

 『字林』云 : "貙似貍而大, 一名㺎." 郭云 : "今山民呼貙虎之大者爲貙犴." 『字林』云 : "犴, 胡地野狗, 似狐, 黑喙, 皆貙之類." 故又呼貙犴.

『자림』에 "추(貙)는 살쾡이와 비슷하나 크며, 일명 만(㺎)이다"고 하였다. 곽박은 "지금 산에 사는 사람들은 추호(貙虎) 중에 큰 것을 추한(貙犴)이라 한다"고 하였고, 『자림』에 "한(犴)은 호지(胡地)의 들개인데, 호(狐)와 비슷하나 주둥이가 검고, 모두 추(貙)의 종류이다"고 하였다. 그러므로 또한 추한(貙犴)이라고 부른다.

經文 羆, 如熊, 黃白文.

비(羆 : 황백 무늬 곰모양 짐승)는 곰과 같으며 노랗고 하얀 무늬가 있다.

---

75) 胡地 : 중국의 동북 지방을 이름.

似熊而長頸高腳, 猛憨多力, 能拔樹木, 關西呼曰貏羆.

곰과 비슷하나 목이 길쭉하고 다리도 길며, 사납고 미련하며 힘이 세어 나무를 잘 뽑는데, 관서(關西) 지방에서는 가비(貏羆)라고 부른다.

 羆, 音碑. 憨, 呼濫反. 貏, 音加.

비(羆)는 음(音)이 비(碑)이다. 감(憨)은 호(呼)와 람(濫)의 반절이다. 가(貏)는 음(音)이 가(加)이다.

舍人曰: "羆如熊, 色黃白也." 郭云: "似熊而長頸高腳, 猛憨多力, 能拔樹木, 關西呼曰貏羆."『詩』「大雅」「韓奕」: "赤豹黃羆." 陸璣『疏』云: "羆有黃羆, 有赤羆, 大於熊. 其脂如熊, 白而麤理, 不如熊白美也."

사인(舍人)은 "비(羆)는 곰과 같은데, 황백색이다"고 했다. 곽박은 "웅(熊)과 비슷하나 목이 길고 다리도 길며, 사납고 미련하며 힘이 세어 나무를 잘 뽑는데, 관서(關西) 지방에서는 가비(貏羆)라고 부른다"고 하였다. 『시경』「대아」「한혁(韓奕)」편에 "붉은 표(豹)와 누른 비(羆)이다"고 하였는데, 육기의 『모시초목조수충어소』에 "비(羆)는 황비(黃羆)가 있고 적비(赤羆)가 있는데, 웅(熊)보다 크다. 그 지방(脂肪)은 곰과 비슷하나 희면서 결이 거칠어 곰의 희고 아름다운 것만 못하다"고 하였다.

 羬, 大羊.

령(羬 : 큰 양)은 큰 양이다.

 羬羊似羊而大, 角圓銳, 好在山崖間.

영양(羬羊)은 양과 비슷하나 크고 뿔이 둥글고 예리하며, 산의 언덕에
살기를 좋아한다.

羬, 力丁反. 陶弘景注『本草』云 : "今出建平·宜都諸蠻中及西域.
多兩角者, 一角者爲勝. 角甚多節, 蹙蹙員繞. 別有山羊角極長,
唯一邊有節, 節亦疎大, 而不入用. 羌夷云, 只此名羬羊. 甚能步峻, 短角
者乃山羊. 亦未詳其正."

령(羬)은 력(力)과 정(丁)의 반절이다. 도홍경의 『본초』 주에 "지금의 건
평(建平)·의도(宜都)의 모든 만중(蠻中)과 서역(西域)에서 난다. 뿔이 둘인
것이 많은데 뿔이 하나 있는 것이 더 낫다. 뿔에는 마디가 매우 많아서
오그라들어 둥글게 감겨 있다. 따로 뿔이 매우 긴 산양(山羊)이 있는데, 오
직 한쪽에만 마디가 있고, 마디 또한 거칠고 커서 거두어 쓰지 못한다. 강
이(羌夷)들은 단지 이것만을 영양(羬羊)이라 이름한다. 높은 곳을 걸어서 매
우 잘 오르는데, 뿔이 짧은 것이 곧 산양(山羊)이다. 또한 그 정확한 것은
미상이다"고 하였다.

羊之大者名羷. 郭云: "羷羊似羊而大, 角圓銳, 好在山崖間." 陶
注『本草』云: "今出建平·宜都諸蠻中及西域. 多兩角, 有一角者
爲勝. 角甚多節, 蹙蹙圓繞. 別有山羊角極長, 唯一邊有節, 節亦疎大, 而
不入用. 羌夷云, 只此名羷羊."

 양 가운데 큰 것의 명칭이 령(羷)이다. 곽박은 "영양(羷羊)은 양과 비슷
하나 크고 뿔이 둥글고 예리하며, 산의 언덕에 살기를 좋아한다"고 하였
다. 도홍경의 『본초』 주에 "지금의 건평(建平)·의도(宜都)의 모든 만중(蠻
中)과 서역(西域)에서 난다. 뿔이 둘인 것이 많은데 뿔이 하나 있는 것이
더 낫다. 뿔에는 마디가 매우 많아서 오그라들어 둥글게 감겨 있다. 따로
뿔이 매우 긴 산양(山羊)이 있는데, 오직 한쪽에만 마디가 있고, 마디 또한
거칠고 기서 거두어 쓰지 못하며, 강이(羌夷)들은 단지 이것만을 영양(羷羊)
이라 이름한다"고 하였다.

　　霷, 大麃. 牛尾, 一角.

 경(霷)은 대포(大麃 : 큰 고라니)이며, 소의 꼬리에 뿔이 하나이다

漢武帝郊雍, 得一角獸, 若麃然, 謂之麟者, 此是也. 麃卽霷.

 한(漢)나라 무제(武帝) 때 교외의 옹(雍) 지역에서 뿔이 하나인 짐승을 잡
았는데, 포(麃)와 같이 생겨서 기린(麟)이라고 말했던 것이 이것이다. 포(麃)
는 곧 장(霷 : 노루)이다.

麠, 音京, 本或作麖, 同. 麃, 步交反. 郭云 : "卽麞也." 張揖同.
『字林』云 : "麖屬." 雍, 於用反. 麞, 音章.

경(麠)은 음(音)이 경(京)이며, 본에 따라 경(麖)으로 되어 있으나 음의가
같다. 포(麃)는 보(步)와 교(交)의 반절이고, 곽박은 "곧 장(麞 : 노루)이다"고
하였으며, 장읍(張揖)도 같다.『자림』에 "경(麖 : 고라니)의 종류이다"고 하였
다. 옹(雍)은 어(於)와 용(用)의 반절이다. 장(麞)은 음(音)이 장(章)이다.

麃, 麞也. 大麞牛尾 · 一角者名麠. 卽所謂麟也. 郭云 : "漢武帝
郊雍, 得一角獸, 若麃然, 謂之麟者, 此是也"者,『漢書』「郊祀志」
文也. 麃, 卽獐也.

포(麃)는 장(麞)이다. 큰 노루로 소의 꼬리에 뿔이 하나인 것의 이름이
경(麠)이다. 곧 이른바 린(麟)이다. 곽박이 "한(漢)나라 무제(武帝) 때 교외의
옹(雍) 지역에서 뿔이 하나인 짐승을 잡았는데, 포(麃)와 같이 생겨서 기린
이라고 말했던 것이 이것이다"고 한 것은『한서(漢書)』「교사지(郊祀志)」의
글이다. 포(麃)는 곧 장(獐)이다.

麕, 大麕, 旄毛, 狗足.

궤(麕)는 대균(大麕 : 큰 노루)인데, 삽살개의 털에 개의 발을 하고 있다

旄毛, 獡長.

모모(旄毛: 긴 삽살개 털)는 삽살개의 긴 털이다.

氂, 字又作犛, 音几. 旄, 亡報反. 獳, 乃牢反, 或乃容反.『字林』
云 : "多毛犬也."

궤(氂)는 글자를 또 궤(犛)로도 쓰는데 음이 궤(几)이다. 모(旄)는 망(亡)과
보(報)의 반절이다. 농(獳)은 내(乃)와 뢰(牢)의 반절, 혹은 내(乃)와 용(容)의
반절이다.『자림』에는 "털이 많은 개다"고 하였다.

麕亦麞也. 旄毛, 獳長毛也. 大麞毛長・狗足者, 名氂.『山海經』
云 : "女几山, 其獸多麖氂."

균(麕) 또한 장(麞)이다. 모모(旄毛)는 삽살개의 긴 털이다. 큰 노루로서
털이 길고 개의 발을 하고 있는 것의 이름이 궤(氂)이다.『산해경』에 "여
궤산(女几山)에 그 짐승으로는 대부분 경궤(麖氂)이다"고 하였다.

魋如小熊, 竊毛而黃.

되(魋 : 곰 같은 노란 털 짐승)는 작은 곰과 같고 털이 짧으면서 누렇다

今建平山中有此獸, 狀如熊而小, 毛麈淺赤黃色, 俗呼爲赤熊,
卽魋也.

지금의 건평(建平) 산 속에 이 짐승이 있는데, 생김새가 곰과 같으나 작

고, 털이 대체로 짧으면서 적황색이며, 민간에서는 적웅(赤熊)이라고 부르는데, 곧 뢰(羆)이다.

羆, 徒回反, 『字林』云 : "獸如熊, 黃而小." 麠, 七奴反.

뢰(羆)는 도(徒)와 회(回)의 반절이며, 『자림』에 "곰과 같은 짐승으로 황색이면서 작다"고 하였다. 죠(麠)는 칠(七)과 노(奴)의 반절이다.

竊, 淺也. 獸如小熊, 淺毛而黃者名羆. 郭云 : "今建平山中有此獸, 狀如熊而小, 毛麠淺赤黃色, 俗呼爲赤熊, 卽羆也."

절(竊)은 천(淺 : 짧다)이다. 작은 곰과 같은 짐승으로 털이 짧으면서 황색인 것의 이름이 뢰(羆)이다. 곽박은 "지금의 건평(建平) 산 속에 이 짐승이 있는데, 생김새가 곰과 같으나 작고, 털이 대체로 짧으면서 적황색이며, 민간에서는 적웅(赤熊 : 붉은 곰)이라고 부르는데, 곧 뢰(羆)이다"고 하였다.

猰㺄, 類貙, 虎爪, 食人, 迅走.

알유(猰㺄 : 사람 잡아먹는 범 발톱 짐승)는 추호(貙虎)와 같으며, 호랑이 발톱을 하고 있고, 사람을 잡아먹으며, 빨리 달린다.

爾雅注 迅, 疾.

신(迅)은 질(疾 : 빠르다)이다.

猰, 字亦作猰, 或作猰, 諸詮之烏八反, 韋昭烏繼反, 服虔音瞖,
晉灼音內言餉. 案字書餉音噎. 貐, 字或作㺄. 諸詮之以主反,
『字林』弋父反. 韋昭餘彼反.

알(猰)은 글자를 혹 알(猰), 혹은 알(猰)로도 쓰는데, 여러 풀이에 오(烏)와
팔(八)의 반절이라 하였고, 위소(韋昭)는 오(烏)와 계(繼)의 반절이라 하였고,
복건(服虔)은 음이 의(瞖)라 하였으며, 진작(晉灼)은 음이 내(內)이며, 열(餉 :
목메다)을 말한다고 하였다. 살피건대, 『자서』에 열(餉)은 음이 열(噎)이라
하였다. 유(貐)는 글자를 혹 유(㺄)로도 쓰는데, 제전지(諸詮之)는 이(以)와 주
(主)의 반절이라 하였으며, 『자림』에 익(弋)과 부(父)의 반절이라 하였고, 위
소(韋昭)는 여(餘)와 피(彼)의 반절이라 하였다.

迅, 疾也. 猰貐之獸, 其狀類貙而虎爪, 食人, 疾走. 『山海經』云:
少咸山有獸, "狀如牛, 而赤身·人面·馬足, 名曰窫窳, 其音如
嬰兒, 食人." 其名與此同, 其狀與此錯.

신(迅)은 질(疾)이다. 알유(猰貐)라는 짐승은 그 모양이 추호(貙虎)와 같은
데, 호랑이 발톱을 하고 있고, 사람을 잡아먹으며, 빨리 달린다. 『산해경』
에 소함산(少咸山)에 짐승이 있는데, "모양이 소와 같으며 붉은 몸과 사람
의 얼굴과 말의 발을 하고 있는 것의 이름이 알유(窫窳)인데, 그 소리는 아
기와 같고 사람을 잡아먹는다"고 하였다. 그 이름은 이것과 같으나 그 모
양은 이것과 틀리다.

 狻麑, 如虦貓, 食虎豹.

산예(狻麑 : 사자)는 털이 짧은 범이나 고양이와 같으며, 호랑이와 표범을
잡아먹는다.

 即師子也, 出西域. 漢順帝時疎勒王來獻犎牛及師子. 『穆天子
傳』曰 : "狻猊日走五百里."

곧 사자(師子)이며, 서역(西域)에서 난다. 한(漢)나라 순제(順帝) 때 소륵왕
(疎勒王)이 와서 봉우(犎牛 : 들소)와 사자(師子)를 바쳤다. 『목천자전』에 "산
예(狻猊)는 하루에 500리를 달린다"고 하였다.

狻, 先官反. 麑, 字又作猊, 又奚反. 犎, 音封. 日, 而一反.

산(狻)은 선(先)과 관(官)의 반절이다. 예(麑)는 글자를 또 예(猊)로도 쓰는
데, 우(又)와 해(奚)의 반절이다. 봉(犎)은 음(音)이 봉(封)이다. 일(日)은 이(而)
와 일(一)의 반절이다.

即師子也, 出西域. 其狀如虦貓, 食虎豹, 善走者也. ○云"漢順
帝時疎勒王來獻犎牛及師子"者, 案『後漢』「帝紀」云 : "孝順帝諱
保, 安帝之子也." 陽嘉三年, "疎勒國獻師子・犎牛." 注引『東觀記』曰 :
"疎勒王盤遣使文時詣闕獻師子, 似虎, 正黃, 有髯髵, 尾端茸毛, 大如斗.
封牛, 其領上肉隆起, 若封然, 因以名之, 即今之峰牛." 是也. 云"『穆天子
傳』曰 : '狻猊日走五百里'", 案『穆天子傳』云 : 柏天[76]曰"名獸使足, 狻

猰·野馬走五百里” 是也.

　곧 사자(師子)이며, 서역(西域)에서 난다. 그 모양은 털이 짧은 범이나 고양이와 같고 호랑이와 표범을 잡아먹으며 잘 달리는 것이다. ○ 곽박이 “한(漢)나라 순제(順帝) 때 소륵왕(踈勒王)이 와서 봉우(犎牛)와 사자(師子)를 바쳤다”고 한 것은 살피건대, 『후한(後漢)』「제기(帝紀)」에 “효순제의 휘는 보(保)이며, 안제(安帝)의 아들이다”고 하였다. 양가(陽嘉) 3년에는 “소륵국(踈勒國)에서 사자와 봉우(犎牛)를 바쳤다”고 하였다. 그 주에서 인용한『동관기』에 “소륵국(踈勒國)의 왕(王)인 반(盤)이 문시(文時)를 사자로 파견하여 대궐에 나아가 사자(師子)를 바치게 하였는데, 범과 비슷하고 정황색(正黃色)이며 수염과 털이 많이 있고, 꼬리가 짧으면서 가늘고 부드러운 털이 나 있는데 크기가 두(斗 : 말)와 같았다. 봉우(犎牛)는 그 목 위에 살이 솟아 마치 봉분과 같았으므로, 그로 인하여 이름한 것이니, 곧 지금의 봉우(峰牛)[77]이다”고 한 것이 이것이다. 주에서『목천자전』에 “산예일주오백리(狻猊日走五百里)”라 하였는데, 살피건대『목천자전』에 백요(柏夭)에 “뛰어난 짐승은 발을 마음대로 쓰는데, 산예(狻猊)와 야마(野馬)는 500리를 달린다”고 한 것이 이것이다.

 䮷, 如馬, 一角; 不角者, 騏.

　휴(䮷 : 말의 형상을 한 외뿔 짐승)는 말과 같은데 뿔이 한 개이며, 뿔이 없는 것은 기(騏 : 철총이[78])이다.

---

76) 天: 대본에는 ‘天’으로 되어 있으나『穆天子傳』에 따라 고쳤다.
77) 峰牛: 封牛. 목덜미에 낙타의 肉峰처럼 살이 솟은 소.
78) 철총이 : 鐵驄馬. 검푸른 반점이 있는 말.

元康八年, 九眞郡獵得一獸, 大如馬, 一角, 角如鹿茸, 此卽驒也.
今深山中人時或見之, 亦有無角者.

진(晉)나라 원강(元康) 8년에 구진군(九眞郡)에서 사냥을 하다가 한 마리
짐승을 잡았는데, 크기는 말만하고 뿔이 한 개이며, 뿔은 녹용(鹿茸)과 같
으니, 이것이 곧 휴(驒)이다. 지금 깊은 산 속에서 사람들이 때로 혹 보는
데 또한 뿔이 없는 것도 있다.

驒, 本又作鵁, 同, 戶圭反. 騏, 音其. 茸, 而容反.

휴(驒 : 말의 형상을 한 외뿔 짐승)는 본에 따라 휴(鵁)로 되어 있으나 음의가
같고, 호(戶)와 규(圭)의 반절이다. 기(騏)는 음(音)이 기(其)이다. 용(茸)은 이(而)
와 용(容)의 반절이다.

驒, 獸名也. 狀如馬, 一角. 不角者, 名騏. 郭云 : "元康八年, 九
眞郡獵得一獸, 大如馬, 一角, 角如鹿茸, 此卽驒也. 今深山中人
時或見之, 亦有無角者."

휴(驒)는 짐승 이름이다. 생김새가 말과 같고 뿔이 한 개이다. 뿔이 없
는 것은 이름이 기(騏)이다. 곽박은 "진(晉)나라 원강(元康) 8년에 구진군(九
眞郡)에서 사냥을 하다가 한 마리 짐승을 잡았는데, 크기는 말만하고 뿔이
한 개이며, 뿔은 녹용(鹿茸)과 같으니, 이것이 곧 휴(驒)이다. 지금 깊은 산
속에서 사람들이 때로 혹 보는데 또한 뿔이 없는 것도 있다"고 하였다.

 羱, 如羊.

완(羱 : 양 모양 짐승)은 양(羊)과 같다.

 羱羊, 似吳羊而大角, 角橢, 出西方.

완양(羱羊)은 오양(吳羊 : 살찌고 큰 백색의 양)과 비슷하나 큰 뿔이 있는데 뿔은 좁고 길쭉하며, 서쪽 지방에서 난다.

 羱, 魚袁反, 又五丸反. 『字林』云 . "野羊大角." 橢, 宁或作隋, 他 果反, 下同.

완(羱)은 어(魚)와 원(袁)의 반절, 또는 오(五)와 환(丸)의 반절이다. 『자림』 에 "야생 양으로 뿔이 크다"고 하였다. 타(橢)는 글자를 혹 타(隋)로도 쓰는 데, 타(他)와 과(果)의 반절이며, 아래도 같다.

 『字林』云 : "野羊大角者也." 郭云 : "羱羊, 似吳羊而大角, 角橢, 出西方." 橢, 謂狹而長也.

『자림』에 "야생 양으로 뿔이 크다"고 하였다. 곽박은 "완양(羱羊)은 오 양(吳羊)과 비슷하나 큰 뿔이 있는데 뿔은 좁고 길쭉하며, 서쪽 지방에서 난다"고 하였다. 타(橢)는 좁으면서 긴 것을 말한다.

 麐, 麕身, 牛尾, 一角.

린(麐 : 노루 몸 소꼬리의 외뿔 짐승)은 노루의 몸에 소의 꼬리를 하고 있으며, 뿔이 한 개이다.

 角頭有肉. 『公羊傳』曰 : "有麕而角."

뿔의 끝에 살이 있다. 『공양전(公羊傳)』에 "노루로서 뿔이 있는 것이다"고 하였다.

麐, 『字林』力人反, 本又作麟, 牝騏也. 一音力珍反.

린(麐)은 『자림』에 력(力)과 인(人)의 반절이라 하였으며, 본에 따라 린(麟)으로도 쓰는데 암컷 기린(麒麟)이다. 일음(一音)은 력(力)과 진(珍)의 반절이다.

李巡曰 : "麐, 瑞應獸名." 孫炎曰 : "靈獸也." 京房『易傳』曰 : "麐, 麕身, 牛尾, 狼額, 馬蹄, 有五彩, 腹下黃, 高丈二." 『詩』「周南」云 : "麟之趾." 毛傳云 : "麟信而應禮, 以足至者也." 鄭箋云 : "麟角之末有肉, 示有武而不用." 陸璣『疏』云 : "麟, 麕身, 牛尾, 馬足, 黃色, 圓蹄, 一角, 角端有肉. 音中鍾呂, 行中規矩. 遊必擇地, 詳而後處. 不履生蟲, 不踐生草, 不羣居, 不侶行. 不入陷阱, 不罹羅網. 王者至仁則出. 今幷州界有麟, 大小如鹿, 非瑞應麟也. 故司馬相如賦曰'射麋脚麟.' 謂此麟也." ○注『公羊傳』曰 : '有麕而角'." 案『春秋』哀十四年春 "西狩獲麟." 『公羊

傳』云 : "有以告者曰 : ‘有麕而角者.’ 孔子曰 : ‘孰爲來哉, 孰爲來哉!’" 是
其事也.

이순은 "린(麐)은 상서로움에 호응하는 짐승의 이름이다"고 하였고, 손
염은 "신령스런 짐승이다"고 하였다. 경방(京房)의 『역전(易傳)』에 "린(麐)은
노루의 몸에 소의 꼬리에 이리의 이마에 말의 발굽을 하고 있고, 다섯 가
지 채색이 있으며, 배 밑은 누렇고, 키는 2장(丈)이다"고 하였다.『시경』「주
남」에 "인지지(麟之趾 : 기린의 발이여)"라 했는데, 모전(毛傳)에 "기린(麟)은 신
의가 있고 예(禮)에 응하여 발로 이르는 것이다"고 하였으며, 정현의 전(箋)
에 "린(麟)은 뿔 끝에 살이 있어, 무용(武勇)이 있어도 사용하지 않음을 보
인다"고 했다. 육기의 『모시초목조수충어소』에 "린(麟)은 노루의 몸에 소
의 꼬리에, 말의 발에 황색이고 둥근 발굽에 뿔은 한 개인데 뿔 끝에 살
이 있다. 소리는 음률(音律)에 맞고 행동은 법도(法度)에 맞으며, 노닐 때는
반드시 장소를 가리고 자세히 살핀 이후에 처한다. 살아 있는 벌레를 밟
지 않고 살아 있는 풀도 밟지 않으며, 무리 지어 살지 않고 짝을 지어 다
니지 않고, 함정에 빠지지 않고 그물에 걸리지 않는다. 왕자(王者)가 지극
히 어질면 나타난다. 지금 병주(幷州)의 경계에 린(麟)이 있는데, 크기는 사
슴과 같으나 상서로움을 응하는 린(麟)이 아니다. 때문에 사마상여는 「자허
부(子虛賦)」에서 ‘미(麋 : 사불상)를 쏘고 린(麟)의 다리를 붙잡았다’고 하였는
데, 이 린(麟)을 말한다"고 하였다. ○ 주에서 인용한 『공양전』의 "유균이
각(有麕而角)"은 살피건대, 『춘추』 애공(哀公) 14년 봄에 "서수획린(西狩獲麟
: 서쪽으로 사냥가서 기린을 잡았다)"이라고 하였다. 『공양전』에 "고하는 사람
이 있어 ‘노루로서 뿔이 있는 것입니다’고 하였다. 공자는 ‘무엇 때문에
왔는가! 무엇 때문에 왔는가!’라 하였다"고 한 것이 그 사례이다.

猶如麂, 善登木.

유(猶 : 원숭이의 종류)는 궤(麂 : 사슴의 종류)와 같으며, 나무에 잘 오른다.

健上樹.

씩씩하게 나무에 잘 오른다.

猶, 羊周 · 羊救二反, 『字林』弋又反, 『說文』云 : "玃屬也, 一曰隴西人謂犬子也." 『尸子』云 : "五尺大犬也." 舍人本鬻, 郭音育. 麂, 音几. 上, 時掌反.

유(猶)는 양(羊)과 주(周), 양(羊)과 구(救)로 반절이 둘인데, 『자림』은 익(弋)과 우(又)의 반절이라 하였으며, 『설문』에 '확(玃 : 큰 원숭이)의 종류이다. 또한 가지 다른 뜻으로 농서인(隴西人)들은 개의 새끼라고 한다'고 하였고, 『시자』에 "5척(尺)의 큰 개다"고 하였다. 사인본(舍人本)에는 육(鬻)으로 되어 있으며, 곽박은 음이 육(育)이라 하였다. 궤(麂)는 음(音)이 궤(几)이다. 상(上)은 시(時)와 장(掌)의 반절이다.

『說文』云 : "猶, 玃屬"也. 其狀如麂, 爲獸健捷, 善能上樹.

『설문』에 "유(猶)는 확(玃 : 큰 원숭이)의 종류이다"고 하였다. 그 모양이 궤(麂)와 같고, 씩씩하며 민첩한 짐승으로 나무에 잘 오른다.

經文 貄, 修毫.

사(貄 : 살쾡이 새끼)는 털이 길다.

爾雅注 毫毛長.

털이 길다.

爾雅音義 貄, 本又作貄, 亦作肆, 音四. 脩, 音羞. 毫, 戶高反, 『廣雅』云 : "𣯫謂之毫." 本或作豪, 音同, 借用也.

사(貄)는 본에 따라 사(貄)로 되어 있으며, 또한 사(肆)로도 되어 있는데, 음이 사(四)이다. 수(脩)는 음(音)이 수(羞)이다. 호(毫)는 호(戶)와 고(高)의 반절이며, 『광아』에 "호(𣯫)는 호(毫)를 말한다"고 하였다. 본에 따라 호(豪)로 되어 있는데 음이 같으며, 가차(假借)하여 쓴 것이다.

爾雅疏 脩, 長也. 『廣雅』云 : "𣯫毛謂之毫." 言貄獸體多長毛.

수(脩)는 길다는 뜻이다. 『광아』에 "호(𣯫)는 호(毫)를 말한다"고 하였다. 사(貄)라는 짐승은 몸에 긴 털이 많음을 말한다.

 貙, 似貍.

추(貙 : 살쾡이 모양 짐승)는 살쾡이와 비슷하다.

 今貙虎也. 大如狗, 文如貍.

지금의 추호(貙虎 : 살쾡이와 비슷한 맹수의 이름)이다. 크기는 개와 같으며,
무늬는 살쾡이와 같다.

 貙獸, 其文如貍. 郭云"今貙虎也. 大如狗, 文如貍."

추(貙)라는 짐승은 그 무늬가 살쾡이와 같다. 곽박은 "지금의 추호(貙虎)
이다. 크기는 개와 같으며, 무늬는 살쾡이와 같다"고 하였다.

 兕, 似牛.

시(兕 : 외뿔소)는 소와 비슷하다.

 一角, 靑色, 重千斤.

뿔이 하나이며 청색이고 무게가 천근이나 된다.

兕, 本又作兊, 徐履反.

시(兕)는 본에 따라 시(兊)로 되어 있으며, 서(徐)와 리(履)의 반절이다.

郭云: "一角, 靑色, 重千斤." 『說文』云: "兕, 如野牛, 靑毛, 其皮 堅厚, 可制鎧." 『交州記』曰: "兕出九德, 有一角, 角長三尺餘, 形如馬鞭柄." 是也.

곽박은 "뿔이 하나이며 청색이고 무게가 천근이나 된다"고 하였으며, 『설문』에 "시(兕)는 들소와 같고 푸른 털이 나 있으며, 그 가죽이 견고하 고 두꺼워 투구를 만들 수 있다"고 하였다. 『교주기(交州記)』에는 "시(兕)는 구덕(九德)에서 산출되며, 뿔이 하나가 있는데, 뿔의 길이는 3척 남짓이며 모양은 말채찍 자루와 같다"고 한 것이 이것이다.

犀, 似豕.

서(犀: 무소)는 돼지와 비슷하다.

形似水牛, 豬頭, 大腹, 庳脚. 脚有三蹄, 黑色. 三角, 一在頂上, 一在額上, 一在鼻上. 鼻上者, 卽食角也. 小而不橢, 好食棘. 亦 有一角者.

생김새가 무소와 비슷하고, 돼지의 대가리에 배가 크고 다리가 짧으며,
다리에 3개의 굽이 있고 검은색이다. 3개의 뿔이 있는데, 하나는 정수리
에 있고 하나는 이마 위에 있고 하나는 코 위에 있다. 코 위에 있는 것은
곧 먹을 수 있는 뿔이다. 작지만 길쭉하지 않으면서 가시를 먹기를 좋아
한다. 또한 뿔이 하나인 것도 있다.

爾雅音義 犀, 音西, 俗作犀, 非. 庳, 音婢.

서(犀)는 음(音)이 서(西)이다. 민간에서는 서(犀)로 쓰는데 잘못이다. 비
(庳)는 음(音)이 비(婢)이다.

爾雅疏 郭云 : "形似水牛, 豬頭, 大腹, 庳脚. 脚有三蹄, 黑色. 三角, 一
在頂上, 一在額上, 一在鼻上. 鼻上者, 卽食角也. 小而不橢, 好
食棘. 亦有一角者." 劉欣期『交州記』[79]曰 : "犀出九德, 毛如豕, 蹄有甲,
頭似馬."『吳錄』「地理志」云 : "武陵沅南縣以南皆有犀."

곽박은 "생김새가 무소와 비슷하고, 돼지의 대가리에 배가 크고 다리가
짧으며, 다리에 3개의 굽이 있고 검은색이다. 3개의 뿔이 있는데, 하나는
정수리에 있고 하나는 이마 위에 있고 하나는 코 위에 있다. 코 위에 있는
것은 곧 먹을 수 있는 뿔이다. 작지만 길쭉하지 않으면서 가시를 먹기를
좋아한다. 또한 뿔이 하나인 것도 있다"고 하였다. "유흔기(劉欣期)의『교주
기(交州記)』에 "서(犀)는 구덕(九德)에서 산출되는데, 털은 돼지와 같고 발굽
은 껍질이 있고 머리는 말과 같다"고 하였다. 『오록(吳錄)』「지리지(地理志)」
에 "무릉(武陵) 원남현(沅南縣) 이남에 모두 서(犀)가 있다"고 하였다.

---

79) 劉欣期『交州記』:『이아고림』「郭義補正」에는 '劉歆 交州記'라고 하였다.

 彙, 毛刺.

휘(彙 : 고슴도치)는 가시 털이 나 있다.

 今猬狀似鼠.

지금의 고슴도치이며 생김새가 쥐와 비슷하다.

 彙, 本或作猬, 又作蝟, 亦作𧳢, 同, 音謂. 刺, 七賜反.

휘(彙)는 본에 따라 위(猬), 또는 위(蝟)로 되어 있고, 또한 휘(𧳢)로도 쓰
는데 음의가 같으며 음이 위(謂)이다. 자(刺)는 칠(七)과 사(賜)의 반절이다.

 彙卽猬也, 其毛如針. 郭云 : "今猬狀似鼠."

휘(彙)는 곧 고슴도치이며, 그 털이 바늘과 같다. 곽박은 "지금의 고슴
도치이며 생김새가 쥐와 비슷하다"고 했다.

 狒狒, 如人, 被髮, 迅走, 食人.

비비(狒狒)[80)는 사람과 같은데, 머리를 풀어 헤치고 빨리 달리며, 사람을 잡아먹는다.

爾雅注 梟陽[81)也.『山海經』曰 : "其狀如人, 面長脣黑, 身有毛, 反踵, 見人則笑. 交廣及南康郡山中亦有此物, 大者長丈許. 俗呼之曰山都."

효양(梟陽)이다.『산해경』에 "그 생김새가 사람과 같은데, 얼굴이 길고 입술이 검으며 몸에 털이 있고 발꿈치가 사람과 반대로 되어 있으며 사람을 보면 웃는다. 교광(交廣)과 남강군(南康郡)의 산 속에 또한 이 동물이 있다. 큰 것은 키가 1장(丈)이다. 민간에서는 산도(山都)라고 부른다"고 하였다.

爾雅音義 狒, 字又作貏, 或作䶂, 同.『說文』云 : "周成王時, 州靡國獻貏貏, 人身, 反踵, 自笑, 笑則上脣弇其目, 食人, 北方謂之土螻, 讀若費費, 一名梟陽." 今依許扶味反, 沈音沸, 郭薄昧反, 又音備. 郭云 : "俗呼曰山都." 案, 相傳云 : "此獸人面長脣, 身有毛, 好食人, 得人則笑而脣覆其面, 人亦因而獲之." 故左思「五都賦」云 : "貏貏笑而被格." 是也. 被, 皮義反. 梟, 力堯反. 脣, 音純.

비(狒)는 글자를 또 비(貏), 혹은 비(䶂)로도 쓰나 음의가 같다.『설문』内部 闟에 "주(周) 성왕(成王) 때에 주미국(州靡國)이 비비(貏貏)를 바쳤는데, 사람의 몸에 발꿈치가 사람과 반대로 되어 있으며, 스스로 웃고, 웃으면

---

80) 狒狒 : 긴꼬리원숭이과 개코원숭이속의 포유동물을 통틀어 이르는 말. 몸집이 크고 얼굴이 개와 비슷하며, 주둥이가 길다. 몸의 색깔은 붉은 갈색이나 어두운 갈색이며, 얼굴은 검은색이다. 다리가 길어 땅 위를 걷는 데 알맞으며, 잡식성이다.
81) 陽 : 대본에는 '羊'이라 하였다. 그러나『山海經』에는 '陽'으로 되어 있고, 또한 '梟陽'과 '梟羊'은 같이 쓰므로 그대로 두었다. 아래의 疏에서도 같다.

윗입술이 그 눈을 덮으며, 사람을 잡아먹는다. 북방(北方)에서는 토루(土螻)라 하며, 비비(費費)와 같이 읽는데, 일명 효양(梟陽)이다"고 하였다. 지금 허신을 따라 부(扶)와 미(味)의 반절이라 하는데, 심선은 음이 비(沸)라 하였고, 곽박은 부(薄)와 매(味)의 반절이며 또한 음이 비(備)라 하였다. 곽박은 "민간에서는 산도(山都)라고 부른다"고 하였다. 살펴건대, 서로 전하기를 "이 짐승은 사람 얼굴에 긴 입술을 하고 있으며 몸에 털이 있고 사람 잡아먹기를 좋아한다. 사람을 잡으면 웃어서 입술이 그 얼굴을 덮는데 사람 또한 이를 틈타서 잡는다"고 하였다. 때문에 좌사(左思)[82]의 「오도부(五都賦)」에 "비비(罷罷)가 웃다가 잡힌다"고 한 것이 이것이다. 피(被)는 피(皮)와 의(義)의 반절이다. 효(梟)는 력(力)과 요(堯)의 반절이다. 순(脣)은 음(音)이 순(純)이다.

爾雅 疏 狒狒, 獸名, 狀如人, 被髮, 疾走, 食人. 『山海經』謂之梟陽. 又謂之贛(音感)巨人. 『周書』「王會」云 : "北方謂之吐嘍." 『山海經』曰 : "其狀如人, 面長脣黑, 身有毛, 反踵, 見人則笑. 交廣及南康郡山中亦有此物, 大者長丈許. 俗呼之曰山都." 云 『山海經』曰者, 「海內南經」文也. 案, 彼文云 : 梟陽, "在北朐之西, 其狀人面長脣, 有毛, 反踵, 見人笑亦笑. 左手操管." 又「海內經」云 : "笑則脣蔽其面, 因可逃也." 故郭『讚』云 : "狒狒怪萌[83], 被髮操竹; 獲人則笑, 脣蔽其目; 終亦號咷, 反爲我戮." 是也. 云 "反踵"者, 脚跟反向也. 『大傳』云 : "周成王時州靡國獻之"也.

비비(狒狒)는 짐승 이름으로. 생김새가 사람과 같으며 머리를 풀어 헤치고 빨리 달리며 사람을 잡아먹는다. 『산해경』에서는 효양(梟陽)이라 하였

---

82) 左思 : 晉의 臨淄 사람. 자는 太沖. 용모가 추하고 말을 더듬었으나, 박학하고 문장에 능하여, 10년 걸려 완성한 「三都賦」는 베끼는 이가 많아 洛陽의 종이 값이 올랐다고 한다. 후인이 輯錄한 『左太沖集』이 있다.
83) 萌 : 閩本 등에는 '獸'로 되어 있다.(대본 注)

다. 또한 감거인(鱤巨人)이라고 한다. 『일주서(逸周書)』 「왕회(王會)」에 "북방에서는 토루(吐螻)라고 한다"고 하였다. 『산해경』에 "그 생김새가 사람과 같은데, 얼굴이 길고 입술이 검으며 몸에 털이 있고 발꿈치가 사람과 반대로 되어 있으며 사람을 보면 웃는다. 교광(交廣)과 남강군(南康郡)의 산속에 또한 이 동물이 있다. 큰 것은 키가 1장(丈)이다. 민간에서는 산도(山都)라고 부른다"고 하였다. "『산해경(山海經)』왈(曰)"이라 한 것은 「해내남경」의 글이다. 살펴건대, 그 글에 효양(梟陽)은 "북구(北朐)의 서쪽에 있는데, 그 생김새가 사람의 얼굴에 긴 입술을 하고 있으며 털이 나 있고 발꿈치가 사람과 반대로 되어 있으며, 사람을 보면 웃고 또 웃는다. 왼쪽 손에는 죽관(竹管)을 잡고 있다"고 하였고, 또 「해내경」에 "웃으면 입술이 그 얼굴을 덮는데, 그 틈을 타서 도망칠 수 있다"고 하였다. 때문에 곽박의 『이아도찬(爾雅圖讚)』에 "비비(狒狒)는 괴상한 짐승으로, 머리를 풀어 헤치고 죽관(竹管)을 잡고 있으며, 사람을 잡으면 웃어서 입술이 그 눈을 덮으며, 마침내 또한 울부짖다가 도리어 사람한테 잡혀 죽게 된다"고 한 것이 이것이다. 주에서 "반종(反踵)"이라 한 것은 발꿈치가 사람과 반대로 향했다는 뜻이다. 『상서대전(尙書大傳)』에 "주(周)나라 성왕(成王) 때 주미국(州麋國)에서 이를 바쳤다"고 하였다.

 貍・狐・貒・貈醜, 其足, 蹯;

리(貍 : 살쾡이)・호(狐 : 여우)・단(貒 : 오소리)・학(貈 : 오소리)의 종류는 그 발이 번(蹯 : 짐승 발바닥)이 있으며,

皆有掌蹯.

모두 발바닥이 있다.

 其跡, 厹.

그 발 자취는 유(厹 : 짐승 발자국)이다.

 厹, 指頭處.

유(厹)는 발가락 끝이 닿았던 곳이다.

爾雅音義 蹯, 『說文』作番, 古文作毌,84) 竝音煩. 案, 蹯, 掌也. 『左傳』云 : "宰夫胹熊蹯不熟, 殺之." 是也. 厹, 女九・人九二反. 『說文』云 : "獸足蹂地也." 古文爲蹂, 字85)或作狃. 處, 昌慮反.

번(蹯)은 『설문』에 번(番)으로 되어 있으며, 고문에는 번(毌)이라 하였으니 모두 음이 번(煩)이다. 살피건대, 번(蹯)은 발바닥이다. 『좌전』에 "요리사가 웅번(熊蹯 : 곰 발바닥)을 삶았는데 익지 않아 그를 죽였다"고 한 것이

---

84) 毌 : 𤲬의 잘못이다. 『설문』段注本에 "𤲬"으로 되어 있고, 『이아고림』 「音義攷證」에 "此引說文古文𤲬, 誤作毌字"라고 하였다.

85) 字 : 『釋文』에는 "字林"으로 되어 있는데, 『이아고림』 「音義攷證」에 "注疏本無林字, 此疑衍"이라 하여 '林'은 衍字라고 하였다.

이것이다. 유(厹)는 녀(女)와 구(九), 인(人)과 구(九)로 반절이 둘이다. 『설문』에 "짐승의 발이 땅을 밟은 것이다." 고문에는 유(蹂)라 하였으며, 글자는 간혹 유(狃)로도 쓴다. 처(處)는 창(昌)과 려(慮)의 반절이다.

『說文』云：“蹯, 掌也.” 此四獸之類皆有掌蹯. 宣二年『左傳』云 “宰夫胹熊蹯” 是其類也. 其指頭著地處, 名厹.

『설문』에 "번(蹯)은 발바닥이다"고 하였으니, 이 네 짐승의 종류는 모두 발바닥이 있다. 『좌전』 선공(宣公) 2년에 "요리사가 웅번(熊蹯：곰 발바닥)을 삶았다"고 한 것이 그런 종류이다. 그 발가락 끝이 땅에 닿았던 곳은 명칭이 유(厹)이다.

蒙頌, 猱狀.

몽송(蒙頌：원숭이류의 짐승)은 노(猱)의 모양이다.

卽蒙貴也. 狀如蜼而小, 紫黑色. 可畜, 健捕鼠, 勝於貓. 九眞·日南皆出之. 猱亦獼猴之類.

곧 몽귀(蒙貴)이다. 모양이 유(蜼：긴꼬리원숭이)와 같으나 작으며, 자흑색(紫黑色)이고 기를 수 있으며, 용맹하게 쥐를 잡는데 고양이보다 낫다. 구진(九眞)·일남(日南)에서 모두 산출된다. 노(猱) 역시 원숭이의 종류이다.

蒙, 莫東反. 猱, 奴刀反, 本或作獿, 郭女救反. 蜼, 餘水反. 畜, 許六反. 捕, 音步. 勝, 尸證反. 貓, 音苗. 獮, 音彌. 猴, 音侯.

몽(蒙)은 막(莫)과 동(東)의 반절이다. 노(猱)는 노(奴)와 도(刀)의 반절이며, 본에 따라 우(獿)로 되어 있는데, 곽박은 녀(女)와 구(救)의 반절이라 하였다. 유(蜼)는 여(餘)와 수(水)의 반절이다. 휵(畜)은 허(許)와 육(六)의 반절이다. 포(捕)는 음(音)이 보(步)이다. 승(勝)은 시(尸)와 증(證)의 반절이다. 묘(貓)는 음(音)이 묘(苗)이다. 미(獮)는 음(音)이 미(彌)이다. 후(猴)는 음(音)이 후(侯)이다.

 蒙頌, 一名蒙貴, 狀似猿猱, 故曰猱狀. 郭云: "卽蒙貴也. 狀如蜼而小, 紫黑色. 可畜, 健捕鼠, 勝於貓. 九眞·日南皆出之. 猱亦獮猴之類."

몽송(蒙頌)은 일명 몽귀(蒙貴)이며, 모양이 원노(猿猱: 원숭이)와 비슷하기 때문에 노상(猱狀)이라고 하였다. 곽박은 "곧 몽귀(蒙貴)이다. 모양이 유(蜼)와 같으나 작으며, 자흑색이고 기를 수 있으며, 용맹하게 쥐를 잡는데 고양이보다 낫다. 구진(九眞)·일남(日南)에서 모두 산출된다. 노(猱) 역시 원숭이의 종류이다"고 했다.

 猱·蝯, 善援.

노(猱: 원숭이의 종류)·원(蝯: 긴팔원숭이)은 잘 끌어당긴다.

 便攀援.

민첩하게 더위잡고 기어오른다.

 蝯, 音袁. 援, 音袁, 猶引也.

원(蝯)은 음(音)이 원(袁)이다. 원(援)은 음(音)이 원(袁)이니, 인(引 : 끌다)의 뜻과 같다.

 猱, 一名蝯, 善攀援樹枝. 郭云"便攀援"者, 便, 謂便捷也.

노(猱)는 일명 원(蝯)으로 나뭇가지를 잘 더위잡고 기어오른다. 곽박이 "편반원(便攀援)"이라고 한 것에서 편(便)은 편첩(便捷 : 민첩함)을 말한다.

 玃父, 善顧.

확보(玃父 : 몸집큰원숭이)는 잘 돌아본다.

 貑玃也. 似獼猴而大, 色蒼黑, 能攫持人, 好顧眄.86)

---

86) 眄 : 대본에는 '盼'으로 되어 있으나 『이아고림』 「音義攷證」에 따라 고쳤으며, 疏에

가확(貑玃 : 짐승 이름)이다. 원숭이와 비슷하나 크며 색깔이 검푸른 색에 사람을 잘 움켜잡고 돌아보기를 좋아한다.

玃, 字亦作貜, 俱縛反.『說文』云 : "大母猴也." 父, 音甫. 貑, 本 或作麚, 音古牙反. 眄, 亡見反.

확(玃)은 글자를 역시 확(貜)으로도 쓰며 구(俱)와 박(縛)의 반절이다.『설 문』에 "큰어미 원숭이이다"고 하였다. 보(父)는 음(音)이 보(甫)이다. 가(貑) 는 본에 따라 가(麚)로 되어 있는데, 음은 고(古)와 아(牙)의 반절이다. 면(眄) 은 망(亡)과 견(見)의 반절이다.

大猨也. 能攫持人, 又善顧眄. 因名云.

큰긴팔원숭이이다. 사람을 잘 움켜잡고 또한 잘 돌아보므로, 확보(玃父) 라 이름을 붙였다.

威夷, 長脊而泥.

위이(威夷 : 짐승의 이름)는 척추가 길고 힘이 약하다.

泥, 少才力.

서도 같다.『釋文』에도 "眄, 亡見反"으로 되어 있다.

니(泥)는 힘이 약한 것이다.

 脊, 音積. 泥, 奴細反.

척(脊)은 음(音)이 적(積)이다. 니(泥)는 노(奴)와 세(細)의 반절이다.

 泥, 弱也. 威夷之獸, 長脊而劣弱, 少才力也.

니(泥)는 약하다는 뜻이다. 위이(威夷)라는 짐승은 척추가 길고 나약하며 힘이 적다.

 麕·麚, 短脰.

구(麕 : 사불상의 수컷)·가(麚 : 수사슴)는 목이 짧다.

 脰, 項.

두(脰)는 목이다.

 麕, 音咎. 麚, 音加. 脰, 音豆.

구(麘)는 음(音)이 구(쑴)이다. 가(麚)는 음(音)이 가(加)이다. 두(脰)는 음(音)이 두(豆)이다.

脰, 項也. 麘·麚之獸, 皆短項.

두(脰)는 목이다. 구(麘)·가(麚)라는 짐승은 모두 목이 짧다.

戃, 有力.

현(戃 : 개 비슷한 짐승)은 힘이 있다.

出西海, 大秦國有養者, 似狗, 多力, 獷惡.

서해(西海)에서 나며, 대진국(大秦國)에 기르는 자가 있는데 개와 비슷하고 힘이 세며 거칠고 사납다.

戃, 胡犬反. 獷, 虢猛反.

현(戃)은 호(胡)와 견(犬)의 반절이다. 광(獷)은 곽(虢)과 맹(猛)의 반절이다.

贊, 似犬之獸名也. 郭云: "出西海, 大秦國有養者, 似狗, 多力,
獷惡."

현(贊)은 개와 비슷한 짐승의 이름이다. 곽박은 "서해(西海)에서 나며, 대
진국(大秦國)에 기르는 자가 있는데 개와 비슷하고 힘이 세며 거칠고 사납
다"고 했다.

 豦, 迅頭.

거(豦 : 원숭이의 종류)는 머리를 흔든다.

今建平山中有豦, 大如狗, 似獮猴. 黃黑色, 多髯鬣, 奮迅其頭,
能擧石擿人. 貜類也.

지금 건평(建平)의 산 속에 거(豦)가 있는데 크기는 개와 같고 원숭이와
비슷하다. 황흑색(黃黑色)에 수염과 갈기가 많고, 그 머리를 빠르게 흔들
고, 사람에게 돌을 잘 집어던진다. 확(貜 : 몸집큰원숭이)의 종류이다.

 豦, 音據. 髯, 而占反. 鬣, 力輒反. 擿, 字又作擲, 直戟反.

거(豦)는 음(音)이 거(據)이다. 염(髯)은 이(而)와 점(占)의 반절이다. 렵(鬣)은
력(力)과 첩(輒)의 반절이다. 적(擿)은 글자를 또한 척(擲)으로도 쓰는데, 직
(直)과 극(戟)의 반절이다.

貜, 似猴之獸也. 好奮迅其頭, 故曰迅頭. 郭云 : "今建平山中有
貜, 大如狗, 似獼猴. 黃黑色, 多髭鬣, 奮迅其頭, 能舉石摘人. 玃
類也."

거(貜)는 원숭이와 비슷한 짐승이다. 그 머리를 빠르게 흔들기를 좋아하
기 때문에 신두(迅頭)라고 한다. 곽박은 "지금 건평(建平)의 산 속에 거(貜)
가 있는데 크기는 개와 같고 원숭이와 비슷하다. 황흑색(黃黑色)에 수염과
갈기가 많고, 그 머리를 빠르게 흔들고, 사람에게 돌을 잘 집어 던진다.
확(玃)의 종류이다"고 했다.

蜼, 卬鼻而長尾.

유(蜼 : 긴꼬리원숭이)는 들창코이며 꼬리가 길다.

蜼, 似獼猴而大. 黃黑色, 尾長數尺, 似獺, 尾末有岐. 鼻露向上,
雨卽自縣於樹, 以尾塞鼻, 或以兩指. 江東人亦取養之, 爲物捷健.

유(蜼)는 원숭이와 비슷하나 크다. 황흑색(黃黑色)이며, 꼬리의 길이가 수
척(尺)인데 수달과 비슷하며 꼬리 끝이 갈라져 있다. 콧구멍이 드러나 하
늘로 향해 있어, 비가 오면 곧 스스로 나무에 매달려서 꼬리로 코를 가리
고 혹은 두 손가락으로 코를 가리기도 한다. 강동 사람들이 또한 잡아서
기르는데 날래고 굳센 동물이다.

蜼, 音誄, 『字林』余繡反, 或餘李[87) · 餘水二反. 卬, 五剛反, 又
魚兩反. 數, 所主反. 獙, 勅錯反, 又勅末反. 岐, 音祁. 縣, 音玄.
捷, 才接反.

유(蜼)는 음(音)이 뇌(誄)인데, 『자림』에는 여(余)와 수(繡)의 반절, 혹은 여
(餘)와 이(李), 여(餘)와 수(水) 두 가지의 반절이라 하였다. 앙(卬)은 오(五)와
강(剛)의 반절 또는 어(魚)와 양(兩)의 반절이다. 수(數)는 소(所)와 주(主)의
반절이다. 달(獙)은 칙(勅)과 할(錯)의 반절, 또는 칙(勅)과 말(末)의 반절이다.
기(岐)는 음(音)이 기(祁)이다. 현(縣)은 음(音)이 현(玄)이다. 첩(捷)은 재(才)와
접(接)의 반절이다.

蜼, 亦猴類之獸, 卬鼻而尾長大. 『山海經』曰 : "鬲山多猨蜼." 是
也. 郭云 : "蜼, 似獼猴而大, 黃黑色. 尾長數尺, 似獺尾, 末有岐.
鼻露向上, 雨卽自縣於樹, 以尾塞鼻, 或以兩指. 江東人亦取養之, 爲物
捷健."

유(蜼)는 또한 원숭이 종류의 짐승으로, 들창코이며 꼬리가 길고 크다.
『산해경』에 "격산(鬲山)에 원유(猨蜼)가 많다"고 한 것이 이것이다. 곽박은
"유(蜼)는 원숭이와 비슷하나 크다. 황흑색(黃黑色)이며, 꼬리의 길이가 수
척(尺)인데 수달과 비슷하며 꼬리 끝이 갈라져 있다. 콧구멍이 드러나 하
늘로 향해 있어, 비가 오면 곧 스스로 나무에 매달려서 꼬리로 코를 가리
고 혹은 두 손가락으로 코를 가리기도 한다. 강동 사람들이 또한 잡아서
기르는데 날래고 굳센 동물이다"고 했다.

---

87) 李 : 노문초의 『爾雅音義攷證』(『이아고림』)에는 '季'로 수정하였다.

 時, 善乘領.

시(時 : 봉우리에 잘 오르는 짐승)는 산봉우리에 잘 오른다.

 好登山峰.

산봉우리에 오르기를 좋아한다.

 乘, 本或作乘, 事陵反. 峰, 芳逢反.

승(乘)은 본에 따라 승(乘)으로 되어 있으며, 사(事)와 릉(陵)의 반절이다.
봉(峯)은 방(芳)과 봉(逢)의 반절이다.

 好登山峰之一獸也.

산봉우리에 오르기를 좋아하는 짐승의 하나이다.

 猩猩, 小而好啼.

성성(猩猩 : 성성이)은 작으며 울기를 좋아한다.

『山海經』曰 : "人面豕身, 能言語." 今交阯封谿縣出猩猩, 狀如貛
㹠, 聲似小兒啼.

『산해경』에 "사람의 얼굴에 돼지의 몸을 하고 있으며 말을 할 수 있
다"고 하였다. 지금의 교지(交阯 : 베트남 북부)의 봉계현(封谿縣)에서 성성(猩
猩)이가 산출되는데, 모습은 환돈(貛㹠 : 오소리)과 같고, 어린아이가 우는 것
같은 소리를 낸다.

猩, 音生. 郭云 : "人面豕身, 能言語." 又云 : "狀如貛㹠, 聲似小
兒啼." 案, 『禮記』云 : "猩猩能言不離禽獸." 是也. 好, 如字, 又
呼報反. 啼, 社奚反. 谿, 音溪. 阯, 音止. 㹠, 徒門反, 『字林』云 : "小豕
也." 『說文』作豚, 又云 : "籀文也."

성(猩)은 음(音)이 생(生)이다. 곽박은 "사람의 얼굴에 돼지의 몸을 하고
있으며 말을 할 수 있다"고 하였으며, 또 "모습이 환돈(貛㹠)과 같고, 어린
아이가 우는 것 같은 소리를 낸다"고 하였다. 살펴건대, 『예기』「곡례(曲
禮)」에 "성성(猩猩)이는 말을 잘하지만 짐승에서 벗어나지 못한다"고 한
것이 이것이다. 호(好)는 여자(如字), 또는 호(呼)와 보(報)의 반절이다. 제(啼)
는 사(社)와 혜(奚)의 반절이다. 계(谿)는 음(音)이 계(溪)이다. 지(阯)는 음(音)
이 지(止)이다. 돈(㹠)은 도(徒)와 문(門)의 반절이며, 『자림』에 "작은 돼지이
다"고 하였고, 『설문』에는 돈(豚)으로 되어 있으며, 또한 "주문(籀文)이다"
고 하였다.

能言獸也. 「曲禮」曰 : "猩猩能言." 『周書』「王會」曰 : "都郭狌狌,
欺羽狌狌, 若黃狗, 人面能言." 郭云 : "『山海經』曰 : '人面豕身, 能
言語.' 今交阯封谿縣出猩猩, 狀如貛㹠, 聲似小兒啼." 云 "『山海經』"者,
「海內南經」文也.

말을 할 수 있는 짐승이다. 『예기』 「곡례(曲禮)」에 "성성(猩猩)은 말을 할 수 있다"고 하였으며, 『일주서(逸周書)』 「왕회」에 "도곽(都郭)[88]의 성성이와 기우(欺羽)[89]의 성성이는 황구(黃狗: 노란 개)와 같으며 사람의 얼굴에 말을 할 수 있다"고 하였다. 곽박은 "『산해경』에 '사람의 얼굴에 돼지의 몸을 하고 있으며 말을 할 수 있다'고 하였다. 지금의 교지(交阯)의 봉계현(封谿縣)에서 성성(猩猩)이 나는데, 모습은 환돈(獾㹠)과 같고, 어린아이가 우는 것 같은 소리를 낸다"고 하였다. "『산해경』"이라 함은 「해내남경(海內南經)」의 글이다.

 闕洩多狃.

궐설(闕洩)은 발가락이 많다.

 說者云"脚饒指." 未詳.

설명하는 자가 "다리에 발가락이 많다"라고 하였다. 자세하지 않다.

 闕, 其越反, 又如字. 洩, 息列反. 狃, 女九反.

궐(闕)은 기(其)와 월(越)의 반절, 또는 여자(如字)이다. 설(洩)은 식(息)과 렬

---

88) 都郭: 『逸周書』 「王會解」에 "都郭·生生, 若黃狗, 人面能言." 「注」: "都郭·生生, 北狄二名"이라 하여 '北狄의 명칭'이라 하였다.
89) 欺羽: 鳥明. 一說에는 國名이라고도 하는데, 여기서는 地名으로 보인다.

(列)의 반절이다. 뉴(狃)는 녀(女)와 구(九)의 반절이다.

 舊說以爲闕泄獸名, 其脚多狃. 狃, 指也. 然其形, 所未詳聞.

구설에 궐설(闕泄)은 짐승의 명칭이며 그 다리에 발가락이 많다고 한다. 뉴(狃)는 발가락이다. 그러나 그 형상은 어떻게 생겼는지 자세히 듣지 못하였다.

 寓屬

우속(寓屬 : 붙어사는 종류)이다.

 寓, 魚具反, 舍人本作㺑. 孫五胡·魚句二反. 下如字.

우(寓)는 어(魚)와 구(具)의 반절이며, 사인본(舍人本)에는 우(㺑)로 되어 있다. 손염은 오(五)와 호(胡), 어(魚)와 구(句) 두 가지의 반절이라 하였다. 아래에서는 여자(如字)이다.

 寓, 寄也. 言此上獸屬多寄寓木上, 故題云"寓屬."

우(寓)는 기(寄 : 붙어살다)이다. 이 위 글의 짐승 종류들은 대부분 나무에 붙어살기 때문에 제목을 "우속(寓屬)"이라 하였다.

 鼢鼠,

분서(鼢鼠 : 두더지와 비슷한 쥐의 종류),

 地中行者.

땅속으로 다니는 것이다.

 鼸鼠,

겸서(鼸鼠 : 뒤쥐의 종류),

 以頰裹90)藏食.

뺨 속에 먹을 것을 저장한다.

---

90) 裹 : 『經典釋文』에서는 이를 인용하면서 '內'로 썼는데, 諸本에는 '裏'와 '裹'가 혼
    용되었다. 소진함의 『爾雅正義』(『이아고림』)에는 '裹'로 되어 있고, 학의행의 『爾雅義
    疏』(『이아고림』)에는 '裏'로 되어 있다.

 鼫鼠,

혜서(鼫鼠 : 생쥐),

 有螫毒者.

독을 쏘는 것이 있다.

 鼵鼠,

시서(鼵鼠 : 두더지),

 「夏小正」曰 : "鼵鼬則穴."

『대대례(大戴禮)』「하소정(夏小正)」에 "시(鼵 : 두더지)와 유(鼬 : 족제비)는 굴
속에서 산다"고 하였다.

 鼬鼠,

유서(鼬鼠 : 족제비),

 今鼬似貂, 赤黃色, 大尾, 啖鼠, 江東呼爲鼪. 音牲.

지금의 유(鼬)는 초(貂 : 담비)와 비슷하고 적황색(赤黃色)을 띠고 있으며 큰 꼬리에 쥐를 잡아먹는데 강동(江東)에서는 생(鼪 : 족제비)이라 부른다. 음이 생(牲)이다.

 鼩鼠,

구서(鼩鼠 : 생쥐),

 小鼱鼩也, 亦名鼨鼩.

작은 정구(鼱鼩 : 생쥐)이며 또한 명칭은 종구(鼨鼩 : 생쥐)이다.

 鼫鼠,

시서(鼫鼠 : 쥐 이름),

 未詳.

자세하지 않다.

 鼣鼠,

폐서(鼣鼠 : 전설상의 쥐 이름),

 『山海經』說獸云; "狀如鼣鼠." 然形則未詳.

『산해경』에 짐승을 설명하면서 "생김새가 폐서(鼣鼠)와 같다"고 하였다.
그러나 형태는 자세하지 않다.

 鼫鼠,

석서(鼫鼠 : 농작물을 해치는 쥐의 종류),

 形大如鼠, 頭似兎, 尾有毛, 靑黃色, 好在田中食粟豆. 關西呼爲
鼩鼠, 見『廣雅』.

형태와 크기는 쥐와 같은데, 머리는 토끼와 비슷하고 꼬리에 털이 있으며 청황색이고, 밭 가운데서 조와 콩을 먹기를 좋아한다. 관서(關西) 지방에서는 구서(䶂鼠 : 생쥐)라고 부른다. 『광아(廣雅)』에 보인다.

 䶂鼠, 䶂鼠,

문서(䶂鼠 : 얼룩쥐), 종서(䶂鼠 : 얼룩쥐),

 皆未詳.

모두 미상이다.

 豹文鼮鼠,

표범 무늬의 정서(鼮鼠 : 얼룩쥐),

 鼠文彩如豹者. 漢武帝時得此鼠, 孝廉郎終軍知之, 賜絹百匹.

쥐의 무늬가 표범과 같은 것이다. 한(漢)나라 무제(武帝) 때 이 쥐를 잡았는데 효렴랑(孝廉郎) 종군(終軍)이 그것을 알아냈으므로 비단 100필을 받았다.

 鼨鼠.

격서(鼨鼠 : 쥐의 종류).

 今江東山中有鼨鼠, 狀如鼠而大, 蒼色, 在樹木上. 音巫覡.

　지금 강동의 산중에 격서(鼨鼠)가 있는데 생김새가 쥐와 같으나 크며
푸른색이고 나무 위에 있다. 음은 무격(巫覡)의 격(覡)이다.

鼢, 字亦作蚡, 扶粉·扶云二反. 『說文』云 : "地中行鼠, 伯勞所
作[91]也. 一曰偃鼠."[92] 『廣雅』云 : "鼨鼠也." 字或作𪕮, 同. 『方
言』謂之犁鼠. 鼸, 下簟反. 孫云 : "鼸者, 頰裹也." 郭云 : "以頰內藏食也."
『字林』云 : "卽鼢鼠也." 頰, 古協反. 鼷, 戶雞反, 『字林』云 : "小鼠也." 郭
云 : "有螫毒者." 『博物志』云 : "鼠之最小者, 或謂之耳鼠." 案『春秋』"食
郊牛角"者, 是也. 螫, 音釋. 鼬, 私移反, 又徒奚反. 鼬, 餘又反. 『字林』云
: "如鼠赤黃而文." 貂, 『字書』云 : "古貂字也, 音彫." 啖, 大敢反. 鼪, 音
性, 『莊子』云 : "騏驥驊騮, 捕鼠不如貍鼪." 郭音生. 鼩, 音劬. 鼱, 音精.
『字林』云 : "鼱鼩." 李云 : "一名鼷鼠." 鼨, 將容反. 鼭, 音時. 鼩, 字或作
鼫, 苟廢反. 舍人云 : "其鳴如犬也." 鼫, 音石. 孫云 : "五技鼠也." 『字林』
同. 案蔡伯喈「勸學篇」云 : "五技者, 能飛不能上屋, 能緣不能窮木, 能泅

---

91) 作 : 段注本『說文』에는 '化'로 되어 있다.
92) 一曰偃鼠 : 『釋文』에는 '一音偃'으로 되어 있으나 鼢에 대한 音이 될 수 없으므로
타당치 못하다. 段注本『說文』에 '一曰偃鼠'로 되어 있어 이를 따라 고쳤다.『이아고
림』「陸音義」에는 '一曰偃'으로 되어 있어 타당하다고 볼 수 있으나『설문』에 비하면
'鼠'자가 빠져 있다. 한편 '一曰偃鼠'에 대한 段玉裁의 註에 "一曰은 一名과 같다[一
曰猶一名也]"고 하였으므로 이를 따라 풀이하였다.

不能渡瀆, 能走不能絶人, 能藏不能覆身." 是也. 許氏『說文』亦云:"然或
云卽螻蛄也." 郭云:"形大如鼠, 頭似冤, 尾有毛, 靑黃色, 好在田中食粟
豆. 關西呼爲鼩鼠. 見『廣雅』." 鼩鼠, 卽雀鼠也. 鼩, 郭音雀, 將畧反. 『字
林』音灼, 云:"鼩鼠出胡地." 郭注本雀, 字或誤爲瞿字. 沈・施因云:"郭
以爲鼩鼠, 音求于反." 非也. 瞿, 音劬. 歇, 音問, 又音文. 鯼, 音終, 又徒
冬反.『說文』・『字林』皆云; "豹文鼠也." 鼨, 徒形反, 又大佞反. 郭云:
"文彩如豹也." 終軍,『漢書』云:"終軍, 字子雲, 濟南人. 初入關, 棄繻而
去. 至長安上書, 拜爲謁者給事中. 使南越, 爲呂嘉所殺, 死時年二十餘,
故[93]世號之終童." 鼣, 古闋反. 郭音覫, 戶狄反. 覫, 何狄反.

분(鼢)은 글자를 또 분(鼢)으로도 쓰는데, 부(扶)와 분(粉), 부(扶)와 운(云)
두 가지의 반절이다.『설문』에 "땅속으로 다니는 쥐인데, 백로(伯勞 : 때까
치)가 변한 것이다. 일명은 언서(偃鼠)이다.『광아』에 "언서(鼴鼠 : 두더지)이
다"고 하였다. 글자를 간혹 분(鼱)으로도 쓰나 음의가 같다.『방언』에는 리
서(犁鼠 : 두더지)라 하였다. 겸(鼸)은 하(下)와 점(簟)의 반절이다. 손염은 "겸
(鼸)이란 뺨으로 싸는 것이다"고 하였다. 곽박은 "뺨 속에 먹을 것을 저장
하는 것이다"고 하였다.『자림』에 "곧 분서(鼢鼠 : 두더지와 비슷한 쥐의 종류)
이다"고 하였다. 협(頰)은 고(古)와 협(協)의 반절이다. 혜(鼷)는 호(戶)와 계
(雞)의 반절이며,『자림』에 "작은 쥐이다"고 하였고, 곽박은 "독을 쏘는 것
이 있다"고 하였다.『박물지』에 "쥐 중에서 가장 작은 것인데, 혹은 이서
(耳鼠 : 날다람쥐)라고 한다"고 하였다. 살펴건대,『춘추』에 "교우(郊牛)[94]의
뿔을 먹었다"고 한 것이 이것이다. 석(螫)은 음(音)이 석(釋)이다. 시(鼬)는
사(私)와 이(移)의 반절, 또는 도(徒)와 해(奚)의 반절이다. 유(鼬)는 여(餘)와
우(又)의 반절이며,『자림』에 "쥐와 같고 적황(赤黃)색이며 무늬가 있다"고

---

93) 故 :『經典釋文』에는 '歲'로 되어 있으나『漢書』에 따라 고쳤다.
94) 郊牛 : 고대에 帝王이 郊祭를 지낼 때, 점을 쳐 제사하는 날을 아직 잡지 않았을 때
    의 소 즉 郊祭에 犧牲으로 바칠 소를 말한다(『春秋』「宣公三年」).

하였다. 초(貓)는 『자서』에 "초(貂)의 고자(古字)이다. 음은 조(彫)이다"고 하였다. 담(㘎)은 대(大)와 감(敢)의 반절이다. 생(鼪)은 음(音)이 성(性)이며, 『장자』「추수(秋水)」에 "기기(騏驥 : 준마)·화류(驊騮 : 준마)는 쥐를 잡는 것이 살쾡이와 생(鼪 : 족제비)만 못하다"고 하였고, 곽박은 생(鼪)을 음이 생(生)이라 하였다. 구(駒)는 음(音)이 구(劬)이다. 정(鼱)은 음(音)이 정(精)이며, 『자림』에 "정구(鼱駒 : 생쥐)이다"고 하였고, 이순은 "일명 혜서(鼷鼠 : 생쥐)이다"고 하였다. 종(鼨)은 장(將)과 용(容)의 반절이다. 시(鼭)는 음(音)이 시(時)이다. 폐(鼣)는 글자를 혹 폐(鼣)로도 쓰는데, 부(苻)와 폐(廢)의 반절이다. 사인(舍人)은 "그 울음소리가 개와 같다"고 하였다. 석(鼫)은 음(音)이 석(石)이며, 손염은 "다섯 가지 재주가 있는 쥐이다"고 하였는데, 『자림』도 같다. 살펴건대, 채백개(蔡伯喈 : 蔡邕)의 「권학편(勸學篇)」에 "다섯 가지 재주는 날 수는 있으나 지붕에 올라갈 수 없고, 기어오를 수 있으나 나무 끝까지 오를 수 없고, 헤엄칠 수 있으나 도랑을 건널 수 없고, 달릴 수 있으나 사람보다 잘 달릴 수 없고, 감출 수 있으나 자기 몸을 덮을 수 없다"고 한 것이 이것이다. 허신은 『설문』에서 또한 "그러나 혹자는 바로 누고(螻蛄)라 한다"고 하였다. 곽박은 "형체는 크고 쥐와 같은데, 머리는 토끼와 비슷하고, 꼬리는 털이 있고, 청황색이며, 밭 가운데서 조와 콩을 먹기를 좋아한다. 관서(關西)에서는 작서(䶂鼠)라 부른다. 『광아』에 보인다"고 하였는데, 작서(䶂鼠)는 곧 작서(雀鼠)이다. 작(䶂)에 대하여 곽박은 음이 작(雀)이며 장(將)과 략(略)의 반절이라고 하였다. 『자림』에는 음이 작(灼)이며, "작서(䶂鼠)는 호지(胡地)에서 난다"고 하였다. 곽박이 주를 달은 책에는 작(雀)자를 잘못하여 구(鼩)자라 하였다. 심선과 시건이 그대로 따라서 "곽박은 구서(鼩鼠)로 여겼는데, 음이 구(求)와 우(于)의 반절이다"고 하였으나 잘못이다. 구(鼩)는 음(音)이 구(劬)이다. 문(鼲)은 음(音)이 문(問), 또는 음이 문(文)이다. 종(鼨)은 음(音)이 종(終), 또는 도(徒)와 동(冬)의 반절이다. 『설문』과 『자림』에는 모두 "표문서(豹文鼠)이다"고 하였다. 정(鼮)은 도(徒)와 형(形)의 반절, 또는 대(大)와 녕(佞)의 반절이다. 곽박은 "무늬가 표범과 같다"고 하였다.

종군(終軍)에 대하여 『한서』 권64 하(下)에 "종군(終軍)은 자가 자운(子雲)이
며 제남(濟南) 사람이다. 처음에 함곡관(函谷關)으로 들어가면서 비단으로
만든 관문 통행증(繻)을 버리고 갔다. 장안(長安)에 이르러 글을 올려 벼슬
을 받아 알자급사중(謁者給事中)이 되었다. 남월(南越)로 사신 가서 남월의
재상 여가(呂嘉)에게 피살되었는데, 죽을 때의 나이는 20여 살이었다. 때문
에 세상에서는 종동(終童)이라 불렀다"고 하였다. 격(鼮)은 고(古)와 격(闃)의
반절인데, 곽박은 음을 격(覨)이라 하였으니, 호(戶)와 적(狄)의 반절이다.
격(覨)은 하(何)와 적(狄)의 반절이다.

爾雅疏 此別鼠屬也. 云"鼢鼠"者, 郭云 : "地中行者."『說文』云 : "地中行
鼠, 伯勞所作也."『廣雅』云 : "鼹鼠也."『方言』云名"犁鼠", 卽此
鼠也. 謂起坅若耕, 因名云. 云"鼸鼠"者,『大戴禮』云 : "田鼠者, 鼸鼠也."
鼸是頰裏藏食之名, 鼠若此者, 因名鼸鼠. 云"鼶鼠"者, 李巡曰 : "䶄駒
鼠." 郭云 : "有螫毒者." 蓋如今鼠狼.『春秋』成七年"食郊牛角"者, 是也.
『博物志』云 : "鼠之最小者, 或謂之耳鼠." 何休亦云 : "鼶鼠者, 鼠中之微
者." 云"鼬鼠"者, 似鼬之鼠也. 郭云 : "『夏小正』曰'鼬鼬則穴'"者, 在九月.
云"鼬鼠"者,『字林』云 : "如鼠, 赤黃而文." 郭云 : "今鼬似貔, 赤黃色, 大
尾, 啖鼠, 江東呼爲鼪." 卽『莊子』云 : "騏驥驊騮, 捕鼠不如狸鼪." 是也.
云"駒鼠"者, 䶄駒小鼠也. 本云"一名鼶鼠." 郭云 : "小䶄駒也, 亦名鼲駒."
云"鼮鼠"者, 孫炎曰 : "五技鼠." 許愼云 : "鼮鼠五技 : 能飛不能上屋, 能
游不能渡谷, 能緣不能窮木, 能走不能先人, 能穴不能覆身." 此之謂五
技. 蔡邕以此爲螻蛄. 郭云 ; "形大如鼠, 頭似兔, 尾有毛, 靑黃色, 好在田
中食粟豆. 關西呼爲鼮鼠, 見『廣雅』." 鼮, 今本作駒, 誤也. 案『詩』「魏風」
云 : "碩鼠碩鼠." 陸璣『疏』云 : "今河東有大鼠, 能人立, 交前兩脚於頸上.
號舞, 善鳴. 食人禾苗, 人逐則走入樹空中, 亦有技. 或謂之雀鼠." 案, 此
與郭氏所說同. 云"豹文鼮鼠"者, 郭云"鼠文彩如豹者. 漢武帝時得此鼠,
孝廉郎終軍知之, 賜絹百匹"者, 案『漢書』云 : "終軍, 字子雲, 濟南人也.

少好學, 以辯博能屬文. 初入關, 弃繻而去. 至長安上書, 拜爲謁者給事中. 使南越, 爲呂嘉所殺, 死時年二十餘, 故世號之終童." 武帝嘗得豹文鼠, 終軍以『爾雅』辨其名, 故受賜也. "䶂鼠"者, 䶂, 鼠名也. 郭云: "今江東山中有䶂鼠, 狀如鼠而大, 蒼色, 在樹木上." 注『山海經』說獸云: '狀如䶂鼠'." 案「中山經」云: "倚帝山, 其上多玉, 下多金. 有獸焉, 狀如䶂鼠, 白喙, 名狙如, 見則其國有大兵." 是也.

여기서는 쥐의 종류를 구별하였다. "분서(鼢鼠)"라 한 것에 대하여 곽박은 "땅 속으로 다니는 것이다"고 하였고, 『설문』에서는 "땅속으로 다니는 쥐인데, 백로(伯勞 : 때까치)가 변한 것이다"고 하였으며, 『광아』에서는 "언서(䶆鼠 : 두더지)이다"고 하였고, 『방언』에서는 "이서(犂鼠 : 두더지)"라고 이름하였으니, 곧 이 쥐이다. 땅을 파는 것이 밭을 가는 것 같아 두더지라 부르는 것이다. "겸서(鼸鼠)"라 한 것은『대대례』에 "밭에 사는 쥐가 겸서(鼸鼠 : 뒤쥐의 종류)이다"고 하였다. 겸(鼸)은 뺨 속에 먹을 것을 저장한다는 이름이며, 이와 같은 쥐는 이로 인하여 이름을 겸서(鼸鼠)라 한다. "혜서(鼶鼠 : 생쥐)"라 한 것에 대하여 이순은 "정구서(鼱鼩鼠 : 생쥐)이다"고 하였고, 곽박은 "쏘는 독이 있는 것이다"고 하였는데, 지금의 서랑(鼠狼 : 족제비)과 같다. 『춘추』 성공(成公) 7년에 "교우(郊牛)의 뿔을 먹었다"고 한 것이 이것이다. 『박물지』에 "쥐 중에서 가장 작은 것인데, 혹은 이서(耳鼠 : 날다람쥐)라고 한다"고 하였다. 하휴(何休)는 또 "혜서(鼶鼠 : 생쥐)란 쥐 가운데서 작은 것이다"고 하였다. "시서(鼫鼠 : 두더지)"는 족제비와 비슷한 쥐이다. 곽박이 주에서 「하소정」에 "시유즉혈(鼫鼬則穴)"이라 한 것은 구월(九月)에 있다. "유서(鼬鼠 : 족제비)"라 한 것에 대하여 『자림』에 "쥐와 같으며 적황색으로 무늬가 있다"고 하였고, 곽박은 "지금의 유(鼬)는 초(貂 : 담비)와 비슷하고 적황색(赤黃色)을 띠며 큰 꼬리에 쥐를 잡아먹는데 강동(江東)에서는 생(鼪 : 족제비)이라 부른다"고 하였는데, 곧 『장자』 「추수(秋水)」에 "기기(騏驥)와 화류(驊騮)는 쥐를 잡는 것이 살쾡이와 족제비만 못하다"고 한 것이 이것이다. "구서(駒鼠)"라고 한 것은 정구(䳚駒)인 작은 쥐이다. 이순본에는 "일명 혜서(鼷鼠 : 생쥐)이다"고 하였다"고 하고 곽박은 "작은 정구(䳚駒 : 생쥐)이며 또한 명칭은 종구(鼨駒 : 생쥐)이다"고 하였다. "석서(䴎鼠)"라고 한 것에 대하여 손염은 "다섯 가지 재주가 있는 쥐이다"고 하였는데, 허신은 "석서(䴎鼠)는 다섯 가지 재주가 있는데, 날 수는 있으나 지붕에 올라갈 수 없고, 헤엄칠 수 있으나 계곡을 건널 수 없고, 기어오를 수 있으나 나무 끝까지 오를 수 없고, 달릴 수 있으나 사람을 앞설 수 없고, 땅굴을 뚫을 수 있으나 자기 몸을 덮을 수 없다"고 하였으니, 이것이 다섯 가지 재주를 말하는 것이다. 채옹(蔡邕)은 이를 누고(螻蛄)라고 하였다. 곽박은 "형체는 크고 쥐와 같은데, 머리는 토끼와 비슷하고, 꼬리는 털이 있고, 청황색이며, 밭 가운데서 조와 콩을 먹기를 좋아한다. 관서(關西)에서는 작서(鼩鼠)라 부른다. 『광아』에 보인다"고 하였는데, 작(鼩)은 금본(今本)에 구(駒)로 되어 있는 것은 잘못이다. 살펴건대, 『시경』 「위풍」에 "큰 쥐야, 큰 쥐야"라 하였다. 육기의 『모시초목조수충어소』에 "지금 하동(河東)에 큰 쥐가 있는데, 사람처럼 설 수 있으며 앞의 두 다리를 목 위에 교차시킨다. 소리지르며 춤을 추고 잘 운다. 사람이 심어놓은 벼의 싹을 먹는데, 사람이 쫓아가면 달아나 나무의 구멍 속으로 들어가며, 또한 재주가 있다. 혹은 이를 작서(雀鼠)라 한다"고 하였다. 살펴건대, 이는 곽박이 말한 것과 같다. "표문정서(豹文䴎鼠)"라 한 것에 대하여 곽박이 "쥐의 무늬가 표범과 같은 것이다. 한(漢)나라 무제(武帝) 때 이 쥐를 잡았는데 효렴랑(孝廉郎) 종군(終軍)이 그것을 알아냈으므로 비단 100필을 받았다"고 하였는데, 살펴건대 『한서』 권64하(下)에 "종군(終軍)은 자가 자운(子雲)이며 제남(濟南) 사람이다. 어려서 학문을 좋아하였으며, 논리가 분명하고 박식하여 글을 잘 지었다. 처음에 함곡관(函谷關)으로 들어가면서 비단으로 만든 관문 통행증(繻)을 버리고 갔다. 장안(長安)에 이르러 글을 올려 벼슬을 받아 알자급사중(謁者給事中)이 되었다. 남월(南越)로 사신가서 남월의 재상 여가(呂嘉)에게 피살되었는데, 죽을 때의 나이는 20여 살이었기 때문에 세상에서는 그를 종동(終童)이라 불렀다"고 하였다. 무제(武帝)가 일찍이 표문서(豹文鼠)를 잡았는데, 종군(終軍)이 『이아』에 근거하여 그 명칭을 분별해냈기 때문에 하사품을 받은 것이다. "격서(䶂鼠)"라 한 것에서 격(䶂)은 쥐의 이름이다. 곽박은 "지금 강동의 산 중에 격서(䶂鼠)가 있는데 생김새가 쥐와 같으나 크며 푸른색이고 나무 위 에 있다"고 하였다. 주에서는 『산해경』의 짐승을 설명하면서 모습이 폐서 (猈鼠)와 같다고 하였다. 살피건대, 『산해경』 「중산경」에 "의제산(倚帝山)이 있는데, 그 위에 옥(玉)이 많고 아래에 금(金)이 많다. 여기에 짐승이 있는 데, 생김새가 폐서(猈鼠)와 같으며 주둥이가 희고, 이름은 저여(狙如)이며, 나타나면 그 나라에 큰 병란이 있게 된다"고 한 것이 이것이다.

 鼠屬

쥐의 종류이다.

爾雅疏 言此上皆鼠之屬類也. 鼠, 小獸也. 亦四足而毛, 故於此釋之. 案 『字林』云 : "鼸鼠, 卽鼢鼠也." 今郭氏分爲二. 又『說文』云 : "鼵, 豹文鼠也." 今郭氏以 "豹文" 下屬, 未知孰是. 故又畧言之.

이 윗글은 모두 쥐의 종류를 말한 것이다. 쥐는 작은 짐승이다. 또한 발이 네 개이고 털이 있기 때문에 여기서 풀이하였다. 살피건대, 『자림』 에 "겸서(鼸鼠)는 곧 분서(鼢鼠 : 두더지와 비슷한 쥐의 종류)이다"고 하였는데, 지금 곽박은 나누어 둘로 하였다. 또 『설문』에 "종(鼵)은 표문서(豹文鼠)이 다"고 하였고, 지금 곽박은 "표문(豹文)"을 아래(䶂鼠)에 붙였으니, 어느 것 이 옳은지 알 수 없다. 그러므로 또한 줄여서 말했다.

 牛曰齝,

소는 치(齝 : 소가 새김질하다)라 하고,

 食已復出嚼之也.

먹고 나서 다시 꺼내서 씹는 것이다.

 羊曰齥,

양은 설(齥 : 양이 새김질하다)이라 하고,

 今江東呼齝爲齥.

지금 강동(江東)에서는 치(齝)를 설(齥)이라고 한다.

 麋鹿曰齸,

사불상과 사슴은 익(齸 : 사슴이 새김질하다)이라 하고,

江東名咽爲𦝪. 𦝪者, 齣食之所在, 依名云.

강동(江東)에서는 인(咽 : 목구멍)을 익(𦝪)이라 한다. 익(𦝪)이란 음식을 씹는 곳이기 때문에 그에 따라 이름을 붙인 것이라 한다.

 鳥曰嗉.

새는 소(嗉 : 목의 모이주머니)라 한다.

 咽中裹食處.

목구멍 속에 먹을 것을 저장하는 곳이다.

 寓鼠曰嗛.

우서(寓鼠 : 원숭이나 다람쥐 따위)는 겸(嗛 : 볼의 모이주머니)[95]이라 한다.

---

95) 嗛 : 頰囊. 원숭이나 다람쥐 따위의 볼 안에 있어 먹은 것을 일시 저장해 두는 주머니 모양으로 생긴 것.

頰裏貯食處. 寓, 謂獼猴之類寄寓木上.

볼 안에 먹을 것을 저장하는 곳이다. 우(寓)는 원숭이의 종류로, 나무에
의지하여 사는 것을 말한다.

 齝屬.

익속(齝屬 : 되새김질하는 종류)이다.

 齝, 謝初其反, 郭音笞. 嚼, 字若反.『廣雅』云 : "茹也." 字書云 :
"咀也."『說文』以爲噍字. 齛, 郭音泄, 息列反, 一音曳.『埤蒼』云
: "羊糞也." 張揖音世, 解云 : "羊食已吐而更嚼之." 齸, 丑之・初其二反.
字書以爲古齝字. 齰, 字或作嗌, 於亦反.『埤蒼』云 : "鹿糞." 又音翳. 咽,
於見反, 又於賢反. 齝, 客加反. 嗉, 音素, 又私路反. 裹, 音果. 處, 昌慮
反, 下同. 嗛, 下簟反. 貯, 丁呂反.『字林』云 : "積也."

치(齝)에 대하여 사교는 초(初)와 기(其)의 반절이라 하였으며, 곽박은 음
이 태(笞)라 하였다. 작(嚼)은 자(字)와 약(若)의 반절이다.『광아』에 "여(茹 : 먹
다)이다"고 하였다.『자서』에 "저(咀 : 씹다)이다"고 하였다.『설문』에는 초(噍
: 씹다)자라고 하였다. 설(齛)에 대하여 곽박은 음이 설(泄)이라 하였으니, 식
(息)과 렬(列)의 반절이며, 일음(一音)은 예(曳)이다.『비창』에 "양장(羊糞 : 양이
되새김질하다)이다"고 하였으며, 장읍(張揖)은 음이 세(世)라 하고 풀이하기를
"양이 먹고 나서 토하여 다시 씹는 것이다"고 하였다. 치(齸)는 축(丑)과 지

(之), 초(初)와 기(其) 두 가지의 반절이다. 『자서』에는 치(齝)의 고자(古字)라
고 하였다. 익(齸)은 글자를 혹 익(嗌)으로도 쓰는데, 어(於)와 역(亦)의 반절
이다. 『비창』에 "녹장(鹿粻 : 사슴이 되새김질하다)이다"고 하였으니, 또한 음이
예(齧)이다. 인(咽)은 어(於)와 견(見)의 반절, 또는 어(於)와 현(賢)의 반절이다.
가(齣)는 객(客)과 가(加)의 반절이다. 소(嗉)는 음(音)이 소(素), 또는 사(私)와
로(路)의 반절이다. 과(裹)는 음(音)이 과(果)이다. 처(處)는 창(昌)과 려(慮)의
반절이며, 아래도 같다. 겸(嗛)은 하(下)와 점(簟)의 반절이다. 저(貯)는 정(丁)
과 여(呂)의 반절이며, 『자림』에는 "적(積 : 쌓다)이다"고 하였다.

爾雅疏 此別鳥·獸嚼食之名也. 牛名曰齝. 郭云: "食之已久, 復出嚼
之." 羊名曰齥. 郭云: "今江東呼齝爲齥." 麋鹿名曰齸. 郭云:
"江東名咽爲齸. 齸者, 齝食之所在, 依名云." 鳥名曰嗉. 郭云: "咽中裹
食處." 卽上篇"其粻, 嗉"也. 寓木之獸及鼠皆曰嗛. 郭云: "頰裏貯食處.
寓, 謂獼猴之類寄寓木上." 此屬皆咽中藏食, 復出嚼之. 故題云"齸屬."

여기서는 새와 짐승이 씹어 먹는 데에 대한 명칭을 구별하였다. 소에
대한 명칭은 치(齝)이다. 곽박은 "먹고 나서 한참 있다가 다시 꺼내서 씹
는 것이다"고 하였다. 양(羊)에 대한 명칭은 설(齥)이다. 곽박은 "지금 강동
(江東)에서는 치(齝)를 설(齥)이라 한다"고 하였다. 사불상과 사슴에 대한 명
칭은 익(齸)이다. 곽박은 "강동(江東)에서는 인(咽 : 목구멍)을 익(齸)이라 한다.
익(齸)이란 음식을 씹는 곳이기 때문에 그에 따라 이름을 붙인 것이라 한
다"고 하였다. 새에 대한 명칭은 소(嗉)이다. 곽박은 "목구멍 속에 음식물
을 저장하는 곳이다"고 하였으니, 곧 윗편(『석조(釋鳥)』)에 "그 되새김질하
는 것은 소(嗉)이다[其粻, 嗉]"고 한 것이다. 나무에 의지하여 사는 짐승과
쥐에 대해서는 모두 겸(嗛)이라 한다. 곽박은 "볼 안에 먹을 것을 저장하
는 곳이다. 우(寓)는 원숭이의 종류로서 나무에 의지하여 사는 것을 말한
다"고 하였는데, 이러한 종류는 모두 목구멍 속에 음식물을 저장했다가

다시 토해 씹는다. 때문에 "익속(齸屬)"이라 한다.

 獸曰齅,

짐승은 흔(齅 : 힘차게 움직이다)이라 하고,

 自奮齅動作.

스스로 힘차게 내달리며 움직인다.

 人曰撟,

사람은 교(撟 : 굽히다)라 하고

 頻伸96)夭撟.

자주 기지개를 펴고 구부렸다 폈다 한다.

---

96) 伸 : 『이아고림』「正義」에 『예기』「曲禮」의 "君子·欠伸"을 들어 '기지개를 켜다'로 풀이된다.

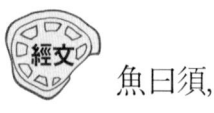 魚曰須,

물고기는 수(須97) : 정지하여 휴식하다)라 하고,

 鼓鰓須息.

아가미를 흔들어 정지하여 휴식한다.

 鳥曰鼻.

새는 격(鼻 : 날개를 펼치다)이라 한다.

 張兩翅, 皆氣體所須.

두 날개를 펴는 것은 모두 기운과 몸체가 필요로 하는 것이다.

 須屬.

___

97) 須 : 『爾雅義疏』에 "須, 謂止而息也"라고 하였다.

수속(須屬 : 정지하여 휴식하는 종류)이다.

爾雅音義 舋, 許靳反. 撟, 几小反, 又巨小反.『說文』云 : "擧也." 伸, 音申. 夭, 於表反. 鰓, 西才反. 臭, 古鬩反. 翅, 申豉反, 或作鳷, 音同, 或吉豉反. 案『周禮』有"鳷氏", 是也.

흔(舋)은 허(許)와 근(靳)의 반절이다. 교(撟)는 궤(几)와 소(小)의 반절, 또는 거(巨)와 소(小)의 반절이다.『설문』에 "거(擧 : 움직이다)이다"고 하였다. 신 (伸)은 음(音)이 신(申)이다. 요(夭)는 어(於)와 표(表)의 반절이다. 새(鰓)는 서 (西)와 재(才)의 반절이다. 격(臭)은 고(古)와 격(鬩)의 반절이다. 시(翅)는 신 (申)과 시(豉)의 반절인데, 혹은 시(鳷)로도 쓰며 음이 같고, 혹은 길(吉)과 시 (豉)의 반절이다. 살피건대,『주례』에 "시씨(鳷氏)"가 있는 것이 이것이다.

爾雅疏 此辨人・魚・鳥・獸氣體所須之名也. 獸之自奮迅動作名舋. 人 之罷倦, 頻伸夭撟・舒展屈折名撟. 魚之鼓動兩頰, 若人之欠須 導其氣息者名須. 鳥之張兩翅, 臭臭然搖動者名臭. 此皆氣倦體罷所須若 此. 故題云"須屬"也.

여기서는 사람과 물고기와 새와 짐승의 기운과 몸체가 정지하여 쉬는 명칭을 분별한 것이다. 짐승이 스스로 떨쳐 빠르게 움직이는 것을 이름하여 흔(舋)이라 하고, 사람이 피로하여 자주 기지개를 펴면서 구부렸다 폈 다하고 몸을 폈다가 굽히는 것을 이름하여 교(撟)라 하고, 물고기가 양쪽 볼을 움직이기를 힘차게 하여 마치 사람의 하품과 휴식이 그 숨을 인도 하는 듯이 하는 것을 이름하여 수(須)라 한다. 새가 양 날개를 펴서 푸드 득 흔드는 것을 이름하여 격(臭)이라 한다. 이것은 모두 기운이 나른하고 몸체가 피곤하여 정지하여 쉬는 바가 이와 같다. 때문에 "수속(須屬)"이라 고 제목을 붙인 것이다.

석축(釋畜) 제19(第十九)

畜, 許又反, 本又作嘼, 音同.『字林』云 : “嘼, 産也.”『說文』云 : “嘼, 生也.” 經典並作畜字.『禮記』・『左傳』皆云“名子者不以畜牲.” 左氏又云 : “古者六畜不相爲用.” 是也. 案「釋獸」・「釋畜」二篇俱釋獸, 而異其名者, 畜是畜養之名, 獸是毛蟲總號. 故釋畜, 唯論馬・牛・羊・雞・犬, 釋獸通說百獸之名.

축(畜)은 허(許)와 우(又)의 반절인데, 본에 따라 수(嘼)로 되어 있으나 음이 같다.『자림』에 “수(嘼)는 산(産 : 낳다)이다”고 하였다.『설문』에 “수(嘼)는 생(生 : 낳다)이다”고 하였다. 경전(經典)에는 모두 축(畜)자로 되어 있다.『예기』・『좌전』에는 모두 “자식에게 이름을 지어줄 때는 축생(畜牲)으로 하지 않는다”고 하였으며, 좌구명(左丘明)은 또『좌전』희공 19년에 “옛날에 육축(六畜)은 서로 사용하지 않는다”[98]고 한 것이 이것이다. 살피건대, 「석수」・「석축」 2편은 모두 짐승을 풀이한 것인데 그 명칭을 달리한 것은 축(畜)은 축양(畜養 : 畜産)의 명칭이고, 수(獸)는 털이 난 동물의 총체적인 이름이다. 그러므로 「석축」은 오로지 말・소・양・닭・개만을 논하였고, 「석수」는 온갖 짐승의 명칭을 통틀어 설명하였다.

案『字林』畜作嘼.『說文』云 : 獸也, 人之畜養者也. 所以與「釋獸」異篇者, 以其畜是畜養之名, 獸是毛蟲總號. 故此篇唯論馬・牛・羊・豕・犬・雞, 前篇則通釋百獸之名. 所以異也.

살피건대,『자림』에는 축(畜)이 수(嘼)로 되어 있다.『설문』에는 ‘수(獸)이

---

98) 옛날에 …… 이것이다 : 杜注에 “謂若祭馬先, 不用馬”라고 하여, 예컨대 말 제사에는 말을 사용하지 않는 것이라고 하였다.

다. 사람이 기르는 것이다'고 하였다. 「석수(釋獸)」와 편(篇)을 다르게 한 것은 축(畜)은 곧 축양(畜養 : 畜産)의 명칭이고, 수(獸)는 털이 난 동물의 총체적인 이름이기 때문이다. 때문에 이 편에서는 오직 말·소·양·돼지·개·닭만을 논하고, 전편에서는 온갖 짐승의 이름을 통틀어 풀이하였다. 그래서 다른 것이다.

 騊駼馬.

도도마(騊駼馬 : 좋은 오랑캐 말)이다.

 『山海經』云 : "北海有獸, 狀如馬, 名騊駼." 色青.

『산해경』에 "북해(北海)에 짐승이 있으니, 모양이 말과 같으며 이름은 도도(騊駼)이다"고 하였다. 색이 푸르다.

騊, 大刀反. 駼, 大胡反.『山海經』云 : "北海有獸, 狀如馬, 名騊駼. 色青."『字林』云 : "北狄良馬也." 一曰野馬也.『瑞應圖』云 : "幽隱之獸也, 有明王在位卽至."

도(騊)는 대(大)와 도(刀)의 반절이다. 도(駼)는 대(大)와 호(胡)의 반절이다. 『산해경』에 "북해(北海)에 짐승이 있으니, 모습은 말과 같으며 이름이 도도(騊駼)이다"고 하였다. 색은 푸르다.『자림』에 "북적(北狄)의 양마(良馬)이다. 한편 야마(野馬)라고 한다"고 하였다.『서응도(瑞應圖)』에 "깊이 숨어 있는 짐승이다. 지혜로운 왕이 재위(在位)하면 즉시 나온다"고 하였다.

 良馬名駒駼.『字林』云 : "北狄良馬也." 一曰野馬.『瑞應圖』云 : "幽隱之獸也, 有明王在位卽至." 是也. ○「海外北經」文也. "色靑"二字, 郭氏語也.

　양마(良馬)의 이름이 도도(駒駼)이다.『자림』에 "북쪽 오랑캐의 좋은 말이다"고 하였는데, 한편 야마(野馬)라고도 한다.『서응도(瑞應圖)』에 "깊숙이 숨어사는 짐승이며, 지혜로운 왕이 왕위에 있으면 곧 나타난다"고 한 것이 이것이다. ○주의『산해경』은「해외북경(海外北經)」의 글이다. "색청(色靑)" 두 글자는 곽박의 말이다.

 野馬.

　야마(野馬 : 길들여지지 않은 거친 말)이다.

 如馬而小, 出塞外.

　말과 같으나 작으며, 북쪽 변방 지역에서 난다.

 塞, 悉代反.

새(塞)는 실(悉)과 대(代)의 반절이다.

 如馬而小, 出塞外. 案『穆天子傳』云: "野馬, 日走五百里." 是也.

말과 같으나 작으며, 북쪽 변방 지역에서 난다. 살피건대, 『목천자전(穆天子傳)』에 "야마(野馬)는 하루에 500리를 달린다"고 한 것이 이것이다.

 駮, 如馬, 倨牙, 食虎豹.

박(駮: 박마)은 말과 같고 어금니가 굽었으며 호랑이와 표범을 잡아먹는다.

 『山海經』云: "有獸名駮, 如白馬, 黑尾, 倨牙, 音如鼓, 食虎豹."

『산해경』「서산경(西山經)」에 "이름이 박(駮)인 짐승이 있는데 백마(白馬)와 같고 꼬리는 검으며 어금니가 굽었고 북소리 같은 소리를 내며 호랑이와 표범을 잡아먹는다"고 하였다.

 駮, 力[99]角反. 『山海經』云: "可以禦兵." 倨, 本亦作居, 同, 紀慮反. 牙, 五加反.

박(駮)은 력(力)과 각(角)의 반절이다. 『산해경』「서산경(西山經)」에 "병사

---

99) 力角反: 『廣韻』에는 '北角反'이라고 하였다.

를 막을 수 있다"고 하였다. 거(佢)는 본에 따라 거(居)로 되어 있는데 음의
가 같으며, 기(紀)와 려(慮)의 반절이다. 아(牙)는 오(五)와 가(加)의 반절이다.

 駁, 亦野馬名也. 其狀如馬, 其牙倨曲, 而食虎豹也.『詩』「秦風」
云; "隰有六駁." 傳引此文以釋之是也. ○案『西山經』云: "中曲
山, 有獸如馬而身黑, 三尾一角, 虎牙爪, 音如鼓, 名曰駁. 食虎豹, 可以
禦兵." 言雖小異, 正謂此也.

박(駁) 역시 야마(野馬)의 이름이다. 그 모양이 말과 같고 그 어금니가
굽었으며 호랑이와 표범을 잡아먹는다. 『시경』「진풍」「신풍(晨風)」에 "진
펄에 여섯 마리의 박(駁)이 있다"고 하였는데, 전(傳)에서 이 문장을 인용
하여 풀이한 것이 이것이다.[100] ○ 살펴건대, 『산해경』「서산경」에 "중곡
산(中曲山)에 말과 같으면서 몸이 검은 짐승이 있는데, 세 개의 꼬리에 뿔
이 하나이며 호랑이 이와 발톱을 하고 있으며, 북소리와 같은 소리를 내
는데 이름을 박(駁)이라 한다. 호랑이와 표범을 잡아먹으며 병사를 막을
수 있다"고 하였는데, 말은 비록 조금 다르나 바로 이것을 말한다.

經文 騉蹄, 趼, 善陞甗.

곤제(騉蹄: 발에 못 박힌 말)는 못이 박혀 있어서 층진 산에 잘 오른다.

---

100) 傳에서 …… 이것이다: 傳은 毛傳을 말한다. 毛傳에는 "駁如馬, 倨牙, 食虎豹"라고
하여, 毛傳은 『이아』 경문을 인용하여 '駁'을 풀이하였다.

甗, 山形似甑, 上大下小. 騉蹄, 蹄如趼而健上山. 秦時有騉蹄苑.

언(甗)은 산 모양이 시루와 비슷하여 위는 크고 아래는 작다. 곤제(騉蹄)는 발굽이 못이 박힌 것과 같아서 산에 씩씩하게 오른다. 진(秦)나라 때 곤제원(騉蹄苑)이 있었다.

騉, 古門反, 本亦作昆. 蹄, 徒兮反, 字或作蹏. 趼, 五見反, 又五堅反. 本或作研. 陞, 音升, 本亦作升. 甗, 郭音言, 又魚輦反.『字林』牛建反, 云: "甑也." 舍人云: "騉蹄者, 瀌蹄也. 研, 平也. 謂蹄平正. '善陞甗'者, 能登山隥也. 一云甗者, 阪也, 言騉善登高歷險, 上下於阪." 李云: "騉者, 其蹄正堅而平似研也." 顧云: "山嶺曰甗." 孫同. 郭云: "甗, 山形似甑也, 上大下小. 騉蹄, 蹄如趼而健上山." 甑, 子孕反. 上, 時掌反. 苑, 於遠反.

곤(騉)은 고(古)와 문(門)의 반절인데, 본에 따라 곤(昆)으로 되어 있다. 제(蹄)는 도(徒)와 혜(兮)의 반절인데, 글자를 혹 제(蹏)로도 쓴다. 견(趼)은 오(五)와 견(見)의 반절, 또는 오(五)와 견(堅)의 반절이며, 본에 따라 연(研)으로도 쓴다. 승(陞)은 음(音)이 승(升)인데, 본에 따라 또한 승(升)으로 되어 있다. 언(甗)에 대해서 곽박은 음이 언(言)이며, 또는 어(魚)와 련(輦)의 반절이라 하였다.『자림』에는 우(牛)와 건(建)의 반절이며, "증(甑: 시루)이다"고 하였다. 사인은 "곤제(騉蹄)는 평평하고 반듯한 발굽이다. 연(研)은 평평함이며, 발굽이 평평하고 반듯함을 말한다. '선승언(善陞甗)'이란 층진 산언덕을 잘 오르는 것이다. 한편 언(甗)이란 언덕이니, 곤(騉: 騉蹄)이 높은 곳을 잘 오르고 험한 곳을 잘 다니며 언덕에 오르내리는 것을 말한다"고 하였다. 이순은 "곤(騉)은 그 발굽이 반듯하고 굳으면서 평평하기가 연(研; 벼루)과 같다"고 하였다. 고야왕은 "산고개를 언(甗)이라 한다"고 하였으며 손염도 같다. 곽박은 "언(巘)은 산 모양이 시루와 비슷하여 위는 크고 아래는 작다. 곤제(騉蹄)는 발굽이 못이 박힌 것과 같아서 산에 씩씩하게 오른다"고 하였다. 증(甑)은 자(子)와 잉(孕)의 반절이다. 상(上)은 시(時)와 장(掌)의 반절이다. 원(苑)은 어(於)와 원(遠)의 반절이다.

 舍人云: "騉蹄者, 濶蹄也. 趼, 平也. 謂蹄平正. 善陞巘者, 登山陳也. 一云巘者, 阪也, 言騉善登高歷險, 上下於阪. 秦時有騉蹄苑." 是也. 李云: "騉者, 其蹄正堅而平似趼也." 顧云: "山嶺曰巘." 郭云: "巘, 山形似甑, 上大下小. 騉蹄, 蹄似趼而健上山." "秦時有騉蹄苑"者, 取此駿馬以名其苑也.

사인은 "곤제(騉蹄)는 평평하고 반듯한 발굽이다. 연(趼)은 평평함이니, 발굽이 평평하고 반듯함을 말한다. 선승언(善陞巘)이란 층진 산을 오르는 것이다. 한편 언(巘)은 언덕이니, 곤(騉)이 높은 곳을 잘 오르고 험한 곳을 잘 다니며 언덕에 오르내리는 것을 말한다. 진(秦)나라 때 곤제원(騉蹄苑)이 있었다"고 한 것이 이것이다. 이순은 "곤(騉)이란 그 발굽이 반듯하고 굳으면서 평평하기가 연(趼)과 같다"고 하였다. 고야왕은 "산 언덕을 언(巘)이라 한다"고 하였다. 곽박은 "언(巘)은 산 모양이 시루와 비슷하여 위는 크고 아래는 작다. 곤제(騉蹄)는 발굽이 못이 박힌 것과 같아서 산에 씩씩하게 오른다"고 하였다. "진(秦)나라 때 곤제원(騉蹄苑)이 있었다"는 것은 이 준마(駿馬)를 취하여 그 원(苑)에 이름을 붙인 것이다.

騉駼, 枝蹄趼, 善陞巘.

곤도(騉駼)는 갈라진 발굽에 못이 박혀 있어서 층진 산에 오른다.

 騉駼, 亦似馬而牛蹄.

곤도(騉駼 소 발굽 모양의 말) 또한 말과 비슷한데 소 발굽을 하고 있다.

舍人云: "騉駼者, 外國之名. 枝蹄者, 枝足也." 李云: "騉駼, 其迹枝平似跰, 亦能登高歷危險也." 孫云: "騉駼之馬, 枝蹄如牛而下平." 郭云: "騉駼, 亦似馬而牛蹄也."

시인은 "곤도(騉駼)는 외국의 명칭이다. 지제(枝蹄)는 갈라진 발이다"고 하였다. 이순은 "곤도(騉駼)는 그 발굽이 갈라져 있고 벼루처럼 평평하며, 또한 높은 곳에 오르고 위험한 곳을 지나갈 수 있다"고 하였다. 손염은 "곤도(騉駼)라는 말(馬)은 갈라진 발굽이 소와 같으며 바닥이 평평하다"고 하였으며, 곽박은 "곤도(騉駼)는 또한 말과 비슷한데 소 발굽을 하고 있다"고 하였다.

騉駼, 馬名. 李巡曰: "騉駼, 其跡枝平似跰, 亦能登高歷危險也." 孫炎云: "騉駼之馬, 枝蹄如牛而下平." 郭云: "騉駼, 亦似馬而牛蹄也."

곤도(騉駼)는 말 이름이다. 이순은 "곤도(騉駼)는 그 발굽이 갈라져 있고 벼루처럼 평평하며, 또한 높은 곳에 오르고 위험한 곳을 지나갈 수 있다"고 하였다. 손염은 "곤도(騉駼)라는 말(馬)은 갈라진 발굽이 소와 같으며 바닥이 평평하다"고 하였으며, 곽박은 "곤도(騉駼)는 또한 말과 비슷한데 소 발굽을 하고 있다"고 하였다.

 小領, 盜驪.

목이 가는 것은 도려(盜驪 : 목이 가는 말)이다.

爾雅注 『穆天子傳』曰 : “天子之駿, 盜驪·綠耳.” 又曰 : “右服盜驪.” 盜
驪, 千里馬.

『목천자전(穆天子傳)』에 “천자의 준마(駿馬)는 도려(盜驪)와 녹이(綠耳)이
다”고 하였으며, 또 “오른쪽 복마(服馬)[101]는 도려(盜驪)로 했다”고 하였는
데, 도려(盜驪)는 천리마(千里馬)이다.

爾雅音義 驪, 力知反.『字林』力兮反.『說文』云 : “深黑色馬.” 綠, 力玉反,
本或作騄駬, 同.

려(驪)는 력(力)과 지(知)의 반절인데,『자림』에는 력(力)과 혜(兮)의 반절이
라 하였다.『설문』에는 “짙은 흑색 말이다”고 하였다. 록(綠)은 력(力)과 옥
(玉)의 반절인데, 본에 따라 간혹 녹이(騄駬)로 되어 있으나 음의가 같다.

爾雅疏 領, 頸也. 盜驪, 駿馬名也. 駿馬小頸名曰盜驪. ○案『穆天子傳』
云 : “丙寅, 天子屬官效器, 乃命正公郊父, 受敕憲, 用伸[102]八駿
之乘, 以飮于枝洔之中, 積石之南河. 天子之駿, 赤驥·盜驪·白義·渠
黃·華騮·綠耳.” 郭注云“盜驪”者, “爲馬細頸. 驪, 黑色也.” “綠耳”者,
『紀年』曰 ; “北唐之君來, 見以騩馬[103], 是生綠耳. 魏時鮮[104]卑獻千里馬,

---

101) 服馬 : 네 마리의 말이 끄는 수레에서 안쪽 두 필의 말.
102) 伸 : 대본에는 ‘中’으로 되어 있으나 郭璞註『穆天子傳』에 따라 고쳤다.
103) 見以騩馬 : 대본에는 ‘見驪馬’로 되어 있으나 郭璞註『穆天子傳』에 따라 고쳤다.

白色而兩耳黃, 因名之爲黃耳." 即此類也. 云"又曰'右服盜驪'"者, 案, 彼
云: "癸酉, 天子命駕八駿之乘, 右服盜驪而左綠耳, 右驂赤驥而左白義.
天子主車, 造父爲御." 是也.

　령(領)은 경(頸: 목)이다. 도려(盜驪)는 준마(駿馬)의 이름이다. 준마로서 목
이 가는 것을 이름하여 도려(盜驪)라 한다. ○ 살펴건대,『목천자전』에 "병인
(丙寅)에 천자(天子)가 관아에서 조회를 갖고 바친 보물을 관람하고서 이에
정공(正公)[105]인 교보(郊父)에게 명하여 칙명을 받들도록 하고, 여덟 마리의
준마가 끄는 수레를 타고 가다가 지류(支流) 가운데서 물을 마셨는데, 적석
(積石)에서 남쪽으로 흐르는 하수(河水)였다. 천자의 준마는 적기(赤驥)·도려
(盜驪)·백의(白義)·거황(渠黃)·화류(驊騮)·녹이(綠耳)였다"고 하였다. 곽박
이 "도려(盜驪)"에 대해 주에서 "말의 목이 가늘기 때문이다. 려(驪)는 흑색
이다"고 하였다. "녹이(綠耳)"에 대해서는『기년(紀年)』에 "북당(北唐)의 군주
(君主)가 와서 류마(騮馬)를 끌고 알현하였는데, 바로 녹이(綠耳)를 낳았다. 위
(魏)나라 때 선비(鮮卑)가 천리마를 바쳤는데 백색에 두 귀가 황색이었으므
로 이에 따라 이름을 붙여 황이(黃耳)라 하였다"고 하였으니, 바로 이러한
종류이다. "또 '오른쪽 복마(服馬)는 도려(盜驪)로 했다.'"고 한 것은 살피건
대,『목천자전』에 "계유(癸酉)에 천자가 여덟 준마의 수레를 멍에 메우도록
명하였는데, 오른쪽은 도려(盜驪)를 복마(服馬)로 하고, 왼쪽은 녹이(綠耳)를
복마로 하였으며, 오른쪽은 적기(赤驥)를 참마(驂馬)[106]로 하고, 왼쪽은 백의
(白義)를 참마로 하였다. 천자의 주장 수레[107]는 조보(造父)가 마부 노릇을
했다"고 한 것이 이것이다.

---

104) 鮮 : 대본에는 '西'로 되어 있으나 郭璞註『穆天子傳』에 따라 고쳤다.
105) 正公 : 三上公을 가리킨다.『穆天子傳』郭璞注에 "正公, 謂三上公, 天子所取正者,
　　郊父爲之"라 하였다.
106) 驂馬 : 네 마리의 말이 끄는 수레에서 바깥쪽 두 필의 말.
107) 주장 수레 : 주된 위치에 있는 수레. 次乘의 위이다.

 絶有力, 駥.

뛰어난 힘이 있는 것은 융(駥:힘센 말)이다.

 卽馬高八尺者.

곧 말의 높이가 8척(尺)인 것이다.

 駥, 而充反, 本亦作戎.

융(駥)은 이(而)와 충(充)의 반절인데, 본에 따라 또한 융(戎)으로 되어 있다.

 馬絶有力者名駥. 郭云"卽馬高八尺者", 卽下文"馬八尺爲駥"者也.

뛰어난 힘이 있는 것은 말은 이름이 융(駥)이다. 곽박이 "곧 말의 높이가 8척(尺)인 것이다"고 한 것은, 곧 아래 글의 "말이 8척인 것을 융(駥)이라 한다"고 한 것이다.

 膝上皆白, 惟馵. 四骹皆白, 驓.

무릎 위가 모두 흰 것은 유주(惟駽 : 무릎 위 흰말)[108]이고, 네 발의 정강이가 모두 흰 것은 증(騸 : 정강이 흰 말)이다.

 骹, 膝下也.

교(骹)는 무릎 아래이다.

 四蹄皆白, 首.

네발의 발굽이 모두 흰 것은 수(首 : 발굽 흰 말)이고,

 俗呼爲踏雪馬.

민간에서는 답설마(踏雪馬 : 눈을 밟는 듯한 말)라고 부른다.

 前足皆白, 騱. 後足皆白, 狗. 前右足白, 啓.

---

108) 유주(惟駽) : 『爾雅正義』에는 "······ 謂之惟駽"라 하여, '惟駽'를 말 이름으로 설명하였다. 그러나 『爾雅義疏』에서는 "謂之駽"라 하여, '駽'만을 말 이름으로 처리하였다. 그리고 尹桐陽의 『爾雅義證』(『이아고림』)에는 "故曰惟駽. 惟者, 惡之之詞"라고 하여, '惟'를 '미워하다'는 말이라고 하였다.

앞발이 모두 흰 것은 혜(騱: 앞 발 흰 말)이고, 뒷발이 모두 흰 것은 구(狗 : 뒷 발 흰 말)이고, 앞의 오른발만 흰 것은 계(啓: 오른 발 흰 말)이고,

 『左傳』曰啓服.”

『좌전』에서 “계복(啓服: 앞의 오른발만 흰 服馬)이라 한다”고 하였다.

 左白, 踦.

왼발만 흰 것은 기(踦 왼 발 흰 말)이다.

 前左脚白.

앞의 왼쪽 다리가 흰 것이다.

 後右足白, 驤. 左白, 馵.

뒤의 오른발이 흰 것은 양(驤: 뒷 오른 발 흰 말)이고, 뒤의 왼발이 흰 것은 주(馵: 뒷 왼 발 흰 말)이다.

後左脚白.『易』曰 : "震爲豜足."

뒤의 왼쪽 다리가 흰 것이다.『주역』「설괘(說卦)」에 "진(震)은 쥬(豜)의 발이 된다"고 하였다.

 駠馬白腹, 騵.

배가 흰 유마(駠馬 : 월따말)는 원(騵 : 배 흰 월따말)이다.

 駠, 赤色黑鬣.

류(駠)는 적색이며 갈기가 검다.

 驪馬白跨, 騧.

넓적다리가 흰 여마(驪馬 : 가라말)는 율(騧 : 넓적다리 흰 가라말)이다.

 驪, 黑色. 跨, 髀間.

려(驪)는 검은 색이다. 과(跨)는 넓적다리 사이이다.

 白州, 驈.

꽁무니가 흰 것은 연(驈: 꽁무니 흰 말)이다.

 州, 竅.

주(州)는 규(竅: 꽁무니)이다.

 尾本白, 騴.

꼬리의 뼈 줄기 부분이 흰 것은 안(騴: 꼬리뼈 흰 말)이다.

 尾株白.

꼬리의 뼈 줄기 부분이 희다.

 尾白, 駺.

꼬리가 흰 것은 랑(駺 : 꼬리 흰 말)이다.

 但尾毛白.

꼬리의 털만 희다.

 馰顙, 白顚.

이마에 흰 점박이가 백전(白顚 : 이마 흰 점 말)이다.

 戴星馬也.

대성마(戴星馬 : 이마에 별 무늬가 있는 말)이다.

 白達素, 縣.

흰색이 이마 아래로부터 콧마루까지 이르는 것은 현(縣 : 콧마루 흰 말)이다.[109]

素, 鼻莖也, 俗所謂漫𩩗徹齒.

소(素)는 비경(鼻莖 : 콧마루)으로, 민간에서 말하는 만로철치(漫𩩗徹齒)이다.

 面顙皆白, 惟駹.

얼굴 전체가 흰 것은 유방(惟駹 : 얼굴 흰 말)이다.

 顙, 額.

상(顙)은 이마이다.

膝, 音悉, 字又作都. 髁, 『字林』之句反, 郭式喩反, 下同. 骹, 苦
交反, 『字書』作跤, 同. 云 : "脛也." 郭云 : "膝下." 騎, 辭陵反, 或
辭登·辭亙二反. 蹢, 丁歷反. 『毛詩』傳云 : "蹄也." 踏, 徒臘反. 騤, 音奚,
郭又音雞, 舍人本作雞. 狗, 郭音呴, 又音矩. 舍人本作狗. 踦, 郭去宜反,
顧居綺反. 驤, 息羊反. 駠, 音留, 字或作騮. 『說文』·『字林』云 : "赤馬黑
毛尾也." 『毛詩』傳云 : "赤身黑鬣曰駠." 騵, 音原. 跨, 口化反, 或口故反.
『蒼頡篇』云 : "兩股間." 騘, 字或作騑, 『字林』又必反, 顧餘橘反, 郭音術,
阮于密反. 髀, 甫爾反, 又步啓反, 下同. 『說文』云 : "股外也." 騴, 於見反.

---

109) 흰색이 …… 縣이다 : 『爾雅義疏』에는 "馬之鼻莖白者, 名白達, 一名素縣"이라 하여
'白達은 素縣이다'로 풀이된다.

竅, 苦弔反. 騴, 一諫反. 株, 音誅. 駺, 本多作狼, 同, 音郎. 的, 『字林』作馰, 丁歷反, 云: “馬白顙也, 一曰駁.” 顙, 息黨反. 縣, 音玄. 莖, 戶耕反. 漫, 莫干反. 髗, 『字書』作顱, 力胡反, 謂額顙也. 徹, 直列反. 駹, 武江反.

슬(膝)은 음(音)이 실(悉)인데, 글자를 또 슬(厀)로도 쓴다. 주(馵)는 『자림』에 지(之)와 구(句)의 반절이라 하였으며, 곽박은 식(式)과 유(喩)의 반절이라 하였는데, 아래도 같다. 교(骹)는 고(苦)와 교(交)의 반절이다. 『자서』에는 교(跤)로 되어 있으나 음의가 같으며, “경(脛 : 정강이)이다”고 하였다. 곽박은 “무릎 아래이다”고 하였다. 증(驓)은 사(辭)와 릉(陵)의 반절, 혹은 사(辭)와 등(登), 사(辭)와 긍(亘) 두 가지의 반절이다. 적(蹢)은 정(丁)과 력(歷)의 반절이다. 『모시』 전에 “제(蹄 : 발굽)이다”고 하였다. 답(踏)은 도(徒)와 랍(臘)의 반절이다. 혜(騱)는 음(音)이 해(奚)인데, 곽박은 또 음을 계(雞)라 하였으며, 사인본에는 계(雞)로 되어 있다. 구(㺃)에 대하여 곽박은 음이 구(劬)라 하였는데, 또 음이 구(矩)이다. 사인본에는 구(狗)로 되어 있다. 기(踦)에 대하여 곽박은 거(去)와 의(宜)의 반절이라 하였으며, 고야왕은 거(居)와 기(綺)의 반절이라 하였다. 양(驤)은 식(息)과 양(羊)의 반절이다. 류(駵)는 음(音)이 류(留)인데, 글자를 간혹 류(騮)로도 쓴다. 『설문』·『자림』에는 “붉은 색의 말인데 꼬리의 털은 검은색이다”고 하였다. 『모시』 전에 “붉은 몸에 검은 갈기의 말을 류(駵)라 한다.” 원(騵)은 음(音)이 원(原)이다. 과(跨)는 구(口)와 화(化)의 반절, 혹은 구(口)와 고(故)의 반절이다. 『창힐편』에는 “두 넓적다리 사이이다”고 하였다. 율(驈)은 글자를 혹 률(騹)로도 쓰는데, 『자림』에는 우(又)와 필(必)의 반절이라 하였으며, 고야왕은 여(餘)와 귤(橘)의 반절, 곽박은 음을 술(術)이라 하였으며, 완효서(阮孝緖)는 우(于)와 밀(密)의 반절이라 하였다. 비(髀)는 보(甫)와 이(爾)의 반절, 또는 보(步)와 계(啓)의 반절이며 아래도 같다. 『설문』에 “넓적다리 밖이다”고 하였다. 연(驠)은 어(於)와 견(見)의 반절이다. 규(竅)는 고(苦)와 조(弔)의 반절이다. 안(騴)은 일(一)과 간(諫)의 반절이다. 주(株)는 음(音)이 주(誅)이다. 랑(駺)은 본에 따라 대부분 랑(狼)으로 되어 있으나 음의가 같으며, 음이 랑(郞)이다. 적(的)은 『자림』에는 적(馰)으로 되어 있고 정(丁)과 력(歷)의 반절이며, "이마가 흰 말로, 일명 박(駮)이다"고 하였다. 상(顙)은 식(息)과 당(黨)의 반절이다. 현(縣)은 음(音)이 현(玄)이다. 경(莖)은 호(戶)와 경(耕)의 반절이다. 만(漫)은 막(莫)과 간(干)의 반절이다. 로(顱)는 『자서』에 로(顱)로 되어 있으며 력(力)과 호(胡)의 반절로 액상(額顙 : 이마)을 말한다. 철(徹)은 직(直)과 렬(列)의 반절이다. 방(駹)은 무(武)와 강(江)의 반절이다.

爾雅疏 此辨馬白色所在之異名也. 馬之膝上皆白者惟馵也. 骹, 膝下也. 四膝下皆白名驓. 蹢, 蹄也. 四蹄皆白名首, 俗呼爲踏雪馬, 言蹄白似踏雪也. 前兩足皆白名騱, 後兩足皆白名翑. 前右足白名啓, 前左足白名踦, 後右足白名驤, 後左足白名馵. 騝馬, 赤色黑鬣馬也. 若騝馬腹下白者, 別名驈. 『詩』「大雅」云 : "四騵彭彭." 是也. 孫炎云 : "驪, 黑也." 白跨, 股脚白也. 郭云 : "驪, 黑色. 跨, 髀間"也. 謂黑馬髀間白名騩. 『詩』「魯頌」云 "有騩有皇" 是也. 州, 竅也. 謂馬之白尻者名驠. 本, 根株也. 馬尾株白者名騴. 但尾毛白者名駺. 的顙者, 舍人曰 : "的, 白也. 顙, 額也." 額有白毛, 今之戴星馬也. 『易』"震爲的顙." 素, 鼻莖也. 其白自額下達鼻莖者, 名縣, 俗所謂漫顱徹齒. 其面額皆白者, 惟駹馬. ○注 "『左傳』 '曰啓服'", 案昭二十九年 "公至自乾侯, 處于鄆." "衛侯來獻其乘馬, 曰啓服." 杜預云 "啓服, 馬名" 是也. ○注 "『易』曰 : '震爲馵足'", 「說卦」文也, 取其動而見也.

여기서는 말의 흰 색깔이 있는 곳에 따라 다른 이름을 구별하였다. 말의 무릎 위가 모두 흰 것은 유주(惟馵)이다. 교(骹)는 무릎 아래이다. 네 무릎 아래가 모두 흰말의 이름은 증(驓)이다. 적(蹢)은 제(蹄 : 발굽)이다. 네 발굽이 모두 흰 것의 이름은 수(首)이며, 민간에서는 답설마(踏雪馬)라고 부르는데, 발굽이 눈을 밟은 것처럼 흰 것을 말한다. 앞의 양쪽 발이 모두 흰 것의 이름은 혜(騱)이고, 뒤의 양쪽 발이 모두 흰 것의 이름은 구(駒)이다. 앞의 오른쪽 발이 흰 것의 이름은 계(啓)이며, 앞의 왼쪽 발이 흰 것의 이름은 기(踦)이고, 뒤의 오른쪽 발이 흰 것의 이름은 양(驤)이며, 뒤의 왼쪽 발이 흰 것의 이름은 주(馵)이다. 유마(騟馬)는 붉은 색 바탕에 검은색 갈기가 있는 말이다. 유마(騟馬)와 같으면서 배 밑이 흰 것은 별명이 원(騵)인데, 『시경』 「대아」 「대명(大明)」에 "네 마리의 원마(騵馬)가 튼튼하고 힘이 세다"고 한 것이 이것이다. 손염은 "려(驪)는 검은색이다"고 하였다. 백과(白跨)는 넓적다리가 흰 것이다. 곽박은 "려(驪)는 검은 색이다. 과(跨)는 넓적다리 사이이다"고 하였으니, 검은 말의 넓적다리 사이가 흰 것의 이름이 율(驈)임을 말한다. 『시경』 「노송(魯頌)」 「경(駉)」편의 "율마(驈馬)가 있고 황마(皇馬)가 있다"고 한 것이 이것이다. 주(州)는 尻(竅: 꽁무니)이다. 말의 꽁무니가 흰 것의 이류이 연(驠)임을 말한다. 본(本)은 근주(根株: 줄기 부분)이다. 말꼬리의 줄기 부분이 흰 것의 이름은 안(騕)이며, 단지 꼬리의 털만 흰 것은 랑(騋)이다. 적상(的顙)에 대하여 사인은 "적(的)은 백(白)이다. 상(顙)은 액(額: 이마)이다"고 하였다. 이마에 흰털이 있는 것으로, 지금의 대성마(戴星馬)이다. 『주역』 「설괘(說卦)」에 "진(震)은 적상(的顙)이 된다"고 하였다. 소(素)는 비경(鼻莖: 콧마루)이다. 그 흰색이 이마 아래로부터 콧마루까지 이르는 것은 이름이 현(縣)으로, 민간에서 말하는 만려철치(漫驢徹齒)이다. 얼굴과 이마가 모두 흰 것은 유방마(惟駹馬)이다. ○ 주의 『좌전』왈계복(左傳曰啓服)"은 살피건대, 『좌전』 소공 29년에 "공이 건후(乾侯)로부터 이르러 운(鄆)에 거처하였다"고 하였고, "위후(衛侯)가 와서 그가 타던 말을 바쳤는데 계복(啓服)이라 한다"고 하였는데, 두예(杜預)의 주에 "계복(啓服)은 말 이름이다"고 한 것이 이것이다. ○ 주에서 말한 『주역』의 "진위주족(震爲馵足)"은 「설괘(說卦)」의 글이니, 그 움직임을 취해서 나타낸 것이다.[110]

---

110) 움직임을 …… 것이다 : 震(☳)은 움직임[動]을 상징하는 卦이다.

 回毛在膺, 宜乘.

회모(回毛 : 가마)가 가슴에 있는 것은 의승(宜乘 : 가슴에 가마가 난 말)이다.

 樊光云 : "俗呼之官府馬. 伯樂相馬法, 旋毛在腹下如乳者, 千里馬."

번광(樊光)은 "세상에서는 관부마(官府馬)라고 부른다. 백락(伯樂)이 말의 관상을 보는 법에 선모(旋毛 : 가마)가 젖처럼 배 밑에 있는 것은 천리마(千里馬)이다"고 하였다.

 在肘後, 減陽. 在幹, 茀方.

회모(回毛)가 발뒤꿈치에 있으면 감양(減陽 : 발 뒤꿈치에 가마가 난 말)이고, 겨드랑이에 있으면 불방(茀方 : 겨드랑이에 가마가 난 말)이고,

 幹, 脅.

간(幹)은 협(脅 : 겨드랑이)이다.

 在背, 闋廣.

등에 있으면 결광(闋廣 : 등에 가마가 난 말)이다.

 皆別旋毛所在之名.

모두 가마가 있는 곳에 따른 말의 이름을 구별한 것이다.

乘, 施市升反, 謝市證反. 樂, 音洛. 相, 息亮反. 肘, 竹九反. 減, 古湛反, 本或作駭. 幹, 古旦反. 茀, 音弗. 闋, 苦穴·古火二反. 廣, 音光, 本或作驤, 同. 別, 彼列反.

승(乘)에 대하여 시건은 시(市)와 승(升)의 반절이라 하였으며, 사교는 시(市)와 증(證)의 반절이라 하였다. 락(樂)은 음(音)이 락(洛)이다. 상(相)은 식(息)과 량(亮)의 반절이다. 주(肘)는 죽(竹)과 구(九)의 반절이다. 감(減)은 고(古)와 담(湛)의 반절이며, 본에 따라 혹은 해(駭)로 되어 있다. 간(幹)은 고(古)와 단(旦)의 반절이다. 불(茀)은 음(音)이 불(弗)이다. 결(闋)은 고(苦)와 혈(穴), 고(古)와 화(火) 두 가지의 반절이다. 광(廣)은 음(音)이 광(光)이며, 본에 따라 광(驤)으로 되어 있는데, 음의가 같다. 별(別)은 피(彼)와 렬(列)의 반절이다.

此別馬旋毛所在之名也. 回, 旋也. 膺, 胸也. 旋毛在膺者, 名宜乘. 樊光云: "俗呼之官府馬. 伯樂相馬法, 旋毛在腹下如乳者, 千里馬"也. 旋毛在肘後者, 名減陽. 幹, 脅也. 旋毛在脅者, 名茀方. 旋毛在背者, 名閧廣. 郭云 : "皆別旋毛所在之名"也.

여기서는 말의 선모(旋毛 : 가마)가 있는 곳에 따른 이름을 구별한 것이
다. 회(回)는 선(旋 : 돌다)이다. 응(膺)은 흉(胸 : 가슴)이다. 가마가 가슴에 있는
것은 이름이 의승(宜乘)이다. 번광은 "세상에서는 관부마(官府馬)라고 부른
다. 백락(伯樂)이 말의 관상을 보는 법에 가마가 젖처럼 배 밑에 있는 것은
천리마(千里馬)이다"고 하였다. 가마가 발뒤꿈치에 있는 것은 이름이 감양
(減陽)이다. 간(幹)은 협(脅 : 겨드랑이)이다. 가마가 겨드랑이에 있는 것은 이
름이 불방(茀方)이다. 가마가 등에 있는 것은 이름이 결광(閧廣)이다. 곽박
은 "모두 가마가 있는 곳에 따른 말의 이름을 구별한 것이다"고 하였다.

 逆毛, 居馻.

말털이 안으로 굽은 것이 거윤(居馻 : 털이 안으로 굽은 말)이다.

 馬毛逆刺.

말 털이 안으로 굽은 것이다.

 馻, 郭兖 · 允二音, 『字林』云 : "馬逆毛也."

윤(馻)에 대하여 곽박은 연(兖)과 윤(允) 두 가지 음이라 하였으며, 『자

림』에 "말털이 안으로 굽은 것이다"고 하였다.

『字林』云 : "馬逆毛也." 郭云 : "馬毛逆刺."

『자림』에 "말털이 안으로 굽은 것이다"고 하였고, 곽박은 "말이 털을
거꾸로 세워 찌른다"고 하였다.

駃牝, 驪牡.[111]

내빈(駃牝 일곱 자 이상 말)은 여모(驪牡)이다.

『詩』云 : "駃牝三千." 馬"七尺已上爲駃", 見『周禮』.

『시경』「용풍(鄘風)」「정지방중(定之方中)」에 "내빈(駃牝 : 駃馬와 牝馬)이 삼
천 필이다"고 하였다. 말이 "7척 이상인 것을 내(駃)라 한다"고 한 것은『주
례』「하관(夏官)」「수인(廋人)」에 보인다.

---

111) 駃牝驪牡 : 황석(黃奭)의 『爾雅詁林本』에 "鄭注「夏官」「廋人」引『爾雅』曰 : '駃, 牝
驪, 牡玄, 駒裏驂.' 價疏云 : '駃中所有, 牝則驪色, 牡則玄色, 兼有駒裏驂.' 又鄭注「檀
弓」亦引『爾雅』云 : '駃, 牝驪, 牡玄.' 是鄭讀『爾雅』以玄字上屬, 許氏以牡字斷句, 郭
氏依『說文』也"라고 하여, '玄'자의 위치에 대한 이설을 제시하고 있다. 아래의 소에도
언급되어 있다.

騋, 力才反, 『周禮』云 : "馬七尺也." 牝, 頻忍反, 下同. 驪牡, 孫
注改上騋牝爲牡. 讀與郭異. 上, 時丈反.

래(騋)는 력(力)과 재(才)의 반절이며, 『주례』「하관」「수인(廋人)」에 "말이
7척(尺)인 것이다"고 하였다. 빈(牝)은 빈(頻)과 인(忍)의 반절이며, 아래도
같다. 여모(驪牡)에 대하여 손염의 주는 위의 "래빈(騋牝)"의 "빈(牝)"을 고
쳐 모(牡)라 하였으니, 독해(讀解)가 곽박과 다르다. 상(上)은 시(時)와 장(丈)
의 반절이다.

云 "『詩』云 '騋牝三千'"者, 「鄘風」「定之方中」篇文也. 云 "七尺以
上爲騋, 見『周禮』"者, 『廋人』文也. 案, 鄭玄注 『禮記』「檀弓」引
此文云 : "騋, 牝驪, 牡玄." "謂七尺曰騋, 牝者, 色驪; 牡者, 色玄." 與郭
異也.

주에서 말한 『시경』의 "내빈삼천(騋牝三千)"은 「용풍(鄘風)」「정지방중(定
之方中)」편의 글이다. "칠척이상위래, 현 『주례』(七尺已上爲騋, 見 『周禮』)"라
한 것은 「하관(夏官)」「수인(廋人)」의 글이다. 살피건대, 정현의 『예기(禮記)』
「단궁(檀弓)」주에 이 글(『이아』)을 인용하여 "내(騋)는 암컷이 순흑색(純黑色)
이고 수컷은 거무스름한 색이다"고 하였는데, 공영달(孔穎達)은 "7척인 말
을 내(騋)라 하는데, 암컷은 순흑색(純黑色)이고 수컷은 거무스름한 색임을
말한다"고 하였으니, 곽박과는 다르다.

玄駒, 褭驂.

현구(玄駒 : 작은 양마)는 요참(裹驂)이다.

 玄駒, 小馬, 別名裹驂耳. 或曰此卽腰裹, 古之良馬名.

현구(玄駒)는 작은 말이며 별명은 요참(裹驂)이다. 혹자는 이는 곧 요뇨
(腰裹)인데, 옛날의 양마(良馬) 이름이라고 한다.

玄, 『字林』作䮘, 音同. 裹, 奴了反, 又而紹反, 『字林』云 : "騕裹,
良馬." 驂, 七南反. 騕, 烏了反. 郭注「上林賦」云 : "騕裹神馬, 日
行萬里."

현(玄)은 『자림』에 현(䮘)으로 되어 있으며, 음은 같다. 뇨(裹)는 노(奴)와
요(了)의 반절, 또는 이(而)와 소(紹)의 반절이며, 『자림』에 "요뇨(騕裹 : 준마의
이름)는 양마(良馬)이다"고 하였다. 참(驂)은 칠(七)과 남(南)의 반절이다. 요
(騕)는 오(烏)와 료(了)의 반절이며, 곽박의 「상림부(上林賦)」 주에 "요뇨(騕裹)
는 신마(神馬)로 하루에 만 리를 간다"고 하였다.

此郭氏兩解 : 一云"玄駒, 小馬, 別名裹驂耳", 指謂今馬駒也. 一
云"或曰此卽騕裹, 古之良馬名", 言玄駒・裹驂, 卽騕裹也.

여기서는 곽박이 두 가지로 풀이하였다. 하나는 "현구(玄駒)는 작은 말
이며, 별명은 뇨참(裹驂)이다"고 하였으니, 지금의 마구(馬駒)를 가리켜 말
한다. 또 하나는 "혹자는 이는 곧 요뇨(腰裹)인데, 옛날의 양마(良馬) 이름
이라고 한다"고 하였으니, 현구(玄駒)와 요참(裹驂)은 곧 요뇨(騕裹)임을 말
한 것이다.

 牡曰騭,

말의 수컷을 즐(騭:숫말)이라 하며,

 今江東呼馭馬爲騭.

지금 강동 지방에서 부마(馭馬:수말)를 즐(騭)이라 부른다.

 牝曰騠.

암컷을 사(騠:암말)라 한다.

 草馬名.

초마(草馬:암말)의 이름이다.

 騭, 之逸反. 馭, 符甫反. 騠, 音舍. 草, 本亦作騲.「魏志」云; "敎
民畜特又騲馬." 是也.

즐(騭)은 지(之)와 일(逸)의 반절이다. 부(馭)는 부(符)와 보(甫)의 반절이다.
사(騠)는 음(音)이 사(舍)이다. 초(草)는 본에 따라 초(騲)로 되어 있다.「위지

(魏志)」에 "백성들에게서 자(牸 : 암소)와 초마(騲馬 : 암말)를 기르도록 했다"고
한 것이 이것이다.

 馬牝牡之異名也. 郭云 : "今江東呼牝馬爲騭." 騇, 卽草馬之名也.

　말의 암컷과 수컷의 다른 이름을 구별했다. 곽박은 "지금 강동 지방에
서 부마(牝馬)를 즐(騭)이라 부른다"고 하였다. 사(騇)는 곧 초마(草馬)의 이
름이다.

 騜白, 駁. 黃白, 騜.

　붉고 흰 것은 박(駁 : 붉고 흰 말)이다. 누렇고 흰 것은 황(騜 : 누렇고 흰 말)
이다.

 『詩』曰 : "騜駁其馬."

　『시경』「빈풍(豳風)」「동산(東山)」에 "누렇고 흰 말과 붉고 흰 말이로다"
고 하였다.

 騜馬黃脊, 騜. 驪馬黃脊, 騽.

붉은 말(월따말)이 등마루가 누런 것은 건(騝 : 붉고 누런 말)이다. 검은 말
(가라말)이 등마루가 누런 것은 습(騽 : 검고 누런 말)이다.

 皆背脊毛黃.

모두 등마루의 털이 누렇다.

 青驪, 駽.

푸르고 검은 것은 현(駽 : 철총이)이다.

 今之鐵驄.

지금의 철총(鐵驄)이다.

 青驪驎, 驒.

푸르고 검으면서 얼룩진 것은 타(驒 : 얼룩말)이다.

色有深淺, 班駁隱粦, 今之連錢驄.

색깔에 진하고 옅음이 있고, 얼룩이 섞여 은은하게 비늘 진 듯한 것으로 지금의 연전총(連錢驄)[112]이다.

 青驪繁鬣, 騥.

푸르고 검으며 갈기가 양쪽으로 나누어 늘어뜨려진 것이 유(騥 : 검푸르며 갈기 나뉜 말)이다.

 『禮記』曰 : "周人黃馬繁鬣." 繁鬣, 兩被毛, 或曰美髦鬣.

『예기』「명당위(明堂位)」에 "주(周)나라 사람은 번렵(繁鬣)의 누런 말을 숭상하였다"고 하였는데, 번렵(繁鬣)은 갈기를 양쪽으로 나누어 늘어뜨려진 것이며, 혹은 미모렵(美髦鬣 : 갈기가 예쁜 말)이라고도 한다.

 驪白雜毛, 駂.

검은 털과 흰털이 섞인 것은 보(駂 : 오총이)이다.

---

112) 連錢驄 : 엽전을 늘어놓은 것 같은 둥글고 어룽어룽한 무늬가 박힌 말. 털빛은 검푸르다.

今之烏驄.

지금의 오총(烏驄)이다.

 黃白雜毛, 駓.

누런 털과 흰털이 섞인 것은 비(駓: 황부루)이다.

 今之桃華馬.

지금의 도화마(桃華馬: 복숭아 꽃 무늬 말)이다.

 陰白雜毛, 駰.

옅은 흑색의 털과 흰털이 섞인 것은 인(駰: 흑백 말)이다.

 陰, 淺黑. 今之泥驄.

음(陰)은 옅은 흑색이다. 지금의 니총(泥驄: 옅은 흑색에 흰색털 말)이다.

 蒼白雜毛, 騅.

옅은 청색의 털과 흰털이 섞인 것은 추(騅: 오추마)이다.

 『詩』曰; "有騅有駓."

『시경』「노송(魯頌)」「경(駉)」에 "추마(騅馬)가 있고 비마(駓馬)가 있다"고
하였다.

 彤白雜毛, 騢.

붉은 털과 흰털이 섞인 것은 하(騢: 적부루마. 홍사마)이다.

 彤, 赤也. 卽今之赭白馬.

동(彤)은 붉은 색이다. 지금의 자백마(赭白馬: 홍사마)이다.

 白馬黑鬣, 駱.

흰말이 검은색 갈기가 있는 것은 락(駱 : 흰 털에 검은 갈기 말)이다.

爾雅注 『禮記』曰 : “夏后氏駱馬黑鬣.”

『예기』「명당위(明堂位)」에 “하후씨(夏后氏)는 검은 갈기의 낙마(駱馬)를 숭상하였다”고 하였다.

經文 白馬黑脣, 駩. 黑喙, 騧.

흰말이 입술이 검은 것은 전(駩 : 흰 털에 입술 검은 말)이다. 주둥이가 검은 것은 와(騧 : 주둥이 검은 말)이다.

爾雅注 今以淺黃色者爲騧馬.

지금 옅은 황색인 것을 와마(騧馬)라 한다.

經文 一目白, 瞯. 二目白, 魚.

한 눈이 흰 것은 간(瞯 : 한 눈이 흰 말)이다. 두 눈이 흰 것은 어(魚 : 두 눈이 흰 말)이다.

似魚目也.『詩』曰; "有驔有魚."

물고기의 눈과 비슷하다.『시경』「노송(魯頌)」「경(駉)」에 "담마(驔馬 : 다리에 긴 털이 난 말)가 있고, 어마(魚馬)가 있다"고 했다.

駁,『字林』云: "馬色不純也. 方卓反." 騜, 音皇,『字林』于亡反. 脊, 音積. 騜, 郭音虔, 本或作騫, 去虔反. 騟, 音留,『說文』作驑, 音簟.『字林』云: "又音譚, 今『爾雅』本亦有作驔者." 騳,『詩』音及呂忱·顏延之·荀楷並呼縣反, 郭火玄反, 謝·孫犬縣反, 顧胡眄反. 鐵, 佗結反. 驄, 七工反,『說文』云: "靑黑雜毛馬." 騋, 本或作駽, 郭良忍反, 注同.『字林』良振反, 郭云: "斑剝隱粼也." 或音鄰. 孫云: "似魚鱗也." 驔, 徒河反,『說文』云: "馬文如鼉魚."『韓詩』·『字林』皆云: "白馬黑髦." 鬣, 力涉反, 髦也. 柔, 而周反, 本又作柔. 被, 普義反, 又皮義反. 駂, 音保,『說文』云: "黑馬驪白雜毛." 駓, 備悲反,『字林』音丕. 華, 音花, 本亦作花, 同. 駰,『字林』乙巾反, 郭央珍反. 今人多作因音. 泥, 奴兮反. 騅, 音隹. 彤, 徒冬反, 赤也. 騢, 乎加反.『說文』云: "馬赤白雜色, 文似鰕魚也." 赭, 音者. 白馬黑鬣, 舍人同, 衆家並作髦. 駱, 音洛.『說文』云: "白色馬黑毛尾也."『廣雅』云: "白馬朱鬣曰駱." 夏, 音下. 駩, 音詮, 又音全. 孫本作馲, 云: "與牛同稱, 汝均反." 本或作駽, 音咨. 喙, 許穢反, 又昌銳反, 口也. 騙, 古花反,『毛詩』傳·『說文』·『字林』皆云: "黃馬黑喙曰騧." 郭云: "今以淺黃色爲騧馬." 瞯, 音閑, 本又作瞷,『蒼頡篇』云; "目病也. 吳江湖之間曰瞯."『說文』云: "戴目也."『字林』作騆, 音同. 魚, 本又作瞗, 疑居反.『字林』作驢, 音同. 驔, 徒南·大點二反.

박(駁)은『자림』에 "말의 색이 순수하지 않은 것이다. 방(方)과 탁(卓)의 반절이다"고 하였다. 황(騜)은 음(音)이 황(皇)인데,『자림』에는 우(于)와 망

(亡)의 반절이라 하였다. 척(脊)은 음(音)이 적(積)이다. 건(鍵)에 대하여 곽박은 음이 건(虔)이라 하였으며, 본에 따라 건(鶱)으로 되어 있는데, 거(去)와 건(虔)의 반절이다. 습(騽)은 음(音)이 습(習)이며, 『설문』에는 담(驔)으로 되어 있으며 음이 점(簟)이다. 『자림』에는 "또한 음이 담(譚)이다. 지금 『이아』본에는 또한 담(驔)으로 되어 있는 것도 있다"고 하였다. 현(駽)은 『시경』의 음(音)과 여침(呂忱)·안연지(顏延之)·구해(苟楷)는 모두 호(呼)와 현(縣)의 반절, 곽박은 화(火)와 현(玄)의 반절, 사교와 손염은 견(犬)과 현(縣)의 반절, 고야왕은 호(胡)와 면(眄)의 반절이라 하였다. 철(鐵)은 타(他)와 결(結)의 반절이다. 총(驄)은 칠(七)과 공(工)의 반절이며, 『설문』에는 "푸른 털과 검은 털이 섞인 말이다"고 하였다. 린(𩦷)은 본에 따라 린(驎)으로 되어 있으며, 곽박은 량(良)과 인(忍)의 반절이라 하였는데, 주에서도 같다. 『자림』에는 량(良)과 진(振)의 반절이라 하였고, 곽박은 "얼룩짐이 섞여 은은하게 비늘 진 듯한 것이다"고 하였으며, 혹은 음이 린(鄰)이다. 손염은 "물고기 비늘과 비슷하다"고 하였다. 타(駝)는 도(徒)와 하(河)의 반절이다. 『설문』에는 "말의 무늬가 악어와 같다"고 하였다. 『한시(韓時)』·『자림』은 모두 "흰말이 갈기가 검은 것이다"고 하였다. 렵(鬛)은 력(力)과 섭(涉)의 반절이며, 모(髦: 갈기)이다. 유(駓)는 이(而)와 주(周)의 반절이며, 본에 따라 유(柔)로 되어 있다. 피(被)는 보(普)와 의(義)의 반절, 또는 피(皮)와 의(義)의 반절이다. 보(駂)는 음(音)이 보(保)이며, 『설문』에 "보(駂)는 검은 말이 옅은 흑색 털과 흰털이 섞였다"[113]고 하였다. 비(駓)는 비(備)와 비(悲)의 반절이며, 『자림』에는 음이 비(丕)라 하였다. 화(驊)는 음(音)이 화(花)인데, 본에 따라 화(花)로 되어 있으나 음의가 같다. 인(駰)은 『자림』에 을(乙)과 건(巾)의 반절이라 하였으며, 곽박은 앙(央)과 진(珍)의 반절이라 하였는데, 지금 사람은 대부분 인(因)의 음을 쓴다. 니(泥)는 노(奴)와 혜(兮)의 반절이다. 추(騅)는 음(音)이 추(佳)이다. 동(肜)은 도(徒)와 동(冬)의 반절이며, 적(赤: 붉다)이다. 하(騢)는 호(乎)와

---

113) 검은 말이 …… 섞였다: 『설문』 段注本 등에는 보이지 않고, 『說文解字義證』 馬部 遺文에 실려 있다.

가(加)의 반절인데, 『설문』에 "말이 붉은 색과 흰색이 섞여 무늬가 새우와 비슷하다"고 하였다. 자(赭)는 음(音)이 자(者)이다. 백마흑렵(白馬黑鬣)은 사인(舍人)도 같으며, 대부분의 주석가는 모두 모(髦)라 하였다. 락(駱)은 음(音)이 락(洛)이며, 『설문』은 "흰말이 꼬리털이 검은 것이다"고 하였다. 『광아』에 "흰말이 붉은 갈기가 있는 것을 락(駱)이라 한다"고 하였다. 하(夏)는 음(音)이 하(下)이다. 전(駓)은 음(音)이 전(詮), 또는 음이 전(全)이다. 손염본(孫炎本)에는 순(犉)으로 되어 있으며 "소와 함께 같이 일컬어지고,[114] 여(汝)와 균(均)의 반절이다"고 하였다. 본에 따라 린(驎)으로 되어 있는데 음이 린(吝)이다. 훼(噣)는 허(許)와 예(穢)의 반절, 또는 창(昌)과 예(銳)의 반절이며, 구(口 : 입)라는 뜻이다. 와(騧)는 고(古)와 화(花)의 반절이며, 『모시』전과 『설문』・『자림』에는 모두 "누런 말이 주둥이가 검은 것을 와(騧)라 한다"고 하였고, 곽박은 "지금 옅은 황색인 것을 와마(騧馬)라 한다"고 하였다. 한(瞷)은 음(音)이 한(閑)이며, 본에 따라 한(矊)으로 되어 있고, 『창힐편』에는 "눈병이다. 오(吳)나라의 강호(江湖) 지역에서 한(瞷)이라 한다"고 하였으며, 『설문』에 "한(瞷)은 눈을 치켜 뜨는 것이다"[115]고 하였다. 『자림』에는 한(矊)으로 되어 있는데 음이 같다. 어(魚)는 본에 따라 어(瞘)로 되어 있으며, 의(疑)와 거(居)의 반절이다. 『자림』에는 어(驢)로 되어 있는데 음이 같다. 담(驔)은 도(徒)와 남(南), 대(大)와 점(點) 두 가지의 반절이다.

爾雅疏 此別馬毛色不純之異名也. 孫炎曰: "駓, 赤色也." 謂馬有駓處・有白處者曰駁, 有黃處・有白處者曰騜. 駓馬脊毛黃者名駓, 驪馬脊毛黃者名騜. 靑驪, 駽. 舍人曰: "靑驪馬, 今名駽馬也." 孫炎曰: "色靑之間, 靑毛・黑毛相雜者名駽." 今之鐵驄也. 靑驪驎, 驒. 孫炎曰: "色有淺深, 似魚鱗." 郭云: "色有深淺, 班駁隱粼名驒. 今之連錢驄." 『說文』

云 : “馬文如鼉.” 『詩』云“有驒有駱” 是也. 毛色青黑而髦鬣繁多者, 名騥. 毛色黑白而復有雜毛相錯者, 名騗. 『詩』云“叔于田, 乘乘騗.” 是也. 今謂之烏驄. 毛色黃白而復有雜毛者, 名駓. 今謂之桃華馬. 陰, 淺黑色也. 毛淺黑而白兼雜毛者, 名駰. 今謂之泥驄. 『詩』云“有駰有騢.” 是也. 蒼, 淺青也. 毛有淺青及白兼雜毛者, 名騅. 彤, 赤也. 毛赤白兼雜毛者, 名騢. 『說文』云 : “似鰕魚也.” 卽今之赭白馬也. 鬣, 鬉也. 白馬黑鬉者名駱. 白馬黑脣者名駩. 喙, 口也. 黑喙者名騧. 『說文』云 : “黃馬黑喙”曰騧. 郭云 : “今以淺黃色者爲騧馬.” 『詩』云“騧驪是驂” 是也. 一目白者名瞯. 二目白者名魚, 言似魚目也. ○ 注“『詩』曰‘騜駁其馬’”, 「豳風」「東山」篇文也. ○ 云“周人黃馬繁鬣”者, 「明堂位」文也. 云“繁鬣兩被毛”者, 郭氏釋之也. 言“繁鬣”者, 分其髦鬣兩鄕被之也. 云“或云美髦鬣”者, 又引或人以爲一解, 言其髦鬣繁多而美也. 今『禮記』本繁作蕃, 則或說爲得. ○ 注“『詩』曰‘有騅有駓’”, 又“『詩』曰‘有驔有魚’”, 皆「魯頌」「駉」篇文也. ○ 注“『禮記』曰‘夏后氏駱馬黑鬣’”, 亦「明堂位」文也.

여기서는 말의 털 색깔이 순수하지 않은 것에 따라 다른 명칭을 구별하였다. 손염은 “류(騮)는 붉은 색이다”고 하였으니, 말에 붉은 곳이 있고 흰 곳이 있는 것을 박(駁)이라 하며, 누런 곳이 있고 흰 곳이 있는 것을 황(騜)이라 함을 말한다. 붉은 말이 등마루의 털이 누런 것의 이름은 건(騝)이며, 검은 말이 등마루의 털이 누런 것의 이름은 습(騽)이다. 털빛이 푸르고 검은 것은 현(駽 : 철총이)이다. 사인(舍人)은 “푸르고 검은 말은 지금 이름으로 현마(駽馬)이다”고 하였다. 손염은 “색깔이 푸른 속에 푸른 털과 검은 털이 서로 섞인 것의 명칭이 현(駽)이다”고 하였는데, 지금의 철총(鐵驄)이다. 푸르고 검으면서 얼룩진 것은 타(驒 : 얼룩말)이다. 손염은 “색깔에 진하고 옅음이 있으며, 물고기의 비늘과 비슷하다”고 하였다. 곽박은 “색깔에 진하고 옅음이 있으며, 얼룩이 섞여 은은하게 비늘 진 듯한 것의 이름이 타(驒)이다. 지금의 연전총(連錢驄)이다”고 하였다. 『설문』에는 “말의 무늬가 악어와 같다"고 하였다. 『시경』「노송(魯頌)」「경(駉)」에 "타(駝)가 있고 락(駱 : 갈기가 검은 흰 말이 있다"고 한 것이 이것이다. 털빛이 푸르고 검은데 갈기가 많은 것은 이름이 유(騮)이다. 털빛이 검고 흰데 다시 털이 서로 어지럽게 섞여 있는 것은 이름이 보(駂 : 오총이)이다. 『시경』「정풍(鄭風)」「대숙우전(大叔于田)」에 "숙(叔 : 莊公)이 사냥을 가는데 네 마리 보(駂)가 끄는 수레를 탔도다"고 한 것이 이것이다. 지금은 이를 오총(烏驄)이라 한다. 털빛이 누렇고 흰데 다시 털이 섞여 있는 것은 이름이 비(駓 : 황부루)이다. 지금은 이를 도화마(桃華馬)라 한다. 음(陰)은 옅은 흑색이다. 털이 옅은 흑색인데 흰색 털이 곁들여 섞인 것은 이름이 인(駰)이다. 지금은 이를 니총(泥驄)이라 한다. 『시경』「노송(魯頌)」「경(駉)」"인(駰)이 있고 하(騢 : 적부루마)가 있다"고 한 것이 이것이다. 창(蒼)은 옅은 청색이다. 털에 옅은 청색과 흰색 털이 함께 섞여 있는 것은 이름이 추(騅)이다. 동(彤)은 적(赤 : 붉다)이다. 털이 붉은데 흰색 털이 곁들여 섞인 것은 이름이 하(騢)이다. 『설문』에 "색깔이 새우와 비슷하다"고 하였으니, 곧 지금의 자백마(赭白馬)이다. 렵(鬣)은 종(騣 : 말갈기)이다. 흰 말이 갈기가 검은 것의 이름은 락(駱)이다. 흰 말이 입술이 검은 것의 이름은 전(駩)이다. 훼(喙)는 구(口 : 주둥이)이다. 주둥이가 검은 것의 이름은 와(騧)이다. 『설문』에 "누런 말이 주둥이가 검은 것"이라 한 것이 와(騧)이다. 곽박은 "지금 옅은 황색인 것을 와마(騧馬)라 한다"고 하였다. 『시경』「진풍(秦風)」「소융(小戎)」에 "와(騧)와 려(驪 : 가라말)가 참마(驂馬)이다"고 한 것이 이것이다. 한 쪽 눈이 흰 것의 이름은 한(瞯)이다. 두 눈이 흰 것의 이름은 어(魚)인데, 물고기의 눈과 흡사함을 말한다. ○ 주에서 말한 『시경』의 "황박기마(駵駁其馬)"는 「빈풍(豳風)」「동산(東山)」편의 글이다. ○ "주인황마번렵(周人黃馬繁鬣)"이라 한 것은 『예기(禮記)』「명당위(明堂位)」의 글이다. "번렵량피모(繁鬣兩被毛)"라 한 것은 곽박이 풀이한 것이다. "번렵(繁鬣)"이란 그 갈기를 나누어 양쪽으로 흩뜨린 것을 말한다. "혹운미모렵(或云美髦鬣)"이라 한 것은, 또 어떤 사람이 하나의 견해로 생각한 것을 인용한 것으로, 그 갈기가 많으면서 아름다운 것을 말한다. 지금의

『예기(禮記)』본에는 '번(繁)'자가 '번(蕃)'자로 되어 있으니, 어떤 사람의 학설이 적의하다. ○ 주에서 말한 『시경』의 "유추유비(有騅有駓)"와 "유담유어(有驔有魚)"는 모두 「노송(魯頌)」 「경(駉)」편의 글이다. ○ 주에서 말한 『예기』의 "하후씨락마흑렵(夏后氏駱馬黑鬣)"이라 한 것도 역시 『예기(禮記)』 「명당위(明堂位)」의 글이다.

 "旣差我馬", 差, 擇也. 宗廟齊毫,

"이미 내 말을 가리고"에서 차(差)는 택(擇 : 가리다)이다. 종묘(宗廟)에서 털을 같은 것으로 하고,

 尙純.

순수함을 숭상하는 것이다.

 戎事齊力,

융사(戎事 : 전쟁)에서는 힘을 같은 것으로 하고,

 尙强.

강함을 숭상하는 것이다.

 田獵齊足.

전렵(田獵 : 사냥)에서는 발을 같은 것으로 한다.

 尙疾.

빠름을 숭상하는 것이다.

 差, 楚佳反. 毫, 音豪.

차(差)는 초(楚)와 가(佳)의 반절이다. 호(毫)는 음(音)이 호(豪)이다.

 云"旣差我馬"者, 此『詩』「小雅」「吉日」篇文也. 作者引之, 然後
作釋云"差, 擇也"者, 詁差爲揀擇之義也. 云"宗廟齊毫, 戎事齊
力, 田獵齊足"者, 此遂言擇馬之事也. 李巡曰 : "祭於宗廟, 當加謹敬, 取
其同色也." 某氏曰 : "戎事, 謂兵革戰伐之事." 當齊其力以載干戈之屬.
舍人曰 : "田獵, 取牲於苑囿之中, 逐飛逐走, 取其疾而己." 郭云"尙純·
尙强·尙疾"者, 此毛傳文也. 案『詩』「小雅」「車攻」云 : "我馬旣同." 毛傳
引此文則每增二字以解之, 云 : "宗廟齊毫, 尙純也. 戎事齊力, 尙强也.
田獵齊足, 尙疾也." 言齊其毫毛, 尙純色也. 齊其馬力, 尙强壯也. 齊其

馬足, 尙迅疾也. 義與此合. 故郭氏取以爲說也.

"기차아마(旣差我馬)"라 하였는데, 이는 『시경』「소아」「길일(吉日)」편의
글이다. 작자가 이를 인용하고, 그런 다음 "차(差)는 택(擇)이다"고 써서 풀
이한 것은, 차(差)가 간택(揀擇)의 뜻이 됨을 풀이한 것이다. "종묘제호, 융사
제력, 전렵제족(宗廟齊毫, 戎事齊力, 田獵齊足)"이라 한것은 여기서 드디어 말
을 가리는 일을 말한 것이다. 이순은 "종묘에 제사함에 응당 삼가고 공경
하여 그 같은 색으로 된 것을 취해야 한다"고 하였다. 어떤 사람은 "융사
(戎事)는 병사와 무기로 전쟁하여 정벌하는 일이다"고 하였으니, 응당 그
힘을 가지런히 하여 무기 따위를 실어야 한다. 사인(舍人)은 "전렵(田獵)은
원유(苑囿) 가운데서 희생(犧牲)을 취하므로, 날짐승과 들짐승을 쫓아 그 빠
른 것을 취할 뿐이다"고 하였다. 곽박이 "상순(尙純)·상강(尙强)·상질(尙
疾)"이라 한 것은 모전(毛傳)의 글이다. 살피건대, 『시경』「소아」「거공(車攻)
」에 "내 말을 이미 같은 것으로 했다"고 하였는데, 모전(毛傳)에 인용된 이
글은 매번 두 글자를 더해 풀이하기를 "종묘(宗廟)에서 털을 같은 것으로
함은 순수함을 숭상하는 것이다. 융사(戎事)에서 힘을 같은 것으로 함은 강
함을 숭상하는 것이다. 전렵(田獵)에서 발을 같은 것으로 함은 빠름을 숭상
하는 것이다"고 하였는데, 털을 같은 것으로 함은 순수한 색을 숭상하는
것이며, 그 말의 힘을 같은 것으로 함은 강하고 씩씩함을 숭상하는 것이며,
그 말의 발을 같은 것으로 함은 신속하고 빠름을 숭상하는 것임을 말한다.
의미가 이와 부합되기 때문에 곽박은 그것을 취하여 설명한 것이다.116)

---

116) 의미가 …… 것이다: 『이아』 經文 "宗廟齊毫" "戎事齊力" "田獵齊足"을 毛傳에서
    인용하여 각각 '尙純' '尙强' '尙疾'이라고 두 글자씩 풀이하였는데, 곽박이 毛傳의 두
    글자씩 설명된 '尙純' 등을 인용하여 『이아』 경문을 풀이한 것이다.

 馬屬.

말의 종류이다.

 自騊駼已下, 雖駿異, 毛色不同, 皆馬之屬類. 故以此題之也. 下倣此.

도도(騊駼) 이하는 비록 뛰어남이 다르고 털의 색이 같지 않으나, 모두 말의 종류이다. 그러므로 이렇게 제목을 붙였다. 아래도 이를 따른다.

 犛牛,

마우(犛牛 : 야크[117])이고,

 出巴中, 重千斤.

파(巴) 땅에서 나는데, 무게가 천 근이다.

---

117) 야크(yak) : 犛牛(이우 : 모우)라고도 한다. 몸에 검고 긴 털이 많은 소와 비슷한 짐승. 사역에 이용하고 고기와 젖은 식용하고 털은 직물로 쓰는데, 티베트 고원이나 북인 도·히말라야 지방이 원산지이다.

 犦牛,

박우(犦牛 : 들소)이고,

卽犦牛也. 領上肉犦肤起, 高二尺許, 狀如橐駝, 肉鞍一邊, 健行者, 日三百餘里. 今交州合浦徐聞縣出此牛.

곧 봉우(犦牛 : 들소)이다. 목덜미 위의 살이 박삭(犦矟)[118]처럼 솟아 있는데, 높이가 2척쯤 되며 모양이 낙타와 같으나 육안(肉鞍)[119]은 한 개이며, 씩씩하게 가는 것은 하루에 3백여 리를 간다. 지금 교주(交州) 합포군(合浦郡) 서문현(徐聞縣)에서 이 소가 난다.

 犤牛,

파우(犤牛 : 몸집 작은 소)이고,

犤牛, 庳小, 今之㹈也. 又呼果下牛, 出廣州高涼郡.

파우(犤牛)는 키가 작으며, 지금의 직(㹈)이다. 또 과하우(果下牛 : 과일나무 밑을 다니는 소)라 부르는데, 광주(廣州)의 고량군(高涼郡)에서 난다.

---

118) 犦矟 : 儀仗에 쓰이던 兵器. 들소 모양을 조각한 창. 犦槊이라고도 한다.
119) 肉鞍 : 駝峰. 낙타의 등에 솟은 肉峰을 말한다.

 犩牛,

위우(犩牛 : 몸통이 큰 들소)이고,

 卽犪牛也. 如牛而大, 肉數千斤, 出蜀中. 『山海經』曰 : 岷山 "多犪牛."

곧 규우(犪牛)이다. 소와 같으나 크고 고기가 수천 근이나 되며, 촉(蜀)
지방에서 난다. 『산해경』에 민산(岷山)에 "규우(犪牛)가 많다"고 했다. 모

 犣牛,

렵우(犣牛 : 털이 긴 들소)이고,

 旄牛也. 髀·膝·尾皆有長毛.

우(旄牛 : 털이 긴 들소)이다. 넓적다리·무릎·꼬리에 모두 긴 털이 있다.

 犝牛,

동우(犝牛 : 뿔 없는 소)이고,

 今無角牛.

지금의 뿔이 없는 소이다.

 㸹牛.

격우(㸹牛 : 소의 일종)이다.

 未詳.

자세하지 않다.

 角一俯一仰, 觭;

소의 뿔이 하나는 아래로 향하고 하나는 위로 향한 것이 기(觭 : 뿔이 위 아래로 향한 소)이며,

牛角低卬.

소의 뿔이 아래로 굽고 위로 향한 것이다.

 皆踊, 觺.

모두 곧게 선 것은 서(觺 : 뿔이 곧게 선 소)이다.

 今豎角牛.

지금의 뿔이 곧게 선 소이다.

 黑脣, 犉.

입술이 검은 것은 순(犉 : 입술 검은 소)이다.

 『毛詩』傳曰 : "黃牛黑脣." 此宜通謂黑脣牛.

『모시』전에 "누런 소가 입술이 검은 것이다"고 하였는데, 이는 마땅히 통틀어 흑순우(黑脣牛 : 입 검은 소)라 해야 한다.

 黑眥, 牰.

눈의 가장자리가 검은 것은 유(牰 : 눈 가 검은 소)이다.

 眼眥黑.

눈의 가장자리가 검다.

 黑耳, 犚. 黑腹, 牧. 黑脚, 㹊.

귀가 검은 것은 위(犚 : 귀가 검은 소), 배가 검은 것은 목(牧 : 배가 검은 소), 다리가 검은 것이 권(㹊 : 다리 검은 소)이다.

 皆別牛黑所在之名.

모두 소의 검은 부분이 있는 곳에 따른 명칭을 구별하였다.

 其子, 犢.

소의 새끼는 독(犢 : 송아지)이다.

 今青州呼犢爲㹃.

지금 청주(青州) 지방에서는 독(犢)을 후(㹃 : 송아지)라고 부른다.

 體長, 牬.

몸이 긴 것은 패(牬 : 긴 소)이다.

 長身者.

몸이 긴 소이다.

 絶有力, 欣犌.

뛰어나게 힘이 있는 것은 흔가(欣犌 : 힘 센 소)이다.

經文 牛屬

소의 종류이다.

爾雅音義 犘, 亡巴反. 犦, 步角反, 張揖亡角反, 『字林』方沃反. 案卽今之腫領牛, 出合浦郡. 犎, 甫逢反. 犦, 音與上犦字同, 本亦作犦, 鄭注「考工記」云: "犦謂墳起." 肤, 大結反. 橐, 音託, 字又作馲, 音同, 又音洛. 駝, 大河反. 『字林』云: "馲駝, 似鹿而大, 肉鞌, 出繞山." 日, 而一反. 浦, 音普. 犤, 音碑, 又音皮. 庳, 音碑. 犪, 子息反, 本或作稷[120]. 涼, 音良. 犩, 郭魚威反, 張揖同, 『字林』生畏反, 云: "黑色而大, 重三千斤." 犪, 巨龜反, 『字林』云: "牛柔謹也." 顧如小·如照二反. 數, 所主反. 岷, 亡巾反. 犣, 力涉反. 『字林』云: "牛名也." 郭云: "旄牛也." 本或作鬣字, 此牛多毛鬣. 髦, 本又作旄, 同, 音毛, 或音亡交反. 犤, 必爾反, 又步啓反. 犝, 音童, 『字林』云: "牛名." 犑, 古闃反. 俯, 音甫. 觭, 郭去宜反. 『字林』丘戱·江宜二反, 云: "一角低, 一角仰." 樊云: "傾角曰觭." 卬, 五剛反, 又魚丈反. 踊, 音勇. 犎, 字或作犎, 郭常世反, 『字林』之世反. 犉, 閏旬反, 字亦作犉, 音同. 眥, 才細反, 『說文』云: "目匡也." 『字林』云: "目厓也." 犚, 音袖, 『字林』音就, 本或作褎,[121] 音同. 犚, 音尉. 犈, 音權, 又音眷. 犢, 徒木反. 牬, 火口反. 『字林』云: "牛鳴也." 犻, 傅蓋反. 犌, 古牙反.

마(犘)는 망(亡)과 파(巴)의 반절이다. 박(犦)은 보(步)와 각(角)의 반절인데, 장읍은 망(亡)과 각(角)의 반절이라 하였으며, 『자림』에는 방(方)과 옥(沃)의

---

120) 本或作稷: 盧文弨의 『爾雅音義攷證』(『이아고림본』)에 "宋本作稷, 注疏本譌作犪, 然說文無稷字, 知古通用稷"이라 하여, '犪'은 譌字라고 하였다.

121) 褎: 『경전석문』에는 '褎'로 되어 있는데, 『이아음의고증』의 "舊褎譌褎"에 따라 고쳤다.

반절이라 하였다. 살펴건대, 바로 지금의 종령우(腫領牛)이며 합포군(合浦郡)에서 난다. 봉(犎)은 보(甫)와 봉(逢)의 반절이다. 박(髆)은 음이 위의 박(欂)과 같으며, 본에 따라 박(爆)으로 되어 있고, 『주례(主禮)』 「고공기(考工記)」의 정현의 주에 "박(髆)은 분기(墳起 : 솟아오름)를 말한다"고 하였다. 질(胅)은 대(大)와 결(結)의 반절이다. 탁(橐)은 음(音)이 탁(託)인데 글자를 또 탁(駝)으로도 쓰나 음이 같고, 또한 음이 락(洛)이다. 타(駝)는 대(大)와 하(河)의 반절인데, 『자림』에는 "탁타(駝駝)는 사슴과 비슷하나 크며, 육봉(肉峰)이 있는데 요산(繞山)에서 난다"고 하였다. 일(日)은 이(而)와 일(一)의 반절이다. 포(浦)는 음(音)이 보(普)이다. 파(羆)는 음(音)이 비(碑)이며, 또한 음이 피(皮)이다. 비(庳)는 음(音)이 비(碑)이다. 직(稷)은 자(子)와 식(息)의 반절이며, 본에 따라 직(稷)으로 되어 있다. 량(涼)은 음(音)이 량(良)이다. 위(犩)에 대하여 곽박은 위(威)와 반(反)의 반절이라 하였으며, 장읍(張揖)도 같고, 『자림』에는 생(生)과 외(畏)의 반절이며, "검은 색으로 크며, 무게가 천근이다"고 하였다. 규(犑)는 거(巨)과 귀(龜)의 반절이며, 『자림』에는 "소가 성질이 순하고 신중하다"고 하였고, 고야왕은 여(如)와 소(小), 여(如)와 조(照) 두 가지의 반절이라고 하였다. 수(數)는 소(所)와 주(主)의 반절이다. 민(岷)은 망(亡)과 건(巾)의 반절이다. 렵(犣)은 력(力)과 섭(涉)의 반절이다. 『자림』에 "소의 이름이다"고 하였고, 곽박은 "모우(旄牛 : 털이 긴 들소)이다"고 하였으며, 본에 따라 렵(犣)자로 되어 있는데, 이 소는 모렵(毛鬣 : 갈기)이 많다. 모(犛)는 본에 따라 모(旄)로 되어 있는데 음의가 같으며, 음(音)이 모(毛)이고 혹은 음이 망(亡)과 교(交)의 반절이다. 비(牌)는 필(必)과 이(爾)의 반절이며, 또는 보(步)와 계(啓)의 반절이다. 동(犝)은 음(音)이 동(童)이며, 『자림』에 "소의 이름이다"고 하였다. 격(㹴)은 고(古)와 격(闃)의 반절이다. 부(俯)는 음(音)이 보(甫)이다. 기(觭)에 대하여 곽박은 거(去)와 의(宜)의 반절이라 하였다. 『자림』에는 구(丘)와 희(戲), 강(江)과 의(宜) 두 가지의 반절이며 "한쪽 뿔은 아래로 굽고 한쪽 뿔은 위로 향했다"고 하였고, 변광은 "뿔이 기울어진 것을 기(觭)라 한다"고 하였다. 앙(卬)은 오(五)와 강(剛)의 반절이며, 또는 어

(魚)와 장(丈)의 반절이다. 용(踊)은 음(音)이 용(勇)이다. 서(鵋)는 글자를 간혹 서(鵋)로도 쓰며, 곽박은 상(常)과 세(世)의 반절이라 하였고, 『자림』에는 지(之)와 세(世)의 반절이라 하였다. 순(犉)은 윤(聞)과 순(旬)의 반절이며, 글자를 또한 순(犉)으로도 쓰는데 음이 같다. 자(眥)는 재(才)와 세(細)의 반절이며, 『설문』에 "눈자위이다"고 하였고, 『자림』에는 "눈의 가장자리이다"고 하였다. 유(牰)는 음(音)이 수(袖)인데, 『자림』에는 음이 취(就)라 하였고, 본에 따라 유(羐)로 되어 있으나, 음이 같다. 위(犚)는 음(音)이 위(尉)이다. 권(犈)은 음(音)이 권(權)이며, 또는 음이 권(眷)이다. 독(犢)은 도(徒)와 목(木)의 반절이다. 후(牱)는 화(火)와 구(口)의 반절이며, 『자림』에 "소의 울음이다"고 하였다. 패(牪)는 부(傅)와 개(蓋)의 반절이다. 가(牱)는 고(古)와 아(牙)의 반절이다.

爾雅疏 此別牛屬也. 云: "犘, 牛名也." 郭云: "出巴中, 重千斤." 犦牛, 領上肉犦胅起之牛也. 郭云"卽犎牛也"者, 卽上注云"漢順帝時疏勒王來獻犎牛" 是也. 云"領上肉犦胅起, 高二尺許"者, 謂領上肉腫墳起也. 云"狀如橐駝, 肉鞍一邊"者, 『山海經』云: 虢山"獸多橐駝." 彼注云: "有肉鞍, 善行流沙中, 日行三百里, 負千斤, 知水泉所在." 是也. 橐駝肉鞍胅起有二, 此牛領肉胅起惟一, 故云"一邊." 云"健行者, 日三百餘里, 今交州合浦徐聞縣出此牛." 犤, 牛名也. 郭云: "犤牛, 庳小, 今之㸬牛也. 又呼果下牛, 出廣州高涼郡." 以其庳小, 可行果樹下, 故又呼果下牛. 犩, 亦牛名也. 郭云: "卽犩牛也. 如牛而大, 肉數千斤, 出蜀中. 『山海經』曰: 岷山'多犩牛.'" 案「中山經」云: 岷山"其獸多犀‧象‧犩牛." 彼注云: "今蜀中有大牛, 重數千斤, 名爲犩牛." 晉大興元年, 此牛出上鄘郡, 人弩射殺之, 得三十擔肉. 卽『爾雅』"犩牛" 是也. 犣, 亦牛名也. 郭云: "旄牛也. 髀‧膝‧尾皆有長毛." 案『山海經』"潘侯山, 有獸狀如牛, 而四節生毛, 名曰旄牛." 彼注云: "今旄牛, 背‧膝及胡尾皆有長毛" 是也. 犝牛者, 無角牛名也. 『易』云; "童牛之牿" 是也. 俯, 低也. 牛角一低一仰者名犄, 言

傾欺[122]也. 踊, 竪也. 牛兩角豎者名觠. 牛黑脣者名犉. 眥, 目匡也. 牛之
目匡黑者名牰. 黑耳者名犛, 黑腹者名牧, 黑脚者名犈. 郭云: "皆別牛黑
所在之名." 其牛所生之子名犢. 郭云: "今青州呼犢爲㹗." 體, 身也. 凡牛
之身長者名牬, 絶有力壯大者名欣犐. ○『詩』「小雅」「無羊」篇云: "誰謂
爾無牛? 九十其犉." 毛傳云: "黃牛黑脣曰犉." 毛意以此言黑脣, 明不與
身同色. 而牛之黃者衆, 故云"黃牛"也. 其實不主爲黃牛, 故郭氏云: "此
宜通謂黑脣牛."

　여기서는 소의 종류를 구별하였다. 마(麞)는 소의 이름인데, 곽박은 "파
(巴) 땅에서 나는데 무게가 천근이다"고 하였다. 박우(犦牛)는 목덜미 위의
살이 박삭(犦𤛓)처럼 솟아 있는 소이다. 곽박이 "즉봉우아(卽犎牛也)"라 한
것은 바로 위의 주[123]에 "한(漢)나라 순제(順帝) 때 소륵왕(疏勒王)이 와서
봉우(犎牛: 들소)를 바쳤다"고 한 것이 이것이다 "영상육박질기, 고이척허
(䪍上肉犦肤起, 高二尺許)"라 한 것은 목덜미 위에 살이 부어 언덕처럼 솟은
것을 말한다. "상여탁타, 육안일변(狀如橐駝, 肉鞍一邊)"이라 한 것은 『산해
경』「북산경(北山經)」에 호산(號山)에 "짐승으로는 탁타(橐駝)가 많다"고 하
였는데, 그 주에 "육봉(肉峰)이 있으며 사막(沙漠)을 잘 다니는데 하루에
300리를 가고, 1000근을 등에 지며, 샘물이 솟아나는 곳을 안다"고 한 것
이 이것이다. 탁타(橐駝)는 솟은 육봉(肉峰)이 두 개인데, 이 소는 목덜미의
살이 솟은 것은 오직 한 개이므로 "일변(一邊)"이라 한 것이다. 주에서 곽
박은 "씩씩하게 가는 것은 하루에 3백여 리를 간다. 지금 교주(交州) 합포
군(合浦郡) 서문현(徐聞縣)에서 이 소가 난다"고 하였다 파(犤)는 소의 이름
이다. 곽박은 "파우(犤牛)는 키가 작으며, 지금의 직우(㹝牛)이다. 또한 과하
우(果下牛)라고 부르며, 광주(廣州) 고량군(高涼郡)에서 난다"고 하였다. 그
키가 작아서 과일나무 밑을 다닐 수 있기 때문에 또한 과하우(果下牛)라고

---

122) 欺: 浦鏜은 '歇'의 잘못이라 하였다(대본 주).
123) 위의 주: 『釋獸』의 "狻麑如虦貓, 食虎豹"에 대한 주를 말한다.

부르는 것이다. 위(犩)는 또한 소의 이름이다. 곽박이 "곧 규우(犪牛)이다. 소와 같으나 크고 고기가 수천 근이나 되며, 촉(蜀) 지방에서 난다. 『산해경』에 민산(岷山)에 '규우(犪牛)가 많다'고 했다"고 하였다. 살피건대, 「중산경(中山經)」에 이르기를 민산(岷山)에 "그 짐승으로는 무소·코끼리·규우(犪牛)가 많다"고 하였고, 그 주에 "지금 촉(蜀) 땅에 큰 소가 있는데, 무게가 수천 근이며 이름을 규우(犪牛)라 한다"고 하였다. 진(晉)나라 대흥(大興) 원년(元年)에 이 소가 상용군(上鄘郡)에 나타나 사람들이 활을 쏘아 죽여 30담(擔)의 고기를 얻었다. 바로 『이아』의 "위우(犩牛)"가 이것이다. 엽(犣)은 또한 소의 이름이다. 곽박은 "모우(旄牛)이다. 넓적다리·무릎·꼬리에 모두 긴 털이 있다"고 하였다. 살피건대, 『산해경』 「북산경(北山經)」에 "변후산(潘侯山)에 생김새가 소와 같은 짐승이 있다. 사계절에 털이 나는데 이름을 모우(旄牛)라 한다"고 하였는데, 그 주에 "지금의 모우(旄牛)이며, 등·무릎과 턱과 꼬리에 모두 긴 털이 있다"고 한 것이 이것이다. 동우(犝牛)란 뿔이 없는 소의 이름이다. 『주역』 「대축(大畜)」 「육사(六四)」 효사(爻辭)에 "동우(童牛)에 곡(牿)[124]이다"고 한 것이 이것이다. 부(俯)는 저(低 : 아래로 굽다)이다. 소의 뿔이 하나는 아래로 굽고 하나는 위로 향한 것의 이름이 기(觭)이며, 기울어진 것을 말한다. 용(踊)은 수(竪 : 곧게 서다)이다. 소의 두 뿔이 곧게 선 것의 이름이 서(觢)이다. 소가 검은 입술인 것이 순(犉)이다. 자(眥)는 목광(目匡 : 눈자위)이다. 소의 눈자위가 검은 것의 이름이 유(牰)이다. 귀가 검은 것의 이름은 위(犚)이며, 배가 검은 것의 이름은 목(牧)이고, 다리가 검은 것의 이름은 권(犈)이다. 곽박은 "모두 소의 검은 부분이 있는 곳에 따른 명칭을 구별하였다"고 하였다. 소가 낳은 새끼의 이름은 독(犢)이다. 곽박은 "지금 청주(靑州) 지방에서는 독(犢)을 후(拘)라고 부른다"고 하였다. 체(體)는 신(身 : 몸체)이다. 대체로 소의 몸체가 긴 것의 이름은 패(牰)이고, 뛰어나게 힘이 있으며 굳세고 큰 것의 이름은 흔가(欣犌)이

---

124) 牿 : 사람을 들이받지 못하도록 쇠뿔에 가로댄 나무.

다. ○『시경』「소아」「무양(無羊)」편에 "누가 너에게 소가 없다고 하는가? 그 순(犉)이 90마리이다"고 하였다. 모전(毛傳)에 "누런 소가 입술이 검은 것을 순(犉)이라 한다"고 하였으니, 모씨(毛氏)의 뜻은 이로써 입술이 검다는 것을 말하여 몸체와 같은 색이 아님을 밝힌 것이다. 그러나 소가 누런 것이 많기 때문에 "황우(黃牛)"라고 말한 것이다. 실제로 황우(黃牛)를 위주로 하지 않았기 때문에 곽박은 "이는 마땅히 통틀어 흑순우(黑脣牛)라 해야 한다"고 하였던 것이다.

 羊 : 牡, 羒;

양은 수컷이 분(羒 : 흰 숫양)이며,

 謂吳羊白羝.

오양(吳羊)[125] 중에서 흰 숫양을 말한다.

 牝, 牂.

암컷이 장(牂 : 흰 암양)이다.

---

125) 吳羊 : 흰색의 양. 또한 江南에서 생산되는 양을 일컫는다. 『爾雅義疏』에 "吳羊, 白色羊也"라 하였고, 明 李時珍의 『本草綱目』「獸一」「羊」에 "生江南者爲吳羊, 頭身相等而毛短"이라 하였다.

『詩』曰 : "牂羊墳首."

『시경』「소아(小雅)」「초지화(苕之華)」에 "장양(牂羊 : 흰 암양)은 머리만 크도다"고 하였다.

 夏羊 :

하양(夏羊 : 검은 양)은

 黑羖䍽.

검은 고력(羖䍽 : 검은 양의 일종)이다.

 牡, 羭;

수컷이 유(羭 : 검은 숫 양)이며,

 黑羝也.『歸藏』曰 : "兩壺兩羭."

검은 숫양이다. 『귀장(歸藏)』「제모경(齊母經)」「구유(瞿有)」에 "두 개의 호 (壺 : 병)와 두 마리의 유(羭)"라고 하였다.

 牝, 羖.

암컷은 고(羖 : 검은 암 양)이다.

 今人便以牂·羖爲白黑羊名.

지금 사람들은 곧 장(牂 : 흰 암양)과 고(羖 : 섬은 암양)를 흰 양과 검은 양의 명칭으로 쓴다.

 角不齊, 觠.

뿔이 가지런하지 않은 것은 궤(觠 : 뿔이 가지런하지 않은 양)이다.

 一短一長.

하나는 짧고 하나는 길다.

 角三觠, 羷.

뿔이 세 번 구부러진 것은 렴(羷 : 뿔이 세번 굽은 양)이다.

 觠角三匝.

말린 뿔이 세 번 돌아간 것이다.

 羳羊, 黃腹.

번양(羳羊 배가 누런 양)은 배가 누렇다.

 腹下黃.

배의 아래가 누렇다.

 未成羊, 羜.

아직 성숙하지 않은 양은 저(羜 : 새끼 양)이다.

俗呼五月羔爲羜.

민간에서 5개월 된 양을 저(羜)라 부른다.

 絶有力, 奮.

뛰어나게 힘이 있는 것은 분(奮: 힘센 양)이다.

 羊屬.

양의 종류이다.

羒, 又作羖, 同, 符云反. 『字林』云: "牂羊." 羝, 丁兮反, 『字林』
云: "牂羊也." 『廣雅』云: "二歲曰羝." 牂, 子郎反, 『字林』云:
"三歲曰牂." 塡, 扶云反. 夏, 戶雅反, 黑殺羊也. 殺, 音古, 『字林』云: "夏
羊牝." 羝, 音歷. 羭, 郭羊朱反, 『字林』羊句反. 壺, 音乎. 舷, 九委反. 犈,
呂郭音權, 謝居轉反. 羷, 謝許簡反, 『字林』力冉反, 一音力驗反. 迊,126)
子合反. 羳, 音煩. 羜, 直呂反, 又之呂反. 『字林』云: "五月生羔."

126) 迊: 『이아음의고증』에 "邢本作匝, 廣韻三十三線引作帀"이라고 하여, '匝'‧'帀'으
로도 쓰였음을 제시하였다.

분(粉)은 또 분(粉)으로 되어 있는데 음의가 같으며, 부(符)와 운(云)의 반절이다. 『자림』에는 "장양(牂羊: 흰 암양)이다"고 하였다. 저(羝)는 정(丁)과 혜(兮)의 반절이며, 『자림』에 "장양(牂羊)이다"고 하였고, 『광아』에는 "두 살 된 것을 저(羝)라 한다"고 하였다. 장(牂)은 자(子)와 랑(郞)의 반절이며, 『자림』에 "세 살 된 것을 장(牂)이라 한다"고 하였다. 분(墳)은 부(扶)와 운(云)의 반절이다. 하(夏)는 호(戶)와 아(雅)의 반절이며, 검은 암양이라고 하였다. 고(羖)는 음(音)이 고(古)이며, 『자림』에 "하양(夏羊: 검은 양의 암컷이다"고 하였다. 력(䍡)은 음이 력(歷)이다. 유(羭)에 대하여 곽박은 양(羊)와 주(朱)의 반절이라 하였고, 『자림』에는 양(羊)과 구(句)의 반절이라 하였다. 호(壺)는 음(音)이 호(乎)이다. 궤(觤)는 구(九)와 위(委)의 반절이다. 권(觠)에 대하여 여침과 곽박은 음이 권(權)이라 하였고, 사교는 거(居)와 전(轉)의 반절이라 하였다. 렴(羷)에 대하여 사교는 허(許)와 간(簡)의 반절이라 하였고, 『자림』에는 력(力)과 염(冉)의 반절이라 하였는데, 일음(一音)은 력(力)과 험(驗)의 반절이다. 잡(洎)은 자(子)와 합(合)의 반절이다. 번(羳)은 음(音)이 번(煩)이다. 저(羜)는 직(直)과 려(呂)의 반절, 또는 지(之)와 려(呂)의 반절이며, 『자림』에 "5개월 자란 양이다"고 하였다.

爾雅疏 此別羊屬也. 云謂"吳羊"也, 其牡者名粉, 卽白羝也; 其牝者名牂. 云"夏羊"者, 黑羖䍡也. 其牡者名羭, 卽黑羝也; 其牝者名羖. 郭云 : "今人便以牂·羖爲白黑羊名." 其實, 白羊牝者名牂, 黑羊牝者名羖. 羊角不齊, 一長一短者名觤. 觠, 捲也. 羊角捲三迊者名羷. 羊之黃腹者名羳. 羊新生未成羊者名羜. 郭云 : "俗呼五月羊爲羜." 『詩』「小雅」「伐木」云"旣有肥羜" 是也. 壯大絶有力者名奮. ○注『詩』云 : "牂羊墳首", 「小雅」「苕之華」篇文也. ○注『歸藏』曰 : '兩壺兩羭'", 『歸藏』者, 成湯之所作也. 言萬物歸之所藏也. 是三『易』之一也. 云"兩壺兩羭"者, 「齊母經」「瞿有」之文也. 案, 彼云 : "瞿有瞿有瓠, 宵梁爲酒, 尊於兩壺, 兩羭飮之三日, 然後縣, 士有澤我取其魚." 是也.

여기서는 양의 종류를 구별하였다. "오양(吳羊)"이라고 말하였는데 그 수 컷의 이름은 분(羒)으로 곧 흰 숫양이며, 그 암컷의 이름은 장(牂)이다. "하양(夏羊)"이란 검은 양이다. 그 수컷의 이름은 유(羭)로서 곧 검은 숫양이며, 그 암컷의 이름은 고(羖)이다. 곽박은 "지금 사람들은 곧 장(牂 : 흰 암양)과 고(羖 : 검은 암양)를 흰 양과 검은 양의 명칭으로 쓴다"고 하였는데, 그 실제 는 흰 양의 암컷은 이름이 장(牂)이고 검은 양의 암컷은 이름이 고(羖)이다. 양의 뿔이 가지런하지 않아 하나는 길고 하나는 짧은 것의 이름은 궤(觟)이 다. 권(羷)은 권(捲 : 구부러지다)이다. 양의 뿔이 구부러져 세 번 돌아간 것의 이름은 렴(羷)이다. 양의 배가 누런 것의 이름은 번(羳)이다. 양이 새로 태어 나 아직 성숙하지 않은 것의 이름은 저(羜)이다. 곽박은 "민간에서는 5개월 된 양을 저(羜)라 부른다"고 하였다. 『시경』 「소아」 「벌목(伐木)」에 "이미 살 찐 저(羜)를 장만하였다"고 한 것이 이것이다. 굳세고 크며 뛰어나게 힘이 있는 것의 이름은 분(羒)이다. ○ 주에서 『시』운 : 장양분수(詩云牂羊墳首)"라 한 것은 「소아」 「초지화(苕之華)」편의 글이다. ○ 주에서 "『귀장』왈 : 양호양 유(歸藏曰 : 兩壺兩羭)"라 하였는데, 『귀장(歸藏)』은 성탕(成湯)[127]이 지은 것이 니, 만물(萬物)이 돌아가 그 속에 숨어 있는 것을 말한다.[128] 이는 세 가지 『역(易)』[129]의 하나이다. "양호양유(兩壺兩羭)"라 한 것은 『귀장』 「제모경(齊 母經)」 「구유(瞿有)」의 글이다. 살피건대, 그곳에 "瞿有瞿有, 觚宵梁爲酒, 尊於兩壺, 兩羭飮之三日, 然後鯀, 士有澤我取其魚"[130]라고 한 것이 이 것이다.

---

127) 成湯 : 殷 나라를 세운 임금. 이름은 履 또는 天乙. 夏의 桀王을 토벌하고 왕위에 올 랐음.
128) 만물이 …… 말한다 : 『주례』 「春官」 「大卜」의 "二曰歸藏" 注에 "歸藏者, 萬物莫不 歸而藏於其中"을 따랐다.
129) 三易 : 夏의 『連山』, 殷의 『歸藏』, 周의 『周易』을 말한다.
130) 瞿有瞿有 …… 我取其魚 : 번역 미상. 『爾雅正義』에는 "瞿有瞿有觚, 宵梁爲酒尊於 兩壺, 兩羭飮之三日然後蘇, 士有澤我取其魚, 鯀辭協於古音"이라고 표점을 찍고, 글 자도 '觚'를 '觚'로 쓰고, '鯀'을 '蘇'로 썼다. 그리고 張宗泰의 『爾雅註疏本正誤』(『이 아고림본』)에는 "今本蘇誤作鯀"이라 하여 '蘇'가 맞는 것이라고 하였다.

 犬生三, 獀; 二, 師; 一, 玂.

　개가 세 마리 새끼를 낳으면 종(獀 : 세 마리 출생 개)이라 하며, 두 마리를
낳으면 사(師 : 두 마리 출생 개)라 하며, 한 마리를 낳으면 기(玂 : 한 마리 출생
개)라 한다.

 此與豬生子義同. 名亦相出入.

　이것은 돼지가 새끼를 낳는 의미와 같다. 명칭은 또한 서로 출입(出入 :
섞임)한다.131)

 未成毫, 狗.

　아직 긴 털이 나지 않은 것은 구(狗 : 긴털 나지 않은 개)이다.

 狗子未生乾毛者.

　개의 새끼가 아직 긴 털이 나지 않은 것이다.

---

131) 명칭은 …… 出入한다 : 「釋獸」의 獀·師·特과 여기의 獀·師·玂의 명칭이 같은
　　것도 있고 다른 것도 있음을 말한 것이다.

 長喙, 獫. 短喙, 猲獢.

주둥이가 긴 것은 험(獫 : 주둥이가 긴 개)이고, 주둥이가 짧은 것은 갈효(猲獢 : 주둥이가 짧은 개)이다.

 『詩』曰 : "載獫猲獢."

『시경』「진풍(秦風)」「사철(駟驖)」에 "비로소 험(獫)과 갈효(猲獢)가 사냥에 통달하여 비로소 성숙해졌도다"고 하였다.

 絶有力, 狋. 尨, 狗也.

뛰어나게 힘이 있는 것은 조(狋 : 힘센 개)이다. 방(尨 : 개)은 구(狗)이다.

 『詩』曰 : "無使尨也吠!"

『시경』「소남(召南)」「야유사균(野有死麕)」에 "방(尨)이 짓지 않도록 하라!"고 하였다.

 狗屬.

개의 종류이다.

 犬, 『說文』云: "狗縣蹄者, 象形. 孔子曰:'視犬之字, 如畫狗
也.'" 獒, 子工反. 獙, 音祁. 毫, 戶132)刀反, 字又作豪. 狗, 古口
反, 『字林』云: "家獸也." 『說文』云: "孔子曰:'狗, 叩也. 叩气吠以守也.'"
毨, 下旦反, 又胡肝反, 謂長毛也. 㺄, 許穢反, 又昌銳反. 獫, 力驗反, 『字
林』力劍反, 呂力冉反. 郭九占・沈儉二反. 獄, 許謁反, 『字林』作猲, 大
遏反. 獢, 虛驕反. 狣, 呂郭同音兆. 尨, 亡江反, 『說文』云: "犬之多毛."
『字林』同. 吠, 扶廢反.

견(犬)에 대하여 『설문』에 "개(狗)가 다리가 높은 것이며133) 상형(象形)이
다. 공자(孔子)는 '견(犬)이란 글자를 보면 개(狗)를 그린 것 같다'고 하였다"
고 하였다. 종(獒)은 자(子)와 공(工)의 반절이다. 기(獙)는 음(音)이 기(祁)이
다. 호(毫)는 호(戶)와 도(刀)의 반절이며, 글자를 또한 호(豪)로도 쓴다. 구
(狗)는 고(古)와 구(口)의 반절이며, 『자림』에 "집에서 기르는 짐승이다"고
하였고, 『설문』에 "공자(孔子)는 '구(狗)는 고(叩134): 부딪치다)이다. 기(氣)를
부딪쳐 내보내어 짖어서 방어하는 것이다'고 하였다"고 하였다. 한(毨)은
하(下)와 단(旦)의 반절, 또는 호(胡)와 간(肝)의 반절이며, 긴 털을 말한다.
훼(㺄)는 허(許)와 예(穢)의 반절, 또는 창(昌)과 예(銳)의 반절이다. 험(獫)은
력(力)과 험(驗)의 반절인데, 『자림』에는 력(力)과 검(劍)의 반절이라 하였다.
여침은 력(力)과 염(冉)의 반절이라 하였고, 곽박은 구(九)와 점(占), 심(沈)과

---

132) 戶: 『釋文』에는 '尸'로 되어 있으나 『이아고림』「陸音義」에 따라 고쳤다.
133) 개가 …… 것이며: 徐鍇는 "蹻足趾高"라고 설명하였다(『形音義綜合大字典』 犬).
134) 叩: 『설문』 段注에 "叩, 觸也. …… 叩气者, 出其气也"라고 하였다.

검(倹) 두 가지의 반절이라 하였다. 할(玁)은 허(許)와 알(謁)의 반절인데, 『자림』에는 갈(獦)로 되어 있고 대(大)와 알(遏)의 반절이라 하였다. 효(獢)는 허(虛)와 교(驕)의 반절이다. 조(狣)에 대하여 여침과 곽박은 똑같이 음이 조(兆)라 하였다. 방(尨)은 망(亡)과 강(江)의 반절이며, 『설문』에 "개 중에 털이 많은 것이다"고 했으며, 『자림』도 같다. 폐(吠)는 부(扶)와 폐(廢)의 반절이다.

此別狗屬也. 云"犬"者, 『說文』云: "狗之有縣蹏者也. 象形. 孔子曰: '視犬之字, 如畫狗也.'" 犬生三子則曰猣, 二曰師, 一曰獥. 毫是乾毛也. 犬子未生乾毛者名狗. 喙, 口也. 犬長口者名獫, 短口者名猲獢. 壯大絶有力者名狣. 尨卽狗也. 『說文』: "孔子曰: '狗, 叩也. 叩气吠以守'"也. ○云"此與豬生子義同"者, 案"釋獸"注云: "豬生子常多, 故別其少者之名." 犬生子亦常多, 而此亦別其少者之名, 故云"義同." 云"名亦相出入"者, 謂此猣·師·獥, 與彼豵·師·特, 字雖小異, 大意則同. 故云"亦相出入." ○注"『詩』曰: '載獫猲獢'", 「秦風」「駟驖」篇文也. 毛傳云: "田犬也. 長喙曰獫, 短喙曰猲獢." 鄭箋云: "載, 始也. 始田犬者, 謂達其搏噬, 始成之也." ○注"『詩』曰: '無使尨也吠'", 「召南」「野有死麕」篇文也. 毛傳云: "尨, 狗也. 非禮[135]相陵則狗吠." 是也.

여기서는 개의 종류를 구별하였다. "견(犬)"이라 한 것은 『설문』에 "개(狗)가 다리가 높은 것이며 상형(象形)이다. 공자(孔子)는 '견(犬)이란 글자를 보면 개(狗)를 그린 것 같다'고 하였다"고 하였다. 개(犬)가 세 마리 새끼를 나면 종(猣)이라 하며, 두 마리를 나면 사(師)라 하며, 한 마리를 나면 기(獥)라 한다. 호(毫)는 한모(乾毛 : 긴 털)이다. 개(犬)의 새끼가 아직 긴 털이 나지 않은 것은 이름이 구(狗)이다. 훼(喙)는 구(口 : 주둥이)이다. 개가 주둥이가 긴

---

135) 禮 : 대본에는 '理'로 되어 있으나, 毛傳에는 '禮'로 되어 있어 이를 따라 고쳤다.

것은 이름이 험(獫)이며, 주둥이가 짧은 것은 이름이 갈효(猲獢)이다. 굳세고 뛰어나게 힘이 있는 것은 이름이 조(猣)이다. 방(尨)은 곧 개(狗)이다. 『설문』에 "공자(孔子)는 '구(狗)는 고(叩: 부딪치다)이다. 기(氣)를 부딪쳐 내보내어 짖어서 방어하는 것이다'고 하였다"고 하였다. ○ "차여저생자의동(此與豬生子義同)"이라 한 것은 살피건대, 「석수(釋獸)」의 주에 "돼지는 새끼를 낳는 것이 항상 많기 때문에 그 적게 낳는 돼지의 명칭을 구별하였다"고 하였다. 개가 새끼를 낳는 것도 역시 항상 많은데, 여기서 또한 그 적게 낳는 것의 명칭을 구별하였기 때문에 "의동(義同: 뜻이 같다)"이라 한 것이다. "명역상출입(名亦相出入)"이라 한 것은 여기의 종(獏)·사(師)·기(獼)는 「석수」의 종(猣)·사(師)·특(特)과 글자가 조금 다르지만 대강 뜻은 같다. 때문에 "역상출입(亦相出入)"이라 한 것이다. ○ 주에서 말한 『시경』의 "재험갈효(載獫猲獢)"는 「진풍(秦風)」「사철(駟驖)」편의 글이다. 모전(毛傳)에 "사냥개이다. 주둥이가 긴 것을 험(獫)이라 하고, 주둥이가 짧은 것을 갈효(猲獢)라 한다"고 하였고, 정전(鄭箋)에 "재(載)는 시(始: 비로소)이다. 비로소 사냥개(始田犬)란 그 덮쳐 물어오는 것에 통달하여 비로소 성숙한 것임을 말한다"[136]고 하였다. ○ 주에서 말한 『시경』의 "무사방야폐(無使尨也吠)"는 「소남(召南)」「야유사균(野有死麕)」편의 글이다. 모전에 "방(尨)은 구(狗: 개)이다. 예의(禮儀)에 맞지 않게 서로 범하면 개가 짖는다"고 한 것이 이것이다.

 雞, 大者蜀.

---

136) 비로소 …… 말한다 : 孔疏에서는 "此小犬初成, 始解搏噬, 故云 '始成之也'"라고 하여, '작은 개가 비로소 성숙하였다'고 설명하였다. 이에 대하여 集傳은 "以車載犬"이라 하여 '개를 싣다'로 풀이하였다.

닭은 큰 것이 촉(蜀 : 큰 닭)이다.

 今蜀雞.

지금의 촉계(蜀雞 : 큰 닭)이다.

 蜀子, 雓.

촉(蜀)의 새끼는 여(雓 : 병아리)이다.

 雛子名.

추자(雛子 : 병아리)의 명칭이다.

 未成雞, 僆.

아직 성숙하지 않은 닭은 연(僆 : 어린 닭)이다.

 江東呼雞少者曰僆.

강동에서는 닭이 어린 것을 연(健)이라 부른다.

 絶有力, 奮.

뛰어나게 힘이 있는 것은 분(奮 : 힘센 닭)이다.

 諸物有氣力多者, 無不健自奮迅, 故皆以名云.

모든 동물 가운데 기력(氣力)이 많은 것은 굳세어서 스스로 세차게 날
거나 내달리지 않음이 없기 때문에 모두 분(奮)이란 명칭을 붙인다.

 雞屬.

닭의 종류이다.

 雓, 音餘, 字或作餘. 雛, 仕俱反, 本或作鶵. 健, 郭音練, 力見反,
又力健・力展二反. 少, 詩照反. 迅, 信・峻二音.

여(雓)는 음(音)이 여(餘)이며, 글자가 간혹 여(餘)로 되어 있다. 추(雛)는
사(仕)와 구(俱)의 반절이며, 본에 따라 추(鶵)로 되어 있다. 련(健)에 대하여
곽박은 음이 련(練)이며, 력(力)과 견(見)의 반절, 또는 력(力)과 건(健), 력(力)

과 전(展) 두 가지의 반절이라 하였다. 쇼(少)는 시(詩)와 죠(照)의 반절이다. 신(迅)은 신(信)과 준(峻) 두 가지 음이다.

此別雞屬也. 案『春秋說題辭』曰 : "雞爲積陽, 南方之象. 火陽, 精物炎上. 故陽出雞鳴, 以類感也." 雞者, 知時畜, 其大者名蜀. 郭云 : "今蜀雞." 蜀之雛子名雓. 雛之稍長, 未成雞者名僆. 郭云 : "江東呼雞少者曰僆." 壯大絶有力者名奮. 郭云 : "諸物有氣力多者, 無不健自奮迅, 故皆以名云"者, 謂上文雉也・羊也, 并此雞, 皆云"絶有力, 奮", 故此釋之也.

여기서는 닭의 종류를 구별하였다. 살피건대, 『춘추설제사(春秋說題辭)』에 "닭은 양(陽)이 쌓여서 생긴 것이며, 남방(南方)의 상징이다. 화양(火陽:太陽)은 순수한 물체이며 불꽃이 위로 타오른다. 그러므로 태양이 뜨면 닭이 우는 것은 동류(同類)로 감응하는 것이다"고 하였다. 닭이란 때를 아는 가축으로 그 큰 것의 명칭은 촉(蜀)이다. 곽박은 "지금의 촉계(蜀雞)이다"고 하였다. 촉(蜀)의 어린 새끼는 명칭이 여(雓)이다. 병아리가 조금 자랐으나 아직 성숙하지 않은 것은 명칭이 련(僆)이다. 곽박은 "강동에서는 어린 닭을 련(僆)이라 한다"고 하였다. 굳세고 뛰어나게 힘이 있는 것은 명칭이 분(奮)이다. 곽박은 "모든 동물 가운데 기력(氣力)이 많은 것은 굳세어서 스스로 세차게 날거나 내달리지 않음이 없기 때문에 모두 분(奮)이란 명칭을 붙인다"고 한 것은, 앞의 글에서 나온 꿩(雉)・양(羊)과 여기의 닭을 아울러 모두 "뛰어나게 힘이 있는 것은 분(奮)이다"고 하였기 때문에 여기서 풀이한 것이다.

馬八尺爲駇.

말이 8척인 것을 융(駥 : 팔 척 말)이라 한다.

 『周禮』曰 : "馬八尺已上爲駥."137)

『주례』「하관(下官)」「유인(庾人)」에 "말이 8척 이상인 것을 융(駥)이라
한다"고 하였다.

 牛七尺爲犉.

소가 7척인 것을 순(犉 : 칠 척 소)이라 한다.

 『詩』曰 : "九十其犉." 亦見『尸子』.

『시경』「소아(小雅)」「무양(無羊)」에 "그 순(犉)이 90마리이다"고 하였다.
또한『시자(尸子)』에도 보인다.

 羊六尺爲羬.

양이 6척인 것을 겸(羬 : 육 척 양)이라 한다.

---

137) 駥 :『周禮』「夏官」「庾人」에는 '龍'으로 되어 있다.

『尸子』曰 : "大羊爲羘, 六尺."

『시자』에 "큰 양을 겸(羘)이라 하며, 6척이다"고 하였다.

 彘五尺爲豟.

돼지가 5척인 것을 액(豟 : 오 척 돼지)이라 한다.

 『尸子』曰 : "大豕爲豟, 五尺." 今漁陽呼豬大者爲豟.

『시자』에 "큰 돼지를 액(豟)이라 하며, 5척이다"고 하였다. 지금 어양군 (漁陽郡)에서는 큰 돼지를 액(豟)이라 부른다.

 狗四尺爲獒.

개가 4척인 것을 오(獒 : 사 척 개)라 한다.

 『公羊傳』曰 : "靈公有害[138]狗, 謂之獒"也. 『尚書』孔氏傳曰 : "犬高四尺曰獒." 卽此義.

---

138) 害 : 『公羊傳』에는 '周'로 되어 있다. 이에 대해서는 아래의 疏에 언급되어 있다.

『공양전』에 "영공(靈公)에게 해로운 개가 있는데 이를 오(獒)라고 한다"고 하였다. 『서경』 「여오(旅獒)」 공안국(孔安國)의 전(傳)에는 "개가 높이가 4척인 것을 오(獒)라 한다"고 하였으니, 바로 이 뜻이다.

 雞三尺爲鶤.

닭이 3척인 것을 곤(鶤 : 삼 척 닭)이라 한다.

 陽溝·巨鶤, 古之名雞.

양구(陽溝)와 거곤(巨鶤)은 옛날의 이름난 닭이다.

 六畜

6가지 가축이다.

戎, 本亦作䜴, 而融反. 上, 時掌反. 犉, 閏旬反. 羷, 本亦作䍩, 五咸反. 麙, 直例[139]反. 豝, 於革反, 大豕也. 『小爾雅』云: "豕之大者謂之䝈豝." 獒, 五刀反. 『尚書』云: "西旅獻獒." 孔傳云: "大犬也."

---

139) 例: 『경전석문』에는 '列'로 되어 있으나, 『이아음의 고증』 「音義攷證」에는 "直例反, 舊誤作直列反, 今據宋本改"라고 하여 '列'이 誤字임을 밝혔다.

『說文』云 : "犬知人心, 可使者." 『字林』同. 『廣雅』云 : "殷虞, 晉獒, 楚獷, 韓盧, 宋猠, 皆良犬也." 猠, 音鵲. 鶤, 音昆, 字或作鵾, 同, 或音運, 又音輝. 溝, 古侯反.

융(戎)은 본에 따라 융(駥)으로 되어 있으며 이(而)와 융(融)의 반절이다. 상(上)은 시(時)와 장(掌)의 반절이다. 순(犉)은 윤(閏)과 순(旬)의 반절이다. 겸(羬)은 본에 따라 함(麜)으로 되어 있는데, 오(五)와 함(咸)의 반절이다. 체(彘)는 직(直)과 례(例)의 반절이다. 액(豟)은 어(於)와 혁(革)의 반절이며, 큰 돼지이다. 『소이아』에 "시(豕 : 돼지) 중에서 큰 것을 견액(豣豟)이라 한다"고 하였다. 오(獒)는 오(五)와 도(刀)의 반절이다. 『서경』 「여오(旅獒)」에 "서쪽 지방의 오랑캐 여국(旅國)이 오(獒)를 바쳤다"고 하였는데, 공안국(孔安國) 전(傳)에 "큰 개이다"고 하였고, 『설문』에는 "오(獒)는 개가 사람의 마음을 알아 부릴 수 있는 것이다"고 하였으며, 『자림』도 같다. 『광아』에는 "은(殷)의 우(虞), 진(晉)의 오(獒), 초(楚)의 광(獷), 한(韓)의 로(盧), 송(宋)의 작(猠)은 모두 양견(良犬 : 좋은 개)이다"고 하였다. 작(猠)은 음이 작(鵲)이다. 곤(鶤)은 음(音)이 곤(昆)이며, 글자를 간혹 곤(鵾)으로도 쓰나 음의가 같으며, 혹음(或音)은 운(運)이며, 또는 음이 휘(輝)이다. 구(溝)는 고(古)와 후(侯)의 반절이다.

爾雅疏 此別六畜絶大者名也. 馬高八尺者名駥, 牛高七尺者名犉, 羊高六尺者名羬. 『山海經』云 : 錢來山有獸, "其狀如羊而馬尾, 名羬." 注云"今大月氏國有大羊如驢馬尾"是也. 彘, 豬也. 豬高五尺者名爲豟, 狗高四尺者名獒, 雞高三尺者名鶤. ○注"『周禮』", 「夏官」「庾人職」文也. ○注"『詩』曰", 「小雅」「無羊」篇文也. 上云牛"黑脣, 犉", 注引此『詩』傳. 此"牛七尺爲犉", 又引此『詩』文, 是犉有二義 : 則牛黑脣者爲犉, 牛七尺者亦爲犉. 義得兩通, 故並引之. 云"亦見『尸子』"者, 『尸子』說六畜云 : "大牛爲犉, 七尺." 故云"亦見『尸子』." 下羊‧彘, 倣此. ○注"『公羊傳』曰", 案, 宣六年傳云 : 晉靈公將殺趙盾, 趙盾"躇階而走. 靈公

有周狗, 謂之獒. 呼獒而屬之, 獒亦蹂階而從之. 祁彌明逆而踆之, 絶其
頷. 趙盾顧曰 : '君之獒, 不若臣之獒也!'" 何休云 : "周狗, 可以比周之狗,
所指如意." 是也. 今此"周"作"害", 蓋傳寫誤, 或所見本異也.

　여기서는 여섯 가지 가축이 뛰어나고 큰 것의 명칭을 구별하였다. 말
의 키가 8척인 것은 명칭이 융(駥)이고, 소의 키가 7척인 것은 명칭이 순
(犉)이고, 양의 키가 6척인 것은 명칭이 겸(羬)이다. 『산해경(山海
經)』「서산경(西山經)」에 전래산(錢來山)에 짐승이 있는데, "그 생김새가 양과 같으나 말의
꼬리를 하고 있으며 이름은 겸(羬)이다"고 하였고, 그 주에 "지금 대월지
국(大月氏國)에 당나귀 같은 큰 양이 있는데 말의 꼬리를 하고 있다"고 한
것이 이것이다. 체(麀)는 저(猪 : 돼지)이다. 돼지의 키가 5척인 것의 명칭이
액(豛)이고, 개의 키가 4척인 것은 명칭이 오(獒)이고, 닭의 키가 3척인 것
은 명칭이 곤(鶤)이다. ○ 주에서 말한 『주례(周禮)』는 「하관(夏官)」「유인직
(庾人職)」의 글이다. ○ 주에서 말한 『시경』은 「소아(小雅)」「무양(無羊)」편
의 글이다. 앞에서 소에 대하여 "입술이 검은 것은 순(犉)이다"고 하였고,
그 주에서 이 『시경』의 전(傳)을 인용하였다. 여기서 "소가 7척인 것을 순
(犉)이라 한다"고 하고, 또 이 『시경』의 전(傳)을 인용하였으니, 순(犉)에는
두 가지의 뜻이 있다. 즉 소가 입술이 검은 것을 순(犉)이라 하고, 소가 7
척인 것도 또한 순(犉)이라 한다. 뜻이 양쪽으로 통용될 수 있기 때문에
함께 인용한 것이다. "역시 『시자』에도 보인다"고 한 것은 『시자』에서 여
섯 가지의 가축을 설명하면서 "큰 소를 순(犉)이라 하는데, 7척이다"고 하
였기 때문에 "역현『시자』(亦見『尸子』)"라 한 것이다. 다음의 양(羊)과 체(麀)
도 이와 같다. ○ 주에서 말한 『공양전(公羊傳)』은 살펴건대, 선공(宣公) 6년
의 전(傳)에 진(晉)나라의 영공(靈公)이 장차 조돈(趙盾)을 죽이려 하자, "조
돈이 섬돌을 건너뛰어 달아났다. 영공(靈公)에게는 주구(周狗 : 친근한 개)가
있었는데, 이를 오(獒)라 하였다. 오(獒)에게 소리쳐 그를 뒤쫓도록 하니,
오(獒)도 또한 섬돌을 건너뛰어 이를 쫓아갔다. 기미명(祁彌明)이 맞받아 발

로 차서 오(獒)의 턱을 부러뜨렸다. 조돈이 돌아보며 '군(君)의 오(獒)는 신(臣)의 오(獒)만 못하군요!'라 하였다"고 하였다. 하휴(何休)는 "주구(周狗)는 친근(親近)히 할 수 있는 개이며, 지시하는 것을 뜻대로 따른다"고 한 것이 이것이다. 지금은 이 "주(周)"자가 "해(害)"자로 되어 있는데, 아마 전사(傳寫)하면서 잘못되었거나 혹은 본 책이 달라서일 것이다.

참고문헌

1. 辭書類

『經典釋文』, 陸德明 撰『字典彙編』19, 于玉安·孫豫仁, 北京 : 國際文化出版公司, 1993.

『大漢和辭典』(13冊), 諸橋轍次, 東京 : 大修館書店, 昭和 43年, 縮寫版第2刷(약칭은 『和辭典』).

『說文解字詁林正補合編』(12冊), 臺北市 : 鼎文書局, 民國 72年, 2版(약칭은 『說文詁林』).

『爾雅』, 郭璞 注『字典彙編』 23, 于玉安·孫豫仁), 北京 : 國際文化出版公司, 1993.

『爾雅詁林』(5冊), 朱祖延 主編, 湖北敎育出版社, 1998.

『爾雅詁林敍錄』, 朱祖延 主編, 湖北敎育出版社, 1998.

『爾雅翼注』, 胡奇光·方環海, 上海古籍出版社, 1999.

『爾雅注疏』(文淵閣四庫全書本), 臺灣商務印書館, 民國 72年(1983).

『爾雅注疏』(十三經注疏本), 新文豐出版公司, 臺北 : 中華民國 67年.

『字典彙編』(30冊), 于玉安·孫豫仁, 北京 : 國際文化出版公司, 1993, 1版.

『正中形音義綜合大字典』, 高樹藩, 臺北市 : 正中書局, 民國 68年, 增訂3版(약칭은 『形字典』).

『中文大辭典』(10冊), 中文大辭典編纂委員會, 臺北市 : 中國文化學院華岡出版有限公司, 民國 68年, 4版(약칭은 『中辭典』).

『漢語大辭典』(12冊), 漢語大辭典編輯委員會漢語大辭典編纂處, 上海 : 漢語大辭典出版社, 1993, 1版(약칭은 『漢辭典』).

『漢字典』: 『漢語大字典』(8冊), 漢語大字典編輯委員會, 湖北省·四川省 : 湖北辭書出版社·四川辭書出版社, 1990, 1版(약칭은 『漢字典』).

2. 著書類

李賢淑, 『爾雅訓詁分析』, 서울대 석사논문, 1977.

李賢淑, 「爾雅를 인용한 說文解字 釋例 考」(『論文集』24), 서원대학교, 1989.
정명수·장동우 역, 『훈고학의 이해』, 동과서, 1997.
齊佩瑢, 『訓詁學槪論』, 漢京文化事業有限公司, 臺北 : 中華民國 74年.

3. 『爾雅詁林』 諸著書

犍爲文學 『爾雅注』

劉歆 『爾雅注』

樊光 『爾雅注』

李巡 『爾雅注』

鄭玄 『爾雅注』

孫念 『爾雅音注』

郭璞 『爾雅注』, 『爾雅音義』, 『爾雅圖贊』

沈旋 『爾雅集注』

謝嶠 『爾雅音』

顧野王 『爾雅音』

施乾 『爾雅音』

裴瑜 『爾雅注』

黃奭 『爾雅衆家注』

陸德明 『爾雅音義』

孫炎 『爾雅正義』

邢昺 『爾雅疏』

陸佃 『爾雅新義』

鄭樵 『爾雅注』

羅願 『爾雅翼』

佚名 『爾雅音圖』

朱銓 『爾雅貫珠』

朱彛尊 『爾雅考』

姜兆錫 『爾雅注疏參義』

吳浩 『爾雅義疑』

沈廷芳 『爾雅注疏正字』

盧文弨『爾雅音義攷證』

余蕭客『爾雅鉤沈』

周春『爾雅補注』,『爾雅音略』,『爾雅直音正誤』

彭元瑞『爾雅石經考文提要』

李調元『爾雅注疏錦字』

翟灝『爾雅補郭』

戴鎏『爾雅郭注補正』

劉玉麔『爾雅補注殘本』,『爾雅校議』

錢坫『爾雅古義』,『爾雅釋地四篇注』

邵晉涵『爾雅正義』

武億『爾雅考異』

包錫咸『讀爾雅日記』

楊廣元『讀爾雅日記』

王謨『爾雅策案』

李芳『讀雅筆記』

朱亦棟『爾雅札記』

周樽『爾雅旁訓讀本』

孫侃『爾雅直音』

任基振『爾雅注疏箋補』

臧庸『爾雅漢注』

阮元『爾雅注疏校勘記』

郝懿行『爾雅義疏』

王念孫『爾雅郝注刊誤』

張宗泰『爾雅注疏本正誤』

干朝梧『爾雅音釋』

吳琨『爾雅正譌』

龔元玠『爾雅各難』

嚴元照『爾雅匡名』

黃希槐『爾雅證異』

胡承珙『爾雅古義』

路德『爾雅易讀』

李曾白『爾雅舊註考證』

江蕃『爾雅小箋』

嚴可均 輯『爾雅一切注音』

洪頤煊『讀爾雅錄』

王引之『爾雅述聞』

馮登府『爾雅詁答問』,『爾雅古義補』

汪文臺『爾雅注疏校勘記識語』

葉蕙心『爾雅古註斠』

龍啓瑞『爾雅經註集證』

姚正父『爾雅啓蒙』

許光清『爾雅南昌本校勘記訂補』

劉椿『爾雅蠡管』

楊國楨『爾雅音訓』

段諤廷『爾雅字詁』

趙履和『爾雅考異摘要』

俞樾『爾雅平議』

朱學珊『爾雅諍郭』

李鴻藻 等『爾雅不二字』

潘衍桐『爾雅正郭』

陶起庠『爾雅心畬』

周嘉璧『爾雅比類便覽』

王仁俊『爾雅矦義』,『讀爾雅日記』

蔣元慶『讀爾雅日記』

孫詒讓『爾雅注疏校記』

王祖源『爾雅直音校正』

沈錫祚『爾雅義疏校補』

王朝梁『爾雅遺文』

王樹柟『爾雅郭注佚存補訂』

汪鋆『爾雅正名』

劉光蕡『爾雅注疏校勘札記』

周繪藻『爾雅訓纂』

陳玉樹 『爾雅釋例』

董瑞椿 『讀爾雅日記』, 『讀爾雅補記』

王頌清 『讀爾雅日記』

陸錦燧 『讀爾雅日記』

董桂新 『爾雅古注合存』

史詮 『爾雅異文考』

沈潮 『爾雅箋釋』

陶方琦 『爾雅漢學證義』, 『爾雅古注斠』

徐孚吉 『爾雅話』

王闓運 『爾雅集解』

繆楷 『爾雅稗疏』

黃世榮 『爾雅釋言集解後案』

胡元玉 『雅學考』

吳修祜 『爾雅舊學加商』

唐文治 『爾雅評點箚記』, 『爾雅提綱』

王尚槩 『讀爾雅臆說』

陳僅 『爾雅質』

于鬯 『爾雅校書』

李元音 『爾雅西學通義』

宋育仁 『爾雅今釋』

高潤生 『爾雅穀名考』

尹桐陽 『爾雅義證』

李遂賢 『爾雅說義』

饒炯 『爾雅例說』

齊樹楷 『爾雅鈔』

汪柏年 『爾雅補釋』

王國維 『爾雅草木蟲魚鳥獸釋例』

劉師培 『爾雅蟲名今釋』

黃侃 『爾雅音訓』, 『爾雅略說』, 『爾雅正名評』, 『爾雅聲類表』

陳晉 『爾雅學』

馬宗薌 『爾雅本字考』

周祖謨 『續雅學考擬目』, 『爾雅校箋』

洪業 等 『爾雅引得』, 『爾雅注疏引書引得』

蔣伯潛 『爾雅解題』, 『爾雅述要』

駱鴻凱 『爾雅論略』

方俊吉 『爾雅義疏釋例』

徐朝華 『爾雅今注』

丁忱 『爾雅毛傳異同考』